윤크리에이티브의
AfterEffects CS6
워크플로우

신종윤 저

에프원북스

윤크리에이티브의
AfterEffects CS6
워크플로우

초판 인쇄 : 2012년 10월 26일
초판 발행 : 2012년 10월 26일

출판등록 번호 : 제 379-2007-000026 호
ISBN : 978-89-93624-09-0 13000

주소 : 강원도 횡성군 횡성읍 궁천리 79-7
도서문의(신한서적) 전화 : 031) 919-9851 팩스 : 031) 919-9852
펴낸곳 : 에프원북스
펴낸이 : 에프원북스

지은이 : 신종윤  www.facebook.com/jongyoon.shin
기획 : 에프원북스
진행 책임 : 에프원북스
편집 디자인 : 에프원북스
표지 디자인 : 에프원북스

본 도서의 내용 중 디자인 및 저자의 창작성이 인정되는 내용을 무단으로 복제 및 복사하는 것은 저작권법에 의해 처리될 수 있습니다.

Published by f1books Co. Ltd Printed in Korea

저자의 말

필자가 애프터이펙트란 프로그램을 콘텐츠 제작에 사용해 오면서 관심을 가지고 배우려는 분들이 어려워 하며 중도 포기하는 것과 사용 할 줄 알지만 기초적인 내용 없이 다루고 있는 경우를 자주 접하게 되면서 안타까운 마음에 그 동안 워크플로우에 관심을 가지고 사용하면서 실무와 강의 경험을 바탕으로 애프터이펙트 도서를 3년전 처음으로 집필하게 되었습니다. 도서 출간 이후 애프터이펙트를 기본 주제로 블로그를 운영해 오다가 다시 한 번 출간할 기회를 맞이하게 되었습니다

이 책을 집필한 필자는 애프터이펙트의 고급 사용자라고 생각하지는 않습니다. 애프터이펙트는 활용 범위가 다양한 프로그램으로서 자신이 활용하는 분야에서 고급 사용자라 할 수 있겠지만 다른 분야의 사용자로부터 자신의 분야와 관련된 내용에 대해 배울 것이 많은 프로그램이기도 합니다. 이러한 면에서 필자는 애프터이펙트를 한 발 먼저 사용해 왔고 프로그램을 편리하게 다루고자 하는 입장에서 꾸준히 관심을 가지고 있는 사용자입니다.

애프터이펙트 도서를 출간한 저자로 블로그 활동을 하면서 튜토리얼 위주로 답습하여 기초가 아니라 기본이 되는 내용 없이 사용하고 있는 환경에 놓여져 있는 것이 안타까워 다시 한 번 집필하게 되었습니다. 이 책이 출간 되면 이후 애프터이펙트 CS6에 대한 도서가 다수 출간되어 영상 제작 콘텐츠에 많이 활용되기를 바랍니다.

'[알고 있는 내용이라고 무심코 넘긴 페이지에 내가 모르고 있는 내용이 담겨 있을 수 있습니다]' 라고 컴퓨터 프로그램을 배울 때 강의에서 들었던 내용을 남기며 이 책에서 전하는 것이 비록 미비할 수 있지만 처음 배우는 분들과 사용하는 분들이 편리하게 애프터이펙트를 사용할 수 있도록 도움을 드릴 수 있다는 것만으로도 행복하게 생각하며 끝으로 이 책을 쓸 수 있도록 해주신 이용태님 이하 F1북스 관계자 분들과 애프터이펙트에 대한 필자의 노력을 아낌없이 칭찬해주시는 분들과 힘들 때마다 많은 격려를 아끼지 않았던 친구들 동생 내외와 조카 기훈이와 태희, 부모님께 감사드립니다.

이 도서는

본 [윤크리에이티브의 AfterEffects CS6 워크플로우] 도서는 모션 그래픽 제작툴로 널리 알려진 어도비의 애프터 이펙트를 처음 입문하는 분들 뿐만 아니라 기존 사용자에게 작업에 효율적으로 사용할 수 있는 기능들과 그 활용법에 대한 내용들로 구성되어있습니다.

방송 및 영화 웹 등 다양한 분야에서 활용되고 있는 애프터이펙트에 관심을 가지고 배우다가 도중에 포기하시는 분들의 대부분은 기초에 충실하지 않은 매뉴얼식의 설명이나 기본 기능을 이해하지 않고 예제만으로 프로그램을 활용하기 때문이라 생각합니다. 이런 문제를 해결하기 위해 이책은 최신 버전인 CS6의 내용을 담고 있지만 기초적인 내용을 학습하려는 분들과 이전 버전을 사용하시는 분들께 애프터이펙트가 가진 기능들을 최대한 활용하여 최적화된 워크플로우 환경으로 모션그래픽 제작을 할 수 있도록 성심을 다 하였습니다.

본 도서는 저자가 가장 중요시하게 생각하는 워크플로우에 있어서 영상 편집에 사용되는 프리미어 프로 뿐만 아니라 건축 및 3D 모델링에 많이 사용되며 애프터이펙트와 함께 사용할 수 있게 된 Autodesk의 3ds MAX와 MAXON의 시네마 4D와 호환하여 사용하는 방법을 설명하여 스킬을 높일 수 있도록 하였습니다. 이제 애프터이펙트의 기초를 충실히 다지고 나아가 3ds MAX와 시네마 4D 등의 3D 프로그램과 함께 사용하면서 모션 그래픽 애니메이션 제작의 매력에 빠져 보시기 바랍니다.

신종윤

blog : http://blog.naver.com/3dmotions
facebook : http://www.facebook.com/jongyoon.shin

작업 소스 활용

본 도서의 학습을 따라서 하기 위해서는 작업 샘플 파일들이 필요합니다. 물론 여러분이 가지고 있는 파일을 사용해도 되겠지만 본 도서에서 설명하는 내용을 학습하기 위해서는 여기서 제공되는 샘플 파일들을 사용하는 것이 좋습니다. 본 도서에서는 샘플 파일들이 CD/DVD로 제공되지 않고 인터넷을 통해 내려받아 사용해야 합니다. 그러므로 아래에서 설명하는 방법으로 샘플 파일을 다운로드 받아 학습에 사용하시면 됩니다.

1. 인터넷 익스플로러의 주소 입력 창에서 www.bizhard.com을 입력하여 비즈하드에 접속합니다.
2. 아이디 : f1books, 비밀번호 : 1111로 로그인합니다.
3. [애프터이펙트 CS6] 폴더로 들어가면 아래 그림처럼 본 도서에 사용된 샘플 폴더들이 있습니다.
4. [애프터이펙트 CS6] 폴더를 체크하고 다운로드 메뉴(버튼)을 선택하여 다운로드 받아 사용하면 됩니다.

목차

01 Ae CS6 들어가기

SECTION 01 After Effects CS6의 새로운 기능들   016
퍼포먼스를 향상시킨 Global Performance Cache   016
입체감 있게 표현하는 Ray-Traced 3D와 Extruded   017
CS6에서 주목해야 할 3D Camera Tracker   018
마스크 영역을 변경하는 Mask Feather Tool   019
Create Shape from Vector Layer로 호환성이 확대된 일러스트레이터 벡터   019
Final Cut Pro와 Avid와의 호환성   020
그 외에 주목할 만한 새로운 기능들   021

SECTION 02 CS6로 업그레이드되면서 버전별 달라진 점   022
CS3 버전부터 바뀐 Go to Time 단축키   022
CS4 버전만의 Clip Notes   023
CS5에서 위치가 바뀐 Background Color 설정   024
CS5.5 버전부터 달라지고 있는 하위 버전과의 호환성   024
디자인의 활력을 불어 넣어주는 Brainstorm   024
프리미어 프로의 편집 퀄리티를 높여주는 DynamicLink   025

SECTION 03 인터페이스와 각 패널 이해하기   027
Ae CS6 인터페이스   028
툴 패널(Tool Pannel)   030
프로젝트 패널(Project Panel)   032

타임라인 패널(Timeline Pannel)   032

컴포지션 패널(Composition Panel)   035

정보 패널(Info Panel)   037

오디오 패널(Audio Panel)   037

미리보기 패널(Preview Panel) : CS3 버전 이하 Time Controls 패널   037

이펙트 & 프리셋 패널(Effects & Presets Panel)   038

이펙트 제어 패널(Effects Controls Panel)   039

02 Ae의 작업흐름 이해하기

SECTION 04 새로운 컴포지션 설정하기   042

SECTION 05 파일 불러와(Import) 타임라인에 소스(푸티지) 추가하기   045

SECTION 06 키프레임 애니메이션 이해하기   048

SECTION 07 이펙트(Effects) 적용하기   050

SECTION 08 Movie 파일로 출력하기   052

SECTION 09 Collect Files로 프로젝트 정리하기   056

03 Ae CS6의 메뉴(기능) 알아보기

SECTION 10 파일(File) 메뉴   062

SECTION 11 에디트(Edit) 메뉴   065

SECTION 12 컴포지션(Composition) 메뉴   070

SECTION 13 레이어(Layer) 메뉴   072

SECTION 14 애니메이션(Animation) 메뉴   076

04 Ae CS6의 기본기능 익히기

SECTION 15 마스크(Mask) 사용하기 080

Mask Tool로 마스크 만들기 080

마스크 크기 조절하기 081

펜 툴(Pen Tool)로 마스크 만들기 083

마스크 모드 이해하기 086

마스크의 속성 살펴보기 090

CS6 버전에 새롭게 추가된 Mask Feather Tool 092

Shape Layer와 마스크 093

SECTION 16 블렌딩 모드(Blending Mode)의 이해 096

SECTION 17 텍스트 애니메이션(Text Animation)과 프리셋 110

텍스트 레이어 만들기 110

패스를 따라 움직이는 텍스트 애니메이션 116

포토샵과 같은 Layer Styles 123

일러스트레이터처럼 패스를 만드는 Create Outlines 124

SECTION18 카메라(Camera) 활용하기 127

3D 레이어로 설정하기 127

View 모드 바꾸기 128

3D 레이어의 좌표 축 모드 이해하기 129

카메라 레이어 이해하기 131

카메라를 움직이는 기본적인 방법 134

카메라의 Auto-Orientation 138

Null Object 레이어로 카메라 움직이기 140

입체영상을 만드는 Create Stereo 3D Rig 141

SECTION 19 조명(Light) 사용하기   144

조명 레이어 만들기   144

조명의 종류 알아보기   146

그림자 만들기(Casts Shadow)   148

Material Option 속성 이해하기   150

조명 레이어의 애니메이션   154

SECTION 20 레이 트레이스(Ray-traced) 3D 사용하기   156

CS6에 새롭게 추가된 Ray-traced 3D   156

텍스트를 입체감 있게 표현하기   157

Ray-traced 3D로 레이어를 원형으로 표현하기   161

SECTION 21 그래프 에디터(Graph Editor) 사용하기   163

그래프 에디터의 기능 이해하기   163

Time-Reverse Layer로 거꾸로 재생하기   167

정지화면을 만드는 Freeze frame   168

Keyframe Assistant로 가속과 감속 표현하기   168

Keyframe Interpolation 이해하기   171

Keyframe Velocity 이해하기   176

Time Remapping으로 속도 제어하기   177

SECTION 22 익스프레션(Expression) 사용하기   179

Expression 적용하기   179

익스프레션과 관련된 기능들 이해하기   183

스크립트를 키프레임으로 표시하기   185

사운드에 익스프레션 적용하기　186

반복과 흔들림에 사용하는 익스프레션　188

SECTION 23 트랙킹(Tracking) 사용하기　192

트랙킹 기능 이해하기　192

Track Motion으로 트랙킹 분석하기　194

트랙킹으로 분석하고 이펙트 합성하기　196

CS6의 새로운 기능 3D Camera Track　200

mocha for After Effects 이해하기　203

05 예제로 배워보는 Ae

SECTION 24 컬러풀하게 움직이는 도트무늬 배경 만들기　210

SECTION 25 애프터이펙트에서 편집할 수 있는 DSLR의 RAW 파일 활용하기　215

SECTION 26 미니어처(Miniature) 효과 표현하기　217

SECTION 27 합성을 위한 Keylight 테크닉　233

SECTION 28 집중선 효과를 만드는 다양한 방법　242

SECTION 29 스케치하고 그린 그림처럼 표현하기　264

SECTION 30 일러스트레이터(Ai)의 벡터 이미지로 로고 애니메이션 만들기　269

SECTION 31 Sequence Layers로 셀 애니메이션 만들기　277

SECTION 32 Ray-traced 3D를 이용한 3D 텍스트 애니메이션 만들기   287

SECTION 33 3ds MAX 2013과 애프터이펙트의 연동   308

SECTION 34 시네마 4D와 애프터이펙트의 연동   315

Ae 사용자가 반드시 알아두어야 할 단축키   322

찾아보기 Index   326

이번 챕터에서는 모션그래픽으로 많은 주목을 받으며 사용자층을 넓혀가고 있는 어도비 애프터이펙트가 CS6 버전으로 업그레이드되면서 무엇이 달라졌는지 새롭게 추가된 대표적인 기능들을 집중적으로 알아보도록 하겠습니다.

SECTION 01 After Effects CS6의 새로운 기능들
SECTION 02 CS6로 업그레이드되면서 버전별 달라진 점
SECTION 03 인터페이스와 각 패널 이해하기

Ae CS6 들어가기

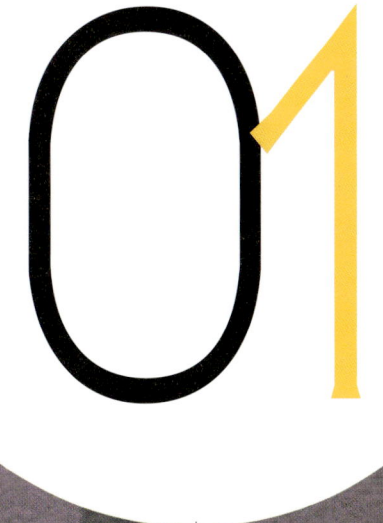

01 After Effects CS6의 새로운 기능들

애프터이펙트가 CS6 버전까지 올라오면서 가장 눈에 띄게 혁신된 버전은 이번에 출시된 CS6일 것입니다. CS6 버전은 본격적인 64비트 시대에 맞게 퍼포먼스를 향상시켜 작업 시간을 단축하는데 중점을 두었고 입체영상과 3D 타이틀 제작을 위한 기능들이 기본적으로 탑재되었습니다. 또한 기존의 트랙킹 작업을 한 단계 업그레이드하여 입체 공간에서의 움직임을 완벽하게 트랙킹할 수 있게 되었습니다.

퍼포먼스를 향상시킨 Global Performance Cache

애프터이펙트는 사용자의 시스템에 있어서 CPU와 그래픽 카드 못지않게 퍼포먼스에 영향을 미치는 것이 메모리 사양입니다. CS5 버전 이후에는 64비트 운영체제를 기본 사양으로 채택하고 있으며 CS6도 마찬가지입니다. 작업한 결과물을 올바르게 확인하기위해 RAM Preview라는 과정을 진행하게 됩니다. 이전 버전까지는 조금이라도 수정 작업을 거치게 되면 RAM Preview를 다시 진행하게 되어 시간적인 손실이 많았지만 CS6에서는 Disk Cache가 저장되어 수정된 부분만 RAM Preview를 진행하면 되도록 업그레이드되었습니다.

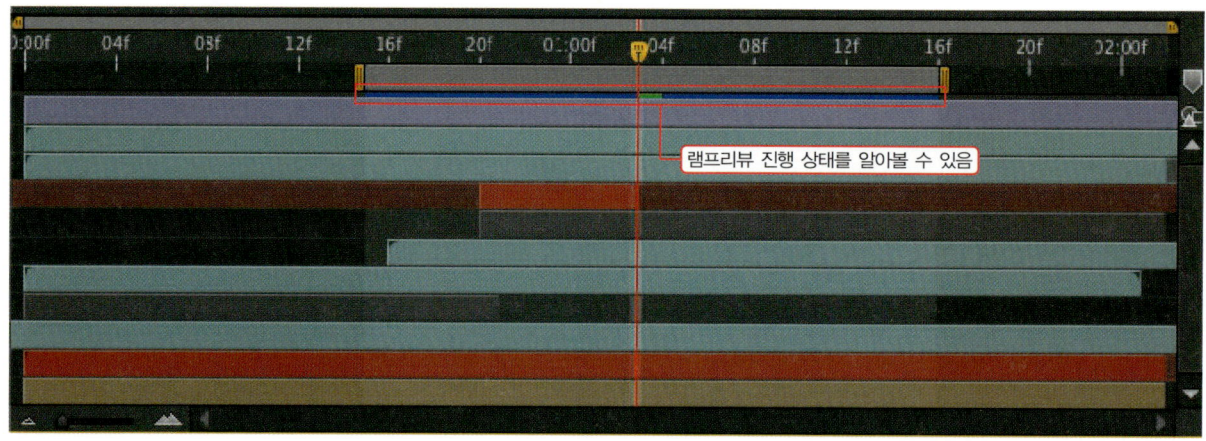

램프리뷰 진행 상태를 알아볼 수 있음

놀라운 점은 프로젝트를 저장한 다음 다시 열어도 디스크 캐시는 저장 되어있어 이전 버전을 사용하는 분들이라면 퍼포먼스가 크게 향상 되어진 CS6 버전으로 업그레이드하고 싶어질 것입니다.

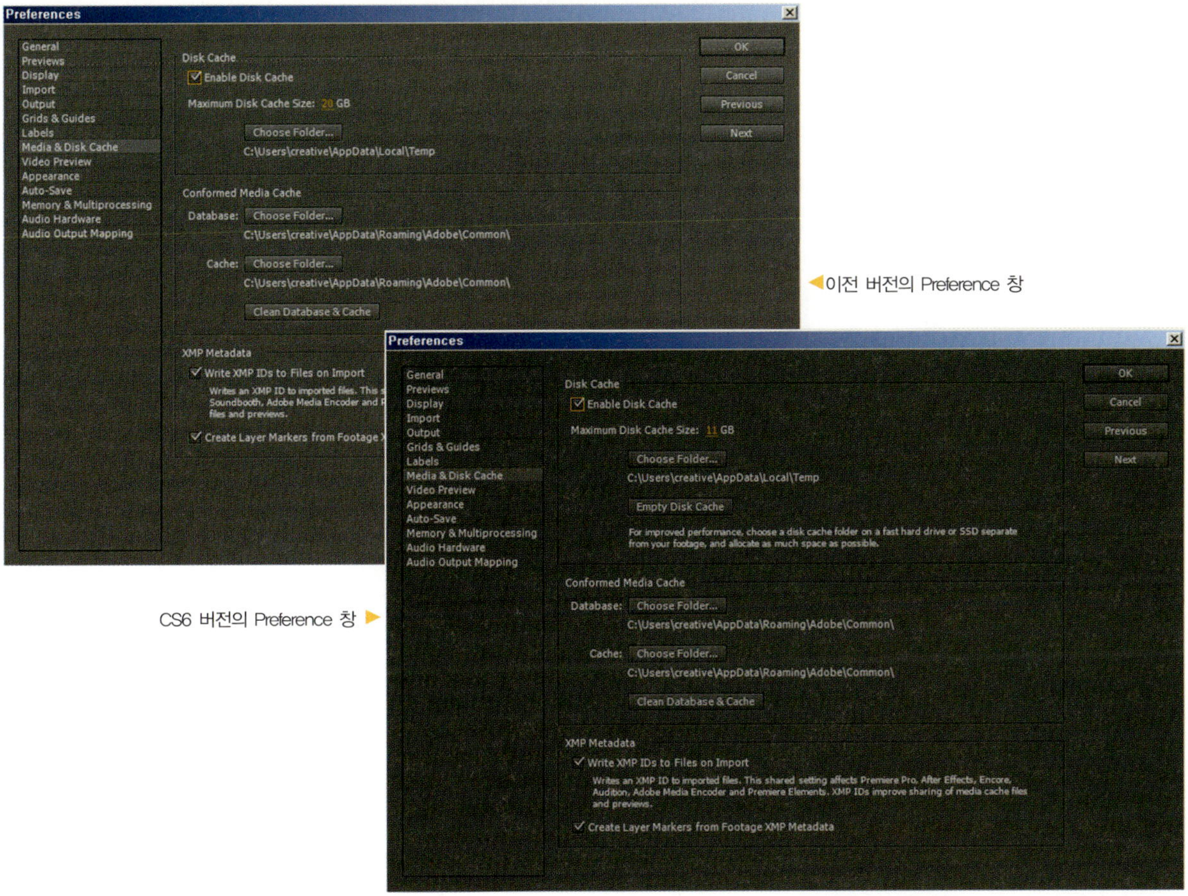

◀ 이전 버전의 Preference 창

CS6 버전의 Preference 창 ▶

입체감 있게 표현하는 Ray-Traced 3D와 Extruded

CS6 버전으로 업그레이드 되면서 가장 주목할 만한 기능은 입체감 있도록 표현해 주는 Ray-Traced 3D가 아닐까 싶습니다. 새롭게 추가된 기능으로 이제는 트릭을 사용하지 않아도 입체감 있게 표현할 수 있습니다.

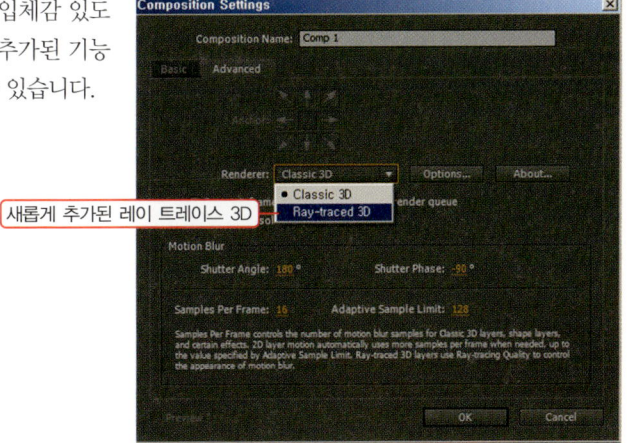

새롭게 추가된 레이 트레이스 3D

After Effects CS6의 새로운 기능들

텍스트 툴로 텍스트를 입력하고 새롭게 추가된 Ray-Traced 3D를 적용시키면 텍스트 레이어에는 Geometry Options이 활성화됩니다. Geometry Options의 Bevel Style를 통해 텍스트를 입체감 있게 돌출시킬 수 있을 뿐만 아니라 스타일까지 다양하게 적용시켜 표현할 수 있습니다.

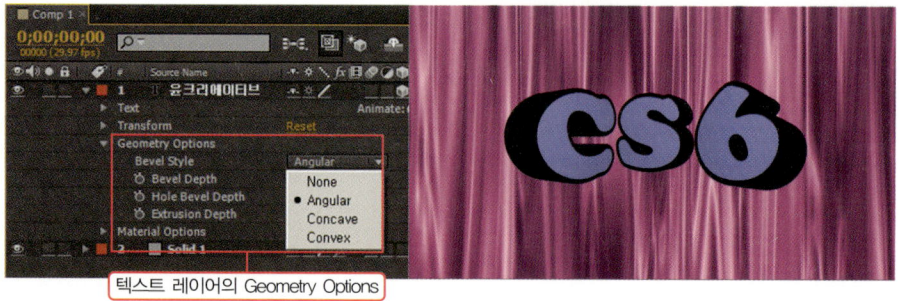

▲ 텍스트 레이어의 Geometry Options

CS6에서 주목해야 할 3D Camera Tracker

CS5.5 버전에서 흔들림을 보정해 주는 Warp Stabilizer 기능이 가장 큰 주목을 받았을 것입니다. 서드파티 플러그인에 의존했던 카메라 트래킹 기능이 CS6 버전에서는 표준 이펙트인 3D Camera Tracker로서 사용할 수 있게 되었습니다.

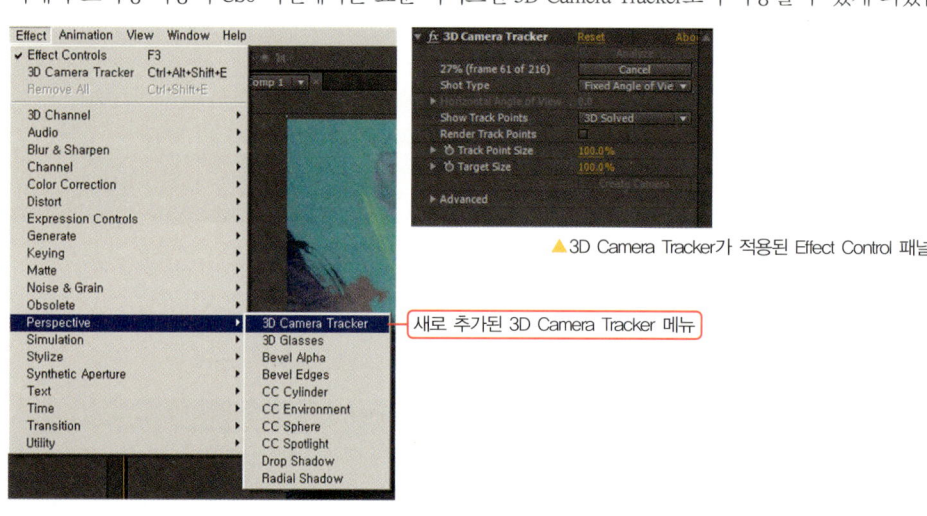

▲ 3D Camera Tracker가 적용된 Effect Control 패널의 모습

새로 추가된 3D Camera Tracker 메뉴

3D Camera Tracker를 적용하게 되면 Warp Stabilizer를 적용했을 때와 마찬가지로 Analyzing이 진행됩니다. 물론 진행되는 동안 다른 작업을 진행해도 됩니다.

마스크 영역을 변경하는 Mask Feather Tool

CS6 버전에서는 마스크 영역도 Mask Feather Tool로 포인트를 추가하여 영역의 범위를 원하는 대로 조절할 수 있게 되었습니다.

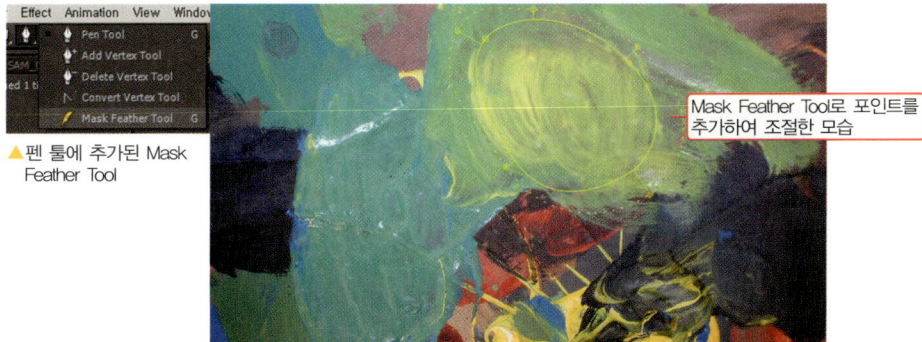

▲펜 툴에 추가된 Mask Feather Tool

Mask Feather Tool로 포인트를 추가하여 조절한 모습

Create Shape from Vector Layer로 호환성이 확대된 일러스트레이터 벡터

일러스트레이터의 벡터 기능은 확대해도 선명도를 유지할 수 있다는 점에서 로고 애니메이션을 제작할 때 이외에도 아트웍 작업에 가장 많이 사용되어 왔습니다. CS6에서는 일러스트레이터의 패스도 Ray- Traced 3D를 적용하여 로고 애니메이션 등을 쉽게 만들 수 있도록 Layer 메뉴의 Create Shape from Vector Layer기능이 추가되었습니다.

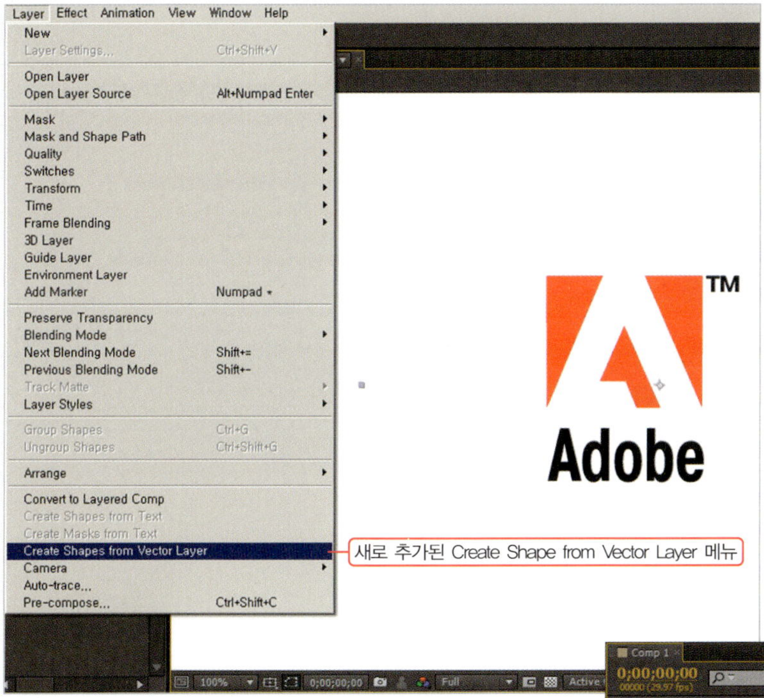

새로 추가된 Create Shape from Vector Layer 메뉴

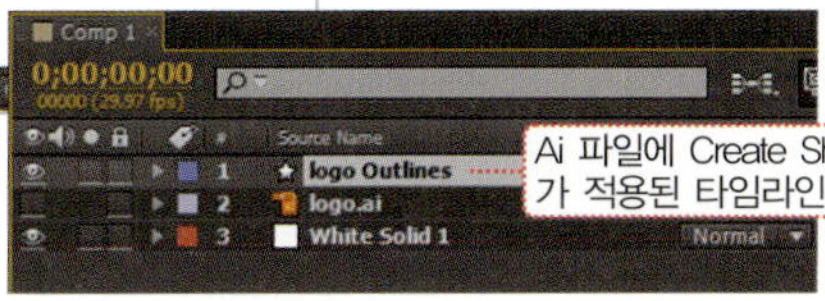

Ai 파일에 Create Shape from Vector Layer가 적용된 타임라인 패널의 모습

Final Cut Pro와 Avid와의 호환성

이전 버전까지 동영상 편집 프로그램 Final Cut Pro와 Avid로 편집한 프로젝트는 애프터이펙트의 경우 고가의 서드파티 플러그인을 사용해야만 가능했습니다. CS6 버전에서는 File 메뉴의 Import에서 Pro Import After Effects.. 기능이 추가되어 애프터이펙트에서 후반 작업을 진행할 수 있게 되었습니다.

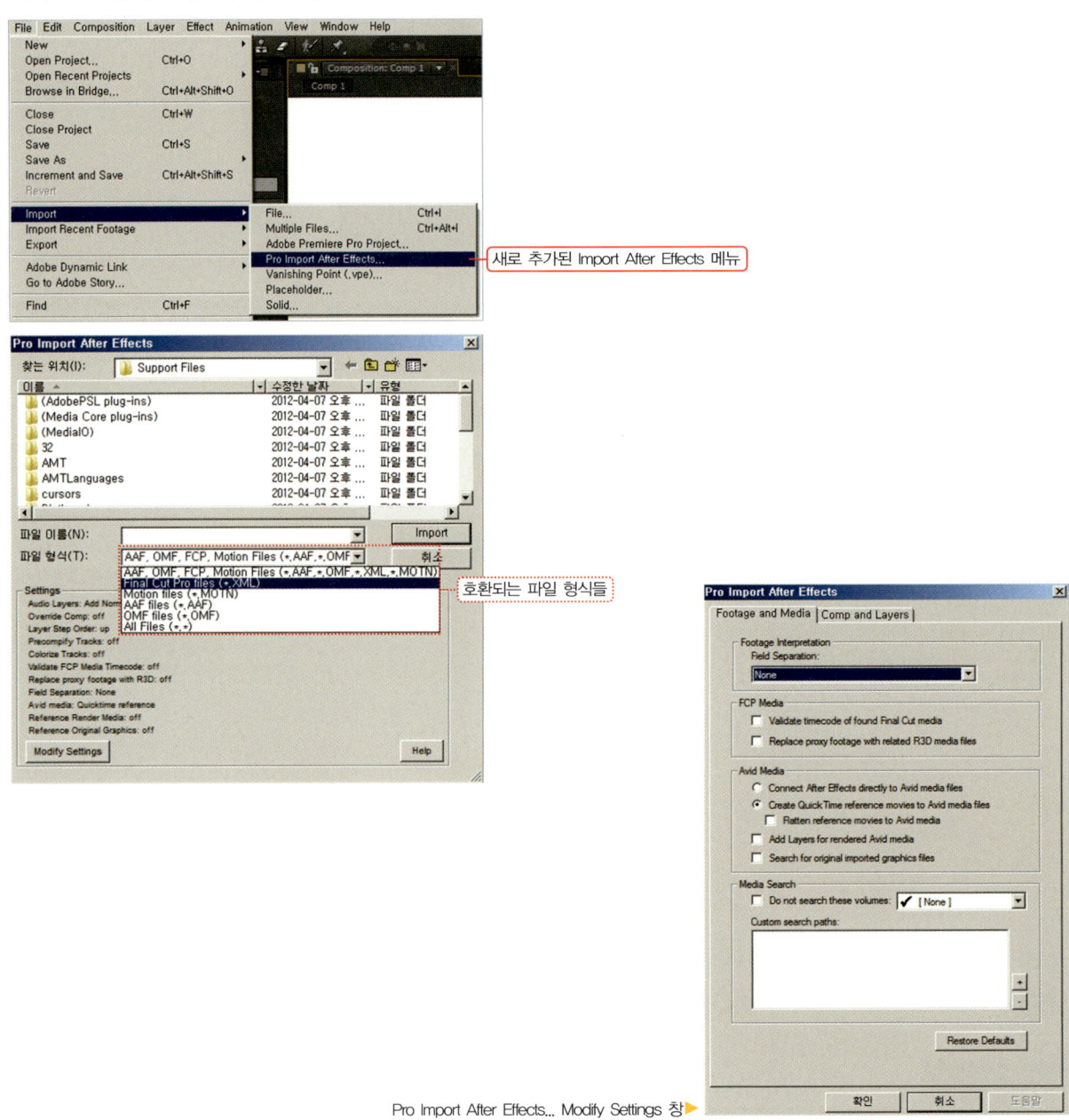

그 외에 주목할 만한 새로운 기능들

CS6 버전에 새롭게 추가 된 대표적인 기능들에 대해서 알아보았습니다. 그 외에 디지털카메라로 찍은 동영상의 왜곡 현상을 보정해 주는 Rolling Shutter Repair, 향상된 워크플로우의 Track in mocha AE, 기능이 향상이 향상 된 CC Sphere 등과 번들로 새롭게 추가된 CC Cross blur, CC Plastic, Rainfall, Snowfall 등의 이펙트들도 주목해 볼 만합니다.

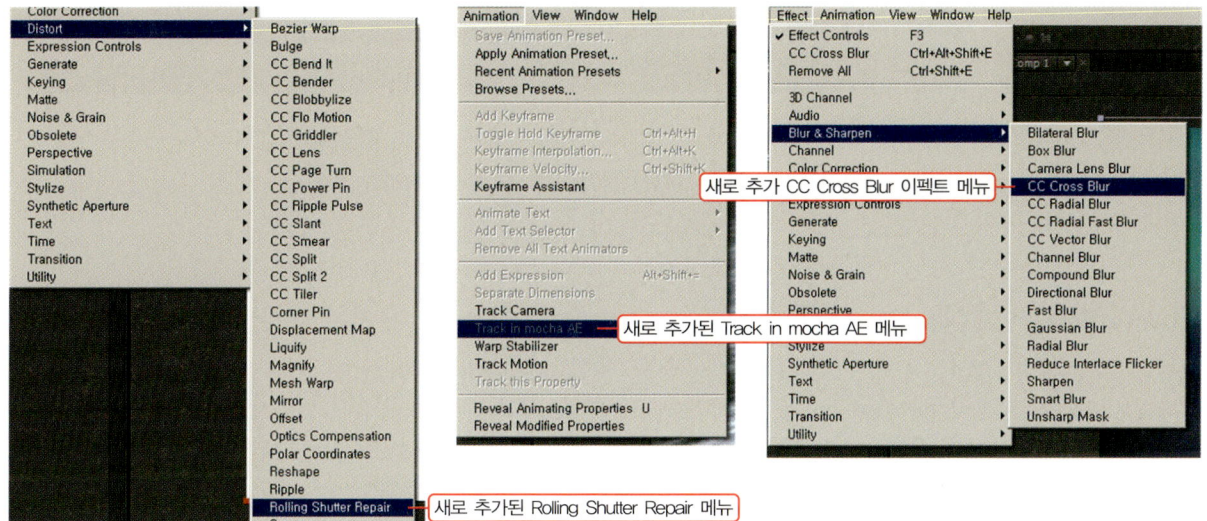

02 CS6로 업그레이드되면서 버전별 달라진 점

CS6로 업그레이드되면서 새로운 기능 추가 이외에 사라지거나 위치가 바뀐 부분도 있습니다. 업그레이드 버전을 사용하시려는 분들께 참고가 될 수 있도록 몇 가지 버전별로 달라진 점에 대해 알아보도록 하겠습니다.

CS3 버전부터 바뀐 Go to Time 단축키

단축키를 전부 알아둘 필요는 없지만 자주 사용하는 단축키는 작업을 하다보면 외우지 않아도 손에 익숙해지게 됩니다. 애프터이펙트는 키프레임으로 애니메이션을 만들고 이들 키프레임간의 이동을 자주하게되어 Go to Time 창을 많이 활용하게 되는데… 7버전까지(Ctrl + G)는 키프레임간의 이동(GO~)을 쉽게 컨트롤 할 수 있도록 처음 애프터이펙트에 입문하시는 분들도 이해하기 쉬웠습니다. 이해하기 쉬웠던 단축키 속성이 CS3 버전 이후 손에 익히기에는 복잡하게 Alt + Shift + J로 바뀌어졌습니다.

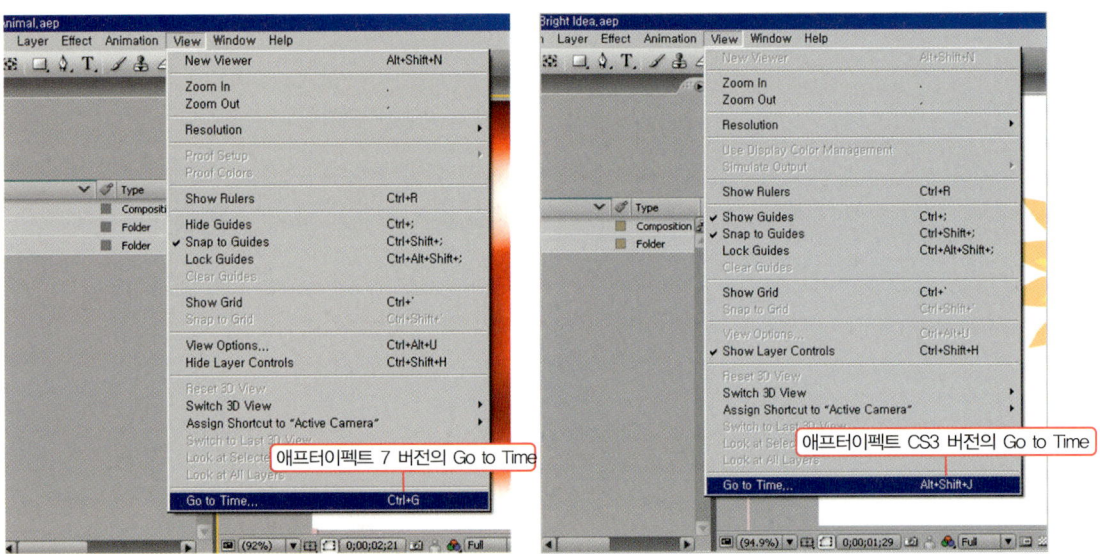

키프레임간의 이동은 컴포지션 패널이나 타임라인 패널의 타임코드 부분을 클릭하여 Go to Time 창을 활성화시키거나 타임라인 패널에서 타임코드 경우에 마우스 커서를 가져가 바뀌어진 드래그하여 이동할 수 있습니다.

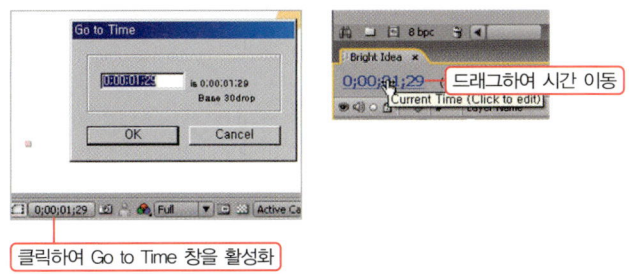

클릭하여 Go to Time 창을 활성화

CS4 버전만의 Clip Notes

애프터이펙트 CS4 버전에는 프리미어 프로 2.0 버전처럼 작업한 결과물을 PDF 파일로 만들 수 있도록 새로운 기능으로 추가 되었습니다. 쌍방이 PDF 파일에 대한 활용법을 알아야된다는 단점이 있었지만 원거리에 있더라도 메일로 PDF 파일을 주고 받 으며 고쳐야 될 부분이나 추가했으면 하는 사항들을 텍스트로 입력하여 참고할 수 있었습니다.

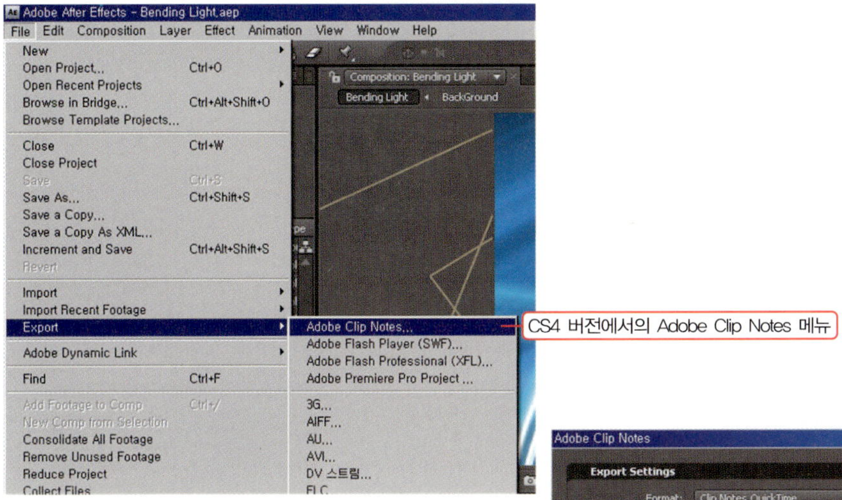

CS4 버전에서의 Adobe Clip Notes 메뉴

PDF 파일로 출력할 수 있었던 Clip Notes기능은 아쉽게 도 CS4 버전 이후 Export에서 존재하지 않게 되었습니 다.

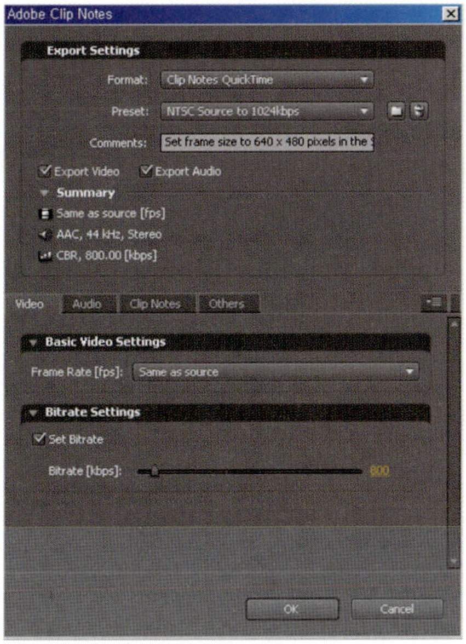

Clip Notes 설정 창 ▶

CS6로 업그레이드되면서 버전별 달라진 점 023

CS5에서 위치가 바뀐 Background Color 설정

애프터이펙트의 7 버전이후 명칭과 아이콘이 변경 된 부분 이외에 현재의 인터페이스 체제를 유지하고 있습니다. CS5 버전에서는 작업을 하면서 변경하게 되는 Background Color 기능이 메뉴에서 사라져 CS4 이하 버전을 사용해 오던 사용자라면 처음에는 당황할 수 있겠지만 CS5 버전 부터 애프터이펙트의 작업 공간을 설정하는 Composition Settings 창 하단에 위치하게 되었습니다.

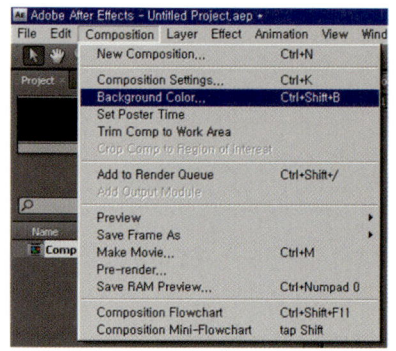
▲ CS4 버전 이하 Background Color 설정 메뉴

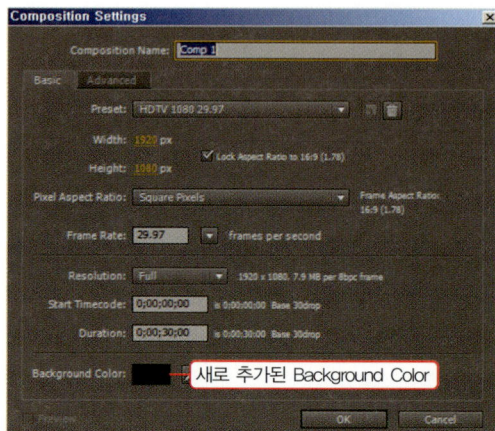
CS5의 컴포지션 설정 창 ▶

CS5.5 버전부터 달라지고있는 하위 버전과의 호환성

애프터이펙트는 모션 그래픽으로 많은 주목을 받으면서도 하위 버전에서 상위 버전의 프로젝트를 열어볼 수 없었습니다. CS5.5 버전부터는 비록 CS5 버전과 호환이 가능하도록 바뀌었으며 CS6 버전에서는 CS5.5 버전과 호환이 되도록 개선되었습니다. 새로운 기능 못지않게 앞으로의 개선이 더욱 주목되어지는 부분입니다.

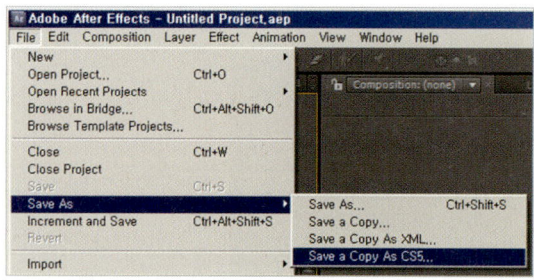
▲ CS5의 Save As 메뉴

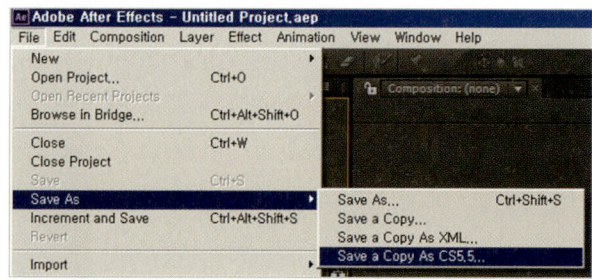
▲ CS5.5의 Save As 메뉴

디자인의 활력을 불어 넣어주는 Brainstorm

애프터이펙트가 놀라울만큼 강력한 기능들로 업그레이드 되는 시초가 되었다고 볼 수 있는 Brain storm은 CS3 버전부터 추가된 기능으로 업그레이드 되면서 아이콘의 변화가 있었지만 디자인적인 요소의 또 다른 면을 보여주어 작업에 활력을 불어 넣어줄 수 있는 좋은 기능입니다.

▲ CS3 버전부터 추가 된 브레인스톰(Brainstorm)

프리미어 프로의 편집 퀄리티를 높여주는 DynamicLink

프로덕션 콜렉션과 마스터 콜렉션의 프리미어 프로와 애프터이펙트에 해당되는 Adobe Dynamic Link 기능은 버전이 업그레이드 될수록 성능이 개선되면서 애프터이펙트의 익스프레션까지 사용할 수 있게 되었습니다. 어도비의 넌리니어 편집프로그램인 프리미어 프로로 편집한 프로젝트에 애프터이펙트만이 가진 이펙트를 적용하여 편집의 퀄리티를 높일 수 있게 되었습니다.

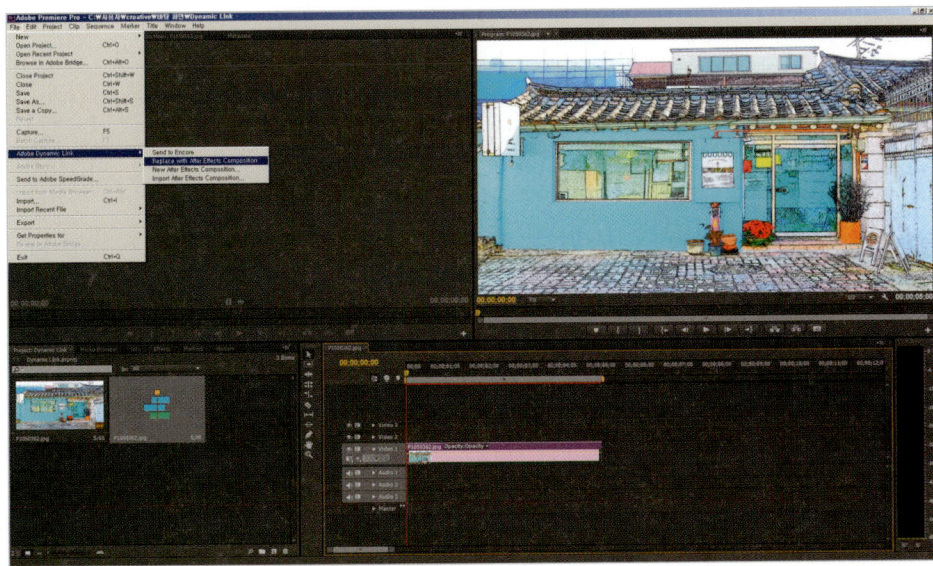

▲ 프리미어 프로의 Dynamic Link

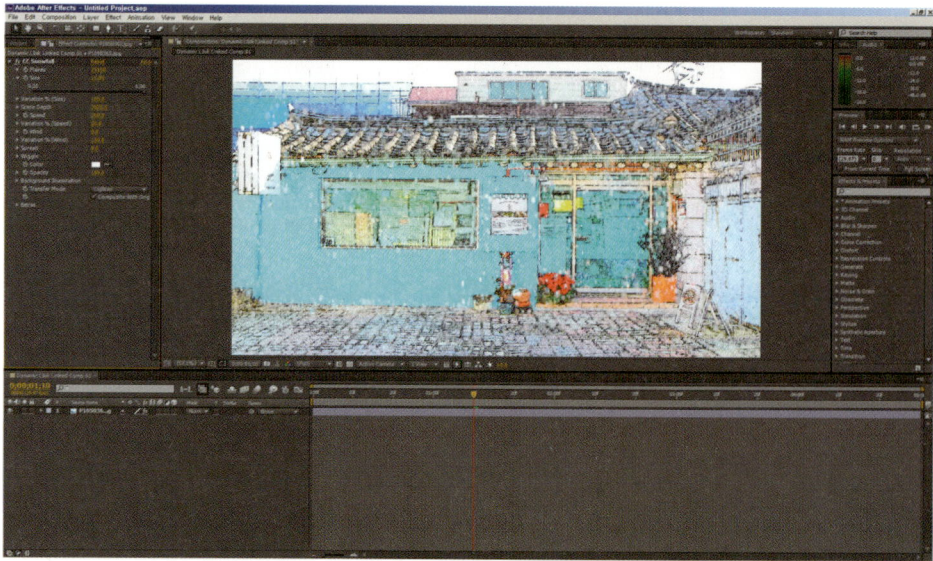

▲Dynamic Link로 실행된 애프터이펙트

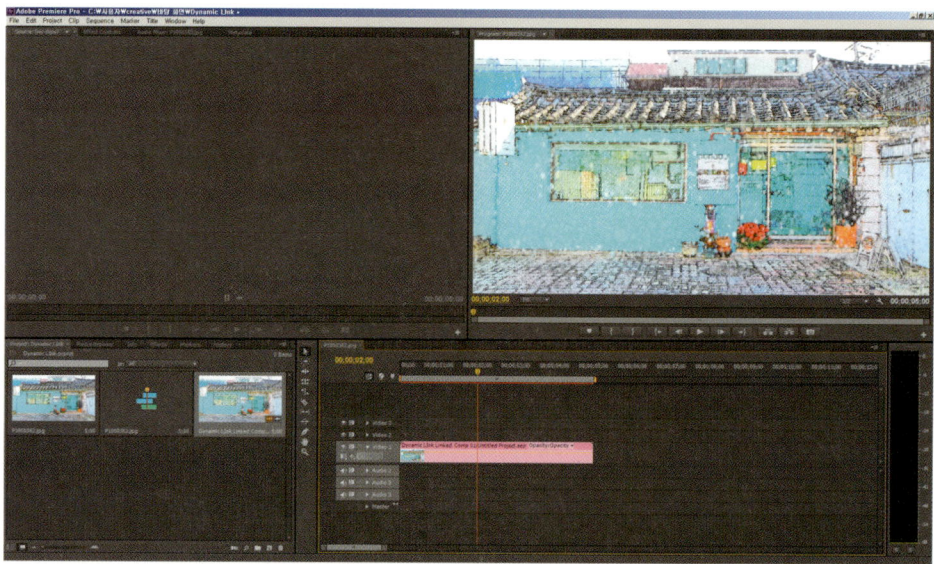

▲Dynamic Link 작업이 반영된 프리미어 프로 프로젝트

이외에 달라진 기타 자세한 내용들은 실제 작업에서 효율적으로 활용할 수 있도록 메뉴 부분의 중요한 기능들을 설명한 챕터 3의 [Ae CS6의 메뉴(기능) 알아보기]를 참고하시면 됩니다.

03 인터페이스와 각 패널 이해하기

애프터이펙트를 실행하면 이전에 작업했던 프로젝트가 표시되어지는 Recent Projects의 Welcome to Adobe After Effects 창이 활성화됩니다. Open Project 창을 통해 새로운 프로젝트를 열거나 New Composition으로 새로운 작업 공간을 설정할 수 있습니다. 프로그램을 실행할 때마다 다른 내용이 표시되어지는 Tip of the Day를 통해 애프터이펙트에 대한 팁을 참고할 수 있습니다. Show Welcome and Tip of the Day at startup의 체크박스를 해제하면 프로그램을 실행할 때 표시되어지지 않도록 설정할 수 있습니다.

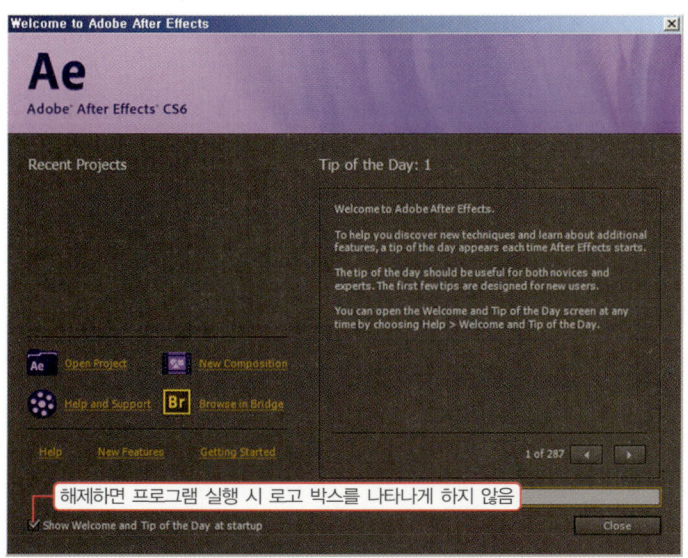

해제하면 프로그램 실행 시 로고 박스를 나타나게 하지 않음

TIP 사용자 레이아웃 설정하기

애프터이펙트는 7.0 버전부터 패널들 간의 간격을 상하좌우로 조절할 수 있을 뿐만 아니라 패널 안에 다른 패널을 드래그하여 같은 탭에서 사용할 수 있도록 레이아웃을 설정할 수 있습니다. 그림과 같이 다른 패널로 드래그하여 가운데 영역의 색상이 보라색으로 표시된 상태에서 위치시키면 같은 패널 안에 탭으로 존재하게 되어 단일 모니터 환경에서도 유용하게 인터페이스를 활용할 수 있습니다.

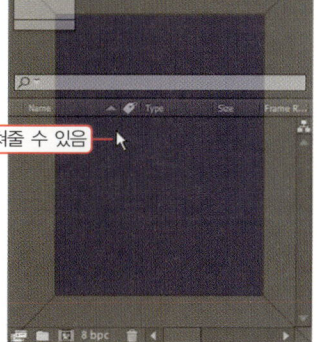

패널을 드래그하여 다른 패널로 합쳐줄 수 있음

Ae CS6 인터페이스

애프터이펙트는 풀다운 메뉴, 툴 패널, 프로젝트 패널, 컴포지션 패널, 레이어 패널, Info / Audio 패널, Preview 패널, Effects & Presets 패널, 타임라인 패널 등으로 구성되어 있습니다. 각각의 패널들은 패널의 경계(스플리터)를 이동하여 패널의 크기를 조절할 수 있으며 위치 또한 원하는 곳으로 자유롭게 변경할 수 있습니다.

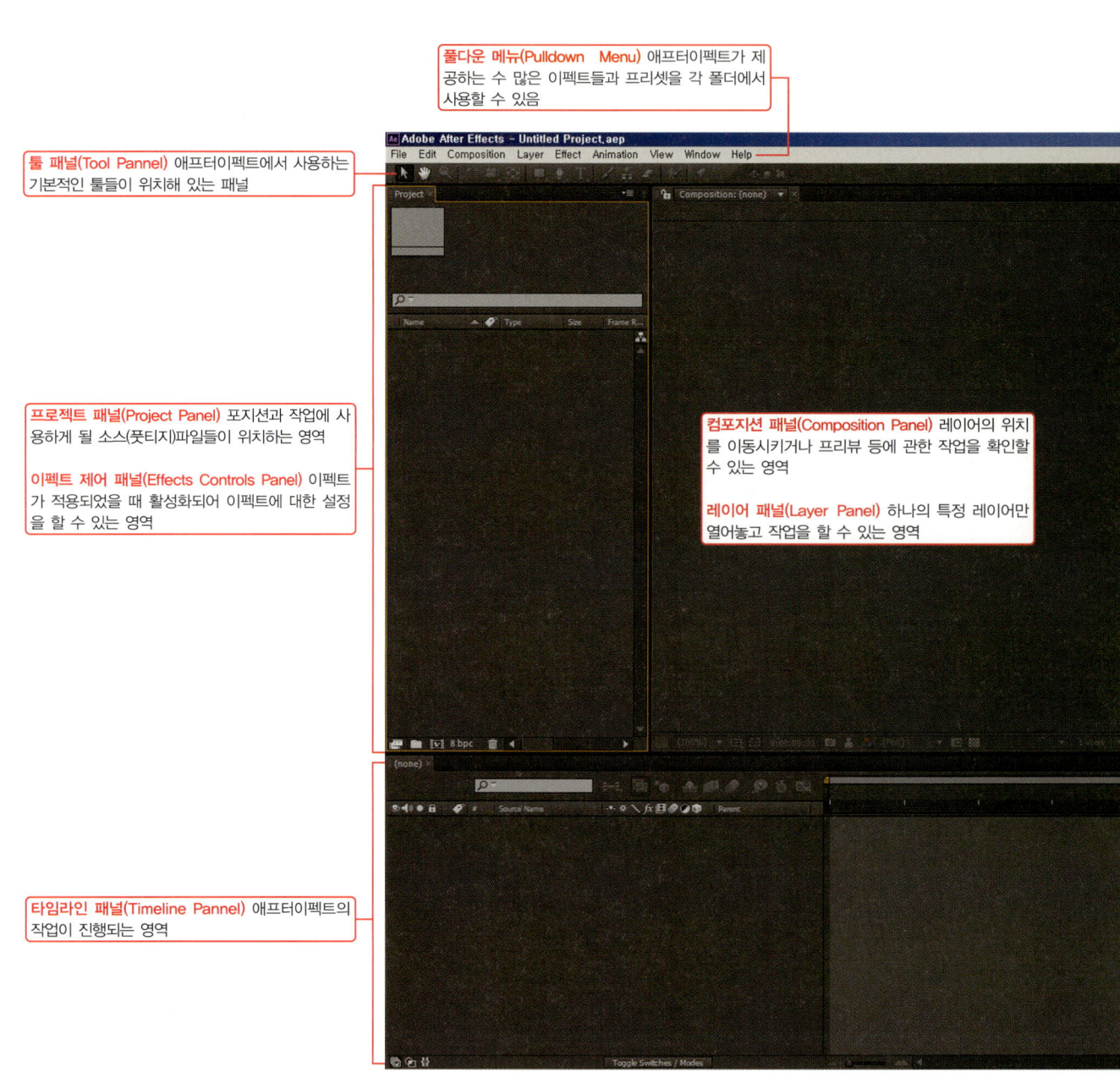

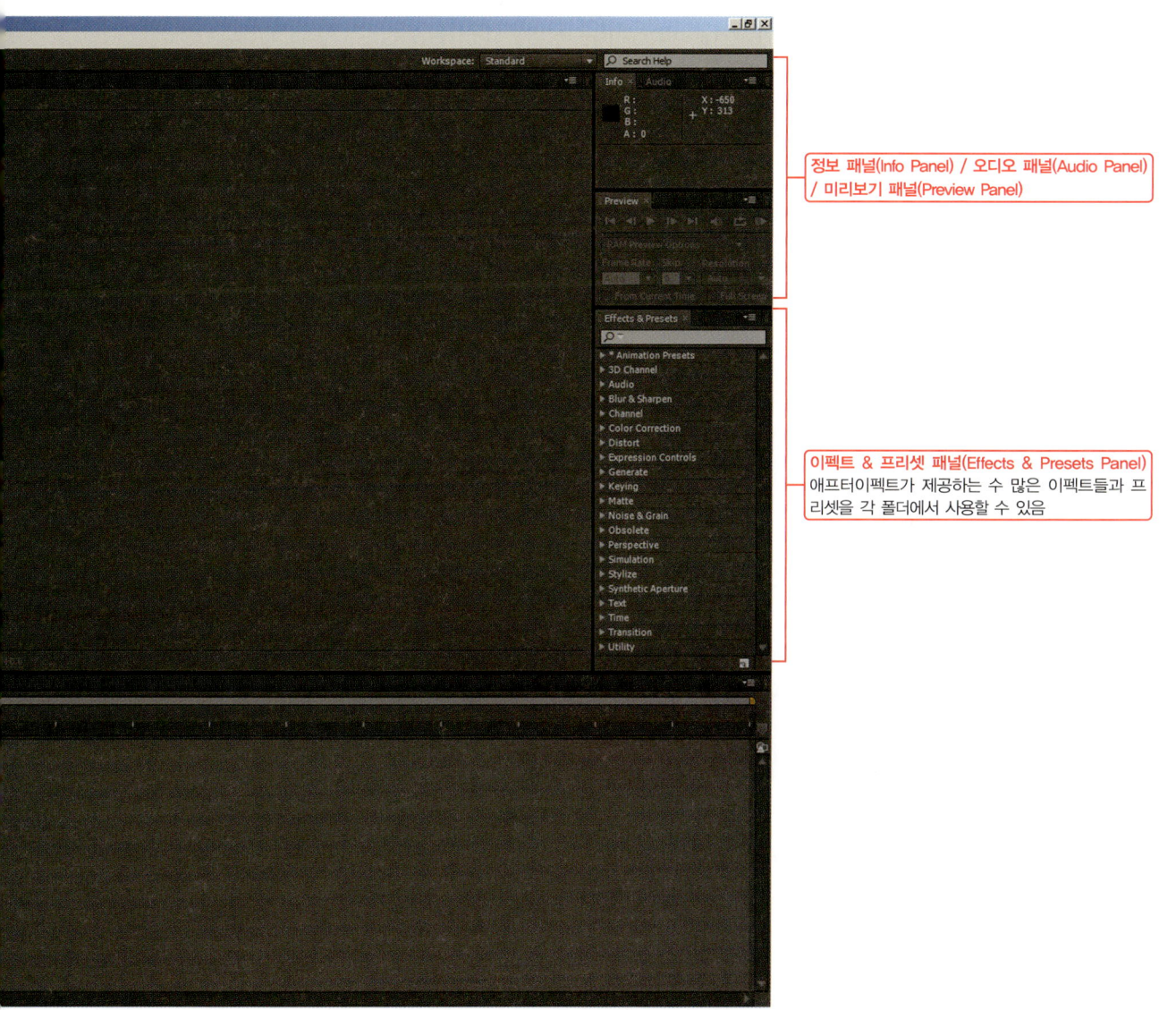

인터페이스와 각 패널 이해하기 029

툴 패널(Tool Pannel)

애프터이펙트에서 사용하는 기본적인 툴들이 위치해 있는 패널입니다.

■ 선택 툴(Selection Tool) 선택, 이동, 확대, 축소 등의 기본 조작을 할 수 있습니다.

■ 손바닥 툴(Hand Tool) 컴포지션 패널 화면을 드래그하여 이동할 수 있습니다. 키프레임 애니메이션을 만들 때 자주 사용하는 툴로 선택 툴인 상태에서 스페이스바를 누르면 손바닥 툴로 표시되어집니다.

■ 줌 툴(Zoom Tool) 컴포지션 패널의 화면 표시 비율을 변경할 수 있습니다. 마우스의 휠 버튼을 사용하면 편리하게 표시 비율을 조절할 수 있습니다. 스페이스바를 누르고 있는 동안 손바닥 툴이 활성화됩니다.

■ 회전 툴(Rotation Tool) 컴포지션 패널에서 선택한 레이어를 회전시킬 수 있습니다. 줌 툴과 마찬가지로 스페이스바를 누르고 있는 동안 손바닥 툴이 활성화됩니다.

■ 카메라 툴(Camera Tool) 3D 레이어로 전환한 다음 카메라 레이어를 만들어 사용자가 원하는 각도로 바꿀 수 있습니다. 애프터이펙트에서 가장 많이 사용하는 툴로 CS4 버전부터는 통합 카메라 툴인 Unified Camera Tool이 추가되었습니다. 카메라 툴이 선택된 상태에서 단축키 C를 누를 때마다 카메라 툴을 쉽게 바꾸어 선택할 수 있습니다.

■ 중심점 이동 툴(Pen Behind Tool) 레이어의 중심점을 이동하여 바꿀 수 있습니다.

■ 마스크 툴(Rectangle / Ellipse Tool…) 사각, 원형, 폴리곤, 별 모양의 마스크나 쉐이프 레이어를 만들 수 있습니다.

■ 펜 툴(Pen Tool) 펜 툴로 레이어에 패스를 그려서 마스크를 만들 수 있습니다. CS6 버전에는 패스로 지정한 영역을 자유롭게 조절할 수 있도록 Mask Feather Tool 툴이 추가되었습니다.

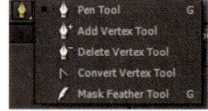

9 텍스트 툴(Text Tool) 가로, 세로로 텍스트를 입력하여 텍스트 레이어를 만들 수 있습니다.

10 브러시 툴(Brush Tool) 브러시 툴로 글미을 그릴 때 사용합니다. 컴포지션 패널에서는 사용할 수 없습니다. 브러시 툴을 사용하려는 레이어를 더블 클릭하여 컴포지션 패널 화면에 표시된 레이어 패널에서 브러시 툴을 사용하면 컴포지션 패널의 화면에 바로 적용됩니다.

11 도장 툴(Clone Stamp Tool) 포토샵의 도장 툴과 비슷한 기능으로 원본에서 Alt 키를 누르고 복사하려는 부분을 선택한 다음 붙여넣고자 하는 영역에서 드래그하면 복사한 부분이 보여지게 됩니다.

12 지우개 툴(Eraser Tool) 브러시 툴, 도장 툴과 마찬가지로 레이어 패널에서만 사용할 수 있으며 레이어에서 지우고자 하는 부분에 사용합니다. 브러시 툴이 선택 된 상태라면 Ctrl 키를 누른 상태에서 키보드 B 키를 누를 때마다 도장 툴, 지우개 툴, 브러시툴로 바꾸어가며 사용할 수 있습니다.

13 로토 브러시 툴(Roto Brush Tool) 레이어(이미지)의 특정 피사체의 모습만 남기고 배경을 빼기 위해 사용됩니다. 피사체의 경계를 선으로 그려서 뺄 수 있습니다.

14 퍼펫 툴(Puppet Tool) CS3 버전부터 툴 패널에 추가된 기능으로 텍스트나 도형, 스틸 이미지 등을 움직이는 애니메이션으로 만들 수 있습니다.

15 워크스페이스(Workspace) 작업의 목적에 맞게 워크스페이스를 선택할 수 있습니다. New Workspace로 사용자만의 워크스페이스를 만들 수 있습니다. Reset "Standard" …부분에서 선택한 워크스페이스를 처음 상태로 되돌릴 수 있습니다.

프로젝트 패널(Project Panel)

애프터이펙트의 컴포지션과 작업에 사용하게 될 소스(풋티지)파일들이 위치하는 곳입니다.

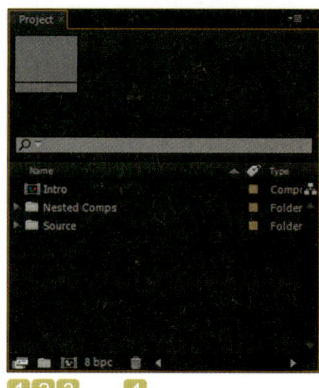

1 Interpret Footage 프로젝트 패널의 풋티지에 대한 정보를 변경할 수 있습니다.

2 Create a new folder 프로젝트 패널에 폴더를 만들어 관련된 소스들을 관리할 수 있습니다.

3 Create a new Composition Composition 메뉴의 New Composition과 같은 기능으로 새로운 작업 환경을 설정할 수 있습니다.

4 Delete selected project items 선택한 파일을 삭제합니다. 파일을 선택하고 휴지통 아이콘으로 직접 드래그해도 되며 파일이 선택된 상태에서 편리하게 Delete 키를 눌러 삭제할 수도 있습니다.

타임라인 패널(Timeline Pannel)

애프터이펙트의 작업이 진행되는 곳입니다.

1 Composition Mini-Flowchart 컴포지션의 작업 흐름이 차트 형식으로 보여지게 됩니다.

2 Live Update 실시간으로 보여지게 됩니다. 체크가 해제되어 있으면 타임라인 바를 드래그하는 동안 컴포지션 패널의 화면에 애니메이션되는 과정이 표시되어지지 않고 타임라인 바의 이동이 끝난 지점의 화면이 보여지게 됩니다.

❸ Draft 3D 3D 레이어의 해상도를 낮추어 표시하여 작업의 속도를 높일 수 있습니다.

❹ Shy ■를 체크한 레이어가 타임라인에서 표시되지 않도록 합니다. 타임라인 패널을 넓게 활용할 수 있습니다. 감추어주는 것이지 삭제되는 것은 아닙니다. 아이콘을 다시 클릭하면 감추어졌던 레이어가 타임라인 패널에 표시되어 보여지게 됩니다.

❺ Flame Blending ■을 체크한 레이어에 Flame Blend를 적용합니다.

❻ Motion Blur ■를 체크한 레이어에 Motion Blur을 적용합니다. 레이어의 Motion Blur 박스만 체크하고 상단의 Motion Blur 아이콘을 활성화 시키지 않으면 블러가 적용되지 않습니다. 작업 중에는 시스템이 느려지므로 마지막에 체크하도록 합니다.

❼ Brainstorm CS3 버전부터 추가된 기능으로 레이어에 적용된 속성에 대해 여러 가지 값이 적용된 다른 결과물들을 보여줍니다. 맘에 드는 다른 결과물을 선택하여 적용할 수 있습니다.

❽ Auto-keyframe properties when modified CS5 버전부터 추가된 기능으로 버튼을 활성화시키고 속성 값에 변화를 주면 타임라인 바가 위치해 있는 시간대에 자동으로 키프레임이 만들어지게 됩니다.

❾ Graph Editor 선택한 키프레임의 속성 값을 그래프 형태로 표시합니다.

❿ Video 컴포지션 패널에 화면을 표시합니다.

⓫ Audio 레이어에 오디오가 있을 경우에만 스피커 모양의 아이콘이 표시됩니다.

⓬ Solo 체크한 레이어만 컴포지션 패널에 보여집니다.

⓭ Lock 속성 값이나 위치가 변경되지 않도록 잠금 설정을 합니다.

⓮ Search CS4 버전부터 추가된 기능으로 타임라인 패널에 나타내려는 속성을 활성화시킬 때 사용합니다.

⓯ Label 더블클릭하여 레이어 바의 색상을 바꾸어 표시할 수 있습니다.

⓰ Layer Number 레이어가 쌓인 순서를 나타냅니다. NumLock 숫자 패드의 키로 레이어를 선택할 수 있습니다. 1 키와 0 키를 누르면 10번째 레이어가 선택됩니다.

⓱ Layer Name / Source Name 레이어가 선택(밝은 회색 반전 표시) 된 상태에서 Enter 키를 눌러 Layer Name를 바꿀 수 있습니다. Layer Name 바 부분을 클릭하면 Source Name이 표시되어 파일의 원래 이름을 확인할 수 있습니다.

18 Toggle Switches / Modes CS3 버전부터 하단에 추가되어 Switches Mode와 Trkmat Mode를 타임라인 패널의 같은 위치에서 바뀌어 표시됩니다. Switches Mode 상태에서 F4 키를 누르면 아래 버튼을 누르지 않고도 TrkMat Mode로 빠르게 전환할 수 있습니다.

19 Shy 비디오 아이콘이 활성화되어 있으면 컴포지션 패널의 화면에는 보이지만 타임라인에서 레이어가 보이지 않도록 설정합니다. 단 타임라인 패널에서 감추려는 레이어를 체크한 다음 반드시 상단의 Shy 아이콘을 클릭해야 감추어집니다.

20 Collapse / Vector Layer 확대하거나 축소할 때의 화질을 향상시켜 줍니다. ai 파일의 경우 반드시 체크를 해 주어야 벡터의 특징을 활용할 수 있습니다.

21 Quallity 해상도를 최고와 최저의 상태로 표시할 수 있습니다.

22 Effect 레이어에 이펙트가 적용되면 fx가 표시됩니다. 원활한 작업 진행을 위해서는 최종 출력 전까지 체크 표시를 해제해 놓으면 작업 속도를 높일 수 있습니다.

23 Flame Blend 영상이 나타내는 속도를 느리게 설정하였을 경우 프레임을 보완하여 부드럽게 설정합니다.

24 Motion Blur 애니메이션에 블러 효과를 적용하여 잔상이 보여지도록 설정합니다.

25 Adjustment Layer 선택한 레이어에 적용된 이펙트를 하위의 모든 레이어에도 적용시킵니다.

26 3D Layer 레이어를 3D 공간상으로 위치되도록 설정하고 제어할 수 있습니다.

27 블렌딩 모드(Blending Mode) 상하 레이어의 색상, 밝기, 채도 등을 연산하여 합성을 할 때 사용됩니다.

28 트랙 매트(Track Matte) 레이어의 알파채널, 밝기에 관한 채널을 통해 합성을 할 때 사용됩니다.

29 Parent 부모로 설정한 레이어와 함께 움직이도록 설정합니다.

30 Time Navigator 타임라인 전체 시간을 원하는 시간 단위로 표시할 수 있습니다. 타임라인 패널 하단의 줌 슬라이드 버튼과 같은 기능입니다.

31 Current Time Indicator(CTI) 타임라인 바 또는 타임마커라고 부르며 타임라인에서 CTI가 위치한 시간을 타임코드로 나타냅니다. 원하는 시간으로 이동할 경우 타임코드의 시간 단위에 마우스 커서를 가져가 드래그하여 이동하거나 타임코드를 클릭하여 활성화되는 Go to Time 창에 시간을 입력하여 이동할 수 있습니다. 타임코드의 시간은 시;분;초;프레임으로 표시되며 2분으로 이동시킬 경우 0;02;00;00을 입력하거나 20000을 입력하면 됩니다.

32 Work Area 렌더링이나 프리뷰의 범위를 지정할 수 있습니다. 프리뷰를 시작할 지점은 B 키, 끝나는 지점은 N 키로 바를

드래그하지 않고 빠르게 설정할 수 있습니다.

33 Comp Maker 타임라인에 마커를 설정할 수 있습니다.

34 컴프 버튼(Comp Button) 타임라인 패널 상태에서 컴포지션 패널 상태로 전환합니다.

35 줌 인/아웃(Zoom in/out) 타임라인 패널의 시간 단위를 확대/축소할 수 있습니다.

컴포지션 패널(Composition Panel)

레이어의 위치를 이동시키거나 프리뷰 등에 관한 작업을 확인할 수 있는 곳입니다.

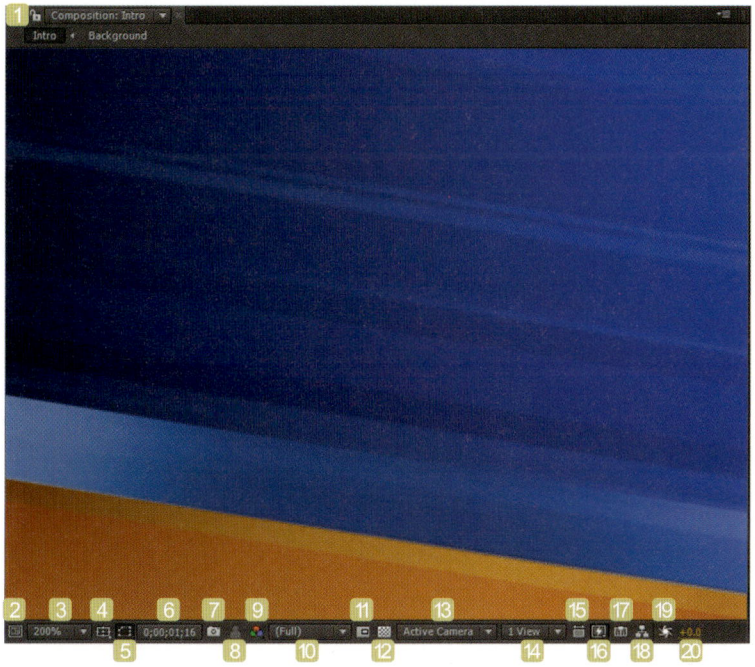

1 Triangle for opening Viewer menu 컴포지션 패널의 열기, 잠금, 닫기, 이동 등을 설정합니다.

2 Always preview This View 현재 표시되는 화면을 항상 프리뷰합니다.

3 Magnification ratio pupop 표시할 화면의 비율을 선택할 수 있습니다. 마우스의 휠 버튼을 사용하면 편리하게 늘이거나 줄여서 표시할 수 있습니다.

4 Grid and Guide options TV모니터에 표시되는 부분의 안전영역 표시와 포토샵과 일러스트처럼 그리드 및 줄자가 컴포지션 패널의 화면에 표시되도록 설정할 수 있습니다.

⑤ Toggle Mask 마스크 표시를 나타내거나 숨길 수 있습니다.

⑥ Current Time 입력한 시간 단위로 타임라인 바의 위치를 이동시킬 수 있습니다.

⑦ Snapshot 타임라인 바가 위치해 있는 부분의 화면을 임시로 저장해 놓습니다. 이펙트 적용 및 합성 작업 시 비교용으로 참고할 수 있습니다. 단 저장은 되지 않습니다.

⑧ Show last snapshot 마지막으로 찍은 Snapshot의 화면을 보여줍니다.

⑨ Show Channel 색상의 채널을 바꾸어 표시할 수 있습니다.

⑩ Resolution 컴포지션 패널에 표시되는 화면의 해상도를 바꿀 수 있습니다. 고해상도의 작업을 진행하는 경우 최종 결과물을 만들기 전까지 일부러 해상도를 낮추어 작업을 진행하기도 합니다.

⑪ Region of Interest 프리뷰하려는 화면의 범위만 컴포지션 패널의 화면에 나타나도록 설정할 수 있습니다.

⑫ Toggle Transparency Grid 컴포지션 패널의 배경을 투명도가 있는 그리드로 설정할 수 있습니다. 컴포지션 패널의 화면에 표시된 Background Color은 CS4 버전까지는 Composition 메뉴의 Background Color에서 변경할 수 있었지만 CS5 버전부터는 Composition Settings에서 변경할 수 있도록 바뀌어졌습니다.

⑬ 3D View Popup 컴포지션 패널에 표시할 카메라의 각도를 선택할 수 있습니다.

⑭ Select view layout 컴포지션 패널의 화면을 3D 프로그램처럼 분할하여 여러 각도를 동시에 볼 수 있도록 설정할 수 있습니다.

⑮ Pixel Aspect Ratio Correction 비율이 다른 컴포지션을 보정하여 표시합니다.

⑯ Fast Previews 프리뷰 화질을 설정합니다.

⑰ Timeline 타임라인 패널이 활성화(주황색 라인으로 표시)됩니다.

⑱ Composition Flochart 컴포지션 패널에 작업 흐름이 차트로 표시되어 보여집니다.

⑲ Reset Exposure(affects view only) Adjust Exposure에서 설정한 노출 값을 초기화합니다.

⑳ Adjust Exposure(affects view only) 좌우로 드래그하거나 직접 입력하여 노출 값을 설정합니다. 최종 결과물에는 반영되지 않으며 프리뷰에서만 보여지게 됩니다.

정보 패널(Info Panel)

마우스 포인터가 가리키는 색상과 알파값에 대한 정보 및 위치 값을 확인할 수 있는 곳입니다. 정보 패널이 활성화된 상태에서 마우스 휠을 움직이면 패널의 정보를 확대해서 볼 수 있습니다. 프로그램을 다시 실행하면 초기 상태로 표시됩니다.

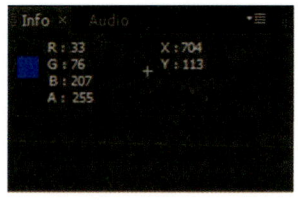

오디오 패널(Audio Panel)

오디오를 프리뷰할 때 음량의 표시를 참고할 수 있으며 조절할 수 있는 곳입니다. 스테레오의 경우 좌우 음량이 따로 표시되도록 설정할 수 있습니다.

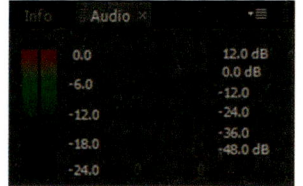

미리보기 패널(Preview Panel) : CS3 버전 이하 Time Controls 패널

타임라인 패널에서 작업한 것을 영상으로 재생하여 컴포지션 패널에 보여지도록 제어하는 곳입니다. 램 프리뷰 버튼을 누르면 프리뷰가 진행되며 애프터이펙트로 작업한 결과물을 확인하기 위해 반드시 거쳐야 되는 패널입니다.

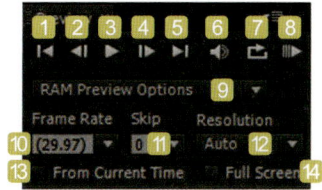

1 First Frame 맨 처음 시작하는 프레임으로 이동합니다.

2 Previous Frame 타임라인 바(CTI)가 위치한 이전 프레임을 이동합니다.

3 Play / Pause 프리뷰를 재생하거나 멈추게 합니다. 키보드의 스페이스바도 같은 기능이지만 이것은 가상으로 보여지는 것입니다.

4 Next Frame 타임라인 바(CTI)가 위치한 다음 프레임으로 이동합니다.

5 Last Frame 마지막 끝나는 프레임으로 이동합니다.

6 Mute Audio 오디오를 포함하여 프리뷰할 것인지 선택할 수 있습니다.

7 Change loop options 반복적이거나 앞뒤로 또는 한 번만 프리뷰되도록 설정할 수 있습니다.

8 RAM Preview 렌더링 과정을 통해 작업한 결과물을 확인할 수 있습니다. 애프터이펙트에서 가장 많이 사용하는 부분으로 NumLock 숫자 키의 0 키를 사용하여 편리하게 프리뷰를 진행할 수 있습니다.

9 RAM Preview Options RAM Preview Options와 Shift + RAM Preview Options 두 가지 중에서 선택할 수 있습니다.

10 Frame Rate 컴포지션의 Frame Rate 설정을 바꾸어 프리뷰할 수 있습니다.

11 Skip 프레임 수를 생략하여 렌더링되도록 설정할 수 있습니다.

12 Resolution 렌더링되는 해상도를 선택할 수 있습니다. 컴포지션 패널에서 사용한 해상도를 적용하려면 Auto를 선택합니다.

13 From Current Time 타임라인 바(CTI)가 위치한 시간부터 프리뷰를 진행합니다.

14 Full Screen 모니터 전체 화면으로 프리뷰된 화면이 보여지게 됩니다. 다른 패널들이 보이지 않기 때문에 결과물에 집중하여 프리뷰할 때 사용하면 편리할 것입니다.

이펙트 & 프리셋 패널(Effects & Presets Panel)

애프터이펙트가 제공하는 수 많은 이펙트들과 프리셋이 각 폴더 안에 존재합니다. 적용하려는 이펙트를 선택하여 더블클릭하거나 컴포지션 패널 및 타임라인 패널의 레이어로 드래그 앤 드롭하여 적용하면 됩니다. Effects & Presets의 검색 창에서 적용하려는 이펙트나 프리셋의 몇 글자만 입력해도 비슷한 단어가 들어있는 이펙트들이 폴더별로 분류되어 표시되어 쉽게 찾을 수 있습니다. 검색 창에 입력한 단어를 삭제해야 이펙트 폴더 전체가 표시됩니다.

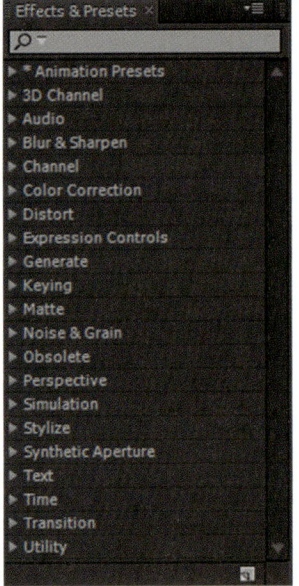

이펙트 제어 패널(Effects Controls Panel)

이펙트가 적용되었을 때 활성화되어 이펙트에 대한 설정을 할 수 있습니다. 활성화되지 않을 경우 F3 키를 누르면 됩니다.

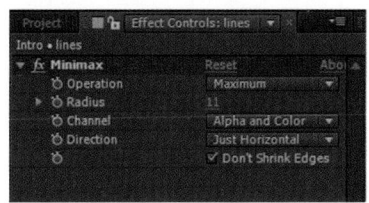

이상으로 애프터이펙트의 기본적인 워크스페이스와 자주 사용하는 패널들에 대해 알아보았습니다. 애프터이펙트에는 23가지의 패널들이 존재합니다. Windows 메뉴에서 사용하지 않는 패널들에 대한 체크를 해제하거나 패널의 우측 상단에 있는 닫기 버튼을 클릭하여 닫아 놓는 것도 작업의 효율을 높이는 방법입니다.

이번 챕터에서는 애프터이펙트의 인터페이스와 각 패널을 이해하고 기본이 되는 전체적인 작업 순서를 통해 애프터이펙트에서의 작업 흐름이 어떻게 전개되는지 알아보도록 하겠습니다.

SECTION 04 새로운 컴포지션 설정하기
SECTION 05 파일 불러와(Import) 타임라인에 소스(푸티지) 추가하기
SECTION 06 키프레임 애니메이션 이해하기
SECTION 07 이펙트 적용하기
SECTION 08 Movie 파일로 출력하기
SECTION 09 Collect Files로 프로젝트 정리하기

Ae의 작업 흐름 이해하기

02

04 새로운 컴포지션 설정하기

애프터이펙트를 실행하면 이전에 작업했던 프로젝트가 표시되어지는 Recent Projects의 Welcome to Adobe After Effects 창이 활성화됩니다. Open Project 창을 통해 새로운 프로젝트를 열거나 New Composition으로 새로운 작업 공간을 설정할 수 있습니다. 프로그램을 실행할 때마다 다른 내용이 표시되어지는 Tip of the Day를 통해 애프터이펙트에 대한 팁을 참고 할 수 있습니다. Show Welcome and Tip of the Day at startup의 체크박스를 해제하면 프로그램을 실행할 때 표시되어지지 않도록 설정할 수 있습니다.

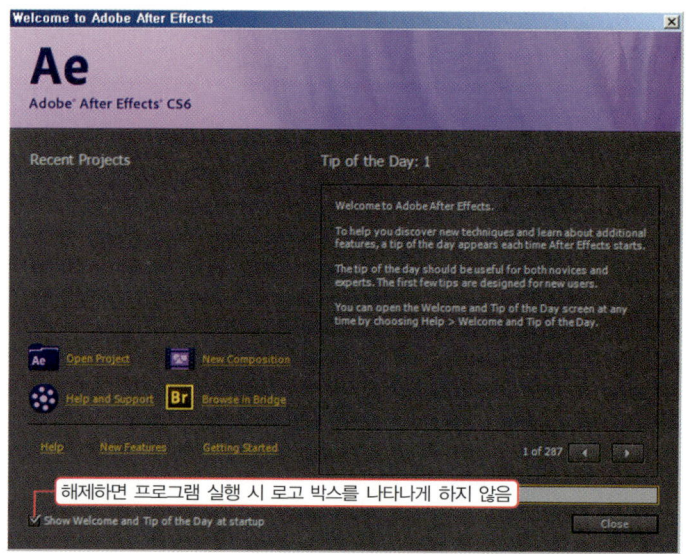

애프터이펙트로 작업을 시작하기 위해서 영상 포멧 등을 컴포지션으로 설정하게 됩니다. 애프터이펙트는 다른 어도비 프로그램들과 달리 File 메뉴가 아닌 Compositon 메뉴의 New Composition을 통해 새로운 작업 환경을 설정하게 되어있습니다.

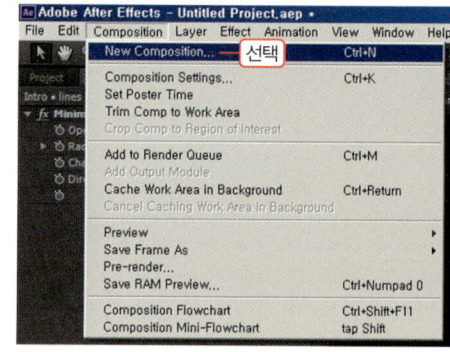

앞서 설명한 것처럼 New Composition을 선택하면 Composition Settings 창이 활성화됩니다. 이 설정 창에서는 새로운 컴포지션의 규격을 세부적으로 설정할 수 있습니다.

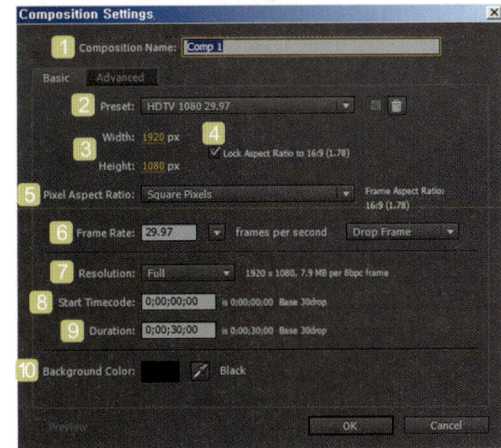

1 Composition Name 컴포지션의 이름을 입력합니다.

2 Preset 애프터이펙트가 제공하는 기본값을 선택하여 사용할 수 있으며 사용자가 직접 값을 입력하여 프리셋으로 저장해 놓고 사용할 수 있습니다. Resolution, Start Timecode, Duration은 프리셋으로 저장되지 않습니다. 웹, 방송, 영화 등으로 나뉘어 제공되는 기본 프리셋 ▶

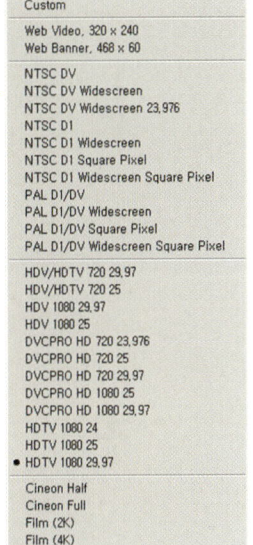

3 Width / Height 컴포지션의 가로와 세로 사이즈를 설정합니다.

4 Lock Aspect Ratio 체크를 해제하면 컴포지션의 가로와 세로 사이즈를 각각 설정할 수 있습니다.

5 Pixel Aspect Ratio 가로 / 세로의 픽셀 종횡비를 설정합니다.

6 Frame Rate 1초간 몇 장의 그림을 재생할 것인가를 설정합니다. NTSC(미국, 한국, 일본 등)은 30(29.97), 영화는 24프레임, PAL 방식은 25프레임으로 설정되어 있습니다.

7 Resolution 프리뷰나 렌더링의 해상도를 설정합니다. 설정된 값이 컴포지션 패널에 적용됩니다.

8 Start Timecode 공동 작업을 할 때 유용한 부분으로 타임코드의 시작되는 시간을 바꾸어 표시할 수 있습니다.

9 Duration 작업을 위해 타임라인 패널에 표시되는 시간을 사용자가 직접 입력합니다.

10 Background Color 컴포지션의 배경 색상을 설정합니다. 배경 색상은 최종 출력물에는 영향을 주지 않습니다.

컴포지션 만드는 또다른 방법들

Composition 메뉴의 New Composition을 클릭하여 컴포지션 설정 창을 나타내지 않고 컴포지션을 설정할 수 있는 몇 가지 다른 방법이 있습니다. 애프터이펙트를 실행한 다음 프로젝트 패널 하단의 Create a new Composition 아이콘을 클릭하면 앞서 살펴본 Composition Settings 창이 활성화되어 컴포지션을 설정할 수 있습니다.

프로젝트 패널에 불러들인 소스를 Create a new Composition 아이콘으로 드래그 앤 드롭하면 소스 파일과 같은 사이즈의 컴포지션 파일이 만들어지게 됩니다. 드래그 앤 드롭으로 프로젝트 패널에 만들어진 컴포지션 파일을 더블클릭하면 컴포지션 패널과 타임라인 패널에 파일이 표시됩니다.

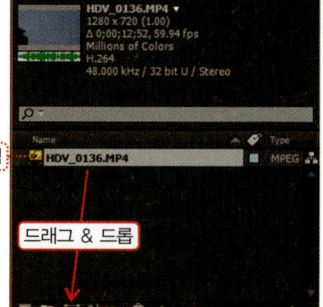

05 파일 불러와(Import) 타임라인에 소스 (푸티지) 추가하기

애프터이펙트로 작업을 진행하기 위해서는 소스파일을 프로젝트 패널에 불러들이는 Import 과정을 진행하게 됩니다. 기본적으로 풀다운 메뉴에서 File 〉 Import 〉 File을 선택하여 불러오지만 때에 따라서는 다른 방법을 이용하기도 합니다. 복수의 파일을 불러들여야 할 경우 File 메뉴의 Import에서 File이 아닌 Multiple File…를 선택하면 여러 개의 파일을 한 번에 불러들일 수 있습니다.

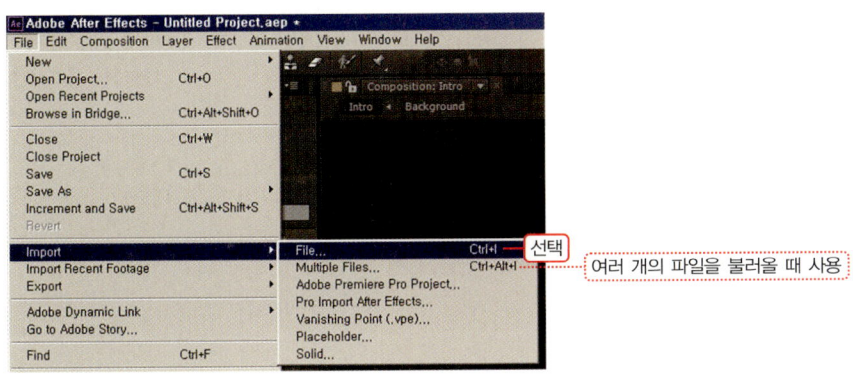

프로젝트 패널에서 마우스 오른쪽 버튼을 클릭하여 활성화되는 팝업리스트에서 Import의 File…을 선택하여 사용할 파일을 불러들일 수도 있습니다. 파일을 불러들이는 가장 편리한 방법은 프리미어 프로와 똑같이 프로젝트 패널의 빈 곳을 더블클릭하여 Import 창을 활성화시켜 불러들이는 것입니다.

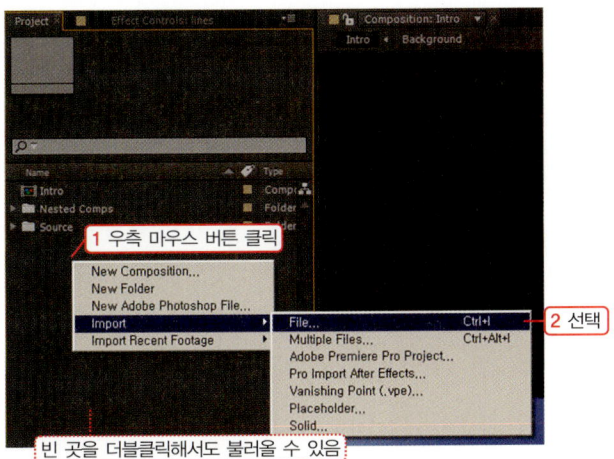

파일을 불러들이려는 경로에서 폴더를 선택하고 Import 창 하단의 [폴더 가져오기]를 클릭하면 폴더 통째로 프로젝트 패널에 불러 들일 수 있습니다. 이 방법은 Multiple File 방식을 이용해야만 가능합니다.

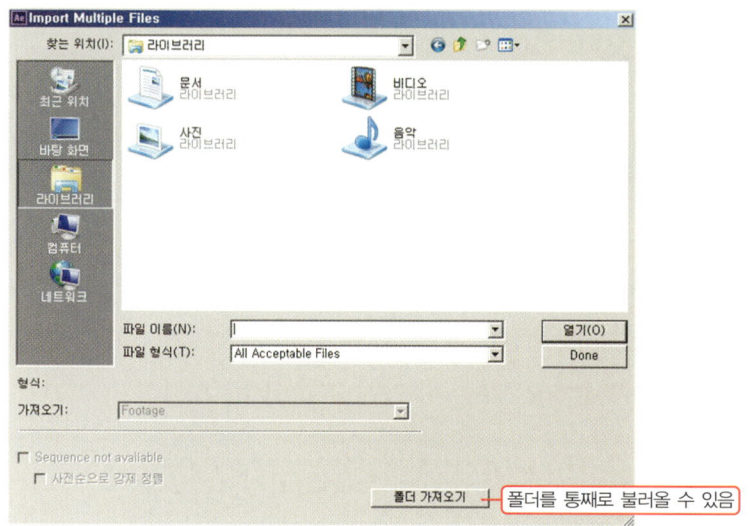

프로젝트 패널에 작업에 사용할 소스 파일을 불러들였다면 이들을 타임라인 패널에 가져다 놓아야 합니다. 타임라인 패널에 소스를 위치시키는 방법은 프로젝트 패널에서 소스 파일을 컴포지션 패널로 드래그 앤 드롭하거나 타임라인 패널로 드래그 앤 드롭하여 추가하는 방법이 있습니다.

타임라인 패널의 가져다 놓은 파일들은 포토샵의 레이어 패널처럼 위에 놓여진 레이어가 컴포지션 패널의 화면에 보여지게 됩니다.

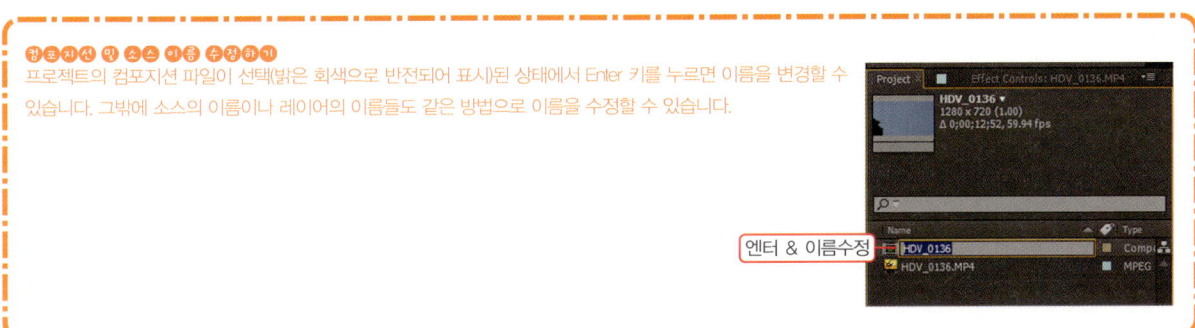

경포지션 및 소스 이름 수정하기
프로젝트의 컴포지션 파일이 선택(밝은 회색으로 반전되어 표시)된 상태에서 Enter 키를 누르면 이름을 변경할 수 있습니다. 그밖에 소스의 이름이나 레이어의 이름들도 같은 방법으로 이름을 수정할 수 있습니다.

06 키프레임 애니메이션 이해하기

애프터이펙트의 기본 애니메이션은 시간 축에 대해 프레임 이라는 단위를 사용하며 키프레임 애니메이션은 임의의 프레임에 대한 수치 값을 고정하여 만들어지는 것입니다. 아래의 설명은 애니메이션을 위한 키프레임과 시간의 관계를 표현한 것입니다.

	A지점		B지점
키프레임	◆		◆
시간	0:00	········자동보완········	1:00

A지점에서 B지점으로 이동하는 애니메이션을 만든다고 가정했을 때 A지점과 B지점에 서로 다른 값의 키프레임이 만들어져 있어야 됩니다. 키프레임을 만들지 않고 오브젝트만 B지점으로 이동시키는 것만으로는 애니메이션이 만들어지지 않습니다. 선택한 속성의 스톱워치 모양 아이콘을 클릭하면 타임라인 바(CTI)가 위치해 있는 지점에 키프레임이 만들어지게 됩니다. 애프터이펙트는 A와 B 두 키프레임 사이의 값을 자동으로 보완하여 애니메이션으로 보여지게 되는 것입니다. A와 B두 키프레임의 위치 값이 다르면 위치가 이동하는 애니메이션이 되고 투명도 값이 다르면 서서히 나타나거나 사라지는 애니메이션이 만들어지게 되는 것입니다. 두 키프레임의 값이 값으면 변화가 없는 화면이 됩니다.

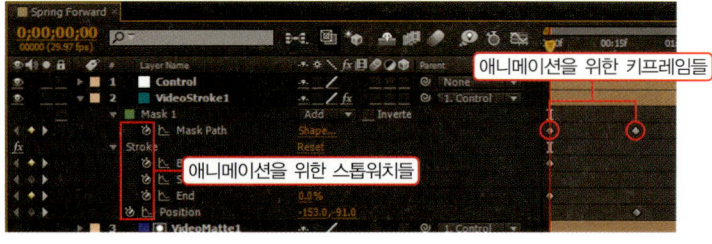

애프터이펙트의 레이어에는 기본적으로 Transform 속성을 가지고 있으며 Transform은 Anchor Point, Position, Scale, Rotation, Opacity로 이루어져 있습니다.

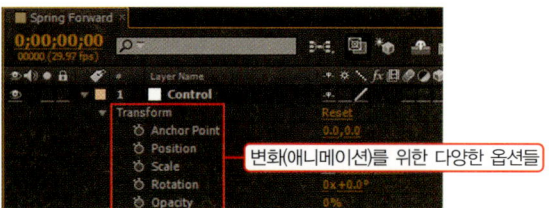

Transform의 속성은 전부 펼쳐놓고 작업하기에는 타임라인 패널의 공간이 좁다고 느껴질 것입니다. 애니메이션으로 표현하려는 속성만 단축키를 활용하여 작업을 진행할 수 있습니다. 애프터이펙트에서 자주 사용하게 되는 속성들의 단축키들은 다음과 같습니다.

모두 속성을 의미하는 단어의 첫 알파벳이 단축키로 설정되어 있다는 것을 알 수 있지만 투명도만 T로 설정이 되어있습니다. 이것은 투명도의 영어발음인 트랜스패런시(Transparency)를 생각하면 쉽게 잊어버릴 수는 없을 것입니다. 두 가지 이상의 속성을 함께 나타내고자 할 경우에는 처음에 해당 속성의 단축키를 눌러 나타내고 두 번째 이상으로 나타내려는 속성부터는 Shift 키를 먼저 누르고 해당 속성의 단축키를 누르면 됩니다. 작업 특성상 키프레임간의 이동을 자주하게 되며 키프레임이 만들어지면 아래 그림과 같은 키프레임 추가 / 삭제, 이동에 대한 아이콘이 표시됩니다.

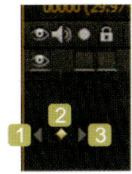

① Go to previous keyframe 타임라인 바(CTI)가 위치한 지점의 이전 키프레임으로 이동합니다.

② Add or remove keyframe at current time 타임라인 바가 위치한 시간대에 키프레임을 추가하거나 삭제합니다.

③ Go to next keyframe 타임라인 바(CTI)가 위치한 지점의 다음 키프레임으로 이동합니다.

키프레임 간의 이동은 J 키를 누르면 이전 키프레임으로 K 키를 누르면 다음 키프레임으로 편리하게 이동할 수 있습니다. 키프레임이 선택된 상태에서 Delete 키를 누르면 선택한 키프레임이 삭제됩니다.

07 이펙트(Effects) 적용하기

애프터이펙트로 작업을 하다보면 하나 이상의 이펙트를 레이어에 적용시켜 애니메이션을 만들게 됩니다. 레이어에 이펙트를 직접 적용하기도하지만 Layer 메뉴의 Adjustment 레이어를 만들어 하위 레이어들에 같은 이펙트 속성을 모두 적용시킬 수 있습니다.

타임라인 패널에서 이펙트를 적용하기 위해서는 먼저 효과를 적용하려는 레이어가 선택되어 있어야 Effect 메뉴가 활성화됩니다. 여기에서는 아무 효과나 선택하여 적용해 봅니다.

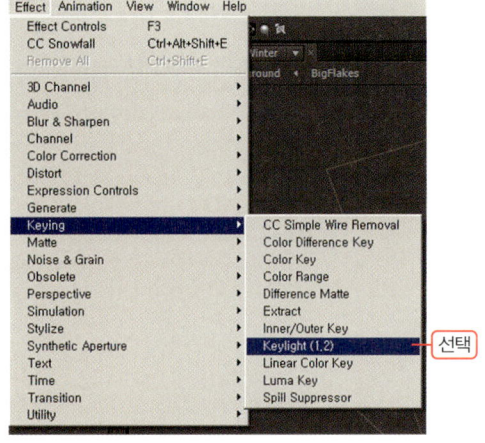

레이어에 이펙트가 적용되면 속성 값을 세부적으로 설정할 수 있도록 Effct Controls 패널이 활성화됩니다.

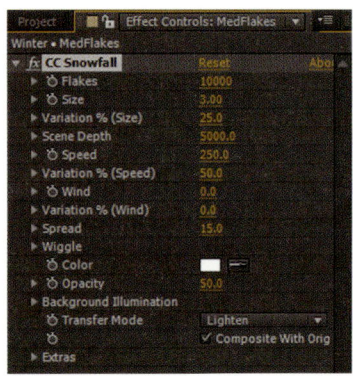

◀ 적용된 이펙트를 세부적으로 설정할 수 있는 Effect Controls 패널

Effect 메뉴에서 이펙트를 선택하여 적용하는 방법 이외에 Effects & Presets 패널의 검색창에서 이펙트명을 검색하거나 제공되는 항목의 하위 디렉토리에서 선택하여 적용할 수 있습니다.

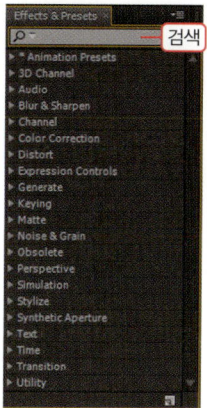

검색 창을 통해 이펙트명의 단어를 몇 글자만 입력해도 단어와 비슷한 이펙트들이 표시되어 쉽게 찾을 수 있습니다. 검색 창에 입력한 단어를 삭제해야 모든 이펙트들이 표시됩니다.

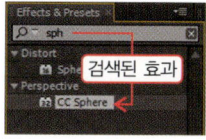

08 Movie 파일로 출력하기

RAM Preview로 작업한 결과를 확인해 보았다면 Render Queue를 통해 파일로 출력하게 됩니다. 타임라인 패널 부분에 위치하게 되는 Render Queue 창은 Window 메뉴를 통해서도 활성화시킬 수 있습니다.

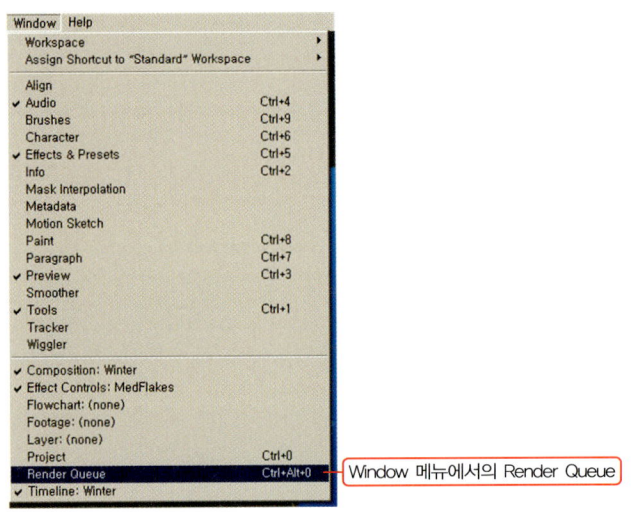

▲ Window 메뉴에서의 Render Queue

이전 버전까지 파일로 출력하기 위해 Composition 메뉴의 Make Movie(Ctrl + M)기능이 CS6 버전부터는 Add to Render Queue로 바뀌어 실행되게 되었습니다. 단축키는 이전 버전과 같습니다.

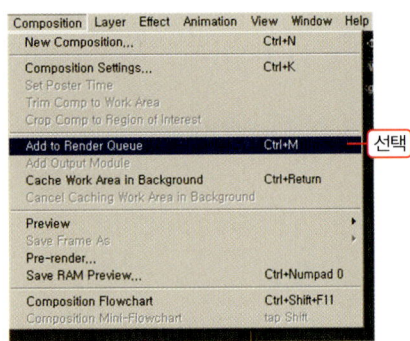

▲ 선택

Add to Render Queue를 실행하면 타임라인 패널에 Render Queue 패널이 활성화됩니다. 주황색으로 표시 된 Render Settings를 클릭하면 크게 세 가지로 구분할 수 있는 Render Settings 창이 활성화됩니다.

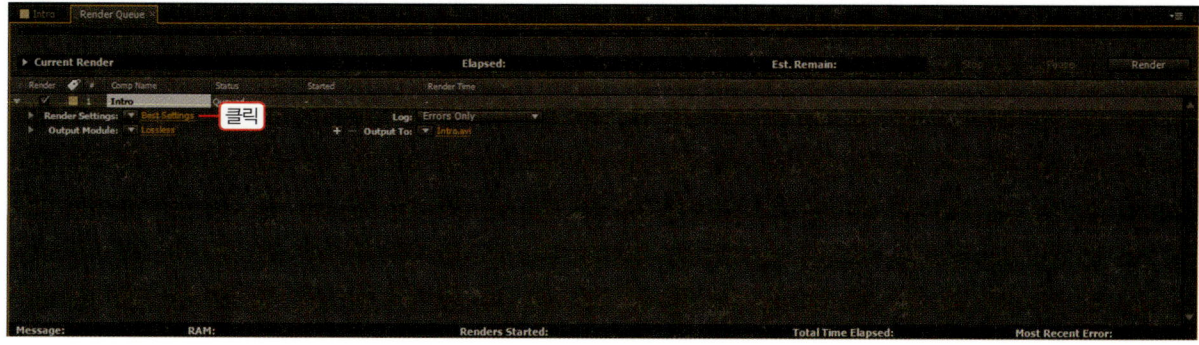

Render Settings 창의 모든 기능(옵션)들을 전부 알아야 되는 것은 아니지만 최소한 알아두어야 할 기본적인 것은 알아두도록 합니다.

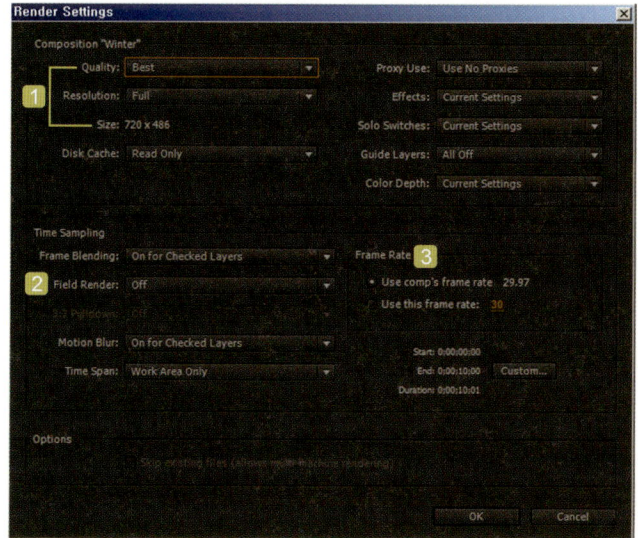

1 Quality / Resolution 화질을 설정합니다. 해상도를 낮추거나 와이어 프레임으로 설정할 수 있습니다. 최종 결과물로 출력하는 것이라면 Best로 설정합니다.

Quality(화질) : Best / Draft / WireFrame

Resolution(해상도) : Full / Half /Third / Quarter

Size(사이즈) : 최종 출력물의 크기

Size가 1920X1080인 프로젝트를 Resolution에서 Half로 선택하면 해상도는 절반인 960X540으로 낮추어져 결과물이 만들어지게 됩니다.

2 Field Render 인터레이스 방식을 설정합니다. PAL 방식의 경우 Upper Field First, NTSC 방식은 Lower Field First를 선택하면 됩니다. HD 방송의 경우 Upper Field First로 설정합니다. 인터넷 상에 올리는 영상은 Field가 필요없기 때문에 Off로 설정하면 됩니다.

Field Render : Off / Upper Field First / Lower Field First

3 Frame Rate 영상의 프레임을 설정합니다. 컴포지션에서 설정한 프레임을 그대로 사용한다면 Use comps frame rate(29.97)을 선택하고 최종 결과물에서 다르게 설정해야 된다면 아래의 Use this frame rate를 선택하고 직접 값을 입력하면 됩니다.

Frame rate : Use comps frame rate / Use this frame rate

이번에는 Render Queue에서 지원되는 포멧가운데 선택해야 되는 Output Module에 대해 알아보도록 하겠습니다. Output Module의 Lossless 글자를 클릭하면 Output Module Settings 창이 활성화됩니다.

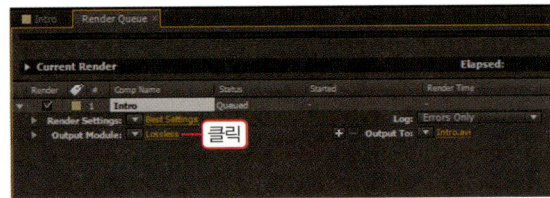
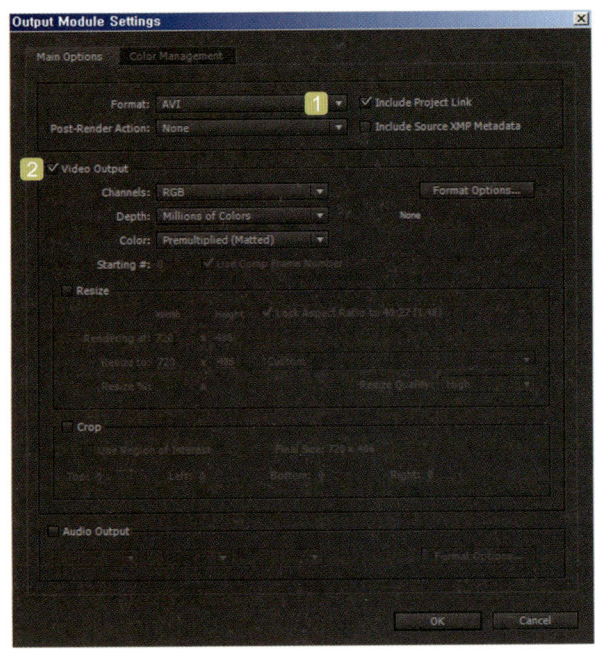

Output Module Settings 창에서는 실제로 만들어질 파일에 대한 다양한 속성에 대하여 세부적으로 설정할 수 있는데 크게 아래의 항목들을 설정합니다.
Format(파일 형식)
알파채널
압축(코덱)
사이즈
오디오 출력

1 Format 포맷은 애프터이펙트로 출력 가능한 포맷들의 리스트가 활성화됩니다. 여기서 원하는 파일 포맷을 선택합니다.

2 Video Output 비디오 아웃은 알파채널을 설정하여 출력할 수 있으며 Format Options에서 파일 포맷에 대한 코덱을 설정할 수 있습니다. Resize를 체크하면 컴포지션에서 설정한 사이즈와 다른 사이즈로 설정하여 출력할 수 있습니다. Audio Output 부분은 작업시 오디오 파일을 사용했을 경우 파일로 출력하기 전에 잊지말고 체크 상태를 확인해야 합니다.

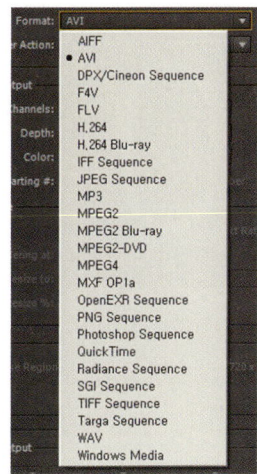

Render Queue에서 Output To의 주황색 파일명을 클릭하여 저장할 파일의 경로를 설정할 수 있습니다. Output To 앞에 있는 + / - 를 클릭하면 Output Module이 추가되어 다양한 포맷의 결과물로 렌더링되도록 설정할 수 있습니다.

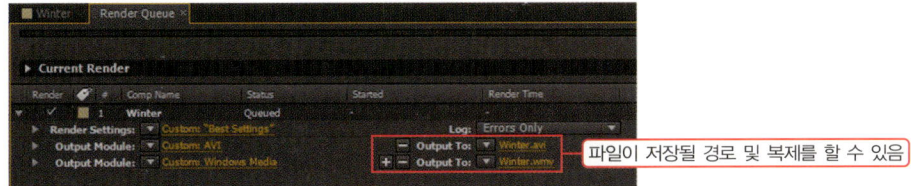

이제 모든 설정이 끝났다면 Render Quere의 우측 상단에 있는 Render 버튼을 클릭하여 설정된 파일로 만들면 됩니다.

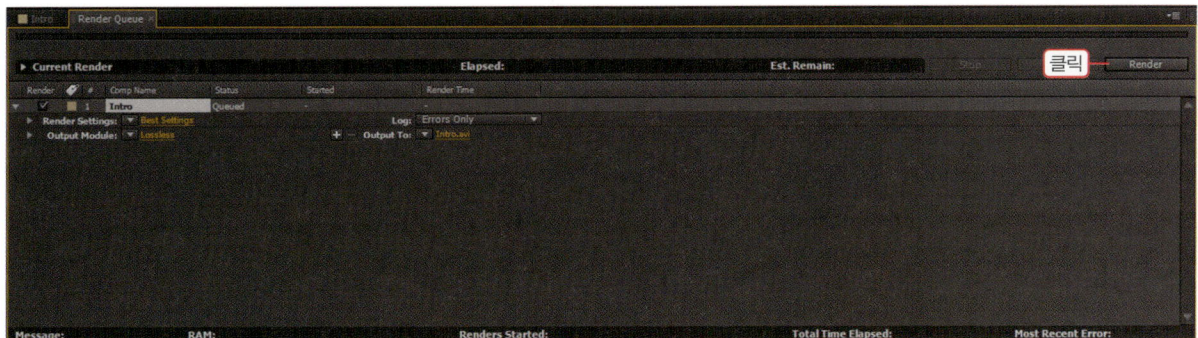

09 Collect Files로 프로젝트 정리하기

파일 출력으로 작업을 마무리 지었다면 파일을 불러들일 때 여러 폴더에서 불러 들인 파일들과 사용하지 않은 파일들을 컬렉트 파일을 이용하여 프로젝트에서 정리하는 습관도 가지도록 합니다.

프로젝트 패널을 선택(주황색 라인으로 표시)하고 File 메뉴의 Remove Unused Footage를 선택하면 단어 그대로 사용하지 않은 소스(푸티지)를 프로젝트 패널에서 삭제하게 됩니다.

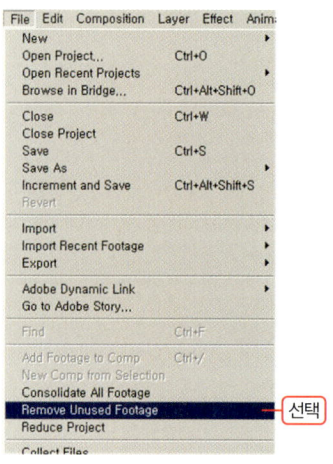

Remove Unused Footage 가 실행되면 프로젝트 패널에서 "사용되지 않은 파일 0개가 삭제되었습니다" 라는 메시지가 표시됩니다. Collect Files로 프로젝트를 하나의 폴더에 정리하기 전에 실행하면 불필요하게 차지하게 되는 용량을 줄일 수 있습니다.

Remove Unused Footage 과정이 끝나면 프로젝트를 하나의 폴더로 정리하기 위해 File 메뉴에서 Collect Files…를 선택합니다.

프로젝트가 저장되지 않았다면 아래 그림처럼 프로젝트의 저장을 요구하는 메시지 창이 표시됩니다. 저장을 안 했기 때문에 당연히 Save 버튼을 클릭하여 저장을 해 놓아야 합니다.

프로젝트 저장을 마치면 Collect Files 창이 활성화됩니다. Collect Source Files :를 All로 선택하고 맨 아래에 있는 Collect… 버튼을 클릭하면 됩니다.

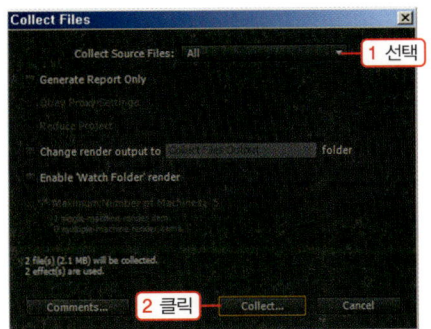

Collect… 버튼을 클릭하면 Collect Files로 생성될 폴더의 위치를 지정한 다음 저장(S) 버튼을 누르면 Collect Files 과정이 진행됩니다. 파일의 개수 및 크기에 따라 시간의 차이가 발생할 수 있습니다.

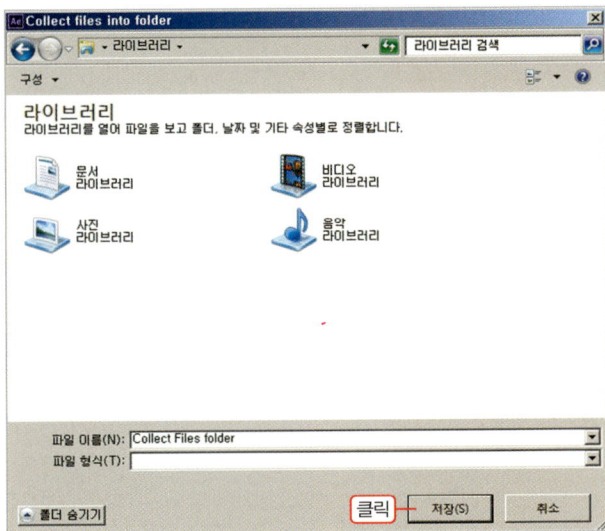

Collect Files 과정이 끝나고 폴더가 저장되도록 지정한 경로를 확인해 보면 프로젝트 파일과 함께 비디오 및 오디오 등 각종 소스 파일들이 존재하는(Footage)폴더, 텍스트 파일이 있습니다. 애프터이펙트로 작업을 마치면 파일 출력에서 끝나지 말고 Collect Files 기능을 활용하여 프로젝트를 하나의 폴더에 잘 관리해 놓도록 합니다.

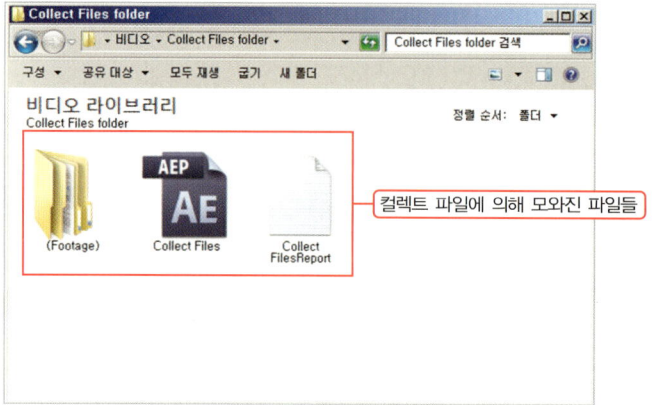

프리미어 프로 사용자라면 알아두어야 할 Project Manager

애프터이펙트의 Collect Files와 비슷한 기능이 어도비의 넌리니어 편집 프로그램인 프리미어 프로에 CS5 버전부터 Project Manage로 애프터이펙트처럼 편집한 프로젝트를 하나의 폴더에 정리하여 관리할 수 있습니다. 공동 작업을 진행할 때 유용하게 사용할 수 있는 기능입니다.

Project 메뉴에서 Project Manager를 선택합니다. Source 부분에서 폴더로 정리할 시퀀스를 선택할 수 있어서 불필요한 시퀀스를 제외하고 폴더에 정리할 수 있습니다.

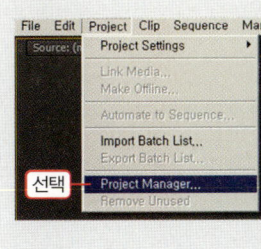
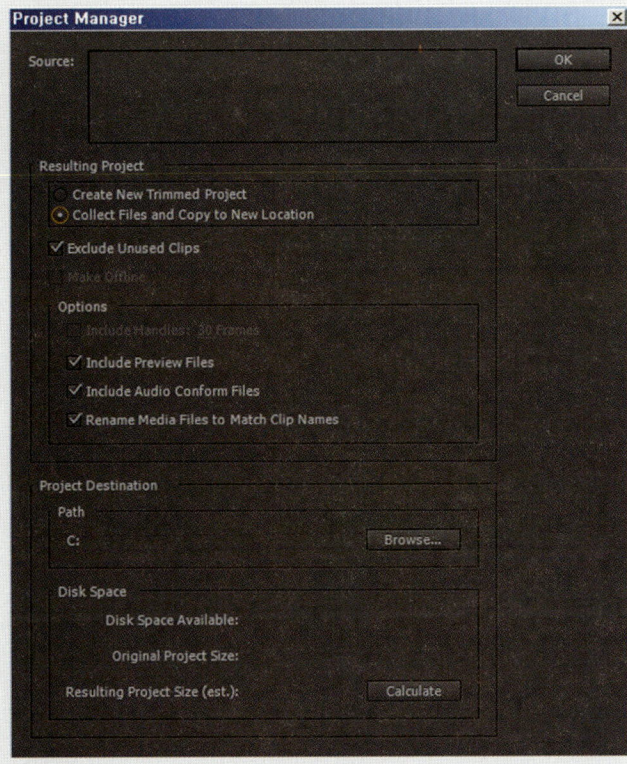

Source에서 선택한 것을 폴더로 정리하기 위해서는 Resulting Project 부분에서 Collect Files and Copy to New Location을 선택해야 합니다. 사용하지 않은 소스 파일을 포함하지 않을 경우 반드시 Exclude Unused Clips의 체크박스를 해제합니다. 그리고 나머지는 그대로 두고 Project Destination의 Path를 Browse 버튼을 클릭하여 경로를 지정합니다. Disk Space에서 시스템의 용량과 저장될 프로젝트의 용량을 확인할 수 있습니다. OK 버튼을 클릭하면 애프터이펙트처럼 프리미어 프로에서 편집한 것이 하나의 폴더로 정리됩니다. 넌리니어 편집 프로그램으로 CS5 버전 이후의 프리미어 프로를 사용하시는 분들은 Project Manage을 알아두시기 바랍니다.

애프터이펙트는 전체적인 기능들이 메뉴 부분에서 카테고리 별로 분류되어 제공되고 있습니다. 이번 챕터에서는 주로 사용되고 있는 것은 무엇이며 입문자 뿐만 아니라 기존 사용자들도 알아두어야 할 내용에 초점을 맞추어 살펴보도록 하겠습니다.

SECTION 10 파일(File) 메뉴
SECTION 11 에디트(Edit) 메뉴
SECTION 12 컴포지션(Composition) 메뉴
SECTION 13 브러시 툴을 이용한 그림 그리기
SECTION 14 레이어(Layer) 메뉴
SECTION 15 애니메이션(Animation) 메뉴

Ae CS6의 메뉴(기능) 알아보기

03

10 파일(File) 메뉴

File 메뉴는 새로운 프로젝트 및 컴포지션을 생성하거나 작업된 프로젝트를 저장하는 메뉴를 기본으로 작업을 위한 파일(소스)를 불러오기, 프로젝트 속성 설정, 프로그램 종료에 대한 메뉴로 구성되어 있습니다.

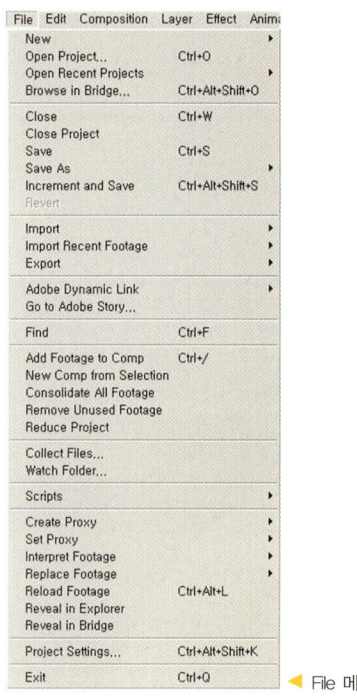

◀ File 메뉴

Save As 애프터이펙트의 File 메뉴에는 하위 버전과 호환되도록 Save As 부분에 새로운 기능이 추가되어 주목을 받고 있습니다. CS5.5 버전에서는 CS5 버전의 프로젝트로 저장할 수 있도록 Save a Copy AS CS5가 추가되었으며 CS6 버전에서는 Save a Copy AS CS5.5로 표시되어져 하위 버전과의 호환성이 달라졌습니다.

◀ CS6 버전의 Save AS

Increment and Save 저장된 프로젝트에 대해 파일명을 입력하지 않는 과정없이 저장된 프로젝트명에 숫자가 표시되어 저장

됩니다. 예를들어 앞서 작업한 프로젝트를 Edit로 저장하고 작업을 마친 다음 Increment and Save를 선택하면 Edit2로 저장됩니다. 애프터이펙트 7 버전부터 존재하는 기능으로 뒤에서 설명하는 Collect Files와 함께 프로젝트 관리 차원에서 Increment and Save도 알아두시기 바랍니다.

Import 파일을 불러들이는 Import 부분에는 [01. After Effects CS6의 새로운 기능들]의 [Final Cut Pro와 Avid와의 호환성]에서 살펴 보았던처럼 넌리니어 편집 프로그램인 파이널 컷 프로와 아비드로 편집한 프로젝트를 불러들여 후반 작업을 할 수 있도록 Pro Import After Effects 기능이 추가되었습니다.

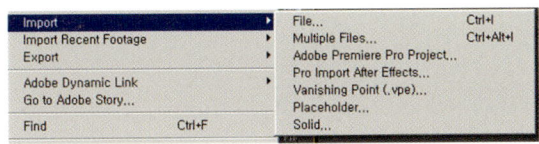

Export 애프터이펙트에서는 파일로 출력하기 위해 렌더링과정으로 거쳐야하는 곳이 Render Queue입니다. CS5.5 이하 버전의 Composition 메뉴에 있던 Add to Rener Queue가 CS6 버전부터는 Export에서도 사용할 수 있게 되었습니다.

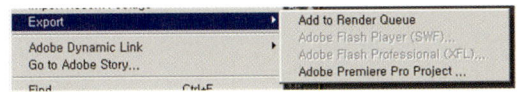

Adobe Dynamic Link 어도비의 넌리니어 편집 프로그램 프리미어 프로와 애프터이펙트를 함께 사용하며 작업할 수 있는 Adobe Dynamic Link 기능은 버전이 업그레이드될수록 기능이 개선되어 각 프로그램이 가진 장점을 살려 작업할 수 있게 되었습니다.

Set Proxy 최근 시스템 사양이 좋아지고 있지만 HD등 대용량 파일을 불러들여 이펙트를 적용하는 등 작업하는 것은 결코 쉽지 않을 것입니다. 무거운 파일을 불러들이지 않고 용량이 적은 가벼운 파일로 대체하여 작업할 수 있습니다. Set Proxy로 불러들인 파일에는 파일명 좌측에 네모박스가 표시되어집니다. 대체한 파일로 작업이 끝나면 Replace Footage 기능으로 파일을 바꾸어 퀄리티 높은 결과물로서 만들면 됩니다.

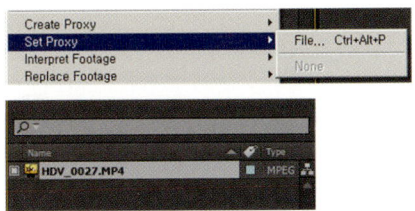

파일(File) 메뉴 063

Interpret Footage 인터프릿 푸티지는 파일의 속성을 설정하는 부분으로서 Other Options의 Loop에 값을 입력하여 반복되는 영상이 되도록 설정할 수 있습니다.

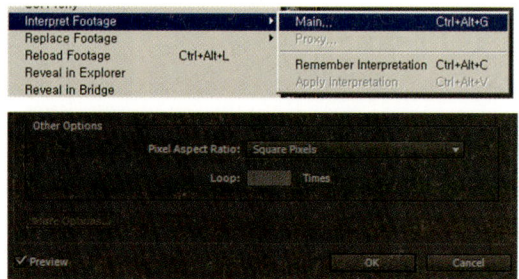

Replace Footage 프로젝트에 사용된 소스 파일을 다른 파일로 바꾸어야 될 경우 다시 키프레임 속성 및 이펙트를 적용하는 등의 작업을 하지 않고 파일만 교체할 수 있습니다.

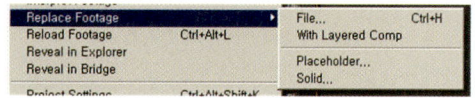

Project Settings 프로젝트 셋팅에서는 타임라인 패널의 시간 단위를 작업 속성에 맞게 바꾸어 표시되도록 설정할 수 있습니다. Color Settings에서 설정할 수 있는 색상의 Depth 값은 프로젝트 패널 하단에 표시된 색상 값 부분을 Alt 키로 클릭하면서 변경할 수 있습니다.

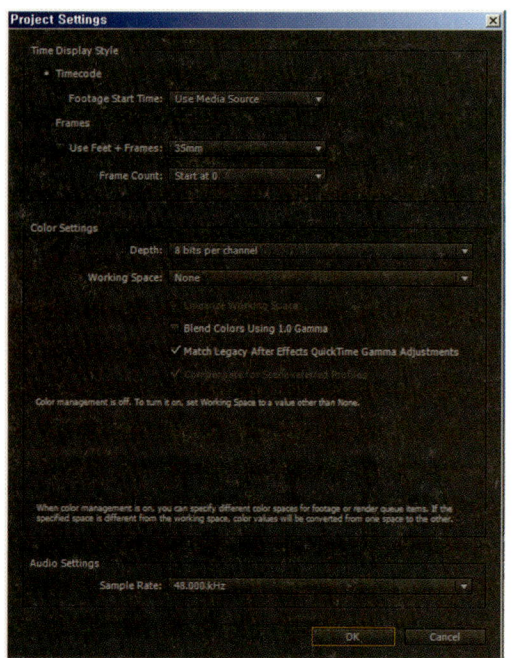

11 에디트(Edit) 메뉴

Edit 메뉴는 선택된 파일(소스, 레이어)를 복사, 붙여넣기, 복제 등에 관한 메뉴와 특정 구간을 잘라내거나 삭제를 할 수 있으며 애프터이펙트의 작업환경을 설정할 수 있는 편집에 관련된 메뉴로 구성되어 있습니다.

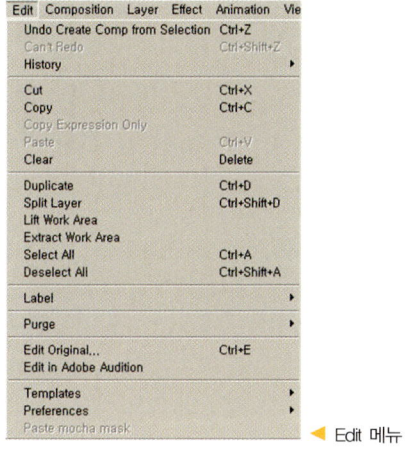
◀ Edit 메뉴

Duplicate Edit 메뉴에 있는 Duplicate는 레이어를 복제하는 기능으로 애프터이펙트에서 가장 많이 사용됩니다. 단축키로 설정되어 있는 Ctrl + D를 반드시 알아두도록 합니다.

Split Layer / Lift Work Area / Extract Work Area 이 메뉴들을 사용하면 애프터이펙트를 넌리니어 편집프로그램처럼 사용하여 레이어를 편집할 수 있습니다. Split Layer는 프리미어 프로의 Cut처럼 타임라인 바(CTI)가 있는 시간 단위에서 레이어를 자르는 기능입니다. Split Layer로 잘린 레이어의 위치는 Edit 메뉴에서 Preferences의 General에 있는 Create Split Layers Above Original Layer의 체크 여부로 타임라인 패널에서 바꾸어 표시되도록 설정할 수 있습니다.

타임라인 바가 위치한 시간 단위에서 B 키를 누르면 Work Area가 시작되는 부분으로 설정되며 N 키를 누르면 마지막 부분으로 설정됩니다.

▲ B와 N 키로 설정된 Work Area

B키와 N 키로 설정한 Work Area에 Lift Work Area를 적용하면 지정된 영역을 빈 곳으로 남기고 삭제되면서 레이어가 잘려지게 됩니다.

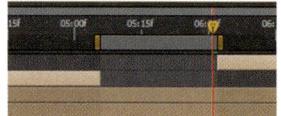
▲ Lift Work Area가 적용된 모습

Extract Work Area는 지정한 Work Area 부분이 삭제되고 레이어가 잘려지는 것은 Lift Work Area와 같습니다. N 키로 설정했던 끝 부분이 B 키로 설정한 부분 바로 뒤에 위치하게 된다는 점이 다릅니다. 설정한 만큼 드러내고 앞쪽 레이어의 뒤에 붙게 되는 것입니다.

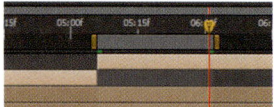
▲ Extract Work Area가 적용된 모습

Label 타임라인 패널의 레이어 바에 표시되는 색상으로 관련있는 레이어들을 쉽게 식별할 수 있도록 설정하는 것입니다. 메뉴를 사용하지 않고도 레이어 앞에 표시된 색상 박스를 통해 작업하면서 빠르게 설정할 수 있습니다.

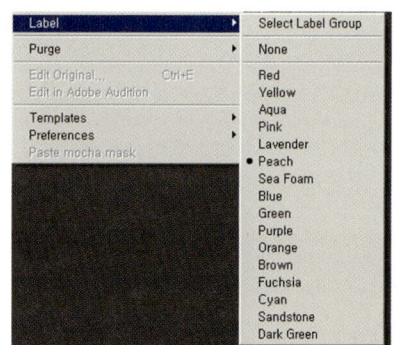

Purge 카테고리에 있는 것은 작업하면서 임시로 저장된 것을 삭제하여 퍼포먼스를 향상시킬 수 있습니다

Templates 자주 사용하는 포맷에 대한 설정을 템플릿으로 만들어 놓으면 작업할 때마다 설정할 필요없이 편리하게 적용하여 시간을 절약할 수 있습니다.

Label 타임라인 패널의 레이어 바에 표시되는 색상으로 관련있는 레이어들을 쉽게 식별할 수 있도록 설정하는 것입니다. 메뉴를 사용하지 않고도 레이어 앞에 표시된 색상 박스를 통해 작업하면서 빠르게 설정할 수 있습니다.

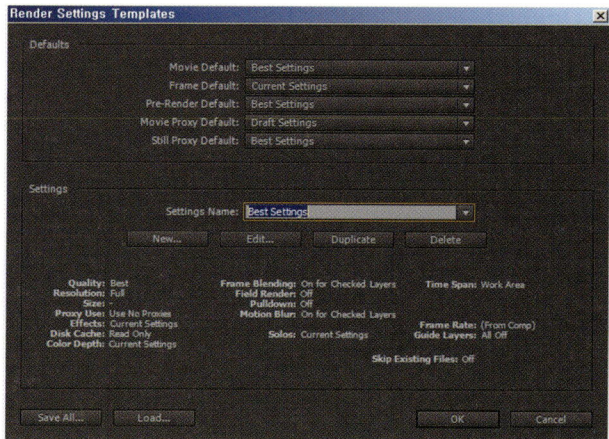

▲ Render Settings Templates 화면

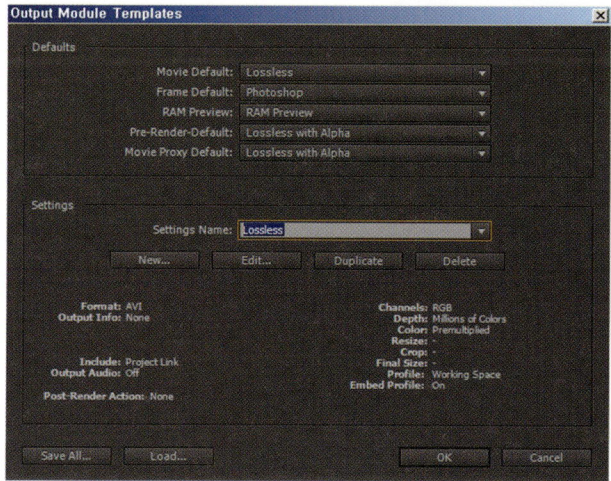

▲ Output Module Templates 화면

Preferences 애프터이펙트를 사용하기 위해 프로그램의 작업환경을 설정하는 곳입니다.

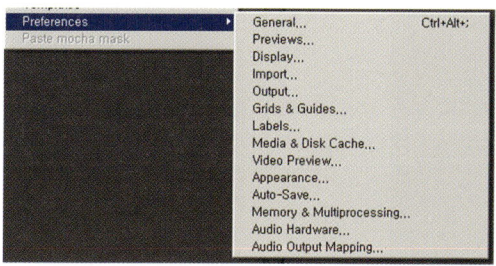

General Levels of Undo에서 Undo로 되돌리기 가능한 횟수를 높일 수 있지만 시스템의 퍼포먼스를 저하시키는 원인의 하나로 되도록 적게 설정해 놓는 것을 권장합니다. Path Point Size는 CS5 버전부터 추가된 기능입니다. 패스 작성시 표시되는 포인트의 크기를 조절할 수 있습니다.

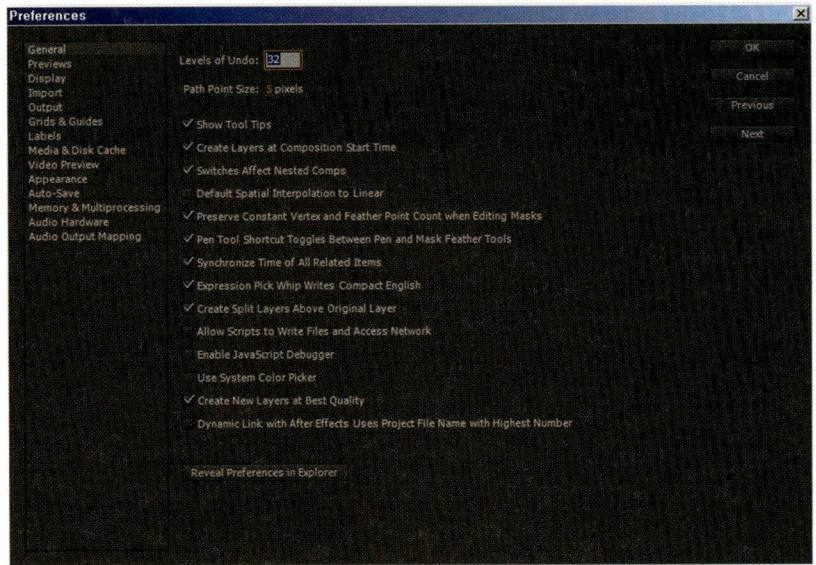

Previews Alternate RAM Preview는 메뉴에는 존재하지 않는 기능입니다. Preview 부분에 프레임 값을 설정해 놓으면 타임라인 바(CTI)가 위치해 있는 시간 단위를 기준으로 입력한 프레임 값만큼 이전부터 램프리뷰를 할 수 있습니다. 이 기능은 Alt 키를 누른 상태에서 Preview 패널의 램프리뷰 버튼이나 NumLock 키패드의 0 키를 함께 사용해야 합니다. 타임라인 바(CTI)가 위치해 있는 시간 단위부터 램프리뷰할 때 편리한 기능입니다.

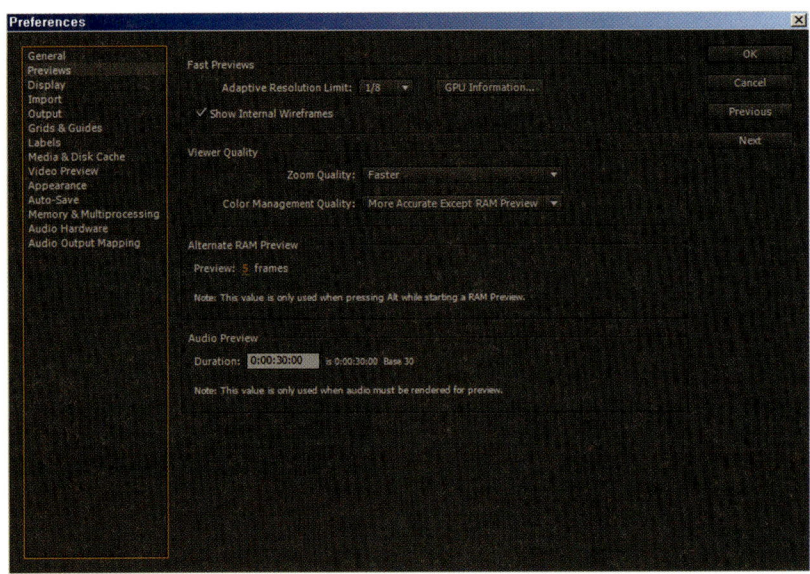

Media & Disk Cache Disk Cache에 있는 Empty Disk Cache 버튼 클릭하면 애프터이펙트를 사용하면서 발생한 디스크 캐시를 삭제하여 퍼포먼스를 향상시킬 수 있습니다.

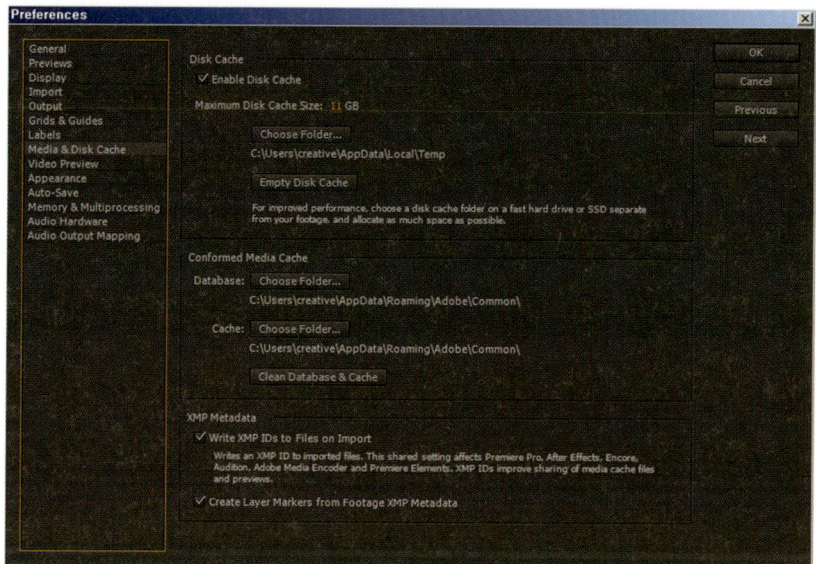

Memory & Multiprocessing 애프터이펙트는 CS5 버전 이후 64bit 운영체제에 최적화되어 있어 4GB를 넘는 메모리를 환경설정을 통해 사용할 수 있으며 프리미어 프로 등 비디오 관련 다른 프로그램들과 메모리를 나누어 사용할 수 있도록 설정할 수 있습니다.

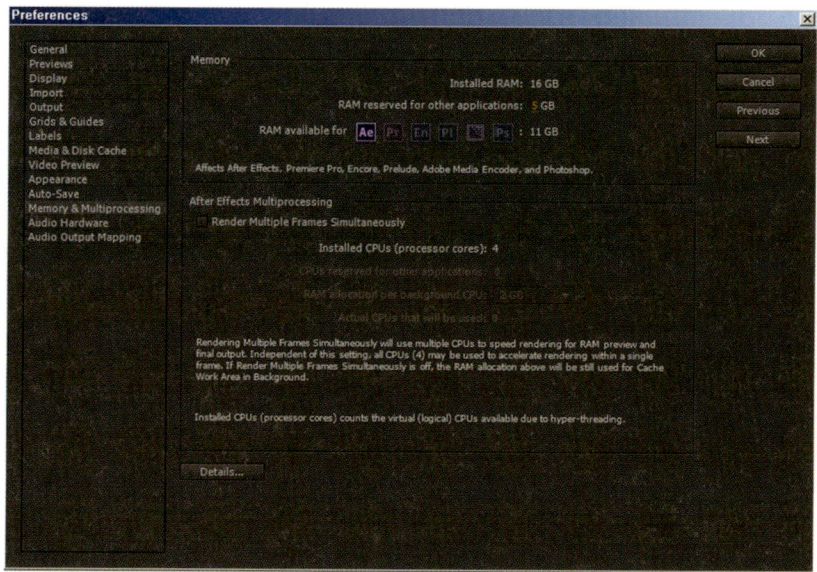

12 컴포지션(Composition) 메뉴

애프터이펙트는 File 메뉴가 아닌 Composition 메뉴를 통해 작업 공간을 설정하게 되며 Composition 메뉴는 애프터이펙트의 작업 과정을 확인하는 Preview와 랜더링 관련 메뉴들로 구성되어 있습니다.

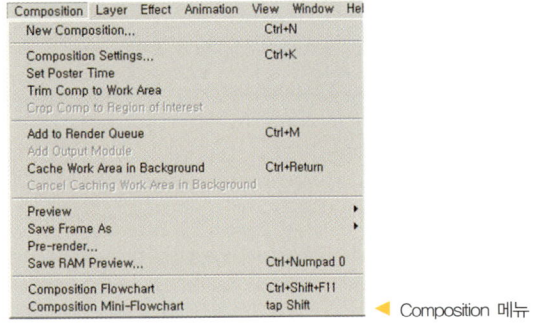
◀ Composition 메뉴

New Composition 작업 공간을 설정하는 Composition Settings 창이 활성화됩니다. 설정한 컴포지션은 Composition Settings로 수정할 수 있습니다. CS5 버전부터는 컴포지션 패널의 배경 색상을 컴포지션 설정창에서 설정하도록 바뀌었습니다.

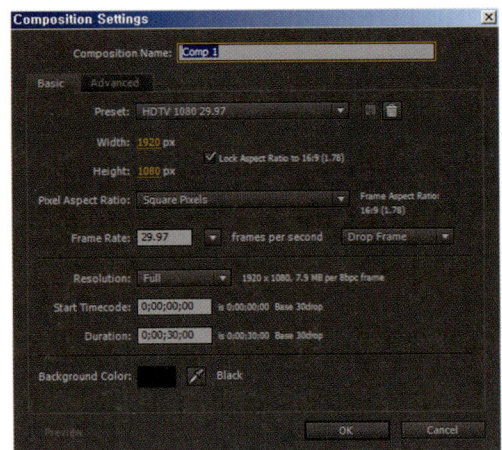

Trim Comp to Work Area 컴포지션 설정에서 사용자가 작업할 시간을 Duration에 입력하여 설정하게 됩니다. 타임라인 패널에서 설정한 Work Area만큼 Trim Comp to Work Area로 컴포지션 설정을 활성화하지 않고 빠르게 수정할 수 있습니다. 단축키가 설정되어 있지 않지만 Work Area를 설정한 다음 Work Area 바에서 마우스 오른쪽 클릭하면 나타나는 팝업리스트를 통해 Trim Comp Work Area를 빠르게 적용할 수 있습니다.

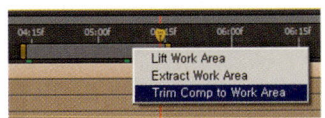

Cache Work Area in Composition CS6 버전에 새롭게 추가된 기능으로서 컴포지션에서 작업 영역으로 설정한 구간을 램프리뷰하면서 다른 컴포지션의 작업을 진행할 수 있도록 해주는 유용한 기능입니다.

Preview 애프터이펙트에서 빠질 수 없는 기능으로 렌더링을 통해 작업물을 프리뷰하도록 되어있습니다. 오디오 프리뷰에는 NumLock 키패드에서 0 키와 Enter 키 사이에 있는 . 키를 누르면 타임라인 바(CTI)가 위치해 있는 시간부터 화면은 재생이 되지 않고 오디오만 프리뷰할 수 있습니다. Alt 키와 함께 . 키를 누르면 Work Area로 지정한 영역만 오디오를 프리뷰하게 됩니다. 애프터이펙트는 실시간으로 오디오를 프리뷰할 수 없다는 것이 아직 남아있는 문제점입니다. 이외에 Ctrl 키를 누른 상태에서 타임라인을 드래그하여 프리뷰하는 방법도 있습니다.

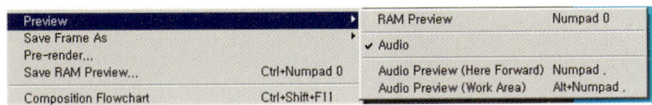

Save Frame As Photoshop Layers…는 타임라인 바가 위치한 시간을 *.PSD 파일로 저장하고 스틸이미지나 합성 등의 작업에 사용할 수 있습니다.

Pre-render 컴포지션을 AVI 파일로 출력할 수 있도록 Render Queue 창이 활성화됩니다.

Save RAM Preview 작업한 컴포지션에 대해 RAM Preview가 진행되며 Output Movie To: 창에 파일 이름을 입력하면 Render Queue 창에서 렌더링에 의해 AVI 무압축 파일을 만들 수 있습니다.

13 레이어(Layer) 메뉴

Layer 메뉴는 애프터이펙트에서 사용하는 텍스트 및 카메라, 조명 레이어 설정과 마스크 및 스위치 모드 등의 레이어에 관한 메뉴들로 구성되어 있습니다.

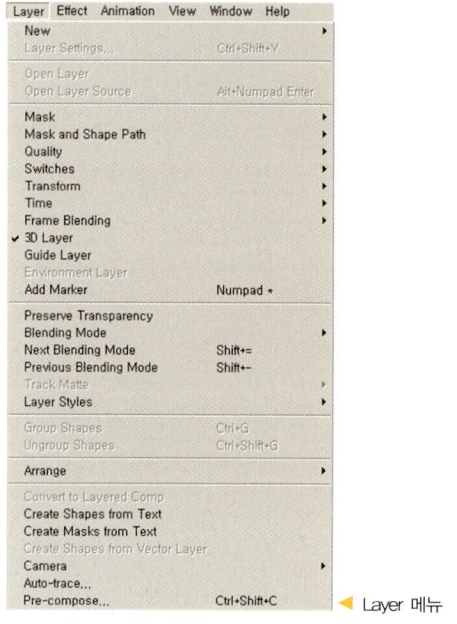

◀ Layer 메뉴

New 애프터이펙트 작업에서 빠질 수 없는 텍스트, 솔리드, 조명, 카메라, 널 오브젝트, 조정 레이어 등이 있습니다.

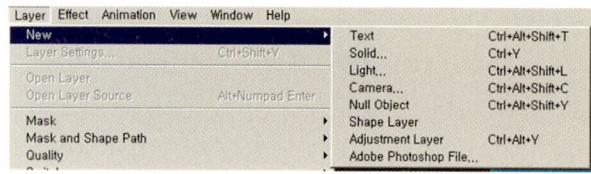

Mask 오브젝트에서 감추거나 보여주려는 부분에 사용되는 Mask 기능도 Layer 메뉴에 있습니다. 툴 바에서 펜 툴이나 세이프 레이어로 마스크를 만들고 레이어에서 M 키를 한번 내지 두번 누르면 마스크가 적용된 레이어에 마스크 속성이 활성화됩니다.

CS6 버전부터는 마스크 경계가 부드럽게 표현되는 범위를 자유롭게 조절할 수 있도록 펜 툴에 Mask Feather Tool 툴이 추가되었습니다.

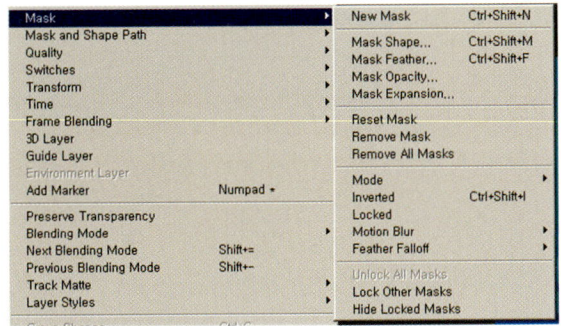
◀ M or MM 키로 마스크 속성 활성화할 수 있음

Transform 타임라인 패널에 가져다 놓은 레이어로서 가지게 되는 기본 속성과 함께 설정한 컴포지션 패널의 크기에 맞출 수 있도록 Fit to Comp, Fit to Comp Width, Fit to Comp Height를 제공합니다.

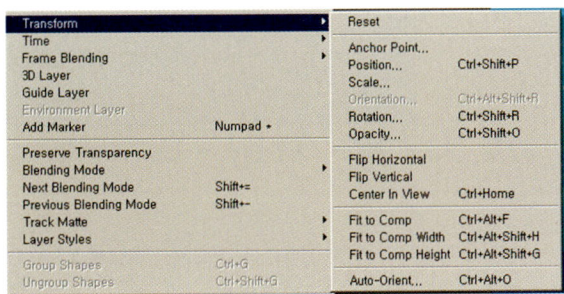

Time 시간 제어와 관련된 부분으로 Enable Time Remapping으로 동영상의 속도를 느리거나 빠르게 또는 일시 정지된 상태로 표현할 수 있습니다. Time-Reverse Layer는 레이어가 거꾸로 재생되도록 설정할 수 있습니다. Time Strech로 동영상의 길이를 조절할 수 있으며 Freeze Frame으로 타임라인 바가 위치한 시간을 정지된 화면으로 만들 수 있습니다.

Blending Mode 포토샵의 블렌딩 모드와 비슷하며 두 레이어를 합성할 때 사용합니다. 메뉴를 통해서 선택하는 것보다 타임라인 패널에서 레이어에 표시되는 스위치 모드에서 팝업리스트를 통해 선택할 수 있습니다. 팝업리스트를 활성화시키고 하나하나 선택하는 것보다 메뉴를 통해서도 알 수 있듯이 Next / Previous Blending Mode에 적용되어 있는 단축키 Shift + =와 Shift + - 로 전환하면서 적용하는 방법을 권장합니다. +와 - 키는 Backspace 키 좌측 숫자 키 부분에 있는 것입니다.

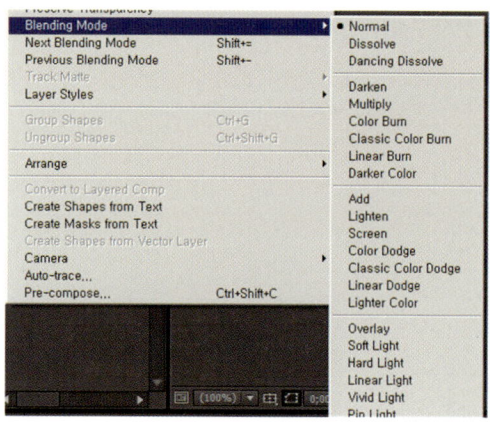

Layer Styles CS3 버전 이후 업그레이드될수록 포토샵에서 적용한 레이어 스타일과의 호환성이 점점 바뀌었습니다. 포토샵에서 레이어스타일을 적용하지 않고도 포토샵에서 적용한 것처럼 레이어 스타일을 표현할 수 있습니다.

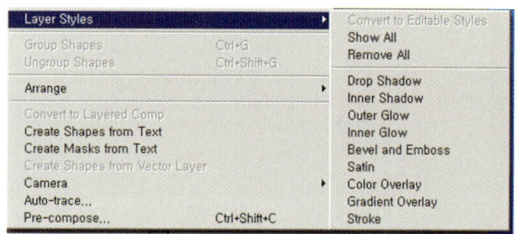

Pre-compose 애프터이펙트로 작업을 하면서 관련된 레이어들을 하나의 컴포지션으로 만들 수 있는 Pre-compose 기능이 있습니다. 타임라인 패널에서 Pre-Compose로 만들 레이어들을 다중 선택(회색 반전표시)한 다음 Pre-Compose를 적용하면 다음과 같이 관련 창이 활성화됩니다.

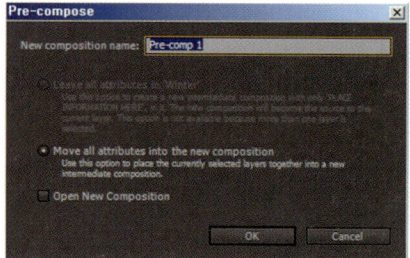

Leave all attributes in~ 레이어에 적용된 속성이나 키프레임 값 관계없이 컴포지션을 만듭니다. 다른 컴포지션에서 다른 속성을 적용할 경우 사용하며 두 개 이상의 레이어를 선택할 경우 활성화되지 않습니다.

Move all attributes into the new composition Pre-Compose를 적용하여 가장 많이 사용하는 부분으로 관련된 레이어들을 하나의 컴포지션으로 묶을 때 선택합니다.

Open New Composition 체크하면 Pre-Compose를 적용하려고 선택한 레이어가 존재하는 컴포지션이 아닌 새로운 컴포지션에서 Pre-Compose된 레이어들이 보여지게 됩니다.

> **프리컴포즈한 레이어 수정**
> Pre-Compose가 적용된 레이어를 수정해야 될 경우 레이어를 더블클릭하면 타임라인 패널에 컴포지션으로 활성화되어 표시되며 해당 컴포지션에서 수정한 작업은 Pre-Compose 레이어에 바로 적용됩니다.

이펙트(Effect) 메뉴

애프터이펙트가 제공하는 이펙트들이 카데고리별로 분류되어 있습니다. 이펙트가 적용되면 Effect Controls 패널이 활성화됩니다. 적용한 이펙트의 속성 값을 조절하기위해 Effect Controls 패널이 활성화되지 않았다면 F3 키를 누르면 표시됩니다.

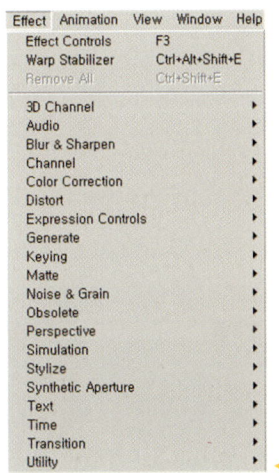

◀ Effect 메뉴

레이어(Layer) 메뉴 075

14 애니메이션(Animation) 메뉴

Animation 메뉴는 프리셋 저장, 키프레임의 속도를 제어, 익스프레션 메뉴와 함께 mocha AE를 포함하여 애프터이펙트의 애니메이션 및 트랙킹 관련 메뉴들로 구성되어 있습니다.

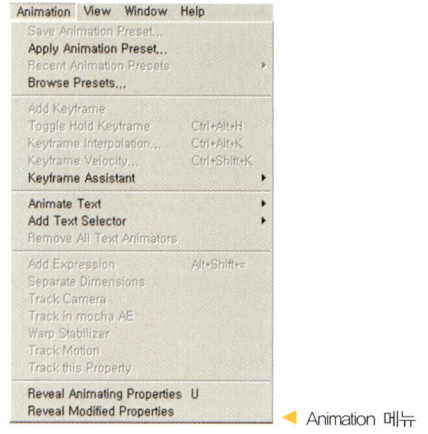
◀ Animation 메뉴

Browse Presets 애프터이펙트가 제공하는 이펙트들이 어떻게 표현되어지는지 참고할 수 있도록 애프터이펙트에 대한 어도비 브릿지가 활성화됩니다.

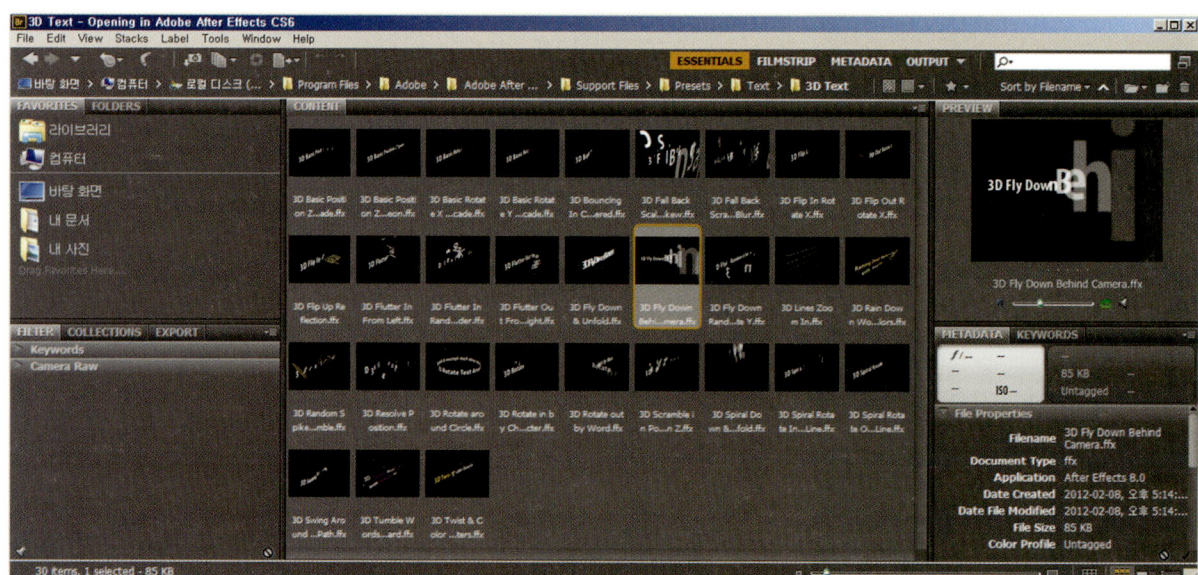

Keyframe Assistant 키프레임 어시스턴트의 Convert Audio to Keyframe는 오디오 파일의 볼륨 값을 키프레임으로 표시합니다. Convert Expression to Keyframes는 키프레임을 적용하지 않고 자바스크립트 속성으로 작성한 애니메이션을 키프레임으로 바꾸어 표시합니다. Easy Ease, Easy Ease In, Easy Ease Out은 적용한 키프레임이 자연스러운 애니메이션으로 보여지도록 설정하는 것입니다. 그 외에 Time-Reverse Keyframes는 적용한 키프레임의 반대로 재생되도록 키프레임의 순서를 거꾸로 바꾸는 것입니다. 반드시 두 개 이상의 키프레임이 선택되어야 합니다.

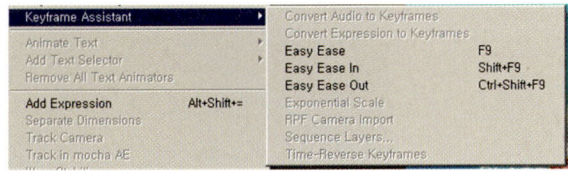

뷰(View) 메뉴

View 메뉴는 컴포지션 패널에 표시되는 화면과 관련된 기능으로 Zoom In / Out은 마우스의 휠 버튼으로 조절할 수 있습니다. 포토샵이나 일러스트레이터처럼 Rulers나 Guides를 표시하여 애니메이션을 만들 수 있습니다. 컴포지션 패널 하단 안전영역을 표시하는 아이콘을 클릭하면 팝업리스트에 Grid, Guides, Rulers를 빠르게 선택할 수 있습니다.

윈도우(Window) 메뉴

Window 메뉴는 애프터이펙트에서 사용하는 모든 패널들을 선택하여 표시하거나 비활성화되도록 설정할 수 있습니다. Workspace에서는 기본으로 제공되는 인터페이스 이외에 New Workspace로 사용자가 직접 워크스페이스를 만들 수 있습니다.

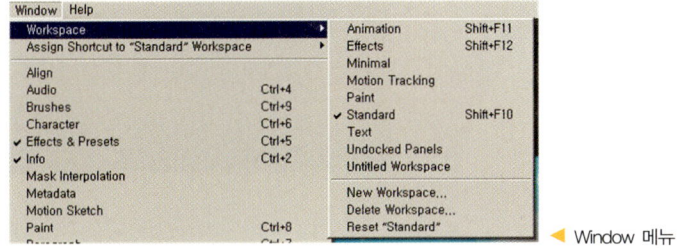

◀ Window 메뉴

헬프(Help) 메뉴

Help 메뉴는 애프터이펙트에 대한 매뉴얼을 참고할 수 있는 After Effects Help와 단축키 설정을 알아볼 수 있는 Keyboard Shortcuts 등이 있습니다.

이번 챕터에서는 애프터이펙트 사용자라면 반드시 알아두어야 할 마스크와 블렌딩 모드를 이해하고 프리셋만으로도 다양한 애니메이션을 표현할 수 있는 텍스트 애니메이션, 모션 그래픽 제작을 위해 필수인 카메라, 조명레이어 등과 CS6에 새롭게 추가된 3D Camera Tracker를 포함하여 트랙킹 기능에 대해 알아보도록 하겠습니다.

SECTION 15 마스크(Mask) 사용하기
SECTION 16 블렌딩 모드(Blending Mode)의 이해
SECTION 17 텍스트 애니메이션(Text Animation)과 프리셋
SECTION 18 카메라(Camera) 활용하기
SECTION 19 조명(Light) 사용하기
SECTION 20 레이 트레이스(Ray-traced) 3D 사용하기
SECTION 21 그래프 에디터(Graph Editor) 사용하기
SECTION 22 익스프레션(Expression) 사용하기
SECTION 23 트랙킹(Tracking) 사용하기

Ae CS6의 기본 기능 익히기

04

15 마스크(Mask) 사용하기

마스크는 스틸 이미지나 영상 풋티지(소스)에서 필요없는 부분을 가리거나 원하는 부분만을 나타내도록 할 수 있습니다. 펜 툴로 사용자가 직접 마스크로서 나타내려는 부분을 만들 수 있으며 CS6 버전에서는 Mast Feather Tool이 새로운 기능으로 추가되어 더욱 부드럽게 처리할 수 있게 되었습니다.

Mask Tool로 마스크 만들기

마스크를 만드는 기본적인 방법은 마스크 툴을 사용하는 것입니다. 메뉴의 툴 바에는 마스크를 도형으로 만들 수 있는 Rectangle(사각), Ellipse(원형) 마스크 툴과 CS3 버전부터 추가된 Rounded Rectangle, Polygon, Star모양의 마스크툴이 있습니다.

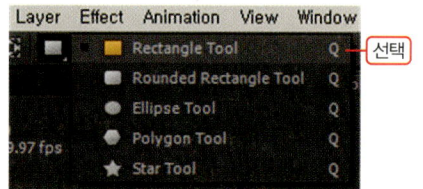
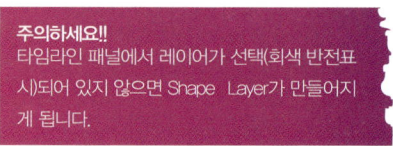

주의하세요!!
타임라인 패널에서 레이어가 선택(회색 반전표시)되어 있지 않으면 Shape Layer가 만들어지게 됩니다.

Rectangle Tool을 선택하고 컴포지션 패널의 화면에서 마우스로 드래그하여 마스크를 만들어줍니다.

크기나 모양을 다르게 하여 마스크를 추가할 수 있습니다. 타임라인 패널의 레이어 속성에 Mask가 바로 표시됩니다.

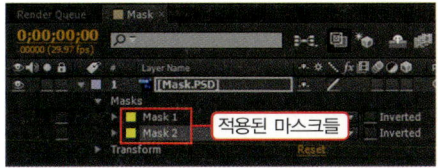

마스크가 적용된 레이어를 더블클릭하면 컴포지션 패널에는 마스크가 적용된 레이어의 화면이 표시됩니다. 다른 레이어에 관계없이 마스크 작업을 할 수 있으며 바로 컴포지션 패널의 화면에 적용됩니다.

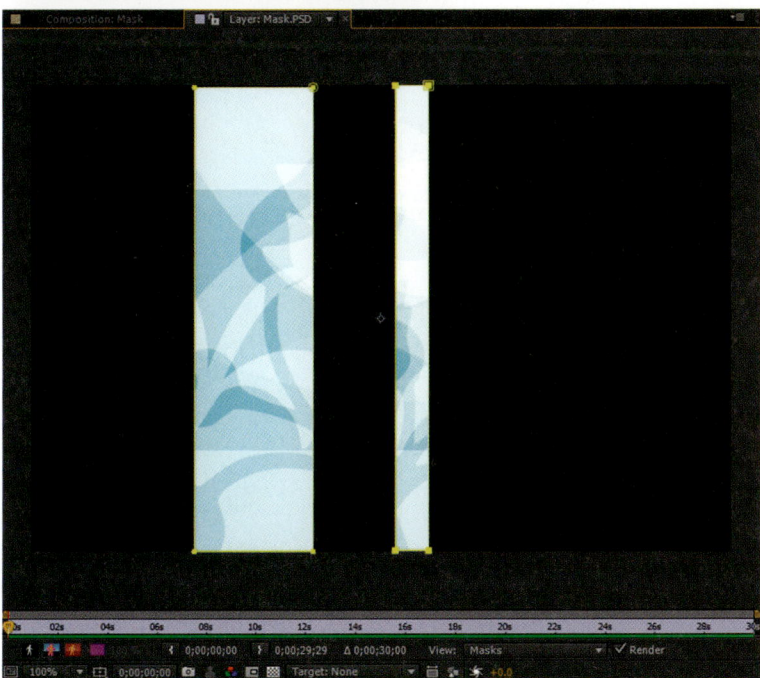

마스크 크기 조절하기

마스크의 크기를 조절하려면 마스크 툴을 선택 툴로 바꾸어야 됩니다. 컴포지션 패널에 만든 마스크로 마우스 커서를 가져갑니다. 마우스 커서가 검은색 화살촉 모양으로 바뀌었을 때 마스크의 라인을 드래그하면 크기를 조절할 수 있으며 Shift 키를 누르면서 드래그하면 수평을 유지하며 조절할 수 있습니다.

마우스 커서를 마스크로 가져가 더블클릭하거나 Ctrl + T 키를 누르면 마스크에는 바운딩 박스가 표시됩니다. 바운딩 박스가 표시되면 마스크 전체의 크기를 조절하거나 회전시킬 수 있습니다.

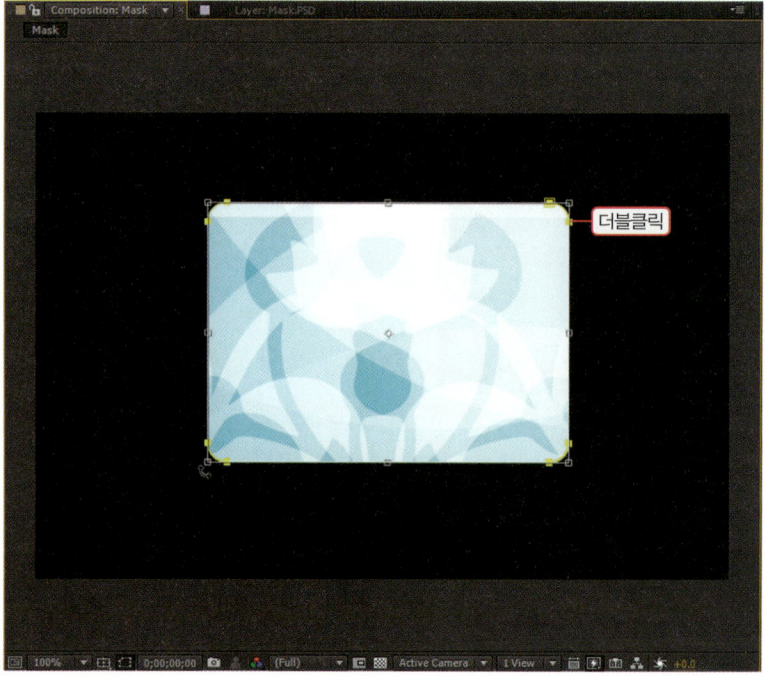

펜 툴(Pen Tool)로 마스크 만들기

사용자가 직접 펜 툴로 마스크를 만들 수 있습니다. CS6 버전부터는 펜툴에 마스크의 영역을 더욱 부드럽게 표시할 수 있도록 Mask Feather Tool이 추가되었습니다.

펜 툴을 선택하고 컴포지션 패널 화면에서 마스크로 만들 처음 부분을 클릭합니다. 마스크를 만들려는 다음 지점을 이어서 클릭합니다. 마우스 버튼을 떼지 않은 상태에서 드래그하면 원하는 곡선으로 표시할 수 있습니다. 두 번째 포인트 끝 양쪽에는 핸들이 보여지게 됩니다.

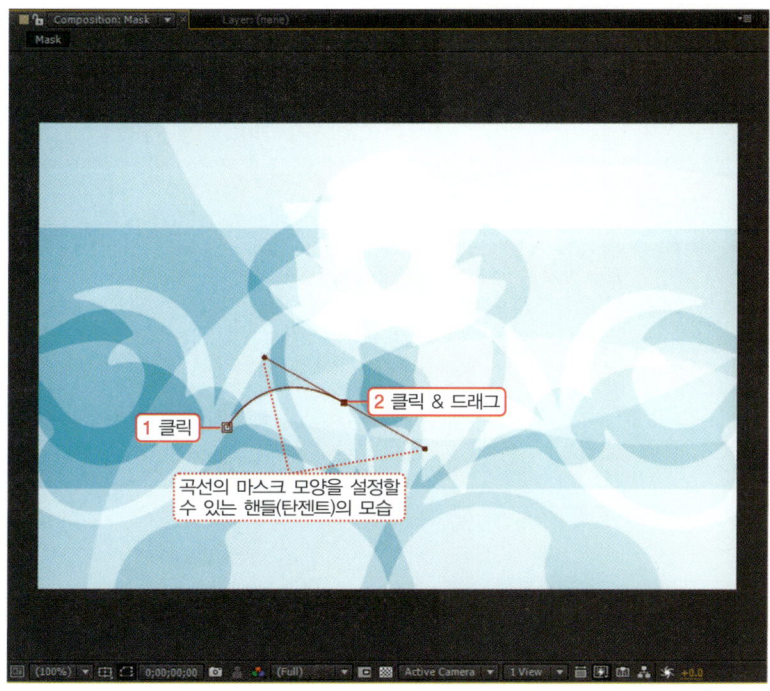

핸들의 끝부분에 마우스 커서를 가져가면 펜 툴의 모양이 검은색 화살촉으로 표시됩니다. 커서의 모양이 바뀌었을 때 핸들의 길이를 조절할 수 있습니다.

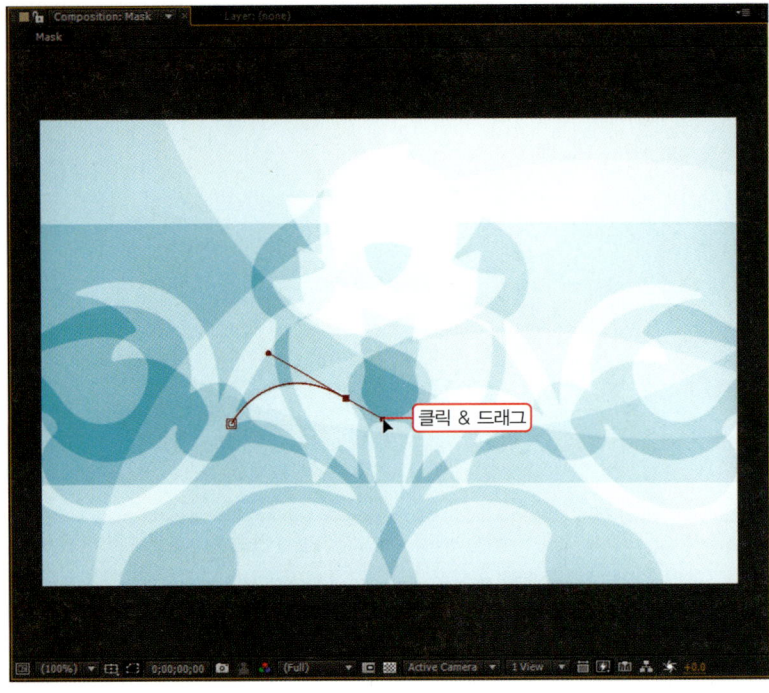

Ctrl 키를 누른 상태에서 마우스 커서를 핸들 끝으로 가져가면 마우스 커서는 Convert Vertex Tool로 표시되어 핸들의 방향을 조절할 수 있습니다. Alt 키를 누른 상태에서도 조절이 가능합니다.

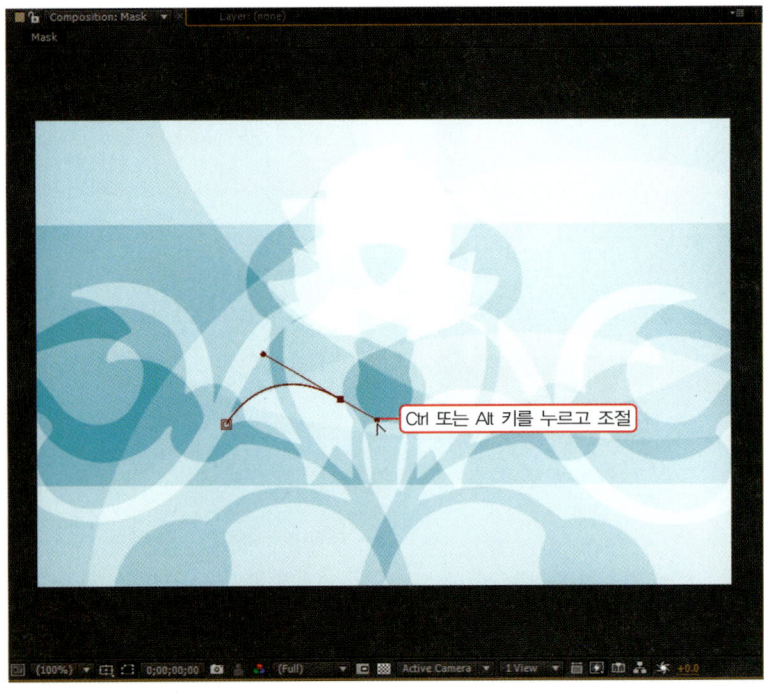

마스크를 만들려는 방향으로 핸들의 방향을 이동시켜야 원만한 마스크를 만들 수 있습니다. 마스크를 만들기 위해 첫 번째로 클릭한 지점에 연결되지 않은 상태가 열린 패스입니다.

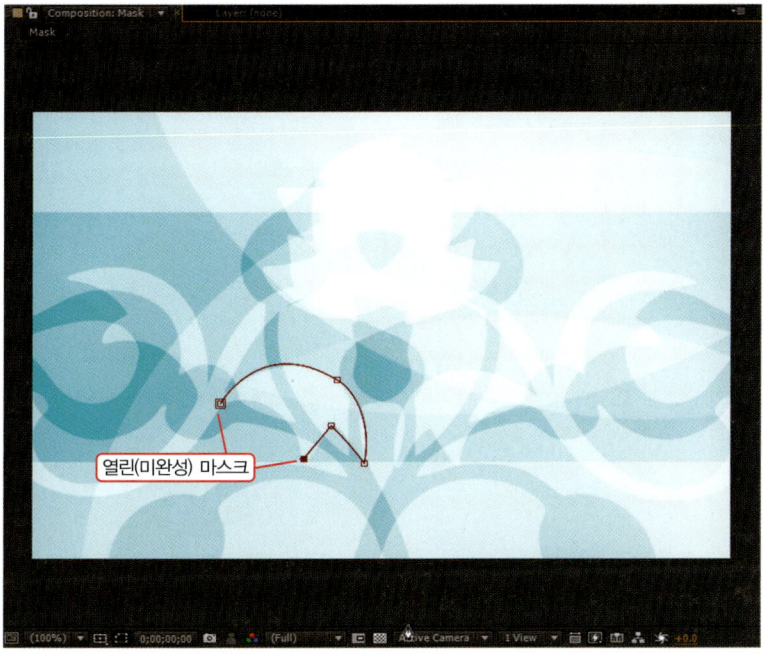

펜 툴로 마스크를 만들면서 마우스 휠 버튼을 사용하면 컴포지션 패널의 화면을 확대시킬 수 있습니다. 스페이스바를 누르면 마우스 커서가 핸드툴로 표시되어 확대 된 컴포지션 패널의 화면을 이동시켜 마스크 패스를 만들 수 있습니다.

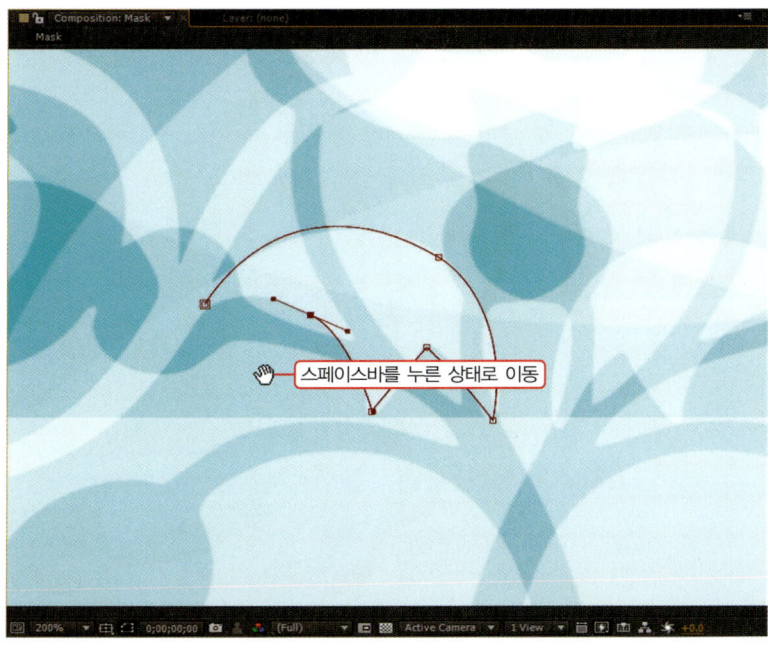

첫 번째 지점에 패스를 연결하면 닫힌 패스가 되면서 마스크가 만들어지게 됩니다. 마스크 이외의 부분에는 하위 레이어나 Background Color가 보여지게 되며 컴포지션 패널 하단의 Toggle Transparency Grid 아이콘을 클릭하면 Background Color가 사라지고 포토샵에서 많이 본 그리드가 표시됩니다. 마스크 패스에 대한 완성도는 Toggle Mask Path Visibility 아이콘(타임코드 좌측)을 클릭하여 마스크의 표시를 비활성화하여 확인할 수 있습니다.

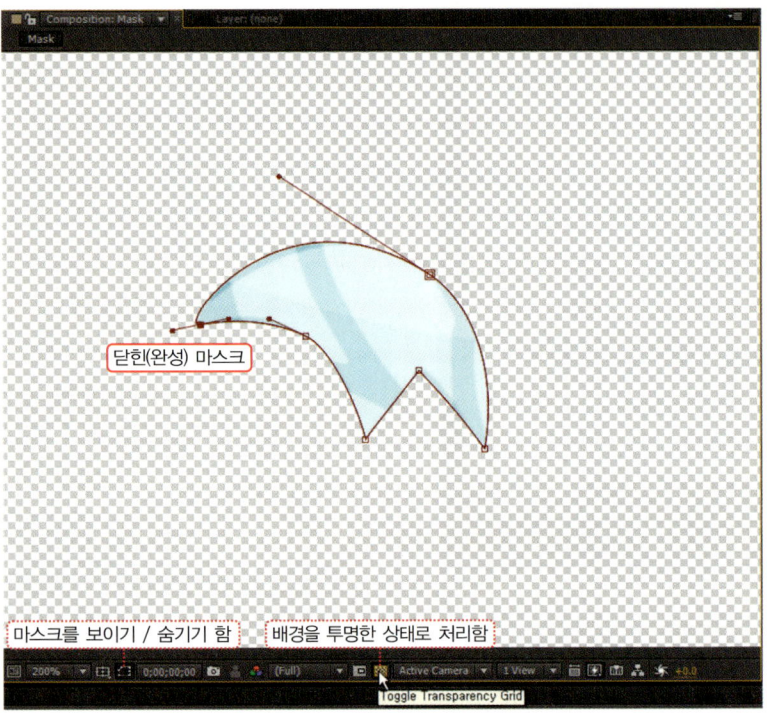

마스크 모드 이해하기

레이어에 두 개 이상의 마스크가 존재할 때 마스크 모드를 활용하면 다른 형태로 표시할 수 있습니다. Layer 메뉴에서 Mask의 Mode를 통해 총 7개의 마스크 모드가 제공되는 것을 알 수 있습니다.

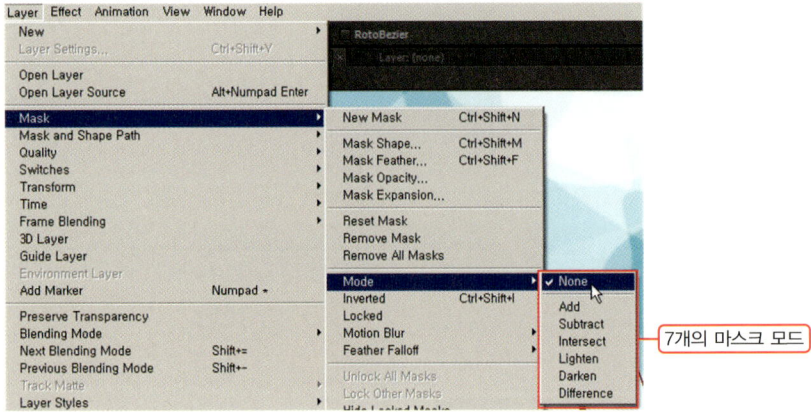

None 모드 마스크가 적용되지 않은 상태로서 마스크 작업을 진행하면서 마스크 모드를 None로 바꾸면 전체 이미지에서 마스크가 적용된 영역을 확인해 볼 수 있습니다.

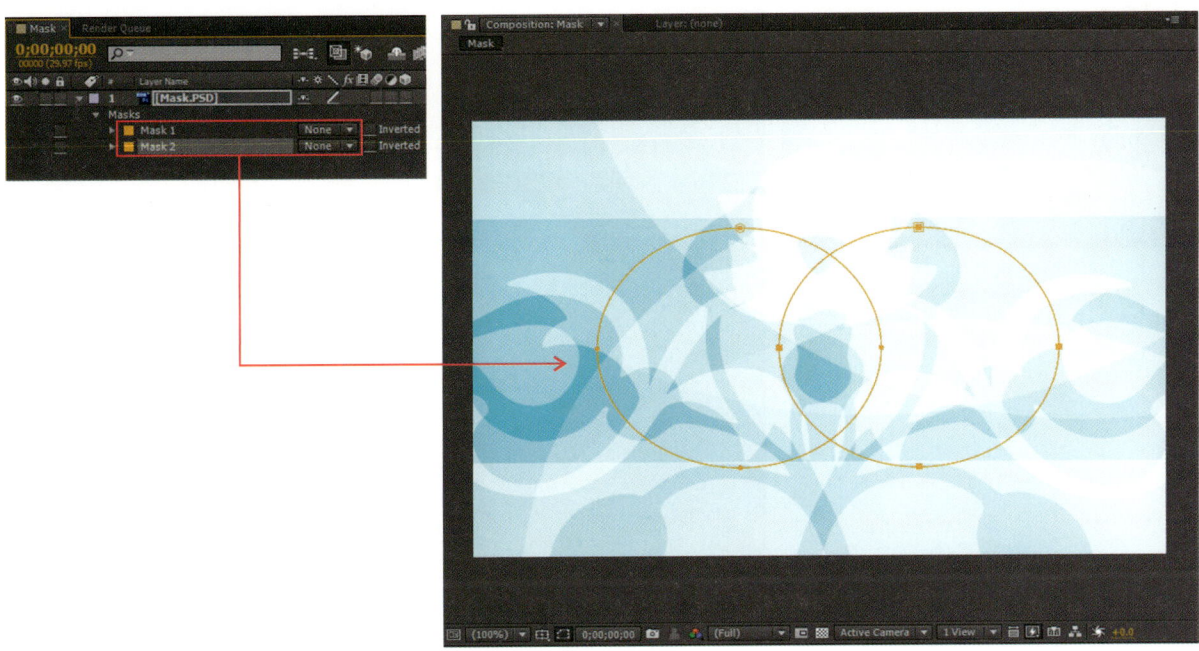

Add 모드 마스크가 적용되면 기본적으로 표시되는 모드입니다. 마스크로 적용된 영역만 보여지며 나머지 영역은 감추어지게 됩니다. 수학의 합집합과 같은 의미입니다.

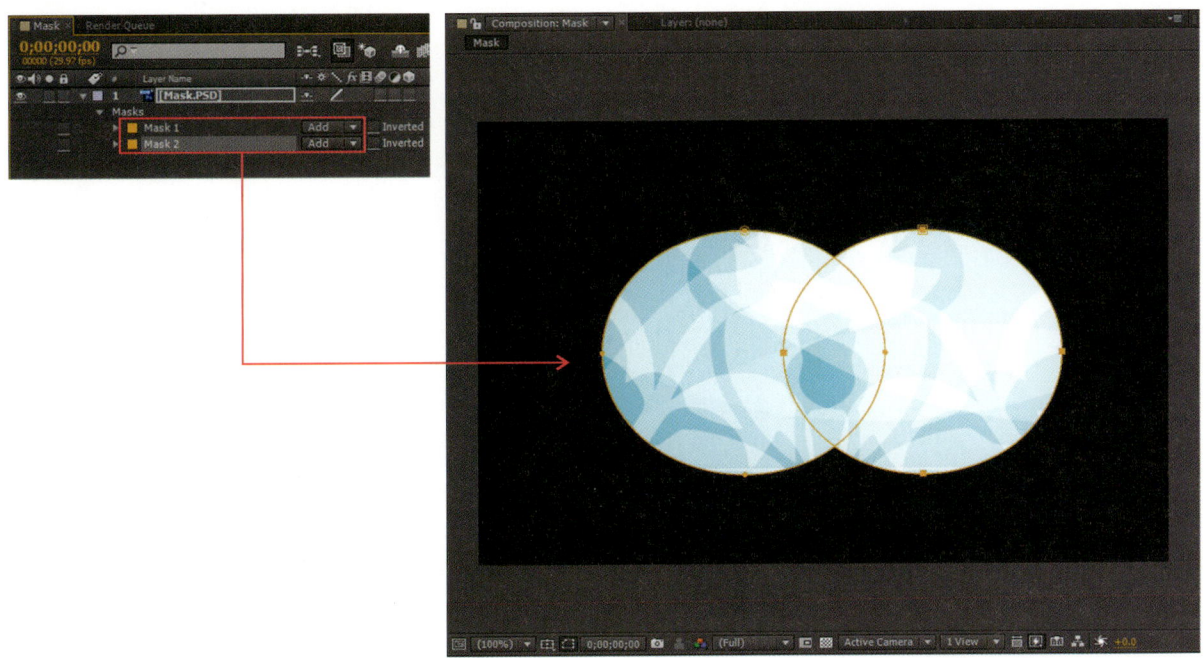

Subtract 모드 선택된 마스크 영역을 제외한 나머지 부분이 표시됩니다. 수학의 차집합과 같은 의미입니다.

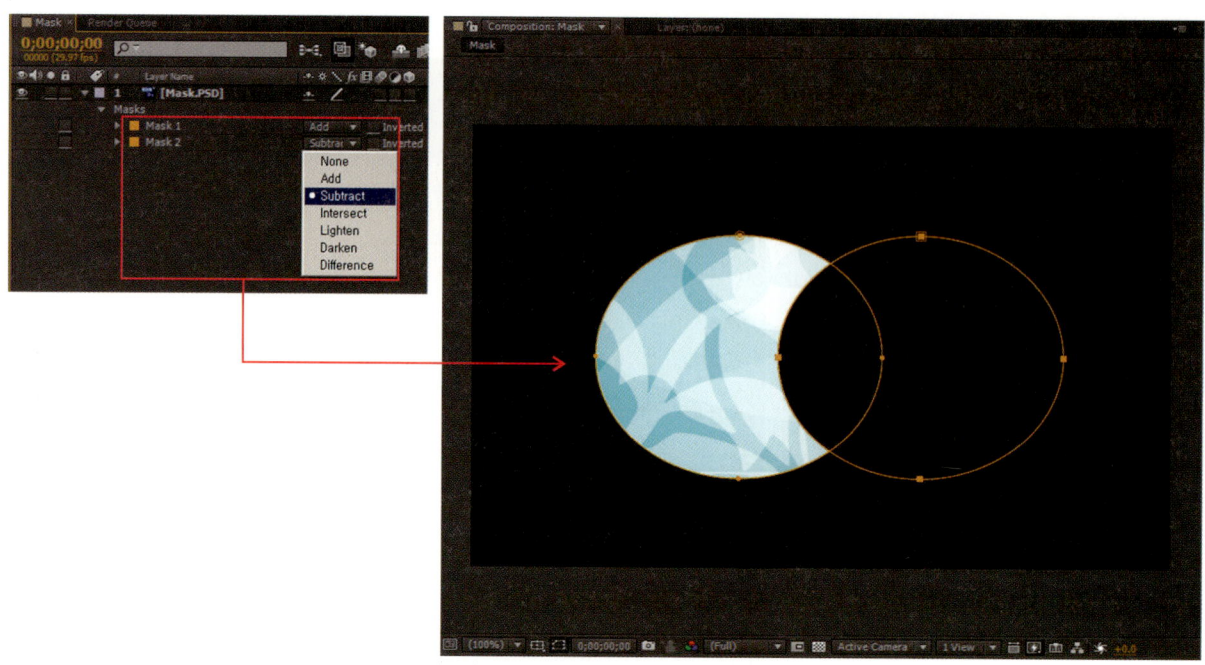

Intersect 모드 수학의 교집합과 같은 원리로 마스크 영역이 겹쳐진 부분만 표시됩니다.

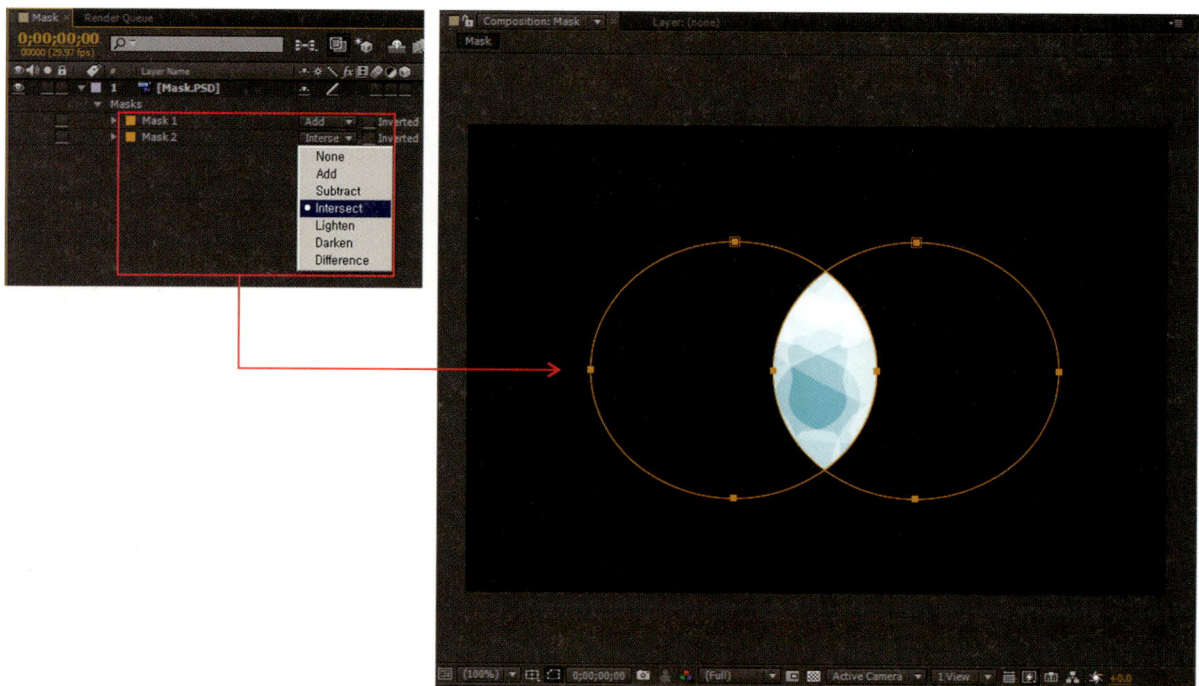

Lighten 모드 Mask 1의 투명도만 75%로 설정하고 Mask 2는 100% 값 그대로 Lighten 모드를 적용해 보면 마스크가 겹쳐지는 부분은 높은 값을 가진 Mask 2가 적용되어 있는 것을 알 수 있습니다.

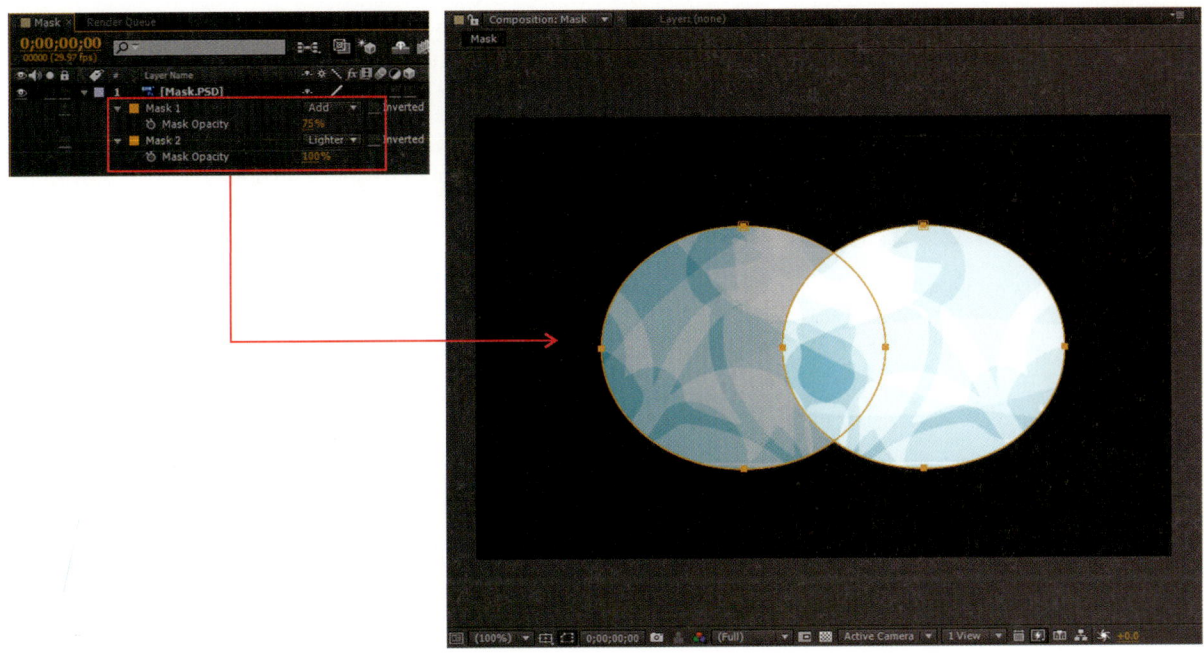

Darken 모드 겹쳐진 부분만 표시되는 것은 Intersect 모드와 같지만 Lighten 모드와 반대로 어두운 쪽 Mask 1만 표시됩니다.

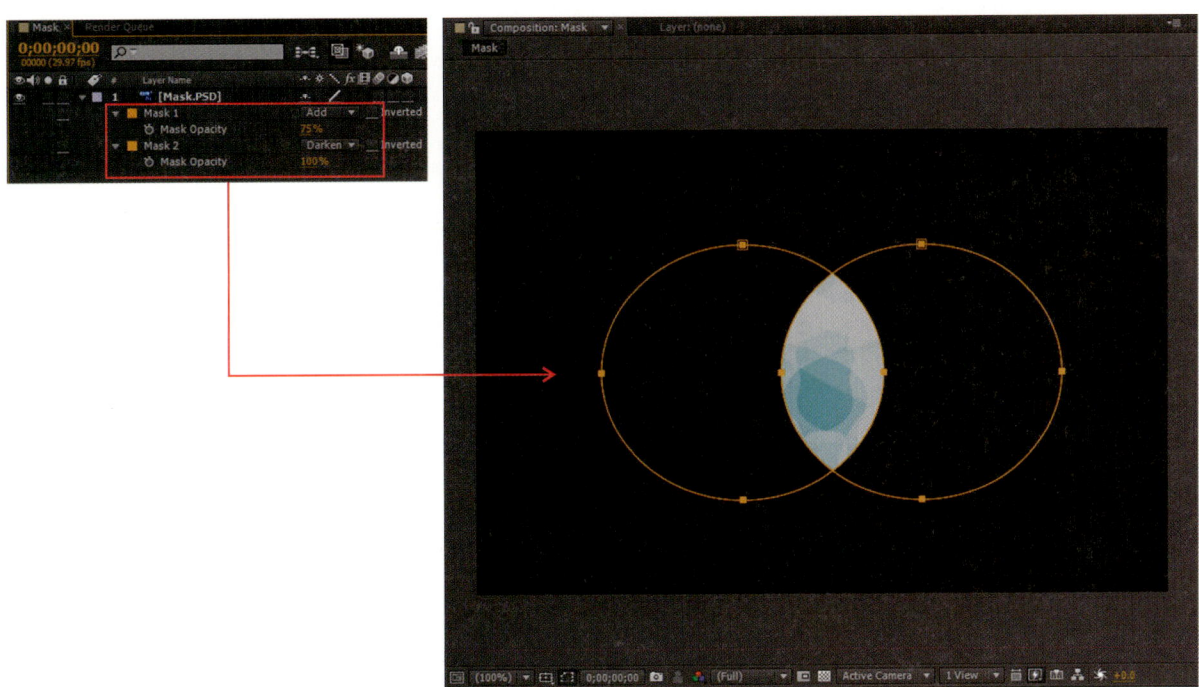

Difference 모드 수학의 차집합과 같은 원리로 마스크가 겹쳐지는 부분을 제외한 나머지가 표시됩니다.

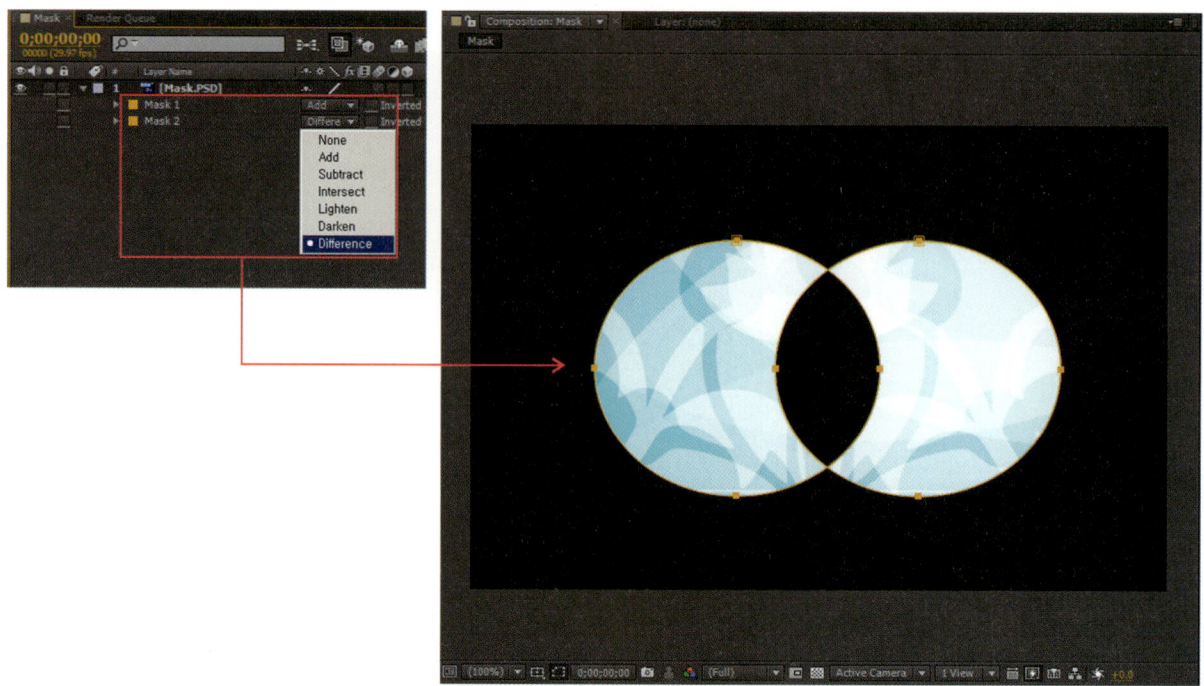

마스크의 속성 살펴보기

기본적으로 레이어에 Transform 속성이 존재하듯 마스크에는 Mask Path, Mask Feather, Mask Opacity, Mask Expansionm 속성이 있습니다. 타임라인 패널에서 마스크가 적용된 레이어를 선택하고 M 키를 한 번 누르면 Mask Path 속성만 표시되며 M 키를 두 번 누르면 마스크의 모든 속성이 표시됩니다.

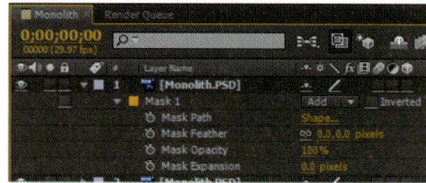

Mask Path 마스크의 위치가 바뀌는 애니메이션을 만들 수 있습니다.

Mask Feather 마스크에 Feather 값을 적용하여 패스를 기준으로 마스크를 부드럽게 표현할 수 있습니다.

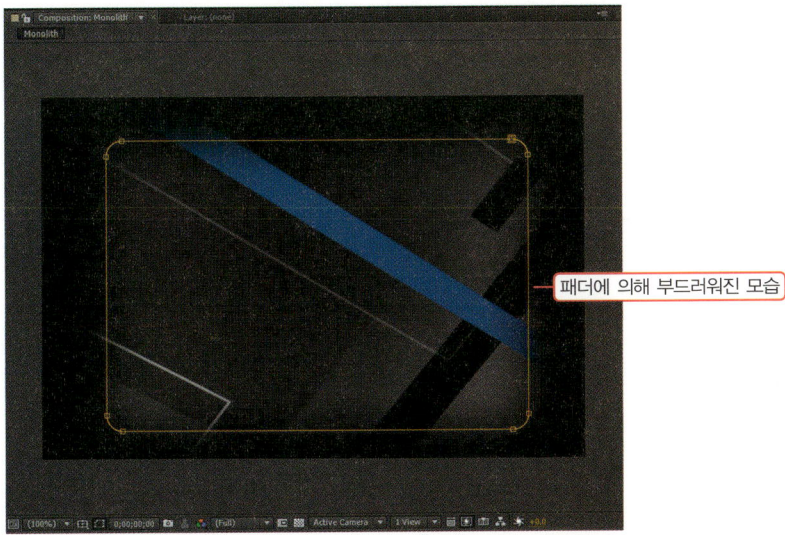

패더에 의해 부드러워진 모습

Mask Opacity 마스크 부분에 대한 투명도를 조절할 수 있습니다. T 키를 누르면 Transform의 Opacity가 활성화되지만 T 키를 두 번 누르면 Mask Opacity 속성만 표시됩니다.

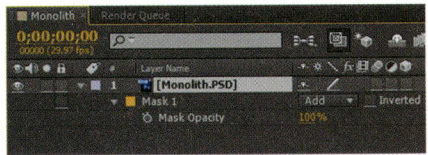

Mask Expansion 마스크 패스를 기준으로 Mask Expansion의 값이 높을수록 바깥쪽으로 확대되어 표시되고 값이 적을수록 안쪽으로 마스크 영역이 축소되어 표시됩니다.

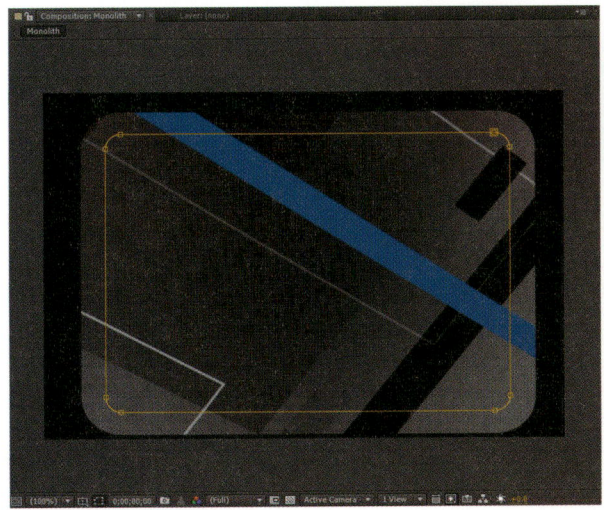
▲ 바깥쪽으로 확장된 모습

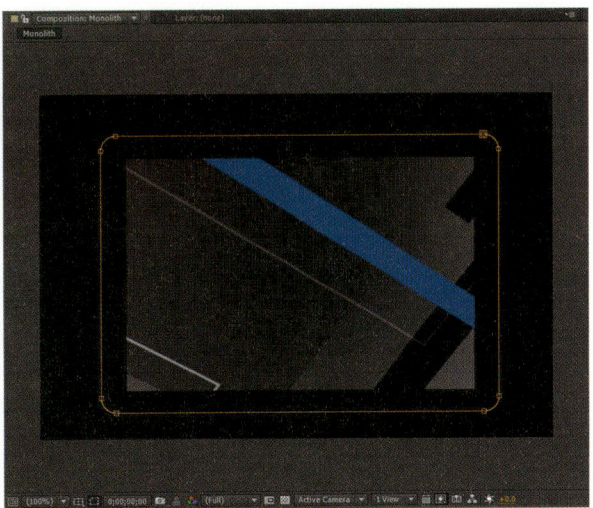
▲ 안쪽으로 축소된 모습

CS6 버전에 새롭게 추가된 Mask Feather Tool

CS6 버전에는 Mask의 Feather를 사용자가 직접 포인트를 만들어 자유롭게 표현할 수 있는 Mask Feather Tool이 펜 툴에 추가되었습니다.

마스크를 만들고 툴 바에서 Mask Feather Tool을 선택한 다음 마우스 커서를 마스크에 가져가면 포인트를 만들 수 있도록 마우스 커서의 모양이 바뀌게 됩니다. 포인트를 만들고 드래그하면 사용자가 원하는 형태로 Mask Feather 적용 범위를 표현할 수 있습니다.

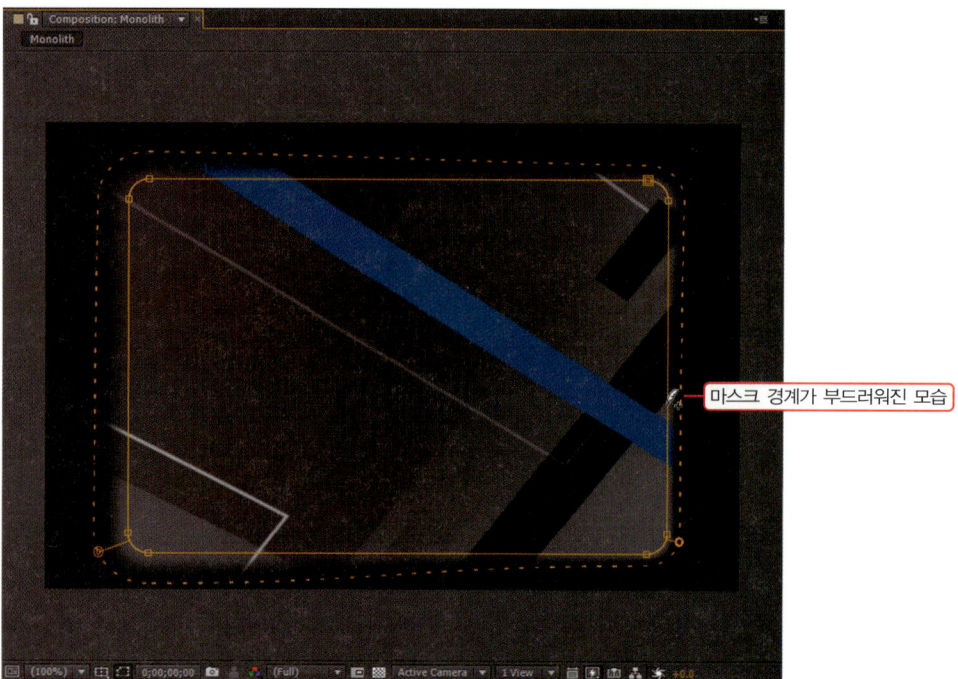

포인트가 선택되면 검은색 점의 노란원으로 표시되며 방향 키를 사용하여 크기를 조절할 수 있습니다. Ctrl 키를 누르고 마우스 커서를 포인트로 가져가면 Mask Feather Tool로 만든 포인트를 삭제할 수 있도록 커서의 모양이 바뀌게 됩니다.

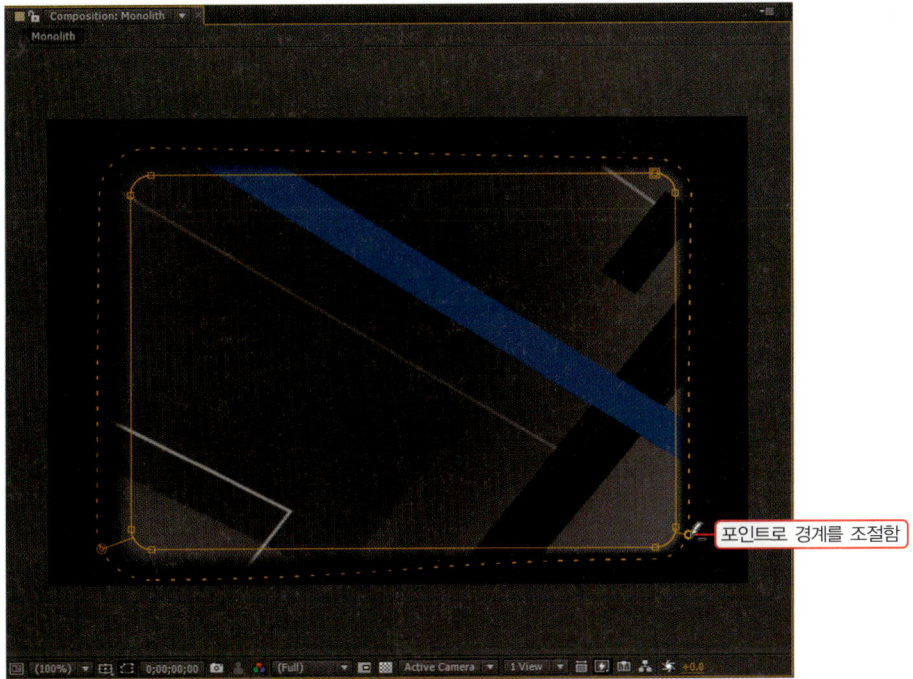

Shape Layer와 마스크

타임라인 패널에서 레이어가 선택되지 않고 마스크 툴로 컴포지션 패널에서 드래그하면 타임라인에는 벡터 기반의 Shape Layer가 만들어지게 됩니다. Shape Layer의 Contents 속성에 있는 Path, Stroke, Fill에서 크기와 색상 등이 다른 형태로 바꿀 수 있습니다.

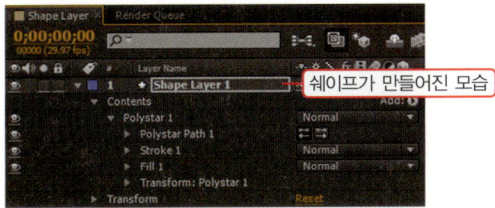

Shape Layer가 선택된 상태에서는 툴 바의 우측에 활성화되는 Fill과 Stroke로 색상과 두께를 직접 조절할 수 있습니다. 툴 바에서 별표 모양의 아이콘인 Tool Creates Shape가 선택되어 있으면 Shape Layer가 만들어지게 되지만 우측에 있는 Tool Creates Mask를 선택하면 Shape Layer에도 마스크를 만들 수 있습니다.

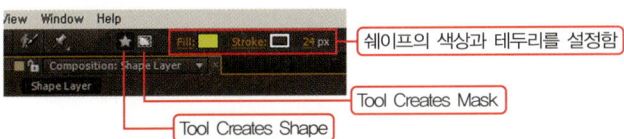

Shape Layer의 Stroke에 있는 Dashes 속성에서 + 버튼을 클릭하면 Dash의 값을 조절하여 점선으로 표시할 수 있습니다. 선의 두께는 Stroke Width로 조절하며 포토샵과 일러스트를 사용하지 않고도 점선을 만들 수 있습니다.

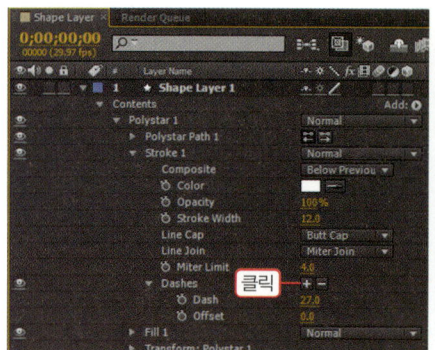
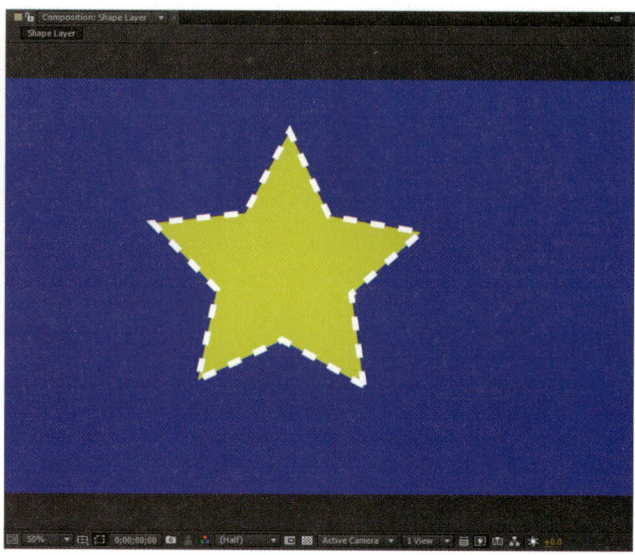

Brainstorm 기능 이해하기

CS3 버전부터 추가된 타임라인 패널 상단의 Barinstorm으로 사용자가 만든 디자인 이외에 다른 이미지들을 참고할 수 있도록 Brainstorm 창이 활성화됩니다.

1 Maximize Tile 선택한 Brianstorm이 창에서 확대되어 표시됩니다. 다시 한번 클릭하면 원래의 Brainstorm 창으로 표시됩니다.

2 Save as New Composition 선택한 것을 새로운 컴포지션으로 저장합니다. 프로젝트 패널에서 컴포지션 파일을 더블클릭하여 확인할 수 있습니다.

3 Apply To Compositon 선택한 것을 레이어에 바로 적용시킵니다.

4 Include in Nex Brainstrom 맘에 들어 선택한 것을 임시로 고정해 두는 기능입니다. 하단의 Brainstorm 버튼으로 랜덤하게 표시 되어도 Include in Nex Brainstrom으로 선택한 것은 그대로 남아서 다른 것과 비교해 볼 수 있습니다.

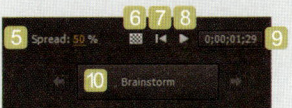

5 Spread 랜덤하게 변하는 값을 조절하여 Brainstorm 창에 나타낼 수 있습니다. 값을 높게 설정하면 보여지는 개수가 많아지게 됩니다.

6 Toggle Transparency Grid 컴포지션 패널의 기능과 같이 투명한 부분을 그리드로 표시합니다.

7 Rewind to Start of Work Area Work Area의 맨 앞 부분으로 돌아갑니다.

8 Play / Pause Work Area 부분을 재생하거나 정지시킵니다.

9 Current Time 타임라인 패널에서 Current Time Indicator이 위치한 시간을 표시합니다.

10 Brainstorm Spread 값을 조절하고 Brainstorm을 클릭하면 새로 계산된 화면이 표시됩니다. 화살표 버튼으로 이전 / 다음 페이지 로 이동하여 확인해 볼 수 있습니다.

16 블렌딩 모드(Blending Mode)의 이해

블렌딩 모드는 하나 이상의 레이어가 존재할 때 색상이나 밝기에 따라 다른 결과를 나타내어 적용하기 전에는 확실한 결과를 예측하기 어렵습니다. 크게 Normal, Darken, Lighten, Ovrlay, Difference, Hue, Stencil Alpha, Alpha Add의 여덟 개로 분류됩니다. 레이어의 블렌딩 모드를 하나하나 클릭하여 적용하는 것보다 적용할 레이어를 선택한 상태에서 Shift 키를 누르고 Backspace 키 옆에 있는 =나 - 키를 누르면 이후 / 이전 블렌딩 모드를 빠르게 적용할 수 있습니다.

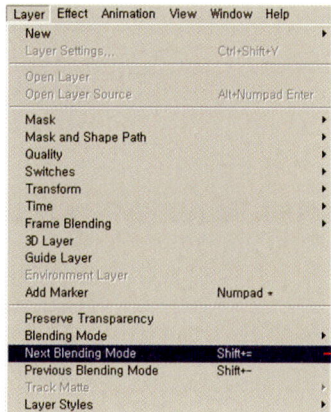

블렌딩 모드를 순서대로 살펴볼 수 있음

Normal 기본값으로 아래쪽에 있는 레이어에 상관없이 아무런 결과를 나타내지 않습니다.

Dissolve 블렌딩 모드로 사용되는 상위 레이어의 투명도를 낮추면 알갱이 형태로 표시됩니다.

Dancing Dissolve Dissolve와 동일하지만 시간이 지남에 따라 알갱이들이 단어 그대로 춤추듯 움직이게 됩니다.

Darken 레이어의 색상 값에 따라 밝은 색이 어두운 색에 흡수됩니다.

Multiply Darken과 비슷하지만 밝은 색상의 투명도가 높아 전체적으로 흡수된 듯한 느낌을 만듭니다.

Color Burn 어두운 색상은 더 어두워지게 되고 전체적으로 색상이 탁하게 됩니다.

Classic Color Burn 애프터이펙트 초기 버전에 사용했던 모드로 Color Burn과 별다른 차이는 없습니다.

Linear Burn Multiply와 비슷하지만 Linear Burn이 더 진하고 어둡습니다.

Daker Color 어두운 색상이 픽셀 값으로 나타납니다. Darken과 비슷합니다.

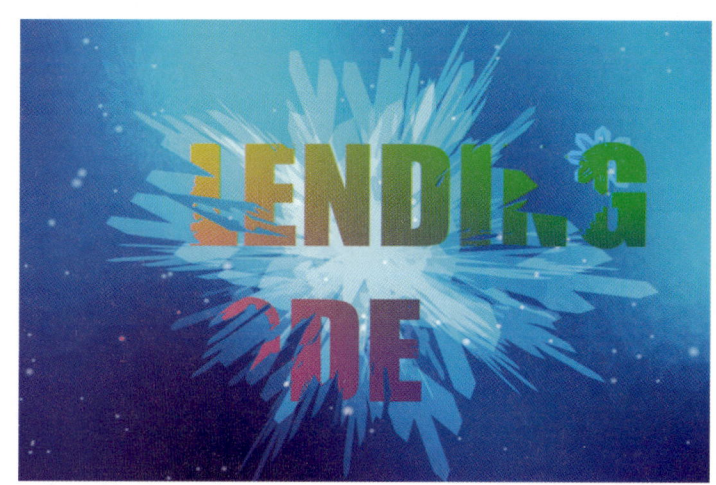

Add 레이어의 밝은 색상이 더욱 밝아지게 됩니다. 강렬한 합성을 위해 사용됩니다.

Lighten 레이어의 색상 값 중에 더 높은 값이 적용되어 전체적으로 밝아지지만 Add보다 약합니다.

Screen Lighten과 별다른 차이는 없지만 더 밝으며 Add보다 부드럽게 보입니다.

Color Dodge 상위 레이어 색상의 밝은 부분이 하위 레이어에 반영됩니다.

Classic Color Dodge 애프터이펙트 초기 버전에 사용했던 모드로 Color Dodge와 별다른 차이는 없습니다.

Linear Dodge Screen과 비슷하지만 상위 레이어의 밝은 부분 밝기를 증가시켜 하위 레이어에 반영됩니다.

Lighten Color Lighten과 비슷하고 레이어의 밝은 색상 값이 적용되어 나타납니다.

Overlay 레이어에 관계없이 Multiply와 Screen을 섞어 놓은 것과 같이 반반씩 겹쳐서 나타납니다.

Soft Light Overlay와 비슷하며 조명을 비춘 것과 같은 결과가 나타납니다.

Hard Light Soft Light보다 강한 조명을 비춘 것과 같은 결과를 나타냅니다.

Linear Light Hard Light와 비슷하지만 하위 레이어의 색상에 따라 밝은 부분이 증가하거나 감소되어 나타납니다.

Vivid Light Linear Light와 비슷하지만 하위 레이어의 색상에 따라 콘트라스트가 증가하거나 감소되어 나타납니다.

Pin Light 모든 라이트 블렌딩 모드의 중간 정도에 해당되는 색상 톤이 나타납니다.

Hard Mix Pin Light와 반대의 결과로 상위 레이어에 하위 레이어의 콘트라스트가 증가되어 거친 느낌이 나타납니다.

Difference 블렌딩 모드를 적용한 레이어의 색상이 하위 레이어 색상에 의해 반전되어 보이게 됩니다. 검은색일 경우에는 아무런 영향을 받지 않습니다.

Classic Difference 애프터이펙트 초기 버전에 사용했던 모드로 Difference와 차이는 없습니다.

Exclusion Difference와 비슷하지만 Difference보다 콘트라스트가 낮아 탁하고 회색톤으로 나타납니다.

Vivid Light Linear Light와 비슷하지만 하위 레이어의 색상에 따라 콘트라스트가 증가하거나 감소되어 나타납니다.

Divide CS5 버전부터 추가된 모드입니다. 블렌딩 모드가 적용된 레이어의 색상에 의해 하위 레이어의 색상이 나타나게 됩니다. 흰색에 가까울수록 하위 레이어에 가까워지게 됩니다.

Hue 블렌딩 모드를 적용한 레이어의 색상이 하위 레이어의 명도와 채도에 의해 흡수되어 나타납니다.

Saturation 블렌딩 모드를 적용한 레이어의 색상이 하위 레이어의 색상과 명도에 의해 흡수되어 나타납니다.

Color 상위 레이어는 색상과 채도, 하위 레이어는 명도가 반반씩 적용되어 나타납니다.

Luminosity Color 모드와 반대로 나타납니다.

Stencil Alpha 블렌딩 모드를 적용한 레이어에 알파 채널이 있으면 알파채널은 부분은 투명하여 아무것도 나타나지 않으며 나머지 부분에 하위 레이어가 나타나게 됩니다.

Stencil Luma 블렌딩 모드를 적용한 레이어의 밝은 색 부분에 하위 레이어가 보이게 되며 어두운 부분은 투명하여 아무것도 나타나지 않게 됩니다.

Silhouette Alpha Stencil Alpha와 반대로 알파채널 부분에 하위 레이어가 나타나고 나머지 부분에는 아무것도 나타나지 않게 됩니다.

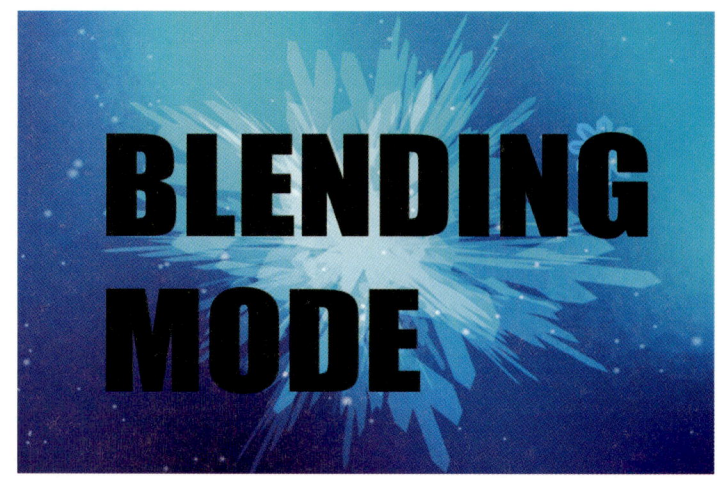

Silhouette Luma Stencil Luma와 반대로 알파채널 부분에 하위 레이어가 투명하게 보이게 됩니다.

Alpha Add 알파채널의 투명한 부분이 매끄럽게 만들어지도록 알파 채널을 추가하여 나타나게 됩니다.

Luminescent Premul 알파채널을 가진 레이어에 적용하면 외곽이 뚜렷하게 보이게 됩니다. 알파채널을 가지 소스의 정보를 Interpret Footage 창에서 Alpha 옵션을 Straight Unmatted로 변경하면 더욱 뚜렷한 값을 얻을 수 있습니다.

17 텍스트 애니메이션(Text Animation)과 프리셋

애프터이펙트는 6.0 버전 이후 텍스트 애니메이션이 업그레이드되면서 CS3 버전부터는 3D 공간상에 텍스트 애니메이션을 표현할 수 있게 되었습니다.

텍스트 레이어 만들기

텍스트 레이어를 만들기 위해 툴바에서 텍스트 툴을 선택합니다. Character 패널에서 폰트와 색상, 크기를 설정합니다. 포토샵이나 일러스트레이터와 비슷한 패널로 낯설지 않을 것입니다.

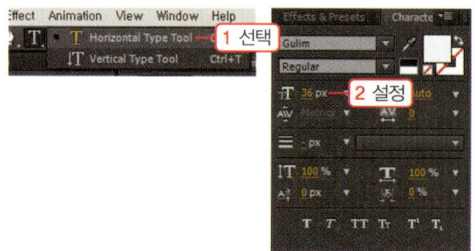

컴포지션 패널의 화면을 클릭하여 텍스트를 입력합니다. 타임라인 패널에는 텍스트 레이어가 만들어지게 됩니다.

텍스트 입력을 마치고 선택 툴로 바꾸면 타임라인 패널의 텍스트 레이어는 입력한 텍스트로 레이어명이 바뀌어 표시됩니다. 텍스트 툴로 변경하지 않아도 위치 및 크기를 변경할 수 있습니다. 텍스트 레이어의 하위 디렉토리를 펼쳐보면 기본 Transform 속성과 함께 Text 속성이 있습니다. 애프터이펙트의 텍스트 애니메이션은 레이어가 기본적으로 가지고 있는 Transform이 아닌 Animate에 있는 속성들로 애니메이션을 만들게 됩니다.

텍스트 레이어의 Text 속성에 있는 Animate의 화살표를 클릭하면 텍스트 애니메이션을 만들 수 있는 속성들이 표시됩니다. CS3 버전부터는 3차원 공간상에 표현할 수 있도록 Enable Per-Character 3D가 추가되었습니다. Animate 속성과 사용 방법에 대해 알아보도록 하겠습니다. Animate에서 텍스트 애니메이션으로 만들 속성으로 Position을 선택합니다.

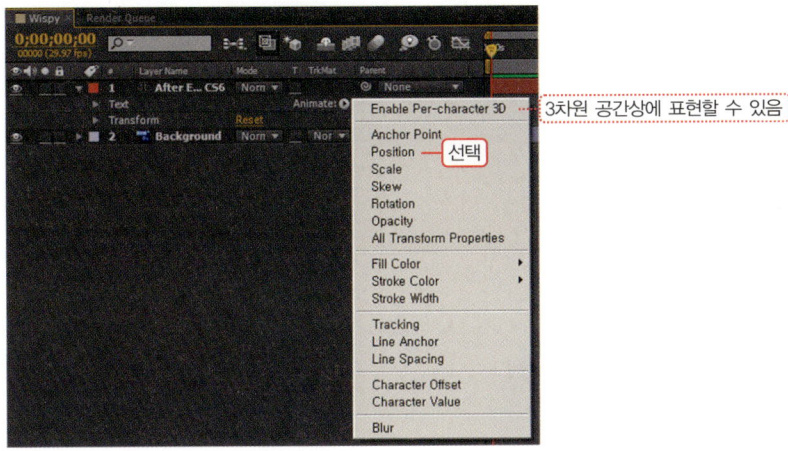

타임라인 패널에는 Animator 1이 만들어지게 되고 Range Selector 1에 Position 항목이 보이게 될 것입니다. X, Y 축의 값을 조절해 보면 Transform 속성의 Position처럼 텍스트의 위치만 이동하게 됩니다.

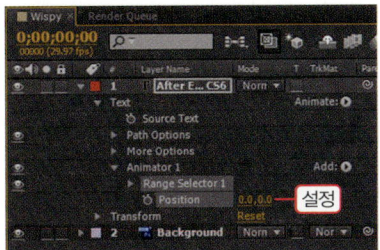

텍스트 애니메이션(Text Animation)과 프리셋 111

Range Selector 1의 ▶ 버튼을 클릭하여 ▼으로 하면 텍스트를 맨 앞 부분부터 애니메이션되도록 조절할 수 있는 Start와 끝 부분부터 조절해 줄 수 있는 End 속성이 있습니다.

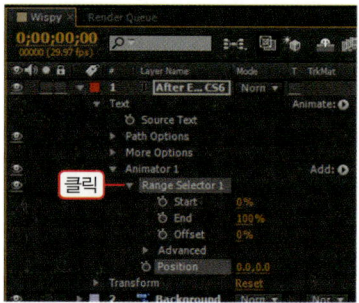

타임라인 바가 0초에 위치한 상태에서 Start 항목 0%로 스톱워치 아이콘을 클릭하여 키프레임을 만듭니다. 그리고 2초로 타임라인 바를 이동시켜 Start 값에 100%를 적용하면 자동으로 키프레임이 만들어지게 될 것입니다.

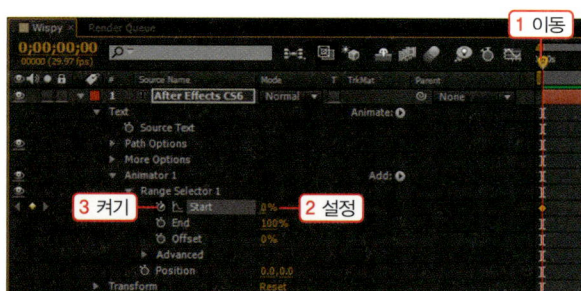 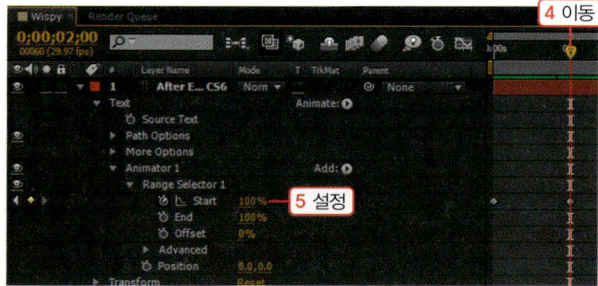

타임라인 바를 드래그해보면 Start 부분이 이동되는 것을 알 수 있습니다.

▲ Start 부분의 커서가 이동되는 모습

텍스트 애니메이션으로 표현하기위해 Range Selector 1에 추가된 Position 속성에 키프레임 애니메이션을 만들면 됩니다. 타임라인 바를 0초에 위치시키고 스톱워치 아이콘을 클릭하여 키프레임을 만들고 2초로 이동시켜 Y축 값을 -100으로 입력하여 키프레임을 만들면 텍스트가 위로 올라갔다 내려오는 텍스트 애니메이션이 됩니다.

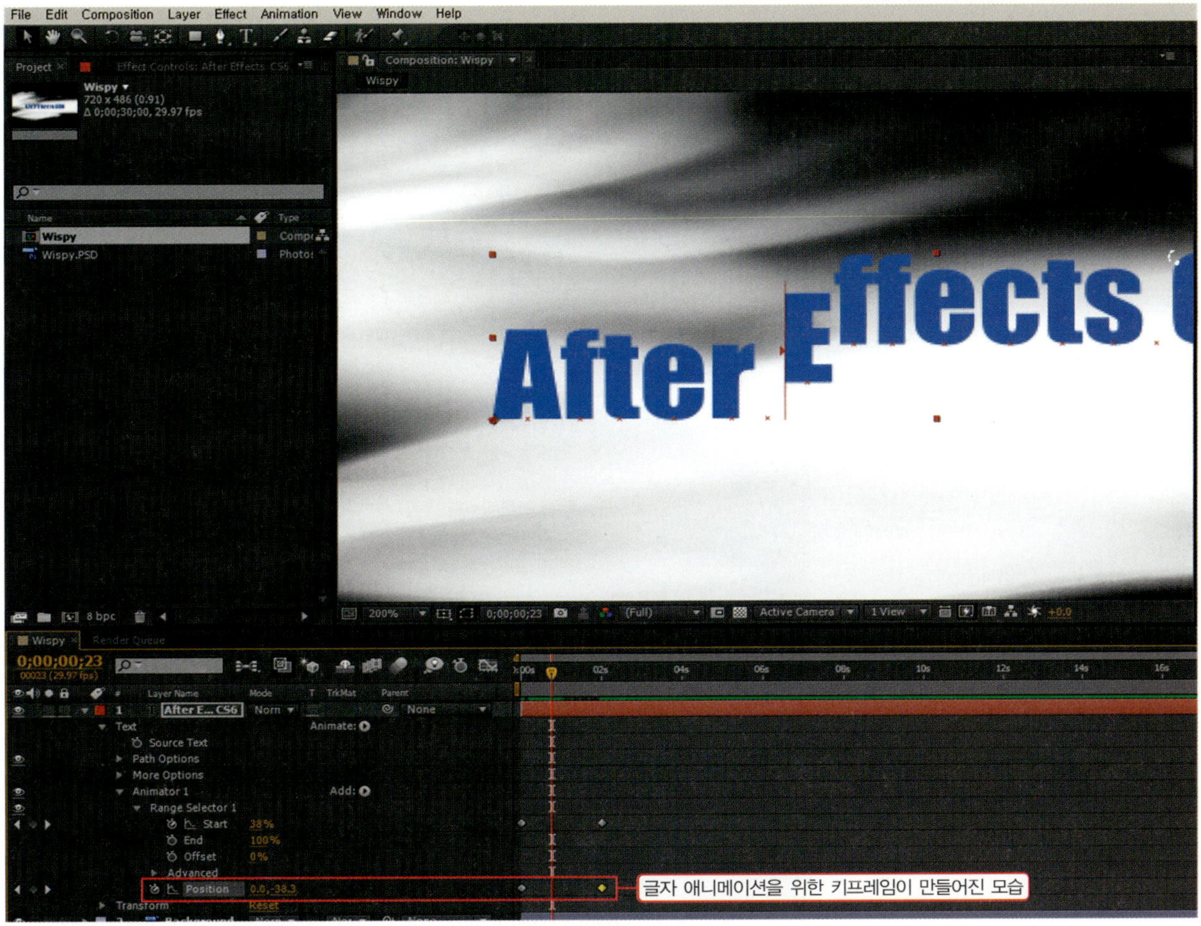

텍스트 애니메이션에 다른 Animate 속성을 추가하려면 Animator 1 우측 끝에 있는 Add의 ▶ 버튼을 클릭합니다. Add의 Property 항목을 보면 처음 Animate에서 보았던 것과 같은 항목이 존재하는 것을 알 수 있습니다. Add의 Property에서 추가할 항목을 선택하면 됩니다. 여기서 Scale를 선택합니다.

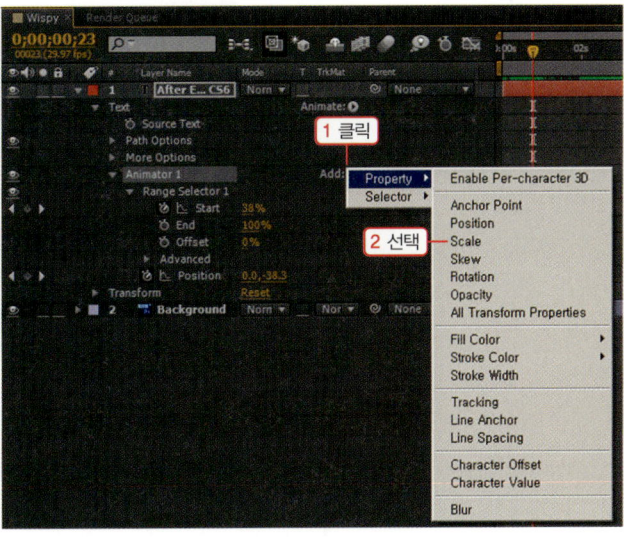

텍스트 애니메이션(Text Animation)과 프리셋 113

Property에서 Scale를 선택하면 Range Selector 1에 Scale이 추가된 것을 알 수 있습니다. Range Selector 1에 추가한 Scale 값을 0초에 300%, 2초에는 100%가 되도록 키프레임을 만듭니다. 타임라인 바를 드래그해보면 텍스트가 겹쳐서 무슨 글자인지 알아보기 어려울 것입니다.

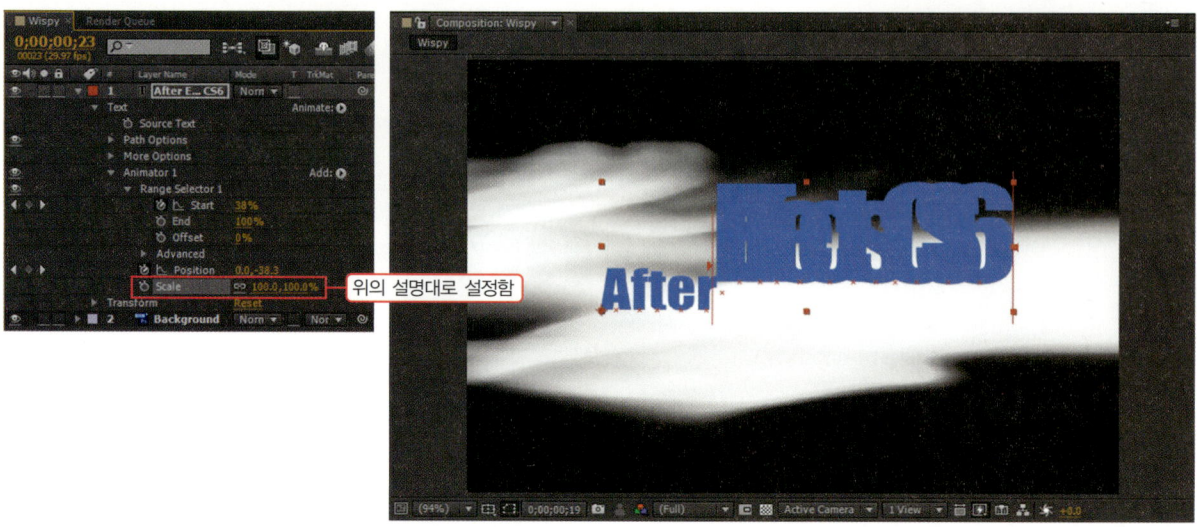

Range Selector 1에 효과를 제어해 주는 Offset 항목을 0초에 0%, 2초에 100%로 키프레임을 만들면 Offset 값이 적용되어 이제야 한 글자씩 날아 들어오는 것을 알 수 있습니다.

Property에서 Opacity 속성을 추가한 다음 키프레임을 만들지 않고 값을 0%로 낮추어도 제어가 끝난 글자는 Transform의 Opacity 값이 100%로 설정되어 있어서 보여지게 됩니다.

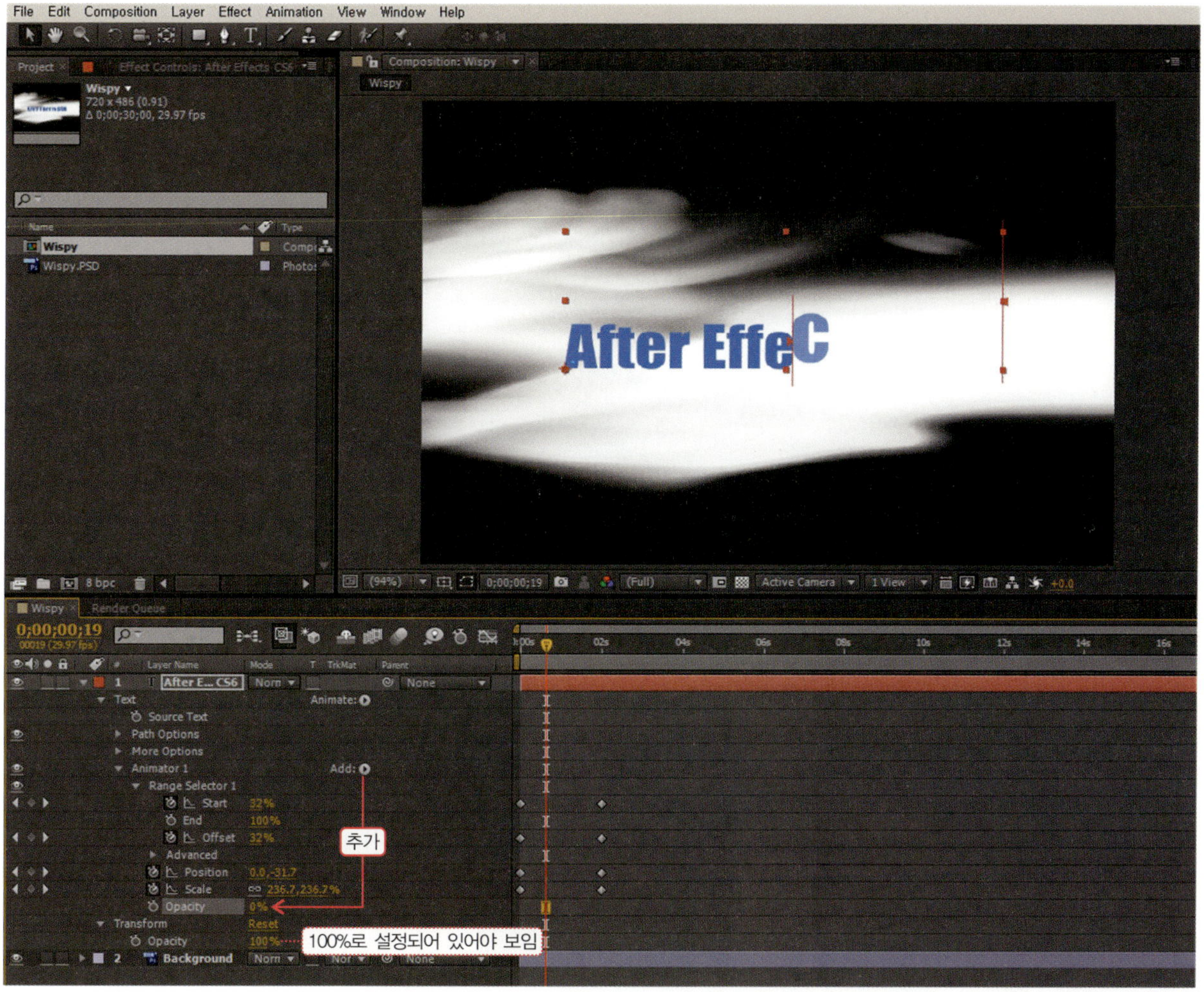

Add에서 Selector에 있는 Wiggly를 적용하면 춤추는 텍스트 애니메이션을 만들 수 있습니다. Wiggly를 적용하면 타임라인 패널의 텍스트 레이어에는 Wiggly Selector가 추가됩니다. ▶표시를 클릭하여 하위 속성들을 살펴보면 텍스트가 흔들리는 속도와 범위 흔들리는 형태의 종류 등을 설정할 수 있는 항목들이 있습니다.

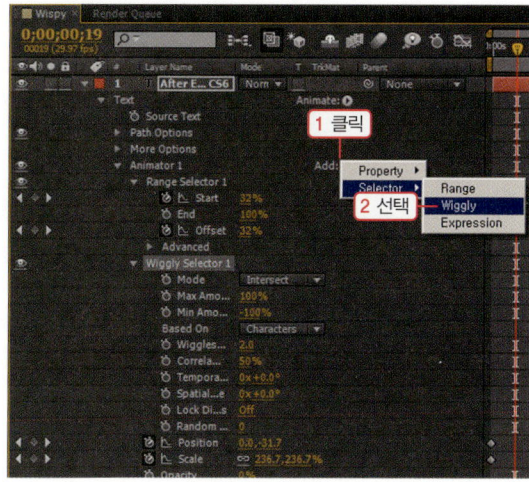

텍스트 애니메이션(Text Animation)과 프리셋 115

컴포지션 패널을 보면 Wiggly Selector 값을 조절하지 않아도 텍스트가 랜덤하게 춤추는 애니메이션으로 표현된 것을 알 수 있습니다. 이와 같은 방법으로 글자 애니메이션을 간편하게 표현할 수 있습니다.

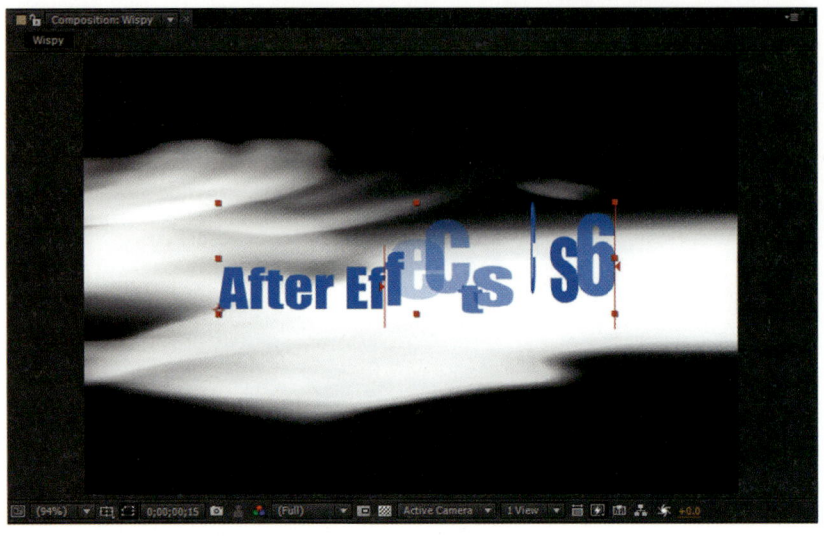

패스를 따라 움직이는 텍스트 애니메이션

펜 툴로 그린 패스를 따라 텍스트가 움직이는 애니메이션을 만들 수 있습니다. 폰트와 색상, 크기를 설정한 다음 텍스트 툴로 텍스트를 입력하여 텍스트 레이어를 만듭니다. 텍스트 레이어가 선택되어 있는 상태에서 펜 툴로 패스를 따라 움직이는 애니메이션으로 표현하려는 패스를 그려 놓습니다.

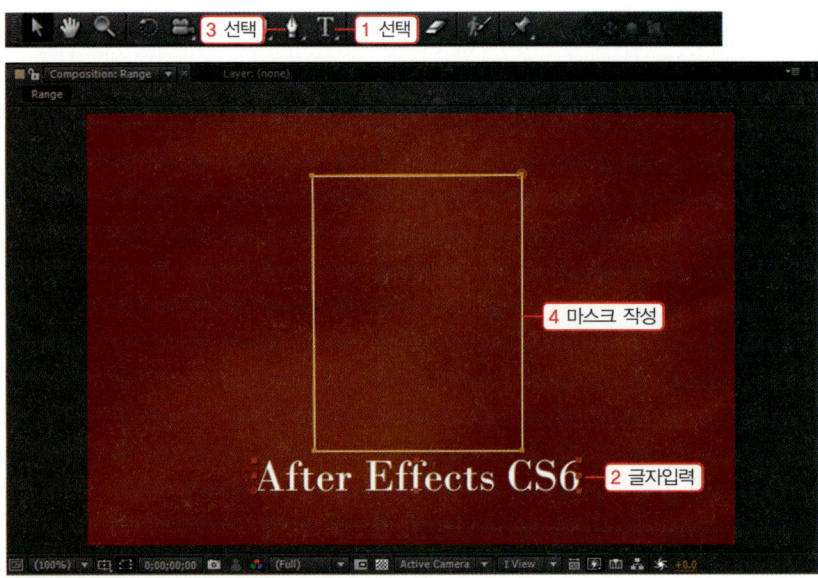

타임라인 패널의 텍스트 레이어에서 ▶ 표시를 클릭하여 하위 속성들을 활성화시킵니다. Text의 하위 속성에 있는 Path Option의 Path에서 앞서 그려 놓은 패스(마스크)를 선택합니다.

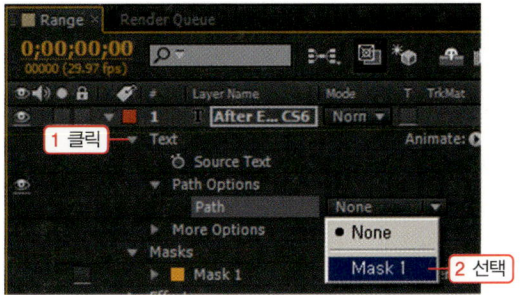

입력한 텍스트는 패스를 따라 붙게 되고 Path Options에는 Path 속성들이 활성화될 것입니다. 다섯 가지의 Path 속성들이 어떻게 적용되는지 알아보도록 하겠습니다.

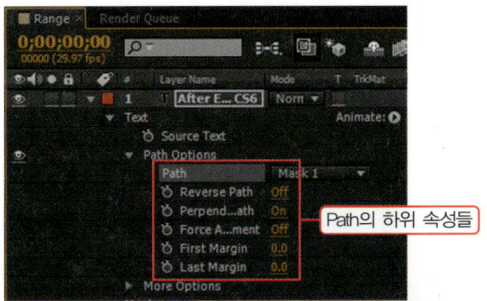

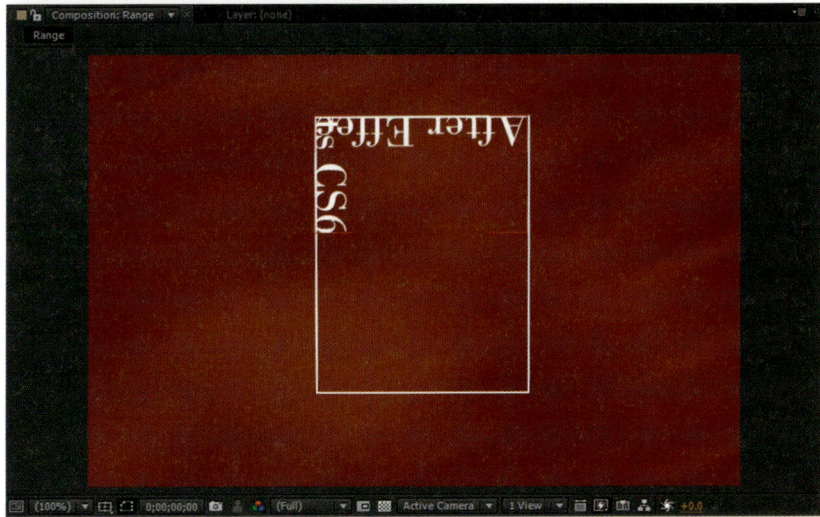

Reverse Path 기본값은 Off이며 On으로 설정하면 텍스트가 패스의 반대 방향으로 표시됩니다.

Perpendicular To Path Off로 설정하면 텍스트가 패스에 수직 방향으로 회전되어 표시됩니다.

Force Alignment 기본값은 Off이며 On으로 설정하면 첫 번째 글자는 패스의 앞부분에 마지막 글자는 패스의 끝 부분에 위치되며 나머지 글자들은 첫 번째와 마지막 글자 사이에 일정하게 분산됩니다.

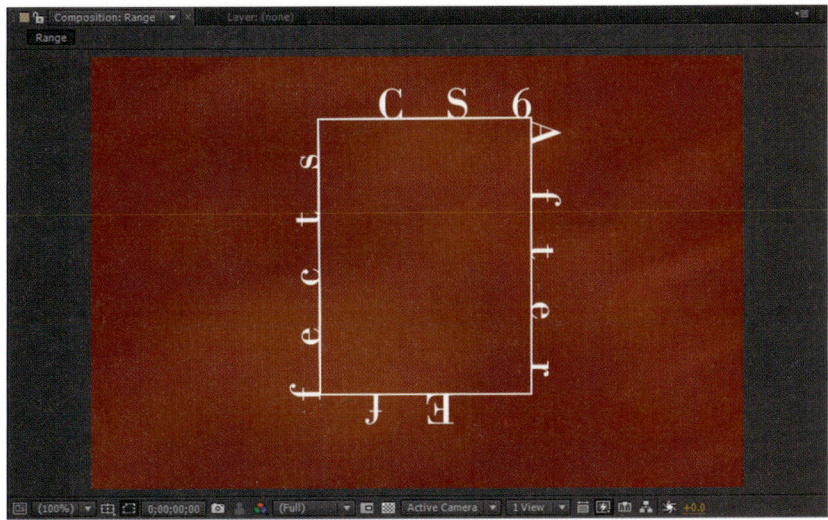

First Margin 첫 번째 글자를 기준으로 패스 위에서 텍스트의 간격을 조절할 수 있습니다.

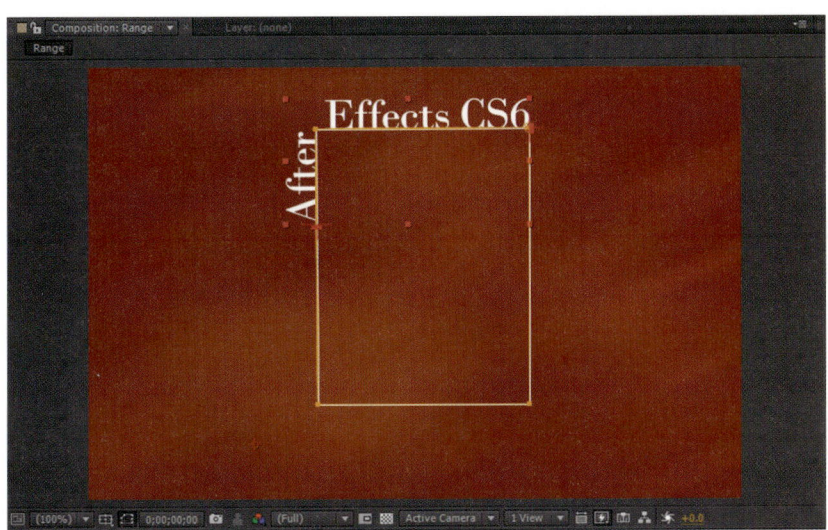

Last Margin First Margin과 반대로 마지막 글자를 기준으로 패스 위에서 텍스트의 간격으로 조절할 수 있습니다.

포토샵 텍스트에 텍스트 애니메이션 프리셋 적용하기

포토샵에서 만든 텍스트 파일에 애프터이펙트의 텍스트 애니메이션 프리셋을 적용할 수 있습니다. 애프터이펙트에 포토샵 파일을 불러들이는 방법과 프리셋을 적용하는 방법도 함께 알아보도록 하겠습니다. 포토샵 PSD 파일은 애프터이펙트에 Footage, Composition, Composition-Retain Layer(CS4 버전 이하 Composition-Cropped Layer) Sizes의 세 가지 방식으로 가져오기를 할 수 있습니다.

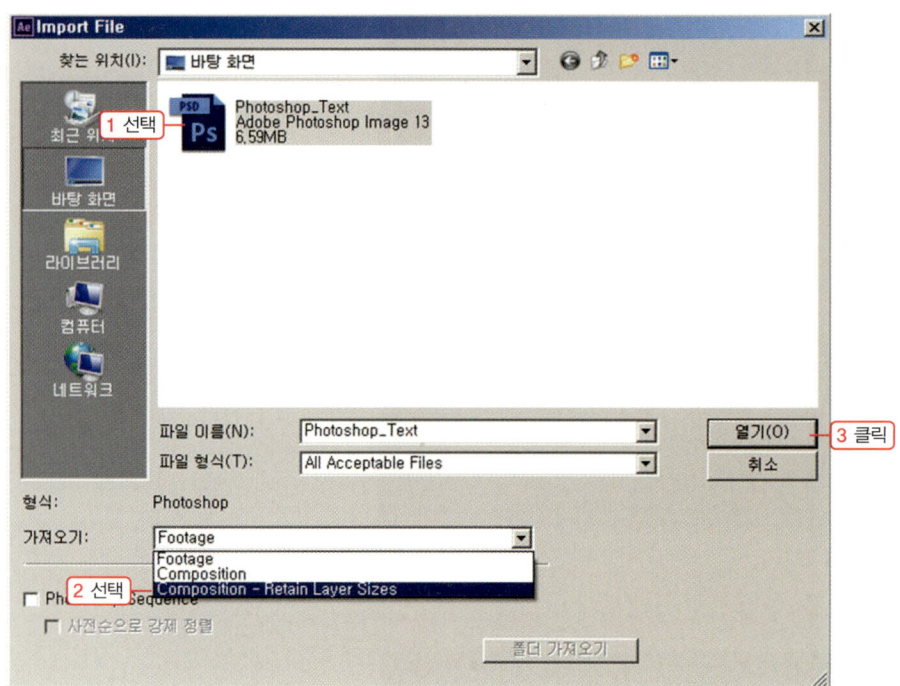

Footage(푸티지)는 소스 파일로 가져오는 것이며 Compositon은 포토샵 파일로 애프터이펙트의 컴포지션을 만드는 것입니다. Composition-Retain Layer는 Composition처럼 포토샵 파일로 컴포지션을 만드는 것은 같지만 포토샵에서 사용한 각각의 레이어들을 레이어 크기 그대로 활용할 수 있습니다. 가져오기 방식을 선택하고 열기 버튼을 클릭하면 Import Kind와 Layer Options를 선택하는 창이 활성화됩니다. 포토샵에서 적용한 레이어 스타일을 수정할 수 있도록 Editable Layer Styles를 선택하고 OK 버튼을 클릭합니다.

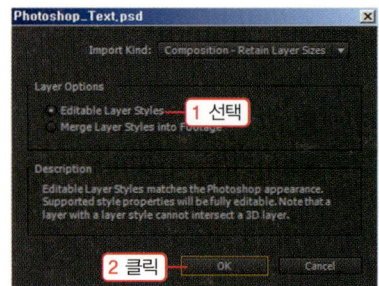

프로젝트 패널에는 포토샵에서 만든 도큐멘트 사이즈로 컴포지션이 만들어졌고 폴더 안에 레이어들이 포토샵 파일로 포함되어 있는 것을 알 수 있습니다.

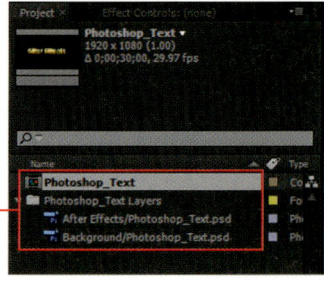

컴포지션을 더블클릭하면 타임라인 패널에는 포토샵에서 사용한 레이어 그대로 레이어들이 표시됩니다.

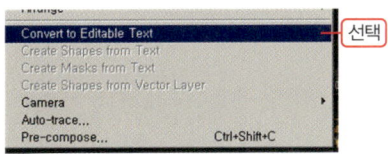

포토샵에서 만든 텍스트 레이어에 애프터이펙트의 텍스트 애니메이션을 적용하려면 타임라인 패널에서 텍스트에 해당되는 레이어를 선택하고 Layer 메뉴에서 Convert to Editable Text를 선택합니다.

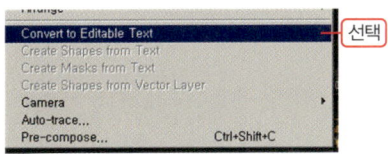

Convert to Editable Text가 적용되면 레이어 앞에 표시되어 있는 포토샵 이미지가 애프터이펙트의 텍스트 레이어 이미지인 T 자로 바뀌게 될 것입니다.

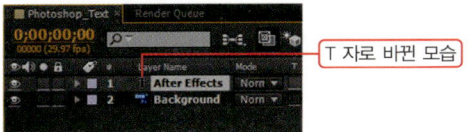

텍스트 애니메이션(Text Animation)과 프리셋 **121**

단 포토샵에서 텍스트에 Rasterize를 적용하여 이미지로 처리하면 Convert to Editable Text가 적용되지 않는다는 경고 메시지가 나타나게 됩니다.

◀ 글자를 이미지로 변환하면 다시 글자로 복구할 수 없다는 메시지 창

포토샵 텍스트를 Convert to Editable Text를 적용하여 텍스트 레이어로 전환하면 애프터이펙트가 6.0 버전 이후 업그레이드되면서 다양해진 텍스트 애니메이션을 프리셋에서 쉽게 적용할 수 있습니다. Effects &Preset 패널 Animation Prest의 Preset 폴더 안에 다양한 폴더가 있지만 텍스트 애니메이션과 관련된 것은 Text 폴더 안에 있습니다.

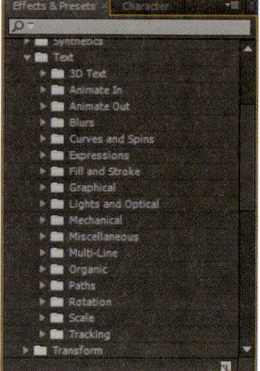

Effects & Preset 패널의 Text 폴더(C:\Program Files\Adobe\Adobe After Effects CS6\Support Files\Presets\Text) 안에서 각각의 폴더 안에 제공되는 텍스트 애니메이션을 직접 드래그하여 적용해도 되지만 Animation 메뉴의 Browse Presets를 선택하여 활성화되는 Adobe Bridge 창을 활용하면 선택한 프리셋을 프리뷰 화면으로 확인해보고 적용할 수 있습니다. 여기서 일단 아무 프리셋이나 더블클릭하여 적용해 봅니다.

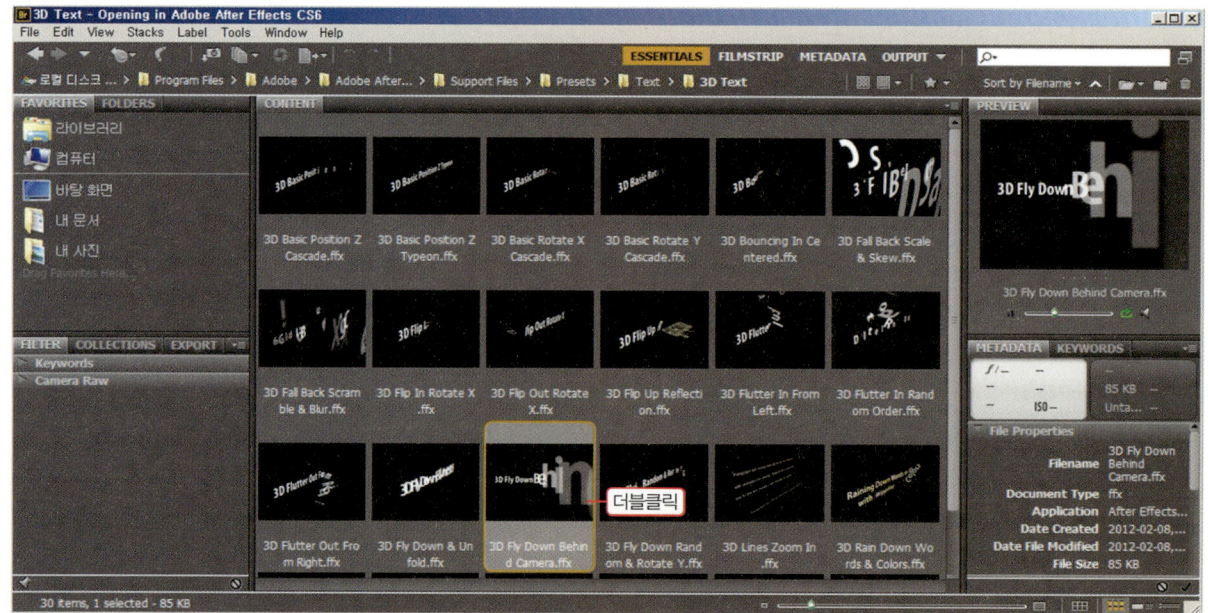

텍스트 애니메이션 프리셋이 있는 Text 폴더 안에서 적용하고자 선택한 프리셋을 선택하여 더블클릭하면 애프터이펙트 컴포지션 패널의 화면에는 적용된 결과가 바로 나타납니다.

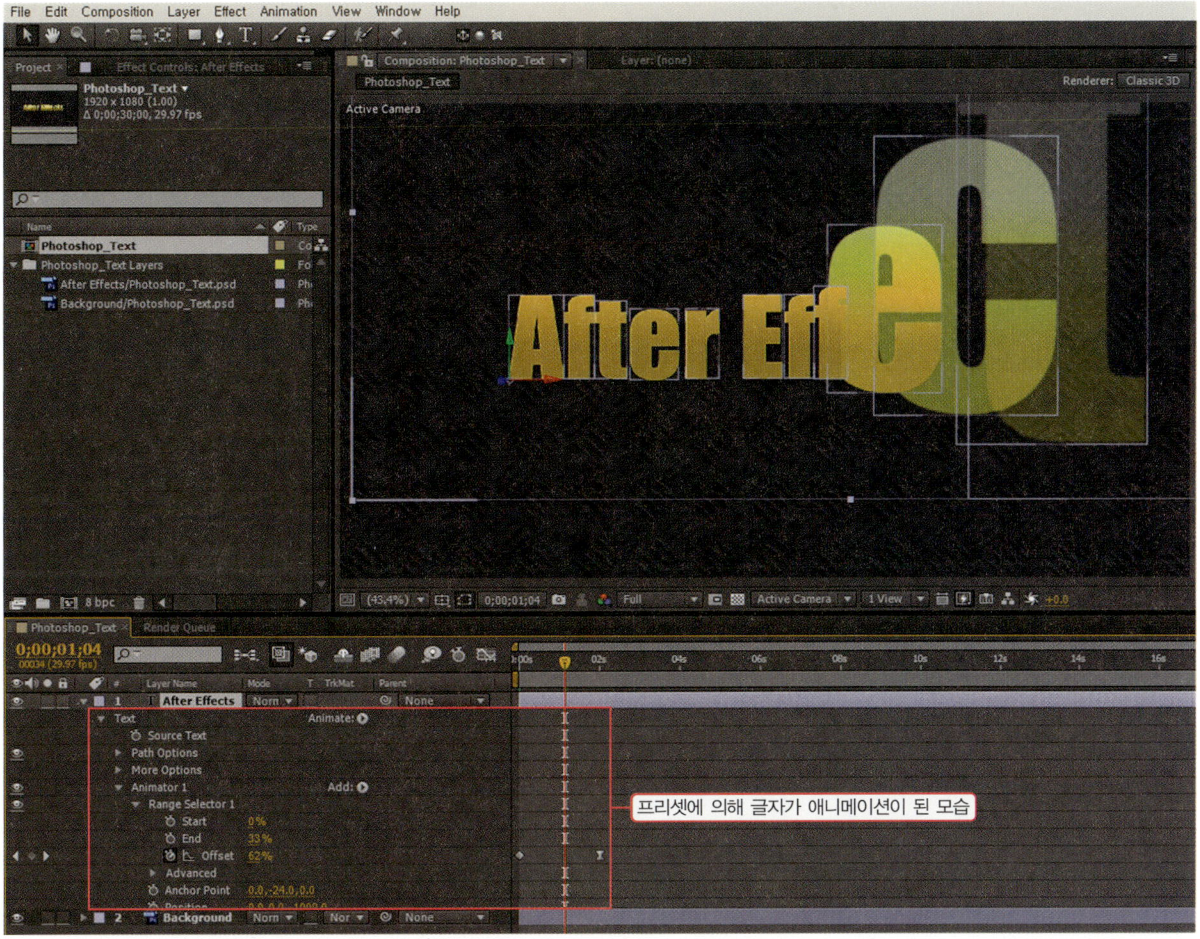

포토샵과 같은 Layer Styles

CS3 버전이후 포토샵에서 적용한 레이어 스타일과의 호환성이 좋아졌으며 애프터이펙트에서도 Layer 메뉴를 통해 포토샵처럼 레이어 스타일을 직접 적용할 수 있게 되었습니다.

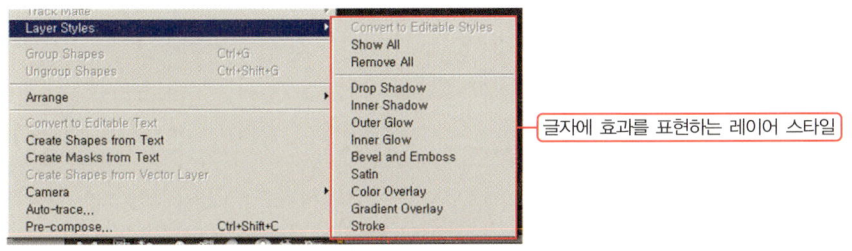

포토샵 텍스트에서 적용한 레이어 스타일은 Editable to Layer Sytles를 선택하여 불러들이면 텍스트 레이어의 Layer Styles 속성에 표시되어 포토샵을 실행하지 않고 애프터이펙트에서 직접 수정할 수 있습니다. 애프터이펙트의 Layer Styles에서 선택한 속성도 Layer Styles에 함께 표시되어 추가적으로 텍스트를 수정할 수 있습니다.

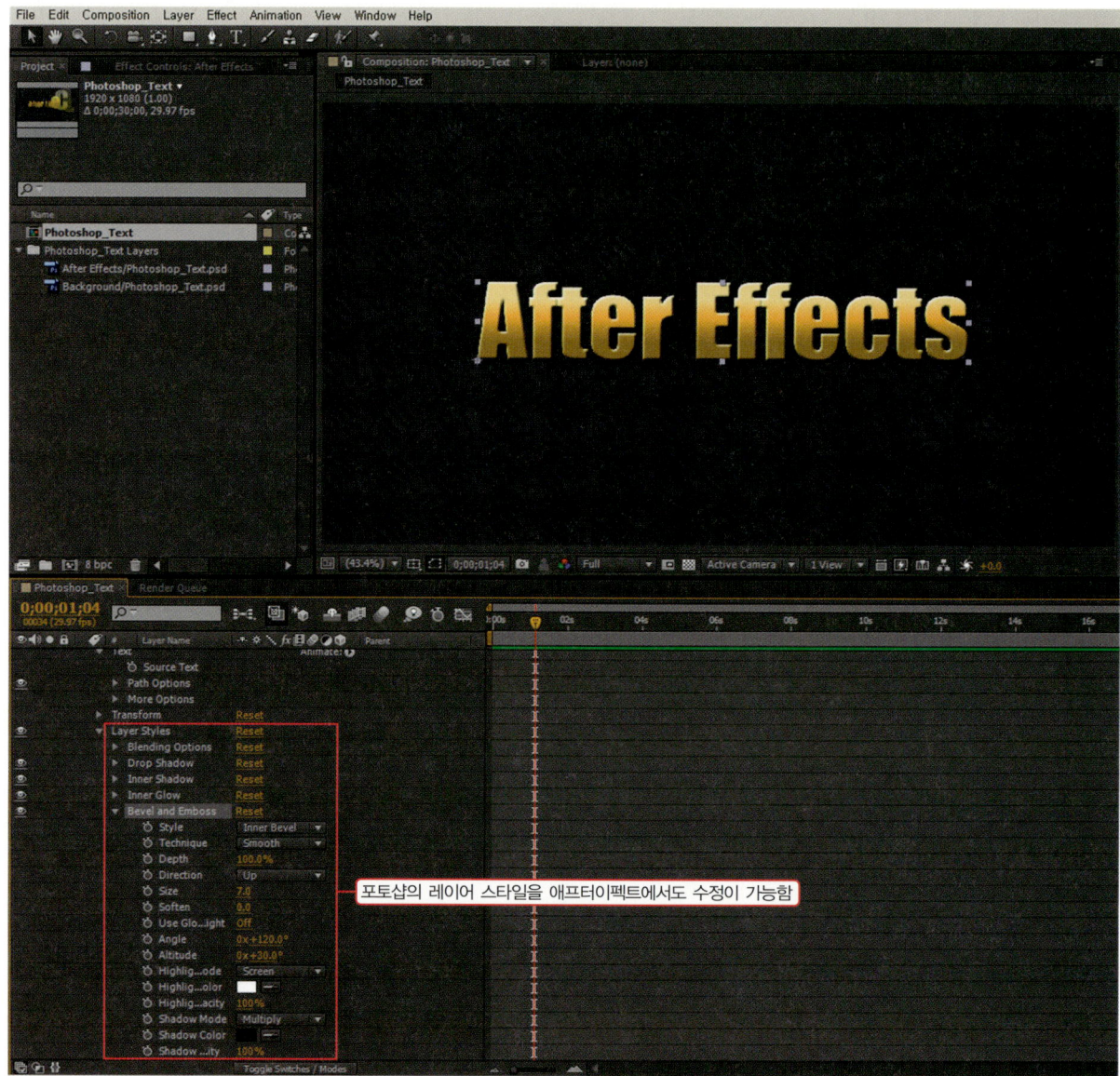

일러스트레이터처럼 패스를 만드는 Create Outlines

일러스트레이터의 Create Outlines 기능처럼 CS3 버전까지는 Create Outlines이었던 기능이 CS4 버전부터 Create Mask from Text와 Create Shapes from Text로 바뀌어 텍스트를 Mask나 Shape 형태로 Outline를 만들 수 있게 되었습니다. 먼저 글자를 입력합니다.

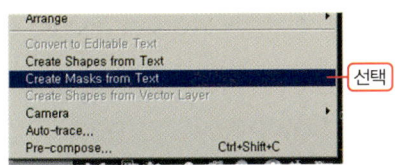

텍스트 레이어에 Layer 메뉴의 Create Mask form Text를 적용하면 레이어 이름과 같은 Outlines 레이어가 만들어지게 됩니다.

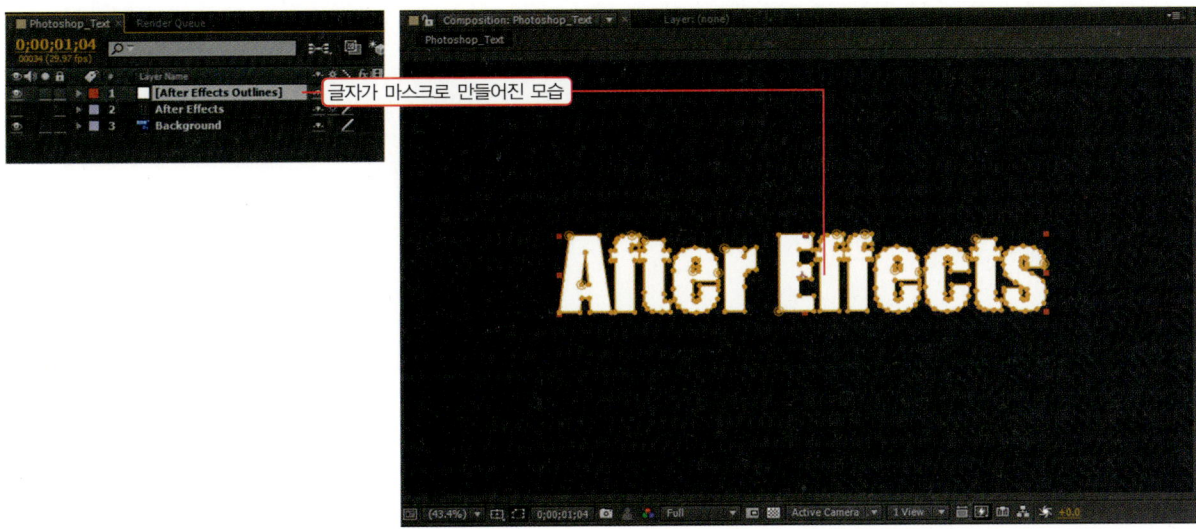

Outlines 레이어에 Effect 메뉴의 Generate에 있는 Stroke를 적용하면 텍스트를 네온사인처럼 표현할 수 있습니다.

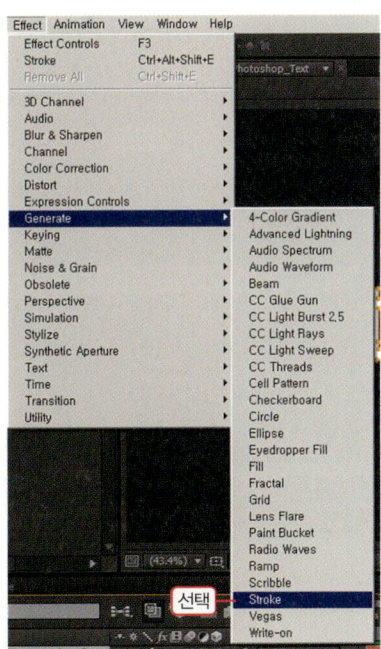

Effect Controls 패널에서 Stroke 이펙트의 Path 부분에 있는 All Mask를 체크합니다. 그리고 맨 아래에 있는 Paint Style를 On Transparent로 설정하면 패스만 남게 됩니다.

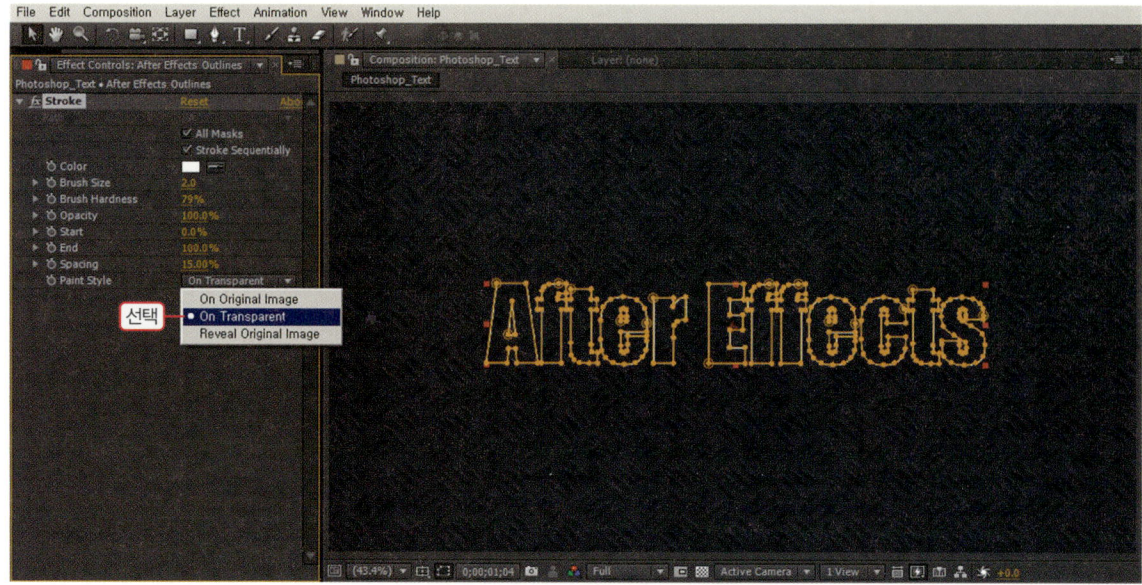

Brush Size의 값을 높여 패스를 라인 형태로 만든 다음 Spacing의 값을 조절하면 텍스트가 네온사인처럼 보여지게 됩니다. End 값에 대해 키프레임 애니메이션을 만들면 한 글자씩 나타나는 텍스트 애니메이션을 만들 수 있습니다.

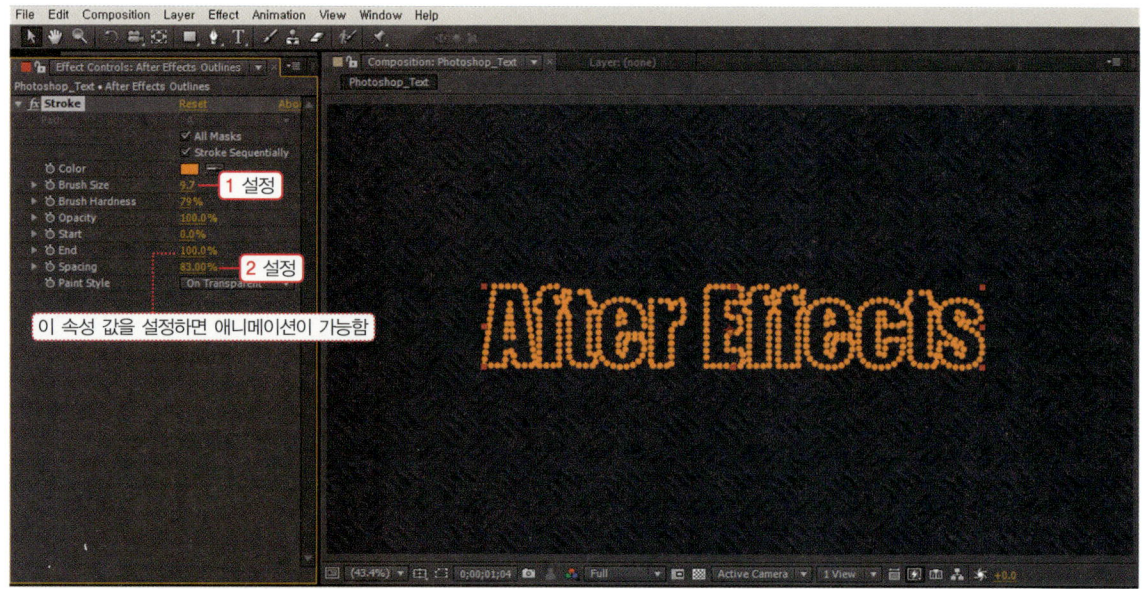

18 카메라(Camera) 활용하기

애프터이펙트의 카메라 레이어를 사용하기 위해서는 타임라인 패널의 하나 이상의 레이어를 3D 레이어로 설정해야 합니다. 3D 레이어는 2D 레이어에 없던 Z 축이 만들어져 3차원 공간상에서 자유롭게 이동시키거나 회전시킬 수 있습니다.

3D 레이어로 설정하기

타임라인 패널의 2D 레이어를 3D 레이어로 설정하려면 스위치 모드에 있는 정육면체 박스 모양의 3D Layer 체크박스를 체크해야됩니다.

3D 레이어로 설정되면 컴포지션 패널의 화면에는 기타 3D 프로그램처럼 X 축(빨간색 화살표), Y 축(녹색 화살표), Z 축(파란색 화살표)이 표시됩니다.

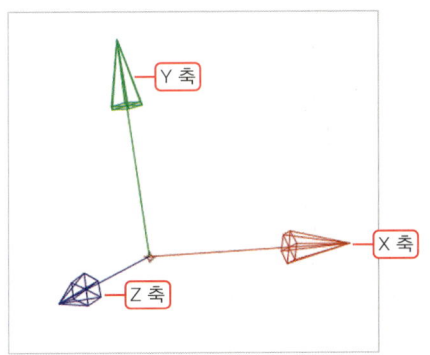

3D 레이어로 설정되면 레이어 속성도 Positon 등에 Z 축 값을 설정할 수 있도록 바뀌게 됩니다.

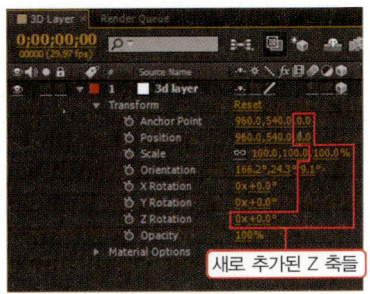

카메라(Camera) 활용하기 127

View 모드 바꾸기

3D 레이어로 설정된 레이어는 3D 프로그램처럼 보는 각도를 바꾸어 표시할 수 있도록 컴포지션 패널에서 View 모드를 선택할 수 있습니다.

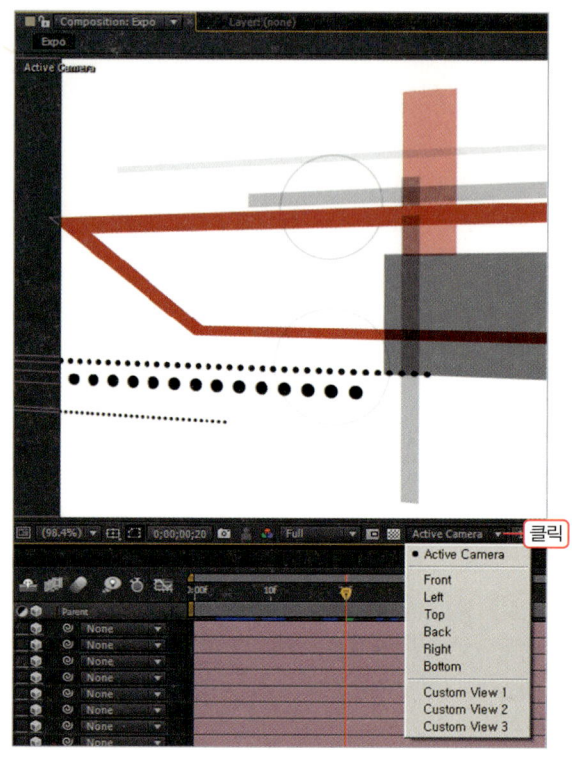

컴포지션 패널의 화면을 2 View나 4 View로 나누어 각 화면에 서로 다른 View 모드가 나타나도록 다양하게 설정할 수 있습니다.

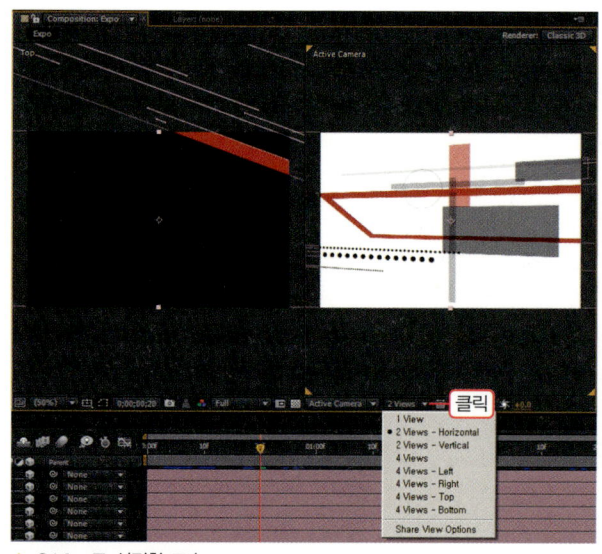

▲ 2 View로 설정한 모습

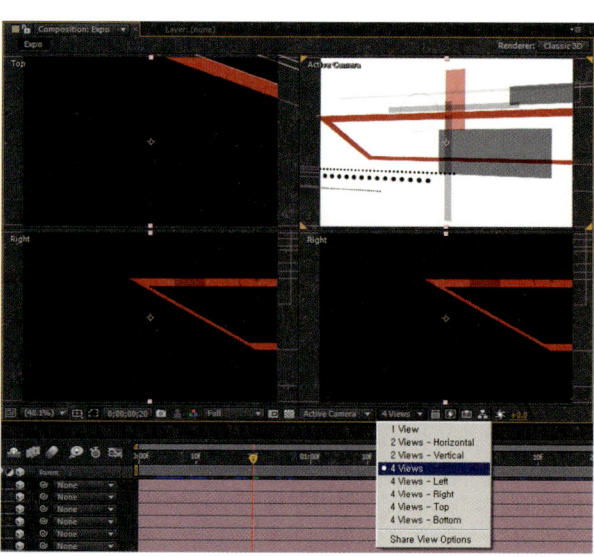

▲ 4 View로 설정한 모습

3D 레이어의 좌표 축 모드 이해하기

3D 레이어는 축의 중심을 설정할 수 있도록 Local Axis Mode, World Axis Mode, View Axis Mode의 세 가지 좌표축 모드가 툴 바에 활성화됩니다.

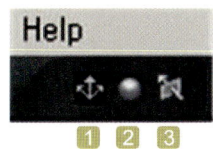

1 Local Axis Mode X, Y, Z 축의 기준이 고정되어 있지 않아서 모든 레이어들의 축을 각각 회전할 수 있습니다. 각각의 축을 회전시키면 레이어가 바라보는 방향에 따라 축도 바뀌어 표시됩니다. 애프터이펙트 입문자가 3D 레이어에 대해 이해할 수 있는 가장 쉬운 모드입니다.

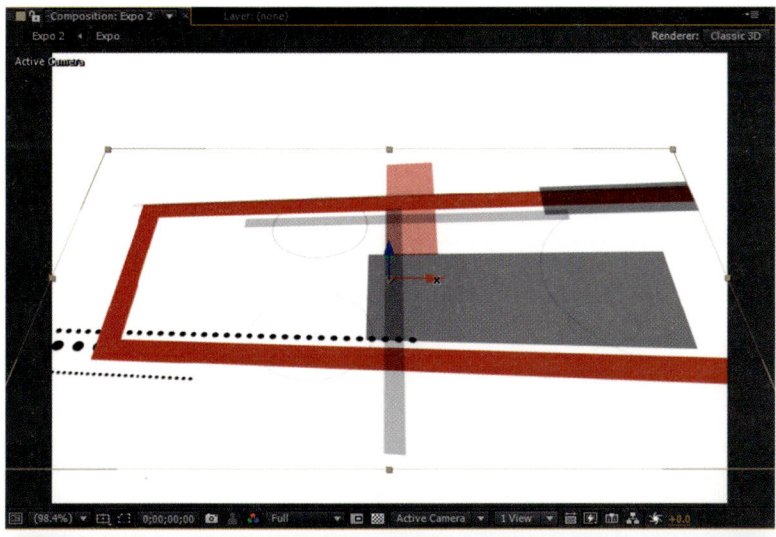

◀ Local Axis Mode에서 X 축을 회전시킨 모습

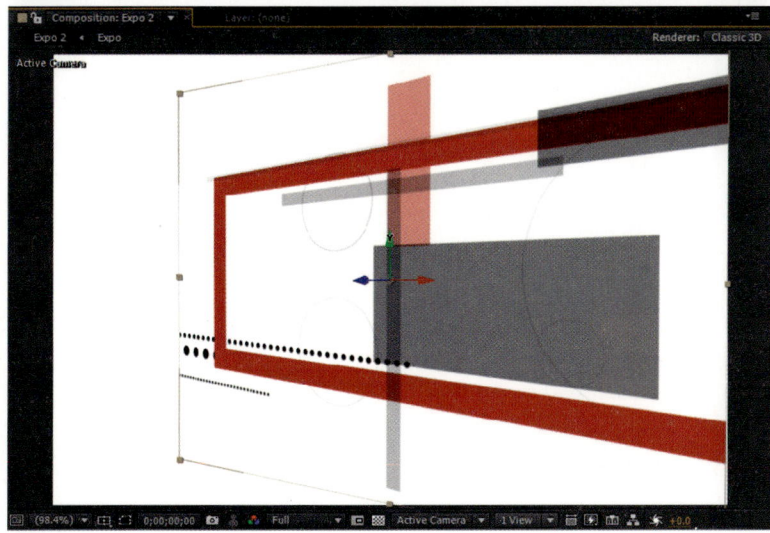

◀ Local Axis Mode에서 Y 축을 회전시킨 모습

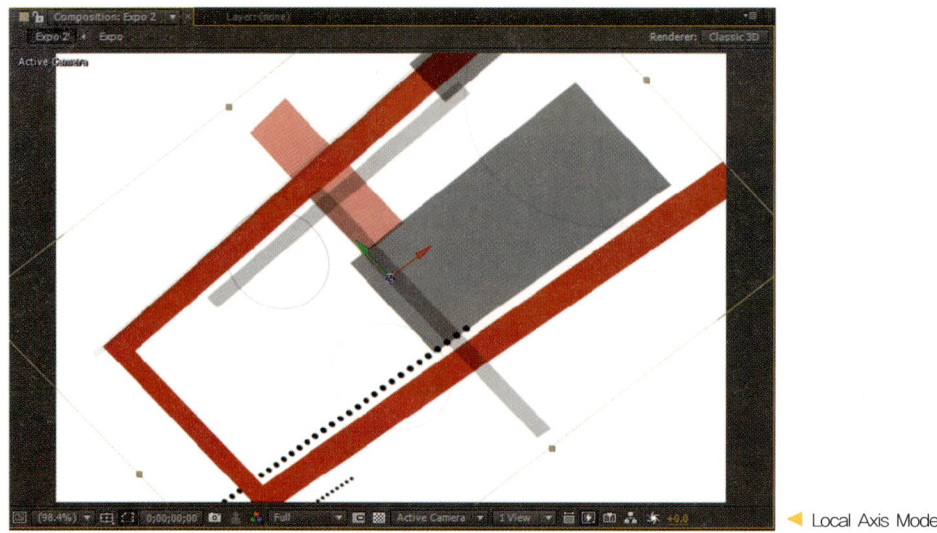

◀ Local Axis Mode에서 Z 축을 회전시킨 모습

2 World Axis Mode 좌표 축의 기준이 컴포지션 패널의 Front View를 기준으로 설정되어 있습니다. 레이어를 회전시켜도 축의 방향은 컴포지션 패널의 화면에 고정된 것처럼 표시됩니다.

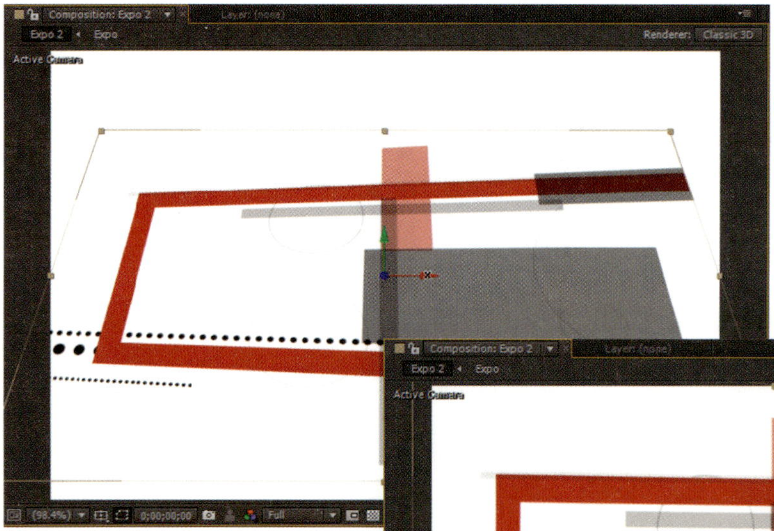

◀ World Axis Mode에서 X 축을 회전시킨 모습

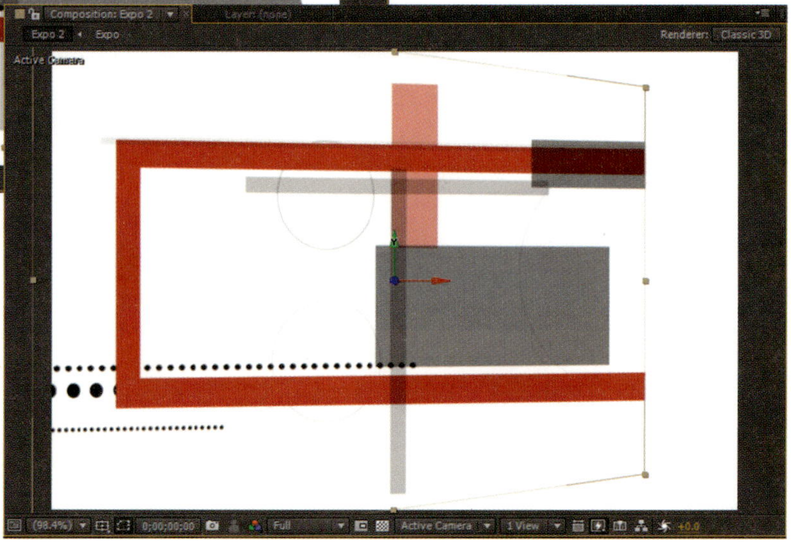

World Axis Mode에서 Y 축을 회전시킨 모습 ▶

3 View Axis Mode 컴포지션 패널의 화면에 보여지고 있는 View 모드를 기준으로 레이어의 축이 설정됩니다. View 모드를 바꾸어도 X 축과 Y 축은 직각으로 표시됩니다.

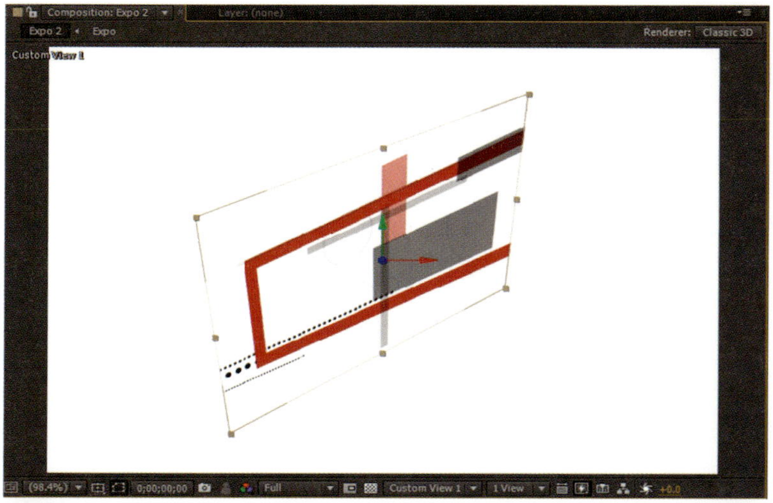

◀ View Axis Mode로 Custom View 1을 표시한 모습

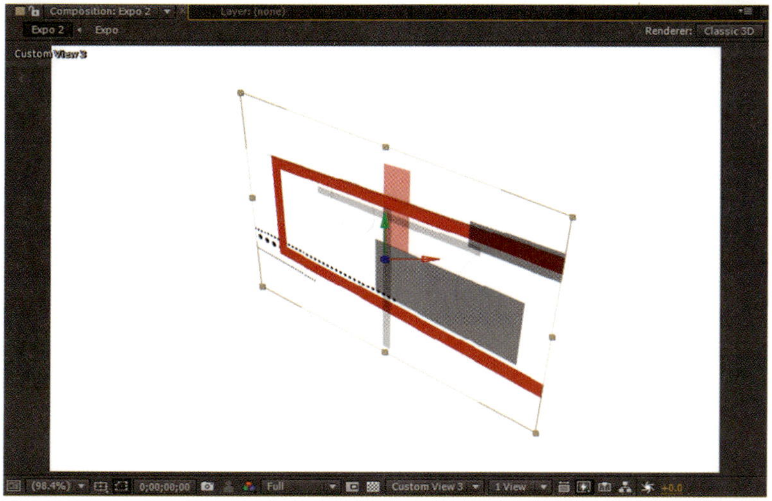

◀ View Axis Mode로 Custom View 3을 표시한 모습

카메라 레이어 이해하기

3D 레이어로 설정하고 카메라 레이어를 만들면 3차원 공간 내에서 다양하게 보여지도록 설정할 수 있습니다. 카메라 레이어는 타임라인 패널에 3D 레이어가 하나 이상 존재해야 기능을 발휘할 수 있으며 Layer 메뉴의 New에 있는 Camera로 카메라 레이어를 만들게 됩니다.

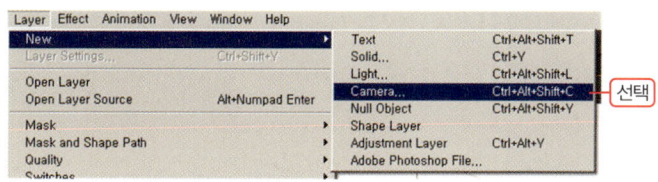

카메라 레이어를 만들면 Camera Settings 창이 활성화됩니다. 이 설정 창에서는 카메라의 이름, 크기(구경), 포커스 거리 등을 미리 설정할 수 있습니다.

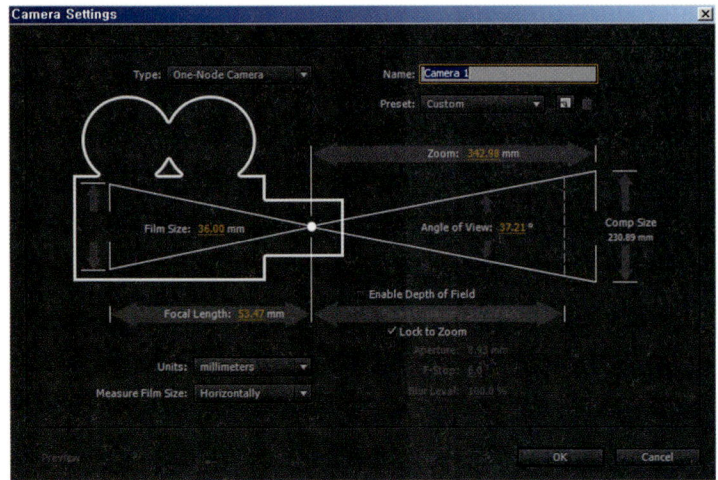

Type CS5 버전부터 Camera Settings 창에 추가된 기능으로 카메라의 위치만 변경할 수 있는 Position만 제공되는 One-Node Camera와 이전 버전과 동일하게 카메라의 위치와 카메라가 바라보는 화각인 Point of Interest(POI) 값을 설정할 수 있는 Two-Node Camera로 나뉘어져 있습니다.

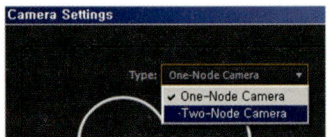

Name 카메라 레이어의 이름을 입력합니다.

Preset 기본값은 50mm입니다. 카메라 설정 값으로 미리 설정되어 있는 프리셋을 사용하면 작게는 넓은 화각의 15mm부터 크게는 멀리 볼 수 있는 200mm까지 사용할 수 있습니다.

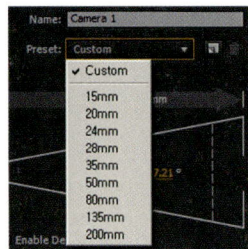

Zoom 카메라의 렌즈부터 소스까지의 거리를 나타냅니다. 값을 입력하여 줌 인 / 아웃 효과를 만들 수 있습니다.

Film Size 필름의 크기를 설정합니다. 값을 입력하면 Zoom과 Angle of View의 값이 자동으로 조절됩니다. 필름 사이즈의 값이 커질수록 Zoom 값이 감소되어 컴포지션 화면에 레이어가 작게 나타나게 됩니다.

Angle of View 카메라로 보는 화면의 넓이, 화각을 의미합니다. 광각 렌즈처럼 넓은 범위가 보이도록 설정할 수 있습니다. Angle of View에서 설정한 값은 Zoom과 Focal Length의 값이 조절되어 반영됩니다. Angle of View의 최댓값은 180입니다.

Enable Depth of Field 피사계 심도를 설정할 것이지 체크하는 부분입니다. 카메라의 초점이 범위에서 벗어나면 흐려지게 됩니다. Focus Distance, Aperture, F-stop, Blur Level 값을 함께 사용하여 공간감을 생생 표현할 수 있습니다.

Focal Length 필름부터 카메라 렌즈까지의 거리인 초점거리를 의미합니다. 얼마나 멀리 정확하게 볼 것인지 값을 입력합니다. Focal Length 값이 높을수록 Zoom 값도 함께 증가하여 레이어가 크게 보이게 됩니다.

Focus Distance 피사계 심도의 거리를 설정합니다. 값이 커질수록 초점이 먼 거리에 맞추어집니다.

Units Camera Settings 창에서 사용하는 단위 값을 선택할 수 있습니다.

Measure Film Size 필름 사이즈의 기준 방향을 설정할 수 있습니다. 기본값은 Horizontally(수평) 입니다.

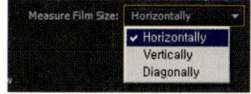

Lock to Zoom Lock to Zoom을 체크하면 Focus Distance에서 입력한 값에 맞는 Zoom 값이 설정됩니다.

Aperture 카메라 렌즈가 열리는 값을 설정합니다. 값이 클수록 Depth of Field의 영향으로 초점이 흐려지게 됩니다.

F-stop Aperture의 초점거리 값을 설정합니다. 애프터이펙트에서는 실제 카메라처럼 Aperture에 값을 입력하면 F-stop 값도 함께 조절됩니다.

Blur Level Depth of Field에 의해 정해진 초점을 흐리게 하거나 선명하게 할 수 있습니다. 값이 클수록 블러(Blur)가 적용되어 흐려지게 됩니다.

Camera Settings의 설정 값을 수정하려면 타임라인 패널의 카메라 레이어가 선택된 상태에서 Layer 메뉴의 Camera Settings를 클릭하면 앞서 설정한 Camera Settings 창이 다시 활성화됩니다. 또한 타임라인 패널의 카메라 레이어를 더블클릭하면 Camera

Settings 창을 보다 빠르게 나타낼 수 있습니다.

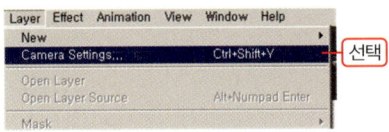

키보드 A 키를 두 번(AA)누르면 3D 레이어의 경우 Material Options가 속성으로 표시되지만 카메라 레이어에서는 Camera Options 항목만 레이어 속성으로 표시됩니다.

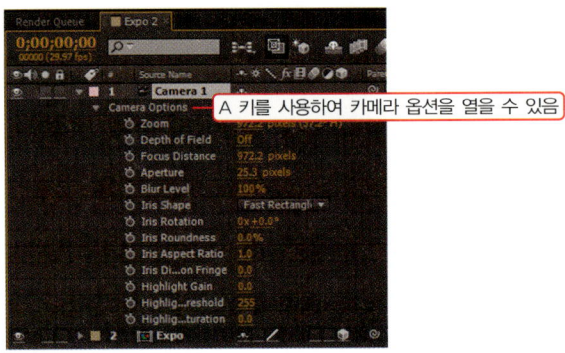

카메라를 움직이는 기본적인 방법

카메라 애니메이션을 만들 때 가장 많이 사용하는 Top 모드로 컴포지션 패널의 화면을 바꾸어 보면 카메라가 아래 그림처럼 보여지게 됩니다.

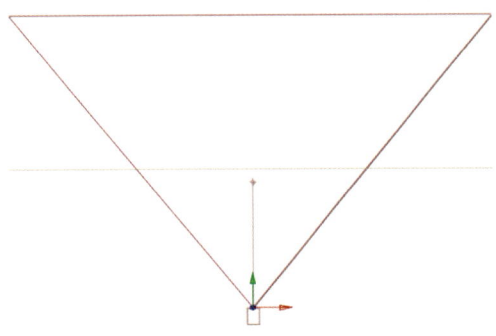

카메라 레이어가 선택된 상태에서 키보드의 P 키를 누르면 카메라의 위치에 해당하는 Position 속성만 나타나게 됩니다. Shift 키와 A 키를 누르면 카메라가 바라보는 방향의 중심점에 해당하는 Point of Interest 속성이 함께 표시됩니다. One-Node Camera에서는 Point of Interest가 표시되지 않습니다. 카메라 레이어의 애니메이션은 Position과 Point of Interest의 두 가지 속성으로 Top 모드에서 만드는 것이 편리합니다.

컴포지션 패널의 화면에서 선택 툴로 Point of Interest를 드래그하여 이동시켜보면 카메라는 움직이지 않고 카메라가 보는 방향(Point of Interest)만 바뀌게 되는 것을 알 수 있습니다.

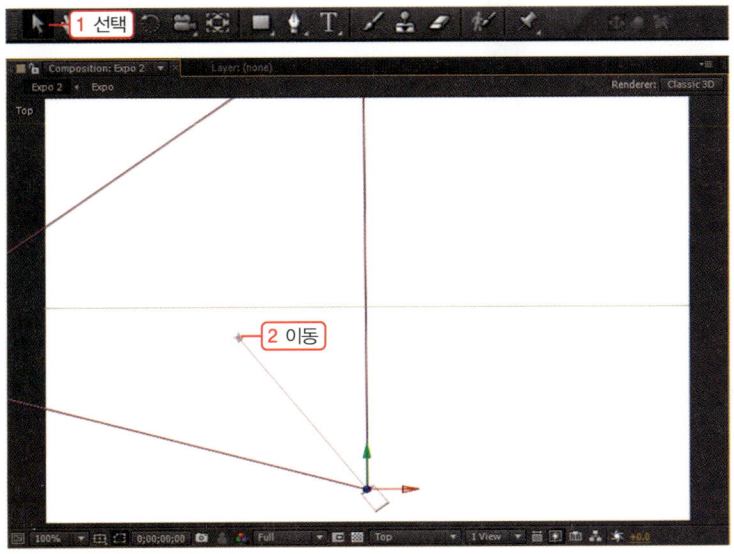

반대로 카메라가 보는 방향은 고정시키고 카메라의 위치(Position)만 바꾸려면 카메라의 좌표축이 선택되지 않은 상태에서 카메라를 다른 위치로 이동시키면 됩니다.

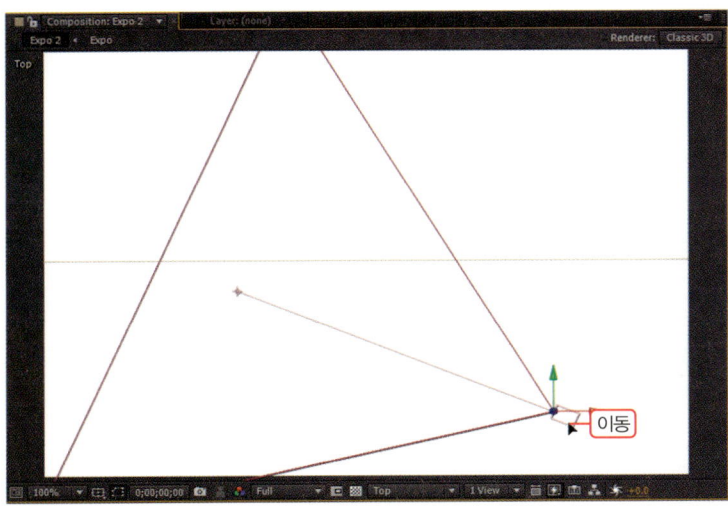

좌표 축이 선택된 상태에서 카메라를 이동하면 카메라의 위치(Position)와 카메라가 보는 방향(Point of Interest)이 함께 이동하게 됩니다.

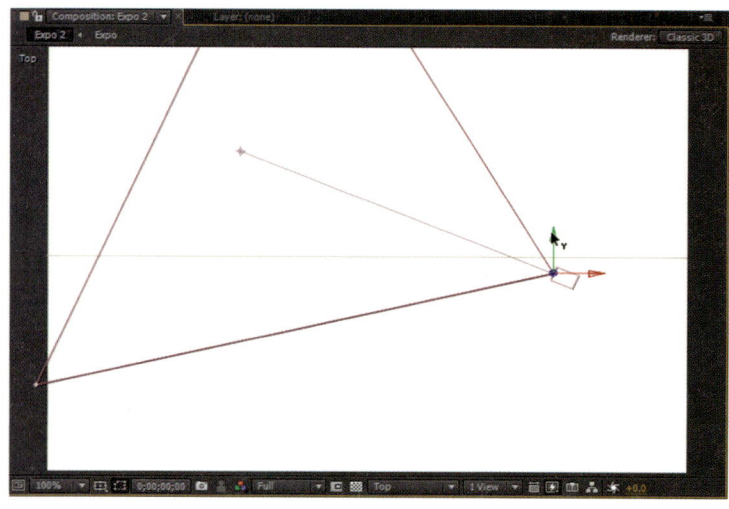

툴 바에 좌측에서 다섯 번째 있는 카메라 관련 툴을 사용하면 카메라를 쉽게 이동할 수 있습니다. CS4 버전부터는 통합 카메라 툴인 Unified Camera Tool이 추가되었습니다.

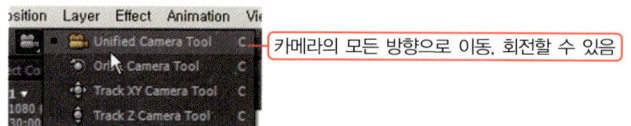

Unified Camera Tool 유니파이드 카메라 툴은 통합 카메라 툴로 CS4 버전부터 추가된 기능입니다. 카메라 툴은 키보드 C 키로 전환하며 사용할 수 있습니다. Unified Camera Tool은 컴포지션 화면에서 마우스의 왼쪽 버튼을 누르고 있으면 Orbit Camera Tool로 바뀌어 표시됩니다. 마우스 휠 버튼을 누르고 있으면 XY Camera Tool이 표시되며 마우스 오른쪽 버튼을 누르고 있으면 Track Z Camera Tool이 표시되어 단축키 없이 마우스만으로 모든 카메라 툴을 사용할 수 있습니다.

Orbit Camera Tool Point of Interest는 고정되고 카메라의 위치를 컴포지션 패널의 화면에서 이동시킬 수 있습니다. Shift 키를 누르고 드래그하면 수평을 유지하면서 이동하게 됩니다.

Track XY Camera Tool Point of Interest와 Position이 상하좌우로 함께 움직입니다. Shift 키를 누르고 드래그하면 수평, 수직을 유지하면서 이동하게 됩니다.

Track Z Camera Tool Point of Interest와 Position이 함께 움직이는 것은 Track XY Camera Tool과 같지만 Z 축으로만 움직이기 때문에 카메라의 줌 인 / 아웃 효과를 표현할 수 있습니다.

카메라의 Auto-Orientation

패스를 따라 애니메이션이 되는 텍스트처럼 카메라와 조명, 3D 레이어도 패스나 카메라의 방향, 중심점(Point of Interest)에 따라서 움직이도록 Auto-Orientation으로 설정할 수 있습니다. 타임라인 패널의 카메라 레이어가 선택된 상태에서 Layer 메뉴의 Transform에 있는 Auto-Orient…을 선택합니다.

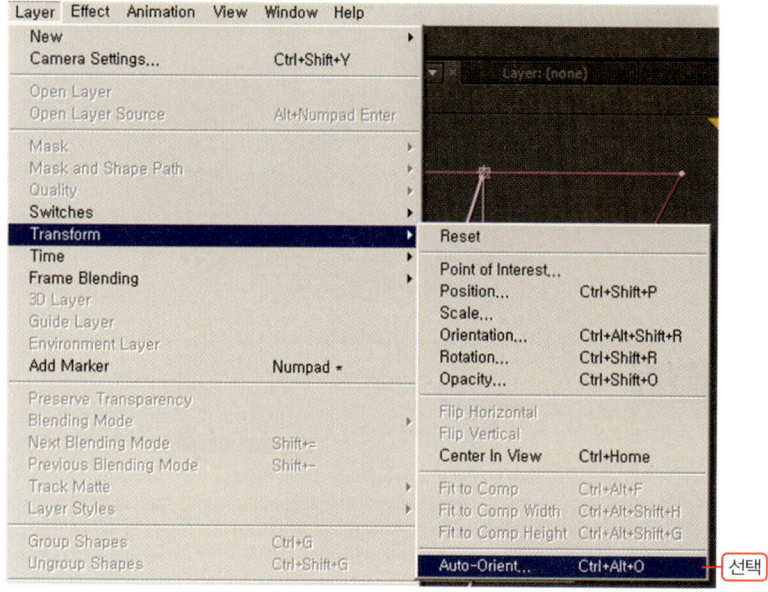

Auto-Orient 메뉴를 선택하면 2D 레이어와 다르게 카메라나 조명의 Point of Interest에 따라서 움직일수 있도록 설정하는 Orient Towards of Interest 항목이 표시됩니다. Auto-Orient를 Off로 설정하면 타임라인 패널의 카메라 레이어뿐만 아니라 컴포지션 패널의 Top View에는 Point of Interest가 표시되지 않게 됩니다. One-Node Camera처럼 사용할 수 있게 됩니다.

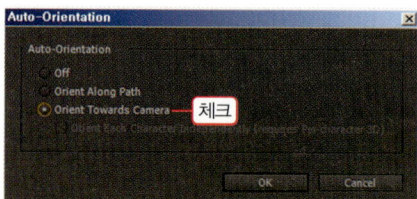
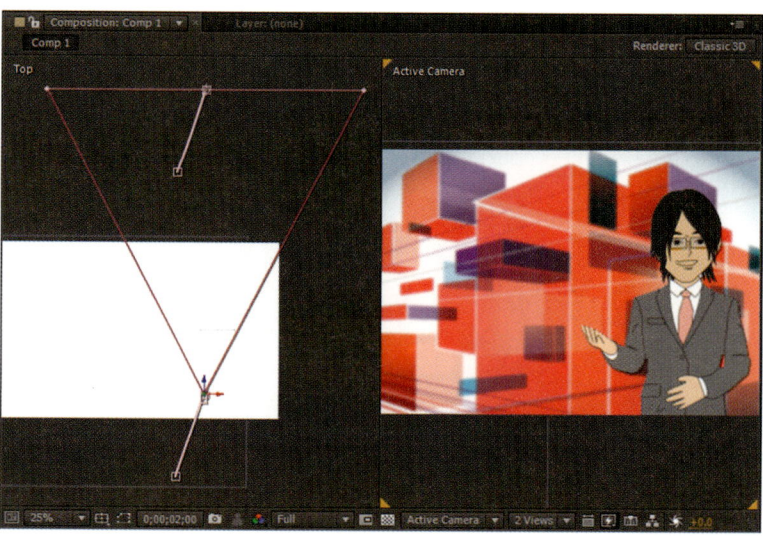

Transform의 Auto-Orient를 Orient Along Path로 설정하고 컴포지션 패널의 Top View를 확인해 보면 카메라 레이어가 패스의 방향으로 표시된 것을 알 수 있습니다.

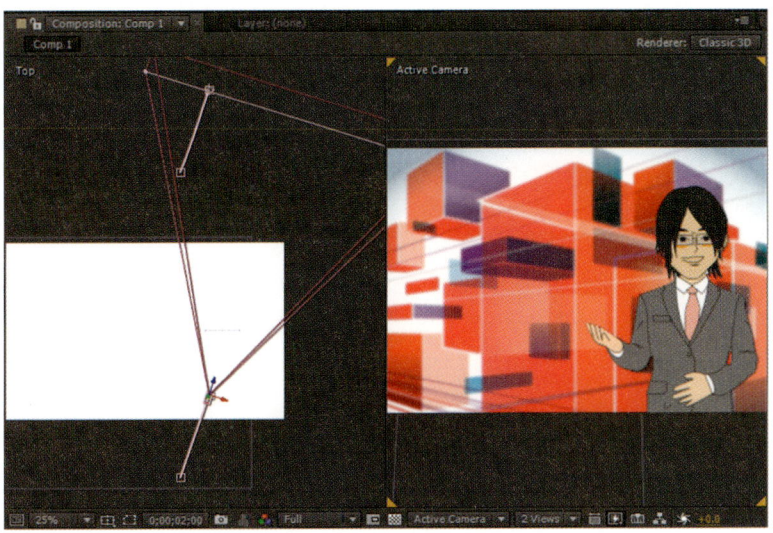

카메라 레이어가 아닌 3D 레이어로 설정한 레이어들을 선택하고 Layer 메뉴의 Auto-Orient…를 선택하면 Auto-Orient 창 마지막에는 레이어들이 카메라를 향하도록 설정할 수 있도록 Orient Towards Camera로 속성이 바뀌어 표시됩니다. Orient Towards Camera는 3D 레이어만 적용할 수 있으며 2D 레이어나 카메라, 조명 레이어에서는 사용할 수 없습니다..

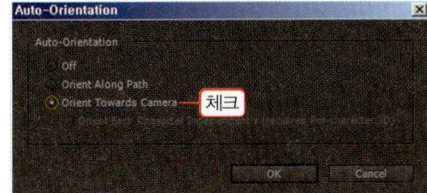

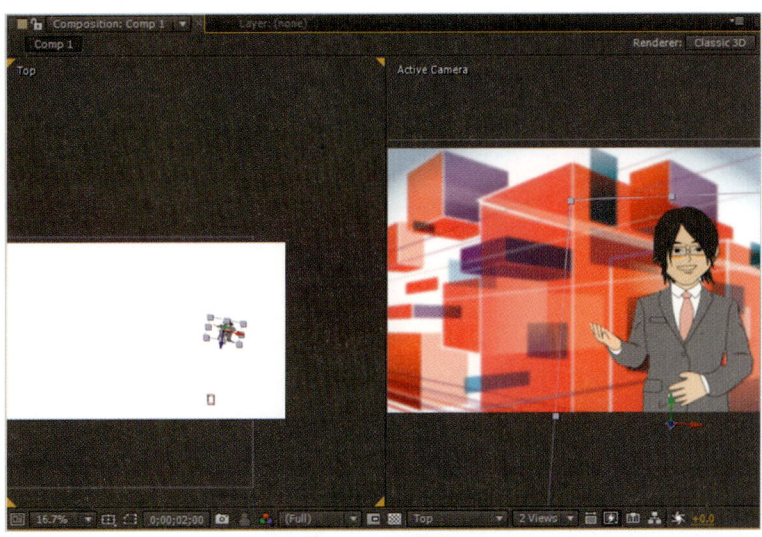

▲ Orient Towards Camera 적용으로 3D 레이어가 회전된 모습

프리 컴포즈(Pre-compose)에 대하여

애프터이펙트는 타임라인 패널에서 관련된 레이어들을 하나로 묶어 컴포지션으로 만들어 하나의 레이어로 사용할 수 있도록 해주는 Pre-compose 기능이 있습니다. Layer 메뉴에서 Pre-compose를 선택하여 사용할 수 있습니다.

3D 레이어로 설정한 레이어에 Pre-compose가 적용되면 컴포지션 패널의 화면에는 작업한 대로 나타나지 않는 경우가 있습니다. 3D 레이어에 Pre-compose를 적용하였을 때에는 Pre-compose로 만들어진 레이어의 스위치 모드에서 밤톨 모양처럼 생긴 Collapse Transformations를 체크해 주어야 올바르게 표시됩니다.

Null Object 레이어로 카메라 움직이기

카메라 레이어를 움직이는 다른 방법으로 Null Object레이어를 만들어 제어할 수 있습니다. Layer 메뉴에서 New의 Null Object을 선택하여 사용할 수 있습니다.

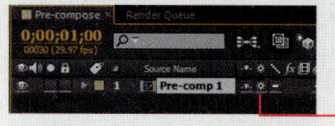

Null Object 레이어를 만든 다음 3D 레이어로 설정합니다. 카메라 레이어의 Parent에 있는 소용돌이 모양의 아이콘을 드래그하여 Null Object 레이어로 가져가면 Parent가 적용됩니다. 카메라 레이어를 Null Object 레이어에 종속(Parent)시키면 Null Object 레이어의 Transform 속성으로 카메라를 제어할 수 있게 됩니다.

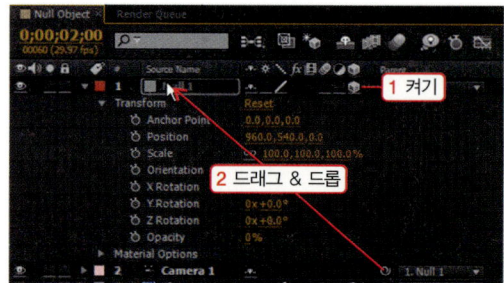

입체영상을 만드는 Create Stereo 3D Rig

CS5.5부터 입체영상을 만들 수 있도록 Layer 메뉴의 Camera에 Create Stereo 3D Rig 등의 관련 기능들이 추가되었습니다.

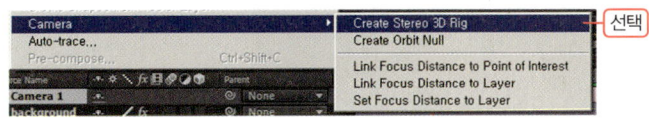

타임라인 패널의 카메라 레이어가 선택된 상태에서 Layer 메뉴의 Camera에 있는 Create Stereo 3D Rig를 선택하면 타임라인 패널에는 Left Eye와 Right Eye의 컴포지션과 함께 Stereo 3D 컴포지션이 만들어지게 됩니다.

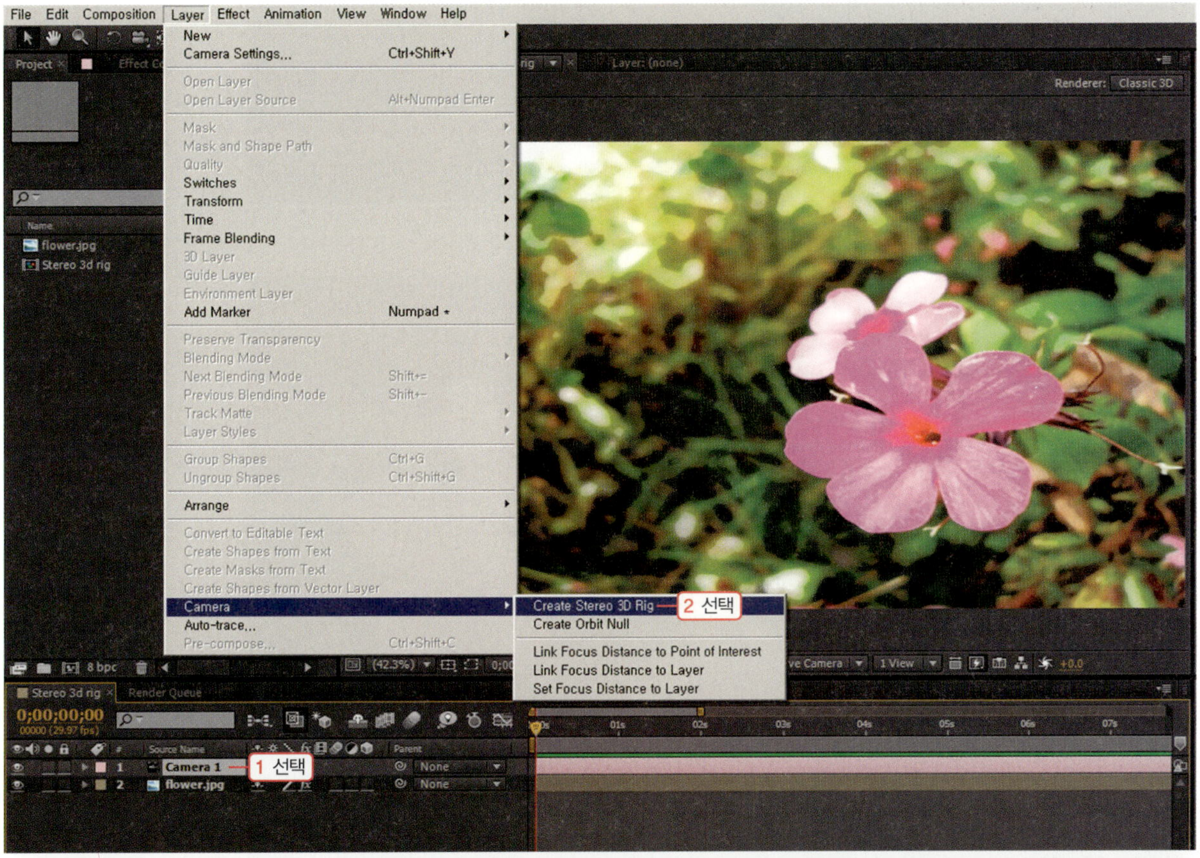

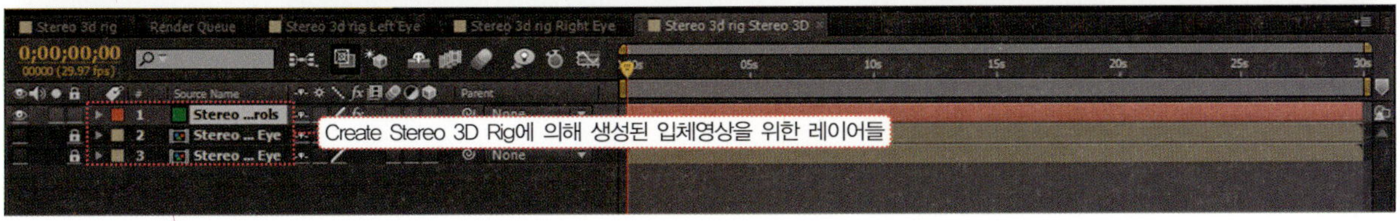

▲ Left Eye의 컴포지션을 활성화시킨 모습

▲ Right Eye의 컴포지션을 활성화시킨 모습

Stereo 3D 컴포지션의 세부적인 설정은 Effect Controls 패널의 Stereo 3D Controls와 3D Glasses로 입체감에 대한 값을 조절할 수 있습니다. 입체영상을 표현하기 위해서는 Create Stereo 3D Rig를 적용한 만들어진 Stereo 3D 컴포지션의 Stereo 3D Controls에 적용된 Stereo 3D Controls와 3D Glasses 이펙트로 입체감에 대한 값을 조절할 수 있습니다.

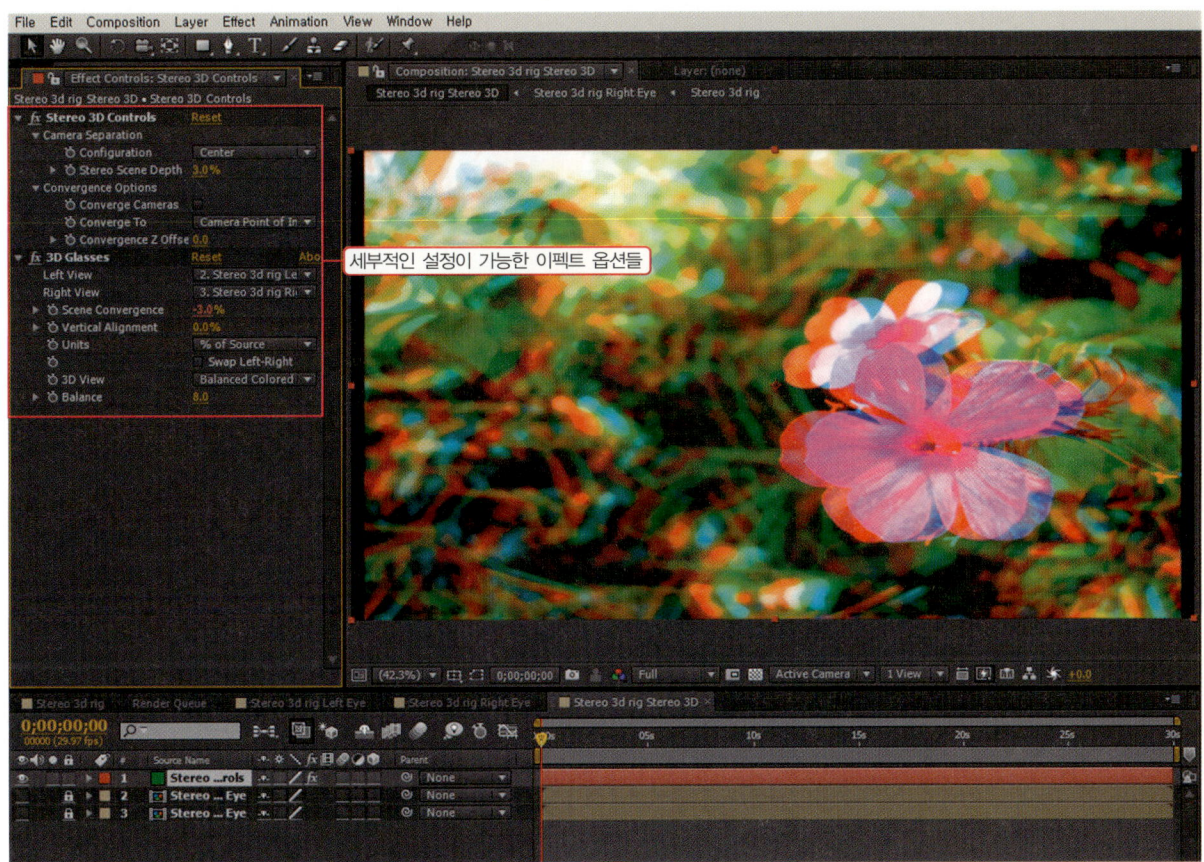

Stereo 3D Controls의 Camera Separation에 있는 Stereo Scene Depth로 축 간격을 조절할 수 있으며 Convergence Options의 Converge To로는 컨버젼스 모드를 설정할 수 있습니다. 3D Glasses 이펙트에서는 Scene Convergence 항목으로 스크린 플랜을 조절하게 되며 3D View의 뷰어 설정은 모니터나 작업 환경에 맞게 Side by Side 등을 설정하면 됩니다.

19 조명(Light) 사용하기

3D로 설정한 레이어에 조명 레이어를 사용하면 조명을 비추거나 그림자를 만들어 표현할 수 있습니다.

조명 레이어 만들기

조명 레이어를 사용하려면 타임라인 패널에 하나 이상의 레이어가 3D 레이어로 설정되어 있어야 합니다. Layer 메뉴의 New에 있는 Light를 선택하여 조명 레이어를 만들게 됩니다.

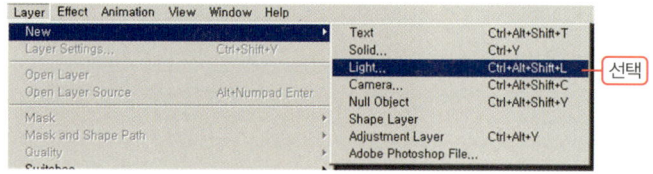

Light를 선택하면 Light Settings 창에서 조명의 종류와 색상, 옵션 값을 설정할 수 있습니다. CS5.5 버전부터 거리가 멀어질수록 빛의 세기를 얼마나 낮추어 적용할 것인지를 설정하는 Falloff 기능이 추가되었습니다.

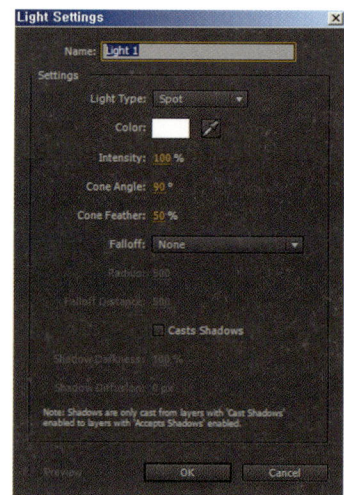

Name 조명 레이어의 이름을 입력합니다. 입력하지 않으면 표시된 이름으로 레이어가 만들어지게 됩니다.

Light Type 조명의 종류를 설정하는 부분으로 Parallel, Spot, Point, Ambient의 네 가지로 구성되어 있습니다. 기본값은 Spot으로 설정되어 있습니다.

Color 컬러박스를 클릭하여 표시되는 Light Color 창에서 조명으로 사용할 색상을 선택할 수 있습니다.

Intensity 빛의 세기를 조절하는 부분으로 Ambient 조명에서만 사용할 수 있습니다.

Cone Angle Spot 조명에서만 사용 가능합니다. 빛이 비추어지는 크기를 조절할 수 있습니다. 값이 낮으면 화각이 좁아져서 비추어지는 크기도 줄어들게 됩니다.

Cone Feather Cone Angle와 마찬가지로 Spot 조명에서만 사용 가능합니다. 빛이 비추어지는 가장자리를 부드럽게 처리하여 표현할 수 있습니다. 값을 0으로 설정하면 가장자리가 선명하게 보여지게 됩니다.

Falloff 레이어와 조명의 거리가 멀어 질수록 빛의 세기가 약해지는 정도를 나타냅니다.

Radius Falloff가 적용되는 범위를 설정합니다.

Falloff Distance Falloff로 적용되는 거리를 나타냅니다.

Casts Shadow 조명이 비추는 레이어 뒤에 있는 다른 레이어에 그림자를 만들 경우 체크하는 항목입니다.

Shadow Darkness Casts Shadow로 생성된 그림자의 농도를 설정하는 부분으로 짙거나 옅게 표현할 수 있습니다.

Shadow Diffusion Casts Shadow로 생성된 그림자의 가장자리를 부드럽게 처리할 수 있습니다. 값이 높을수록 부드러워집니다.

Light Settings를 설정하고 창을 닫으면 타임라인 패널에는 조명 레이어가 만들어지게 되고 컴포지션 패널의 화면에는 적용된 결과가 표시됩니다.

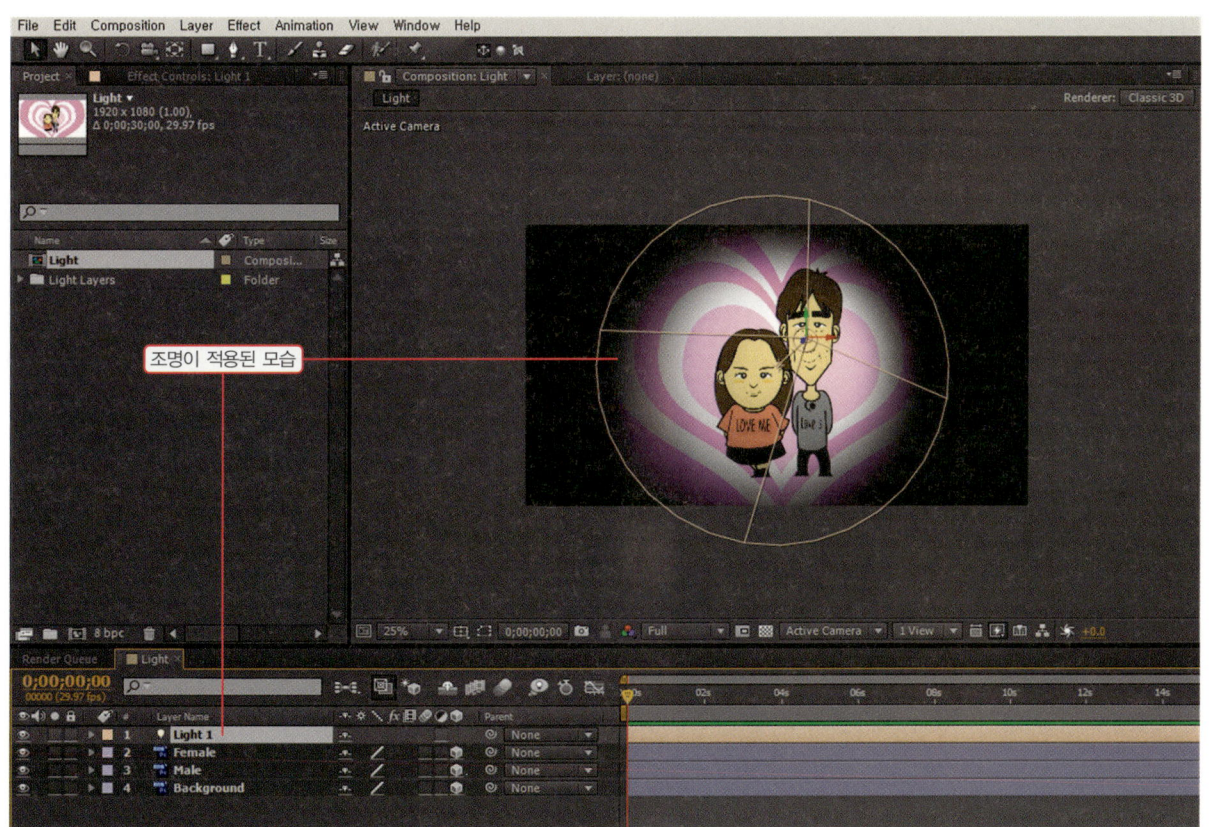

타임라인 패널의 조명 레이어는 Layer 메뉴에서 Light Settings를 선택하면 앞서 설정했던 Light Setting 창이 다시 활성화됩니다. 또한 타임라인 패널의 조명 레이어를 더블클릭하여도 Light Settings 창을 나타낼 수 있습니다.

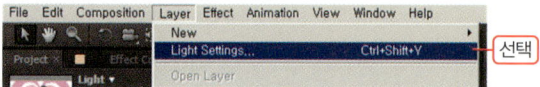

조명 레이어의 Light Options 속성을 살펴보면 Light Settings 창에서 보았던 항목들이 똑같이 존재하는 것을 알 수 있습니다. 키보드의 A 키를 두 번(AA) 누르면 조명 레이어에는 Light Options 속성만 표시됩니다.

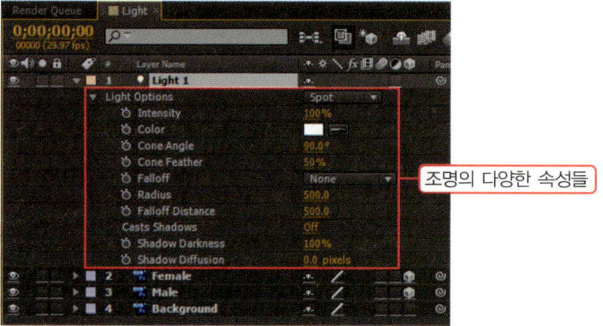

조명의 종류 알아보기

Light Settings의 Light Type에는 기본값으로 설정된 Spot 이외에 Parallel, Point, Ambient의 총 네 가지 타입의 조명이 있습니다.

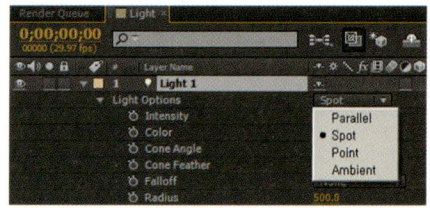

Spot 무대 위의 스포트라이트처럼 둥글게 퍼져서 비추어지는 조명으로 특정 부분을 비추거나 강조할 때 사용됩니다.

Parallel 수평으로 동일하게 조명을 비추기 때문에 밝기의 차이가 없으며 평면적인 느낌이 강합니다.

Point 조명이 비추어진 부분 주위로 부드럽게 빛이 퍼져서 나타납니다. 조명이 위치한 자리가 가장 밝습니다.

Ambient 조명의 축이 사라지고 전체적으로 빛을 비추기 때문에 이동하여 표현할 필요가 없습니다. Intensity 값으로 밝기를 조절할 수 있고 Color로 조명의 색상을 바꿀 수 있습니다.

그림자 만들기(Casts Shadow)

조명을 받은 레이어에 대한 그림자를 만들고 그림자의 농도와 부드러움을 표현할 수 있습니다. 조명 레이어를 만들고 Light Type을 Spot으로 선택하고 Casts Shadow 항목을 체크합니다. 그림자를 만들기 위해 조명의 위치와 포인트를 조절해도 그림자가 보이지 않을 것입니다. 먼저 조명을 받고 있는 레이어의 Material Options에 있는 Casts Shadow의 속성을 On으로 설정해야 그림자를 생성할 수 있습니다.

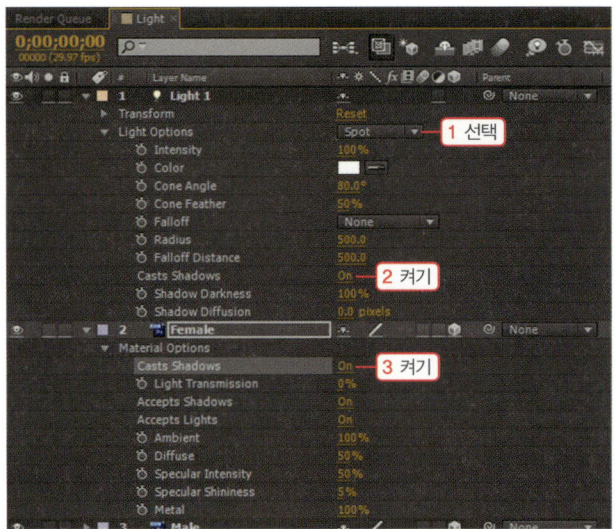

Casts Shadow를 바꾸어도 아직 그림자가 보이지 않을 것입니다. 그림자를 만들어 줄 레이어와 그림자가 보여질 배경 레이어가 같은 위치에 있기 때문입니다. 그림자가 보여질 레이어들의 Z 축을 선택하고 배경 레이어와 간격을 만듭니다.

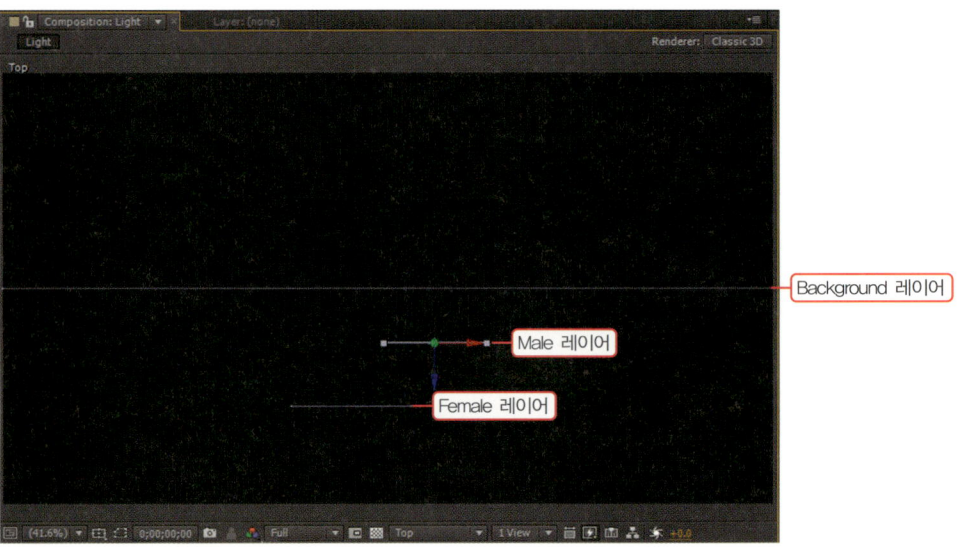

컴포지션 패널의 View 모드를 Active Camera로 바꾸어 보면 Casts Shadow를 On으로 설정한 레이어는 그림자가 보이고 Off로 설정되어 있는 레이어는 그림자가 보이지 않는 것을 알 수 있습니다.

조명 레이어의 Shadow Darkness의 값을 낮추어 그림자를 옅게 하고 Shadow Diffusion의 값을 적당히 높여주면 그림자가 부드럽게 표현됩니다.

Material Option 속성 이해하기

3D 레이어에는 3D 레이어와 조명 그리고 그림자의 상호 작용 방식을 결정하는 Material Options 속성이 있습니다.

Casts Shadow 조명을 받는 레이어의 그림자가 비추어질 배경 레이어에 그림자를 표시할 것인지를 설정합니다. 기본값은 Off로 설정되어 있습니다. 조명 레이어의 Casts Shadow만 On으로 표시해서는 그림자가 표시되지 않습니다. 조명을 받는 레이어의 Casts Shadow도 On으로 설정해야 그림자가 나타나게 됩니다. Only로 설정하면 조명을 받는 레이어는 사라지고 그림자만 보여지게 됩니다.

◀ 조명을 받는 레이어의 Casts Shadow를 Only로 설정한 모습

Light Transmission 조명을 받는 레이어에 빛이 통과되는 비율로 해당 레이어의 색상을 다른 레이어에 그림자로 표시할 수 있습니다. 0%로 설정하면 조명이 레이어를 통과하지 못해 검정색의 그림자가 표시되며 100%로 설정하면 조명을 받는 레이어가 투과되어 그림자가 비추어질 레이어에 투명하게 표시됩니다.

◀ Light Transmission을 100%로 설정한 모습

Accepts Shadows 조명을 받은 레이어의 그림자를 다른 레이어에 표시할 것인지를 결정합니다.

◀ Accepts Shadows를 On으로 설정한 모습

Accepts Shadows를 Off로 설정한 모습 ▶

Accepts Light 빛을 받는 레이어가 조명 색상의 영향을 받을 것인지 설정합니다. 그림자에는 영향을 주지 않습니다. 기본값은 On으로 설정되어 있습니다.

◀ Accepts Light를 On으로 설정한 모습

조명(Light) 사용하기 151

Ambient Ambient 속성은 레이어에 조명이 반사되는 정도를 나타냅니다. 조명 레이어의 Light Type을 Ambient로 설정하고 빛을 받는 레이어의 Accepts Light를 On으로 설정합니다.

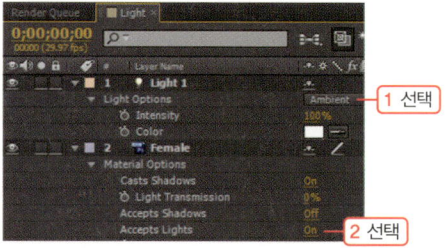

Ambient 속성을 0%로 설정하면 반사되는 정도가 나타나지 않아 레이어가 검정색으로 표시됩니다.

◀ Ambient를 0%로 설정한 모습

Diffuse 레이어에 비추어지는 조명을 모든 방향으로 고르게 확산시킵니다. 100%로 설정하면 가장 높게 확산되고 0%로 설정하면 적용되지 않습니다. 기본값은 50%로 설정되어 있습니다.

◀ Diffuse를 0%로 설정한 모습

Specular Intensity (5.5 버전 이하 Specular) 레이어에 비추어지 조명이 거울에 반사된 것처럼 빛을 반사하여 나타냅니다. 기본값은 50%로 설정되어 있습니다.

Specular Shininess (5.5 버전 이하 Shininess) Specular 속성 값에 따라 반사되는 밝기의 크기가 결정됩니다. 빛을 받는 레이어의 Specular의 속성 값을 100%로 설정한 다음 Shininess의 값을 100%로 설정하면 폭이 좁은 반사면이 적용되고 0%로 설정하면 폭이 넓은 반사면이 적용됩니다. Shininess의 기본값은 5%입니다.

◀ Specular Shininess를 100%로 설정한 모습

Metal 조명을 받는 레이어에 조명의 색상이 적용되어 반사되는 정도를 나타냅니다. 기본값은 100%이며 흰색 조명을 사용하고 Metal 값을 0%로 설정하면 레이어에 조명으로 설정한 흰색 색상의 빛이 반사되어 표시됩니다.

◀ Metal을 100%로 설정한 모습

조명 레이어의 애니메이션

타임라인 패널의 조명 레이어가 선택된 상태에서 카메라 레이어처럼 P 키를 누르면 조명의 위치에 해당하는 Position 항목이 표시됩니다. Shift 키를 누르고 A 키를 눌러 조명의 중심 포인트에 해당하는 Point of Interest를 나타내어 조명 레이어에 대한 애니메이션을 두 가지 속성으로 만들게 됩니다. 카메라 애니메이션을 만들기 위해 사용하였던 카메라 툴은 조명 레이어에서 사용할 수 없습니다. 두 가지 속성 모드 스톱워치 아이콘을 클릭하여 키프레임을 만들고 타임라인 바를 다른 시간 단위로 이동시켜 놓습니다.

컴포지션 패널에서 마우스 커서를 좌표 축으로 가져가 좌표 축이 선택된 상태에서 Ctrl 키를 누르고 드래그하면 Point of Interest는 움직이지 않고 선택한 축으로만 조명의 위치(Position)가 이동하게 됩니다. 좌표 축이 선택된 상태에서 Ctrl 키를 누르지 않으면 Point of Interest도 함께 이동하게 됩니다.

20 레이 트레이스(Ray-traced) 3D 사용하기

CS6 버전부터 3D 레이어에 대한 Renderer로 Ray-traced 3D가 추가되었습니다. Ray-traced 3D에 의해 입체감 있는 텍스트를 만들 수 있는 등 퀄리티 높은 질감을 표현할 수 있습니다.

CS6에 새롭게 추가된 Ray-traced 3D

타임라인 패널의 레이어를 3D 레이어로 전환하면 컴포지션 패널 화면의 우측 모서리에는 이전 버전과 달리 Renderer가 표시됩니다.

Renderer의 Classic 3D를 클릭하면 CS6에서 제공하는 Ray-traced 3D로 설정할 수 있도록 Composition Settings 창의 Advanced 탭이 활성화됩니다. Renderer 부분에서 CS6의 Ray-traced 3D를 설정할 수 있습니다.

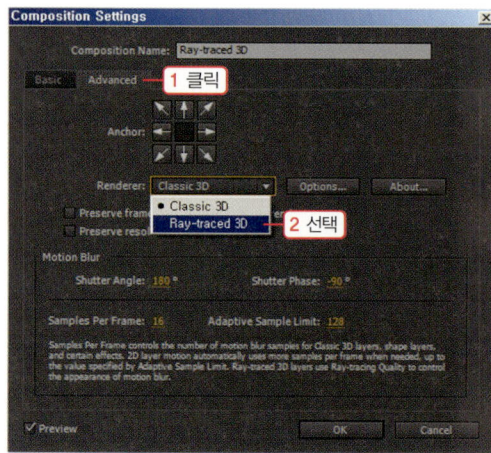

Options…버튼을 클릭하면 Ray-traced 3D Renderer Options 창이 활성화되며 Ray-tracing Quality 및 안티알리아싱 필터를 설정할 수 있습니다. Quality의 값을 높게 설정하면 반사나 굴절되는 빛의 분석 등의 화질을 높일 수 있지만 처리 시간이 늘어나게 됩니다.

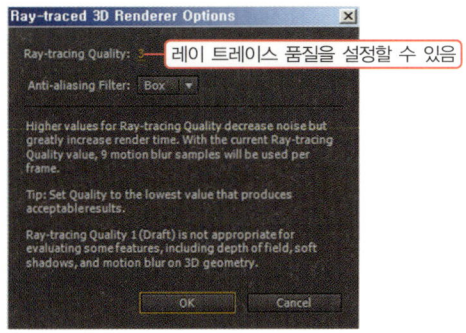

Anti-aliasing Filter 부분에서는 3D 레이어에 대한 안티알리어싱 필터를 None, Box, Tent, Cubic에서 선택하여 안티알리싱의 품질을 설정할 수 있습니다.

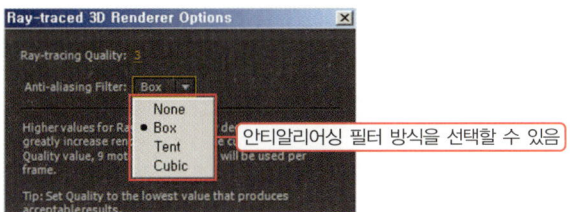

텍스트를 입체감있게 표현하기

포토샵의 3D 레이어 등으로 표현했던 입체감있는 텍스트도 CS6의 Ray-traced 3D만으로 만들 수 있게 되었습니다. 텍스트 레이어 뿐만 아니라 Shape 레이어도 입체감 있게 만들 수 있습니다. 텍스트를 입체감 있게 만들기위해 Composition Settings 창의 Advanced 탭에서 Renderer를 Ray-traced 3D로 전환해 놓습니다.

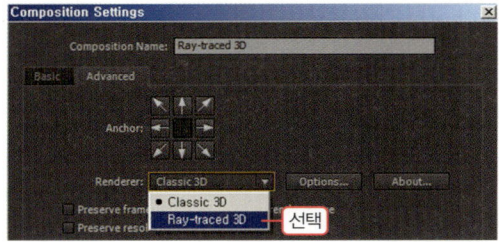

타임라인 패널에 3D 레이어가 없으면 Ray-traced 3D로 가능한 항목들이 표시된 경고 메시지 창이 활성화되면 OK 버튼을 클릭하여 창을 닫습니다.

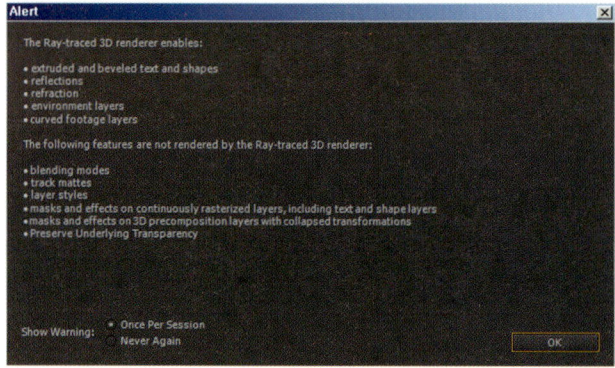

텍스트 툴로 입체감있게 표현하려는 텍스트를 입력합니다.

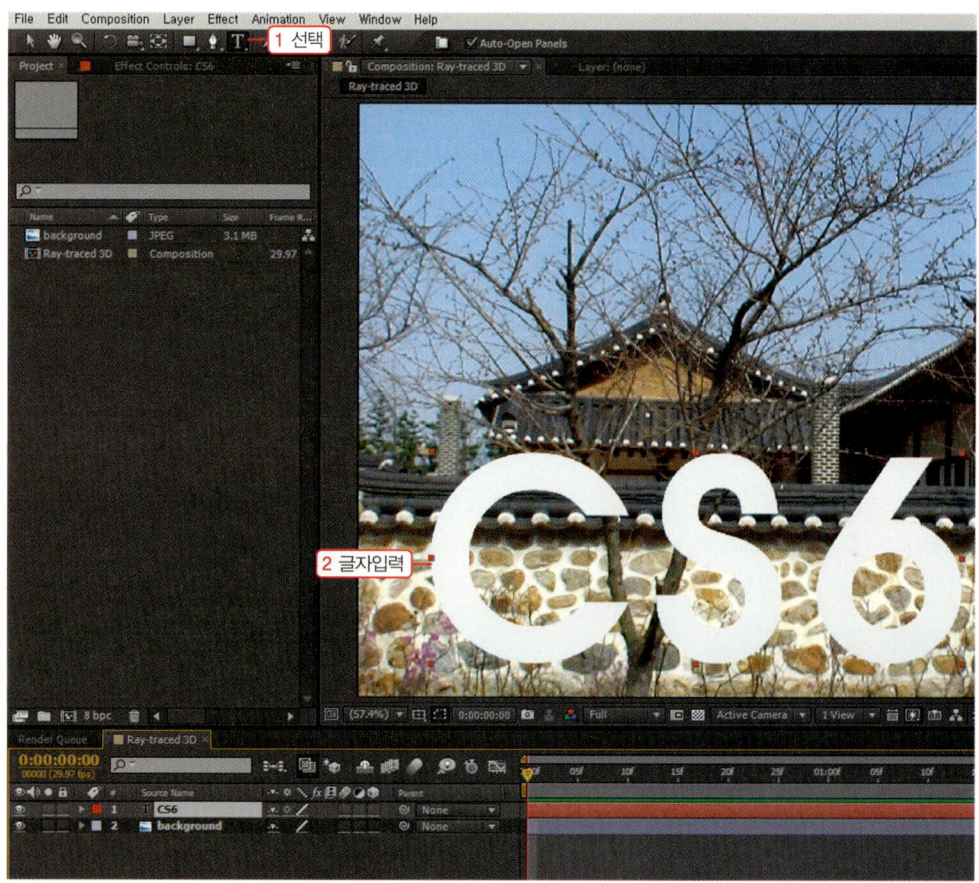

텍스트 레이어를 3D 레이어로 만들고 레이어 속성을 살펴보면 Geometry Options와 Material Options가 표시됩니다. 텍스트를 입

체감 있게 표현하려면 Geometry Options의 Extrusion Depth 값을 조절하면 됩니다.

Extrusion Depth의 값을 조절하여 입체감 있게 표현한 텍스트는 조명 레이어를 설치하여 입체감 정도를 확인해 볼 수 있습니다.

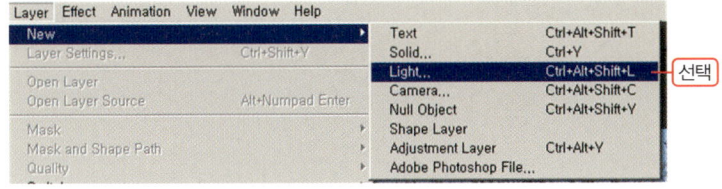

조명 레이어의 Light Type을 Point로 설정하고 흰색 색상으로 만들면 텍스트 레이어의 입체감이 잘 나타나게 됩니다.

입체감 있게 설정한 텍스트 레이어에는 Bevel Style과 Bevel Depth를 적용하여 텍스트를 다르게 표현할 수 있으며 Bevel Depth 값이 크게 적용되어 글자 안쪽의 어색한 부분은 Hole Bevel Depth 값을 조절하여 수정하면 됩니다.

텍스트 애니메이션을 만들기 위해 사용하는 Animate를 클릭하면 Classic 3D에서 텍스트 애니메이션을 만들 때와 다르게 입체감 있게 만든 텍스트의 Front, Bevel, Side, Back에 색상 등을 설정할 수 있습니다.

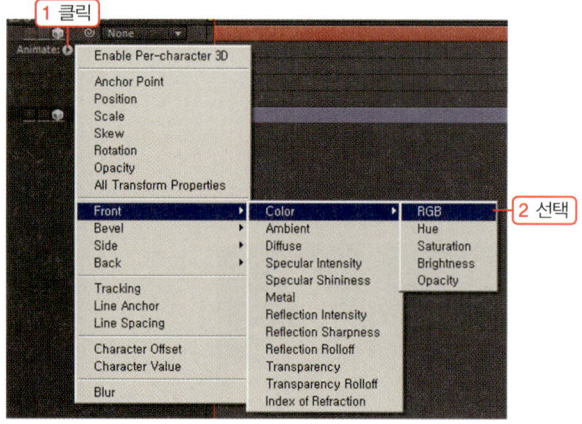

Front에서 Color의 RGB를 선택하면 텍스트 레이어에는 Animator 1이 만들어지면서 Range Selector 1의 Front Color의 기본값인 빨간색이 적용되어 표시된 것을 컴포지션 패널의 화면에서 알 수 있습니다.

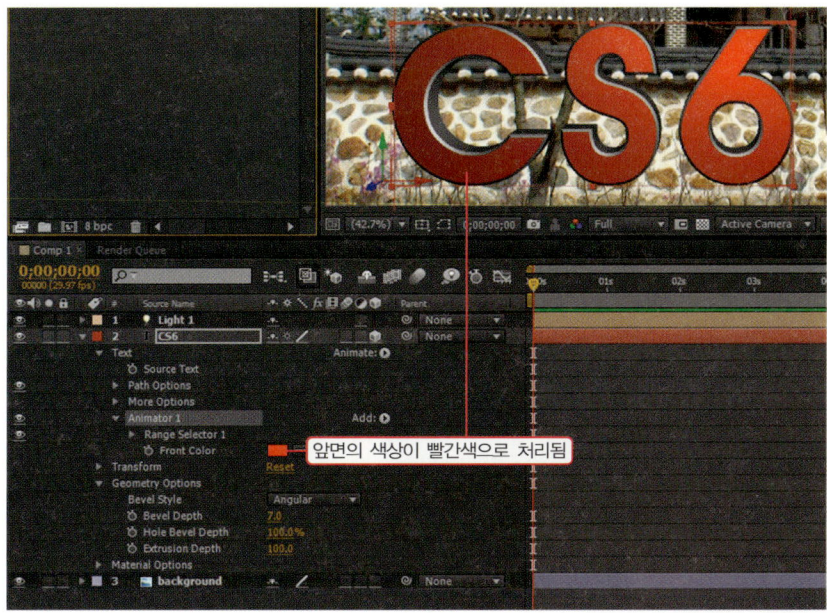

Bevel, Side, Back에도 색상을 적용하려면 Animate를 클릭하는 것이 아니라 Front에 색상을 적용하여 만들어진 Animator 1의 Add를 클릭하여 팝업리스트에서 선택하여 적용하면 됩니다.

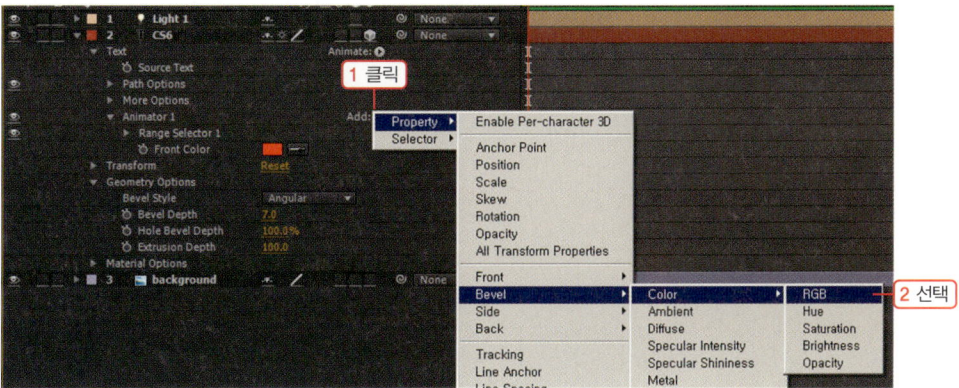

Ray-traced 3D로 레이어를 원형으로 표현하기

Ray-traced 3D에서 3D로 전환한 레이어의 Geometry Options 속성을 펼쳐보면 레이어를 원형으로 표현할 수 있는 Curvature와 Segments 항목이 있습니다.

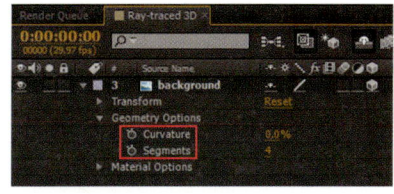

Curvature의 값을 조절하면 Anchor Point의 값을 기준으로 레이어가 원형으로 휘어져 표시되며 Segments 값을 조절하여 부드럽게 설정할 수 있습니다.

21 그래프 에디터(Graph Editor) 사용하기

타임라인 패널에는 선택한 속성을 그래프로 표시하여 볼 수 있는 Graph Editor 기능이 있습니다. 키프레임이 적용된 레이어의 속성을 선택한 다음 아이콘을 클릭하면 타임라인 부분에 그래프가 표시됩니다. 다시 한번 클릭하면 타임라인 형태로 바뀌게 됩니다.

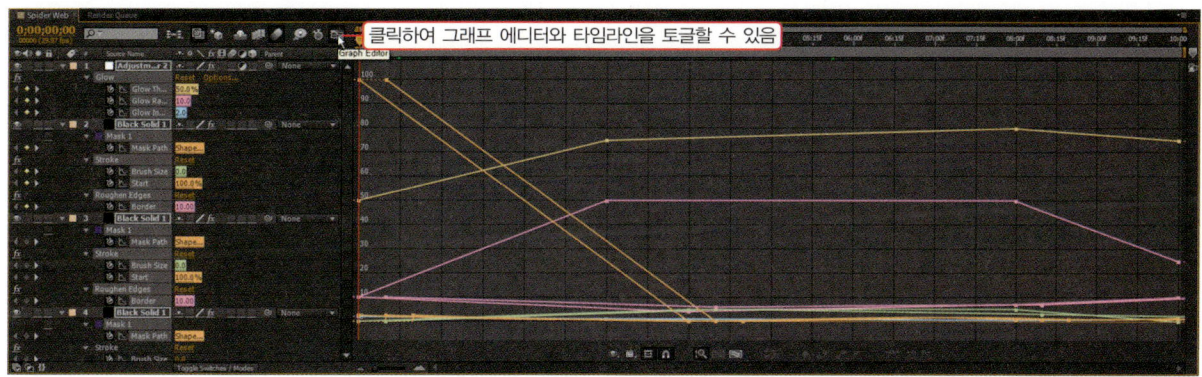

그래프 에디터의 기능 이해하기

타임라인 패널에서 Ctrl + A 키를 누르면 레이어들을 전체 선택할 수 있으며 U 키로 키프레임 적용된 속성들만 활성화시킬 수 있습니다. F2 키를 누르면 전체 선택이 해제됩니다.

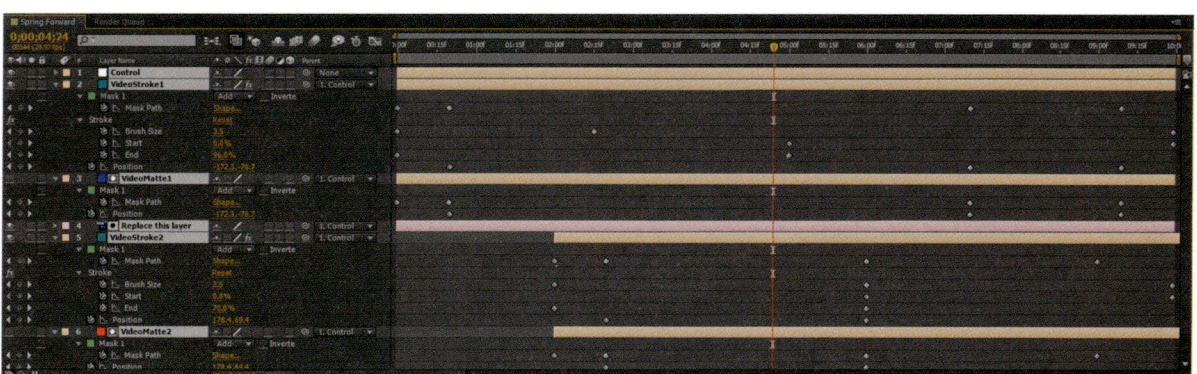

Shift 키를 누른 상태에서 키프레임이 적용된 각 속성들을 다중 선택하고 그래프 에디터 아이콘을 누르면 각 속성 값과 그래프의 색을 구별하기 쉽게 동일한 색상으로 그래프가 표시됩니다.

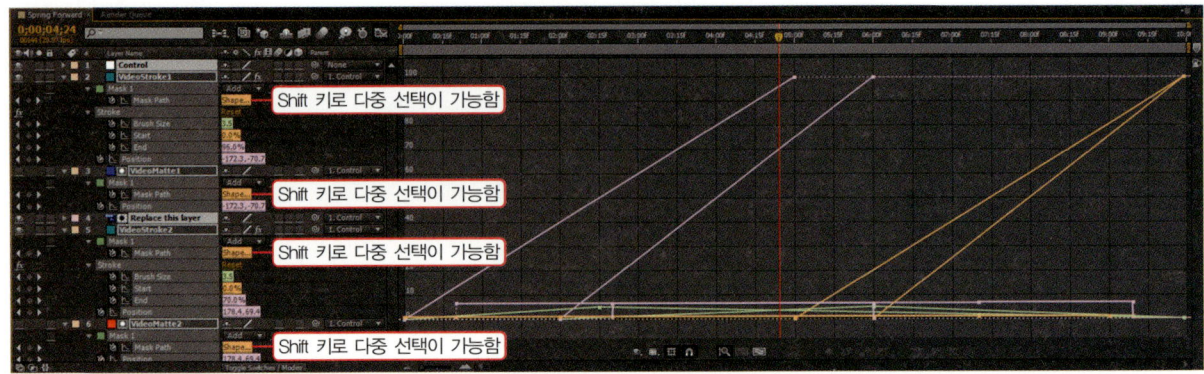

Graph Editor 각 부분의 기능에 대해 알아보도록 하겠습니다.

1 Choose which properties are shown in the Graph Editor 선택한 속성의 그래프를 어떻게 나타나게 할 것인가에 대한 선택을 합니다.

Show Selected Properties 선택한 속성의 그래프만 표시됩니다.
Show Animated Properties 키프레임이 적용된 속성들의 그래프가 모두 표시됩니다.
Show Graph Editor Set 레이어의 속성 이름 앞에 Graph Editor 표시가 있는 속성들만 표시됩니다.

2 Choose graph type and options 편집할 그래프 타입을 선택하거나 그래프와 관련된 옵션들이 나타납니다.

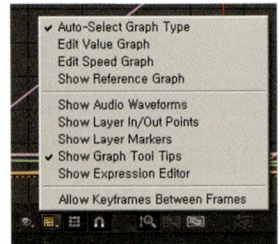

❸ Show Transform Box when multiple keys are selected 여러 개의 키프레임을 선택하면 그 영역이 박스로 표시됩니다. 박스의 사이즈를 조절하면 키프레임의 간격도 같이 조절됩니다.

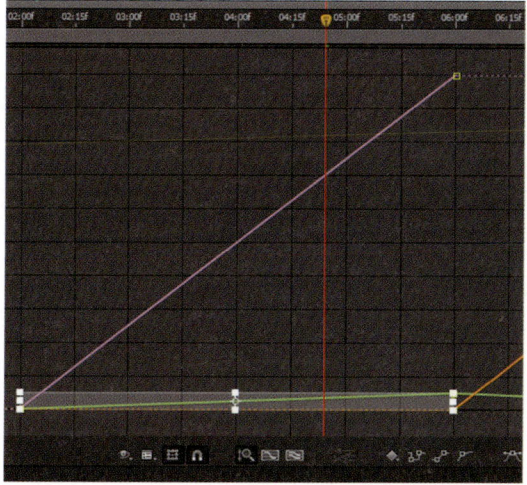

❹ Snap 선택한 키프레임을 자석처럼 정확히 맞추는 기능으로 정확히 맞추어지면 주황색 라인이 표시됩니다.

❺ Auto-zoom graph height 그래프가 Graph Editor 화면의 영역 안에 보여지도록 높이가 자동으로 맞추어지게 됩니다. 보고 싶은 시간 단위로 이동할 때 스페이스바를 누르면 커서가 핸드 툴로 바뀌며 드래그하면 속성 값을 Gragh Editor 화면 영역의 높이에 맞추어서 보여지게 됩니다.

❻ Fit selection to view 속성에 존재하는 키프레임을 하나 이상 선택하고 Fit Selection을 적용하면 해당되는 속성의 키프레임 그래프가 Gragh Editor 화면의 영역 안에 다 보여지도록 고정됩니다.

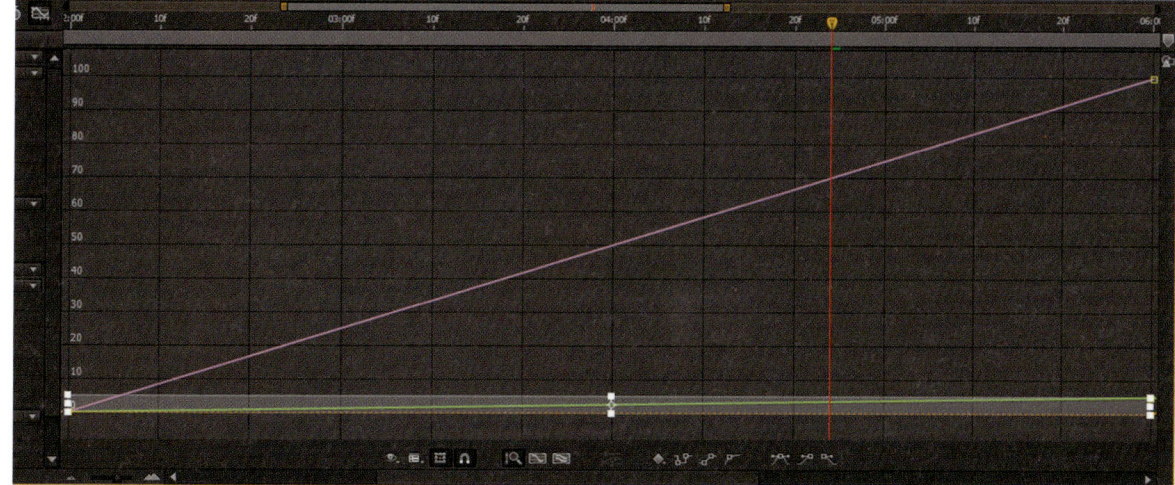

그래프 에디터(Graph Editor) 사용하기 165

7 Fit all graphs to view 속성에서 선택한 키프레임과 그 이외에 해당하는 키프레임의 그래프까지 Graph Editor 화면의 영역 안에 보여지도록 고정됩니다.

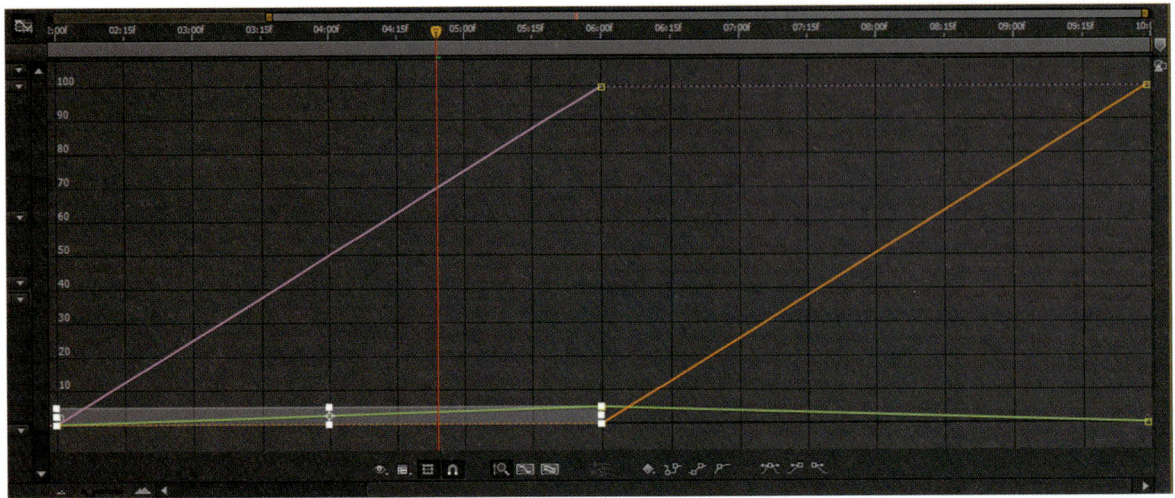

8 Separate Dimensions CS4 버전부터 추가된 기능으로 3D 레이어의 Position 속성 X, Y, Z 축 값을 각각 개별적으로 수정하거나 애니메이션을 적용할 수 있습니다.

9 Edit selected keyframes 선택한 키프레임의 속성을 설정합니다.

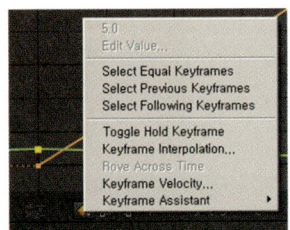

10 Convert selected keyframe to Hold 선택한 키프레임을 정지된 상태로 만듭니다.

11 Convert selected keyframe to Linear 선택한 키프레임을 Linear 형태로 표시합니다.

12 Convert selected keyframe to Auto Bezier 선택한 키프레임을 자유로운 곡선으로 만들 수 있도록 양쪽에 핸들이 표시되는 Auto Bezier로 표시합니다.

13 Easy Ease 선택한 키프레임에 Easy Ease를 적용합니다. 선택한 키프레임을 기준으로 속도가 점점 줄어들면서 들어오고 나갈 때는 천천히 나가다가 점점 빨라지게 됩니다. 양쪽에 핸들이 표시됩니다.

14 Easy Ease In 선택한 키프레임에 Easy Ease In을 적용합니다. 선택한 키프레임으로 속도가 감소되어 들어오게 되며 그

래프 형태를 조절할 수 있도록 좌측 부분에 핸들이 표시됩니다.

15 Easy Ease Out 선택한 키프레임에 Easy Ease Out을 적용합니다. 처음에는 속도가 천천히 증가하다가 점점 빨라지게 되며 그래프 형태를 조절할 수 있도록 우측 부분에 핸들이 표시됩니다.

Time-Reverse Layer로 거꾸로 재생하기

Layer 메뉴의 Time에 있는 Time-Reverse Layer을 적용하면 애니메이션이 거꾸로 재생되도록 설정할 수 있습니다. Time-Reverse Layer가 적용된 레이어에는 빗살무늬가 표시됩니다.

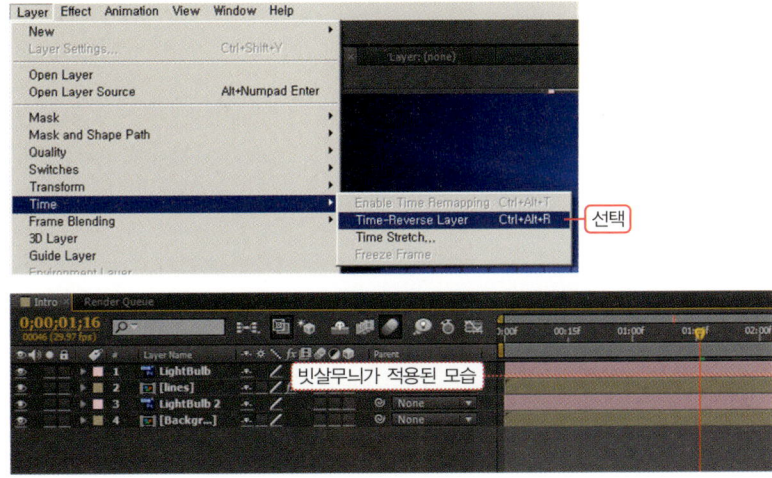

Layer 메뉴의 Time에 있는 Stretch는 Stretch Factor에 값을 입력하여 레이어가 재생되는 시간을 늘리거나 줄일 수 있습니다. 값이 낮을수록 재생되는 시간이 짧아지고 값이 높을수록 재생되는 시간이 늘어나게 됩니다. Stretch Factor에 적용하는 값은 New Duration에 적용되어 표시됩니다. Hold In Place의 각 항목은 Time Stretch가 적용되는 기준점을 레이어가 시작되는 부분, 현재 타임라인 바가 위치해 있는 시간 단위, 레이어가 끝나는 부분으로 선택하여 설정하는 것입니다.

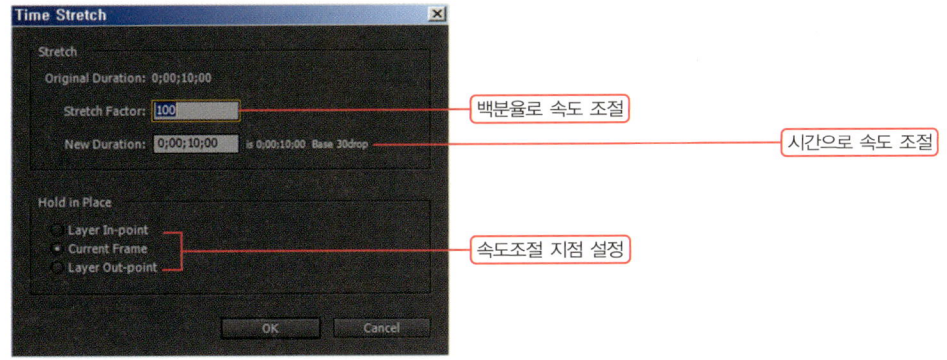

정지화면을 만드는 Freeze frame

동영상이나 Pre-Compose가 적용된 레이어에서 한 장면을 스틸 이미지로 표현해야 될 경우 Layer 메뉴의 Time에 있는 Freeze frame를 적용하면 앞뒤 장면 관계없이 컴포지션 패널의 화면에는 정지된 이미지로 표시됩니다.

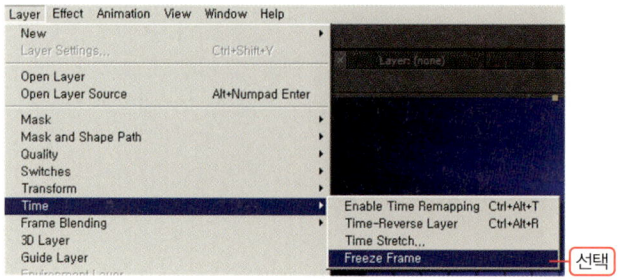

키프레임 애니메이션에서 정지된 이미지를 표현하려면 키프레임을 선택하고 Animation 메뉴의 Toggle Hold keyframe을 적용하면 됩니다.

Toggle Hold keyframe이 키프레임에 적용되면 키프레임의 모양이 바뀌게 되며 다음 키프레임에 다른 속성이 적용되기 전까지 정지된 이미지로 보여지게 됩니다.

Keyframe Assistant로 가속과 감속 표현하기

Keyframe Assistant 메뉴에는 애니메이션의 속도를 표현해주는 Easy Ease, Easy Ease In(감속), Easy Ease Out(가속)의 세 가지 속성이 있습니다. 모든 애니메이션은 시작(Easy Ease Out)과 중간(Easy Ease)과정을 거쳐 끝나는 동작(Easy Ease In)으로 완성됩니다.

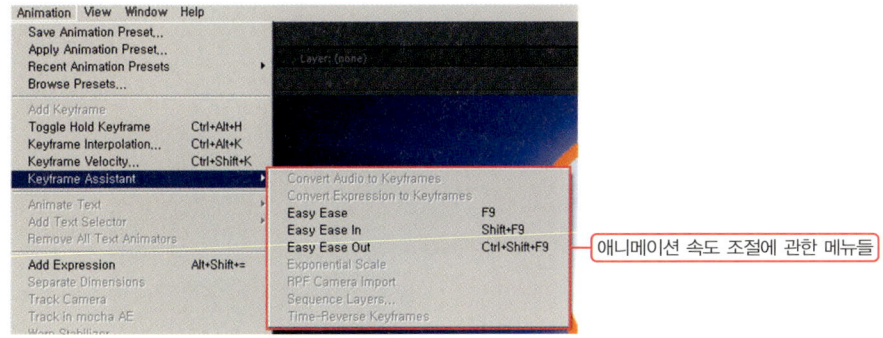

Easy Ease Out 선택한 키프레임을 시작으로 처음에는 천천히 속도를 증가하다가 점점 빨라지게 됩니다.

Easy Ease In 선택한 키프레임으로 속도가 감소되어 들어옵니다.

Easy Ease Easy Ease Out과 Easy Ease In의 속성을 모두 갖고 있습니다. 선택한 키프레임을 기준으로 속도가 점점 줄어들면서 들어오고 나갈 때는 천천히 나가다가 점점 빨라지게 됩니다.

위에서 설명한 Keyframe Assistant의 Easy Ease Out, Easy Ease, Easy Ease In이 적용되면 키프레임의 모양은 각각 그림과 같이 바뀌어 표시됩니다.

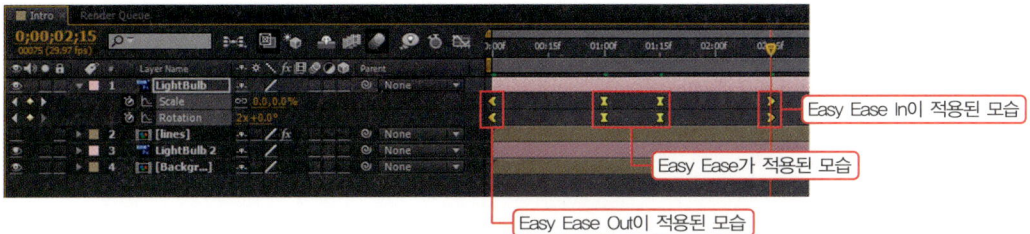

키프레임 속성 쉽게 바꾸는 방법
Keyframe Assistant가 적용된 키프레임을 Ctrl 키를 누르고 클릭하면 기본 키프레임(다이아몬드 모양) 형태의 Linear 키프레임으로 모양이 바뀌게 됩니다. Ctrl 키를 누르고 있는 상태에서 Linear 키프레임을 다시 한번 클릭하면 키프레임의 속도를 완화시키는 Auto Bezier 키프레임(동그라미 모양)으로 표시할 수 있습니다.

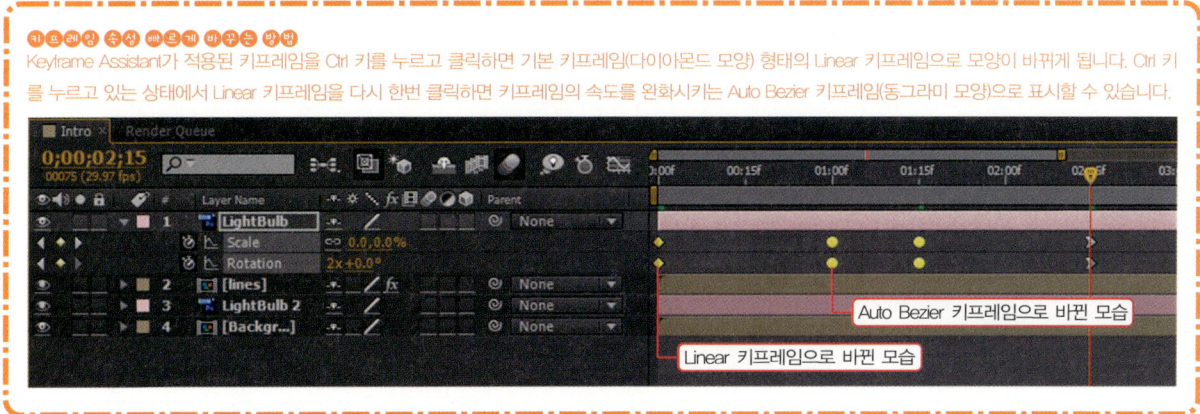

Exponential Scale Scale나 Rotation 속성에서 선택한 두 키프레임 사이의 값들을 키프레임으로 만듭니다. 이것은 키프레임 사이의 애니메이션을 일정하게 해 줍니다.

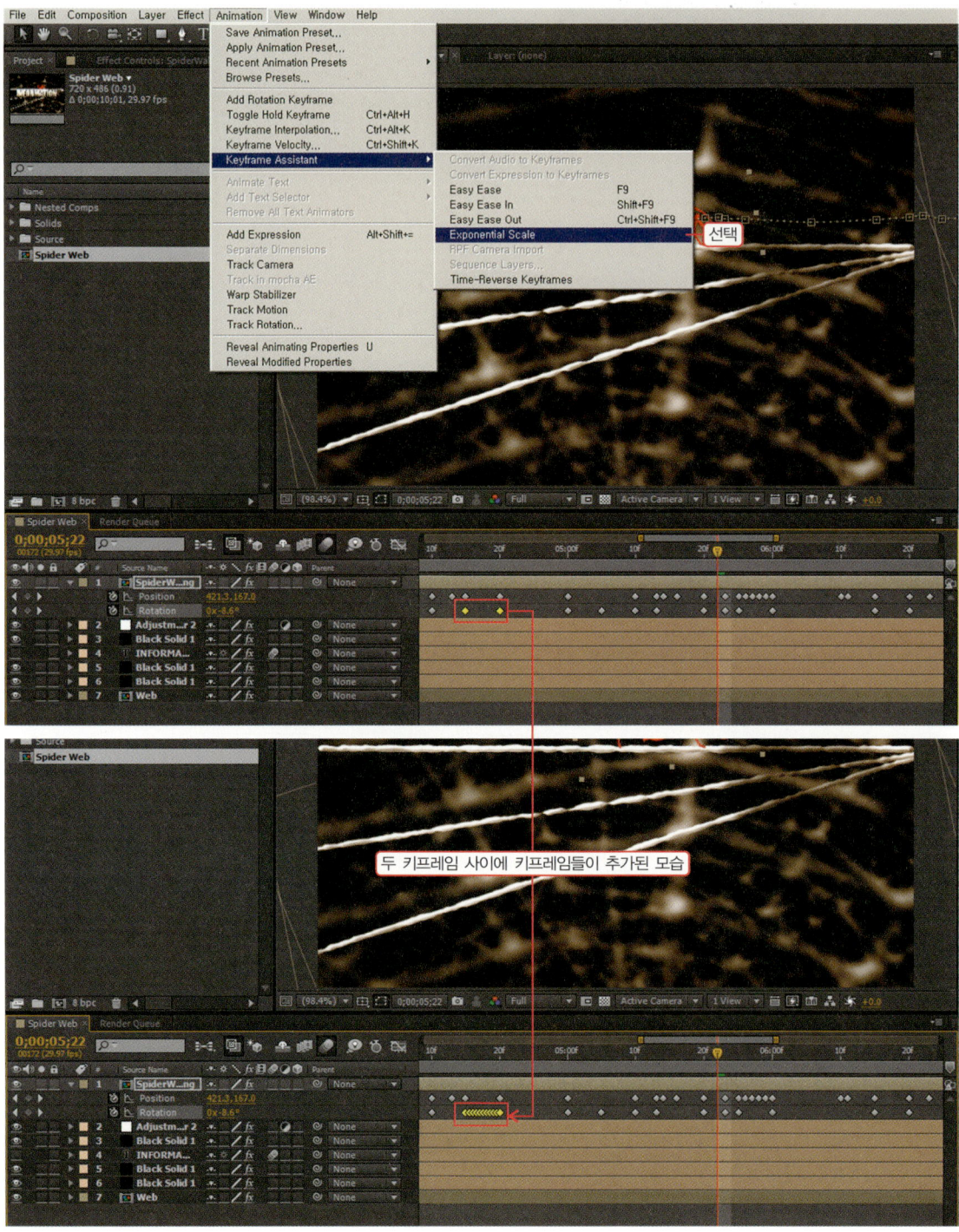

Time-Reverse Keyframe 애니메이션으로 설정한 키프레임들의 위치를 거꾸로 바꾸는 기능입니다. 반드시 두 개 이상의 키프레임을 선택해야 적용할 수 있습니다.

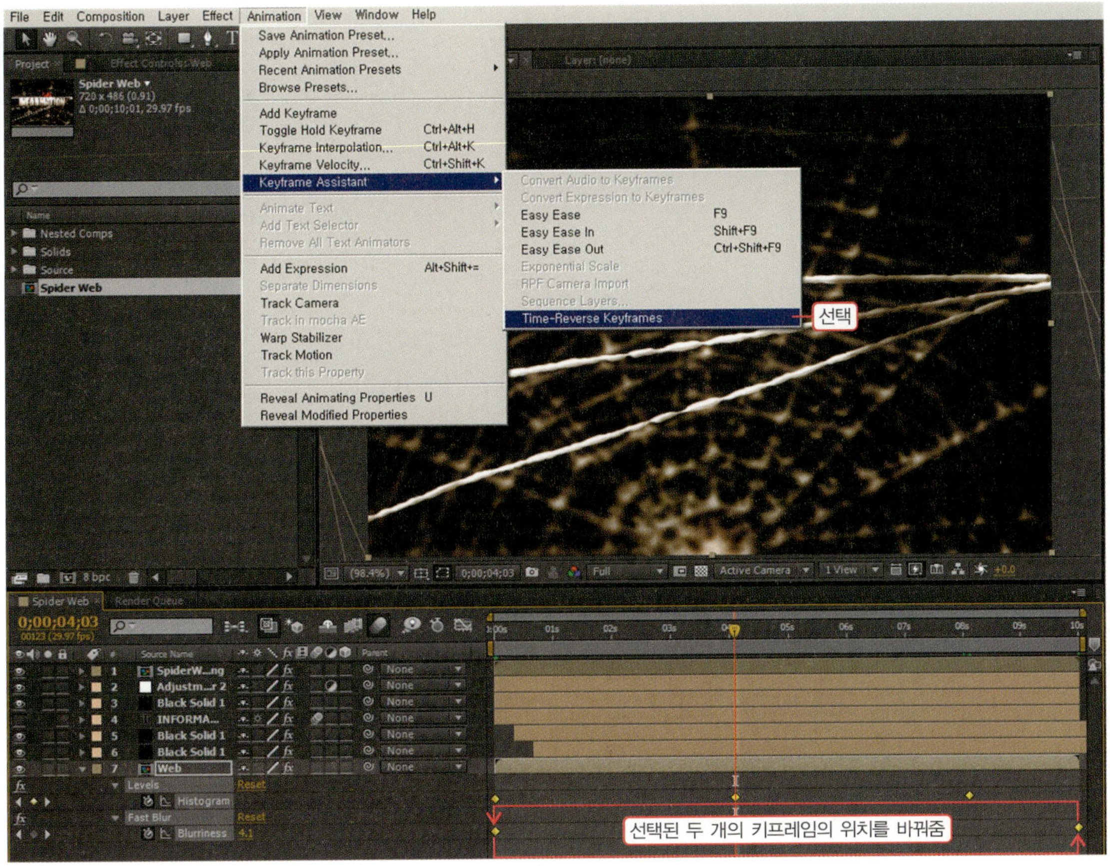

Keyframe Interpolation 이해하기

키프레임 애니메이션을 만들어놓은 속성이 선택된 상태에서 Animation 메뉴의 Keyframe Interpolation을 클릭하면 속도와 관련된 Temporal Interpolation, 공간 움직임에 대한 보간 및 모션 패스와 관련된 Spatial Interpolation 그리고 일정한 속도로 만들어주는 Roving 속성이 있는 창이 표시됩니다.

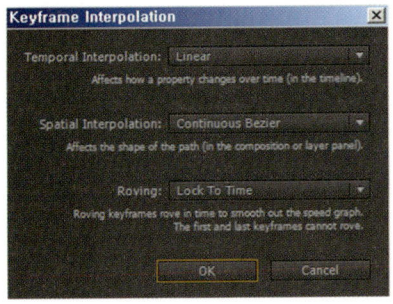

그래프 에디터(Graph Editor) 사용하기 **171**

Temporal Interpolation 애니메이션으로 만든 키프레임의 시간에 대한 속성으로 그래프 에디터에서 섬세하게 조절할 수 있습니다.

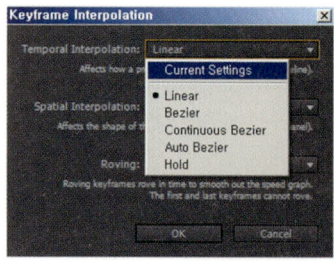

Linear 다이아몬드 형태의 키프레임으로 기본 설정 값입니다. 키프레임 사이를 직선으로 연결하여 일정한 속도를 갖게 됩니다. 키프레임 구간이 바뀌는 곳은 그래프가 바로 꺾여져서 속도가 급하게 변하게 됩니다.

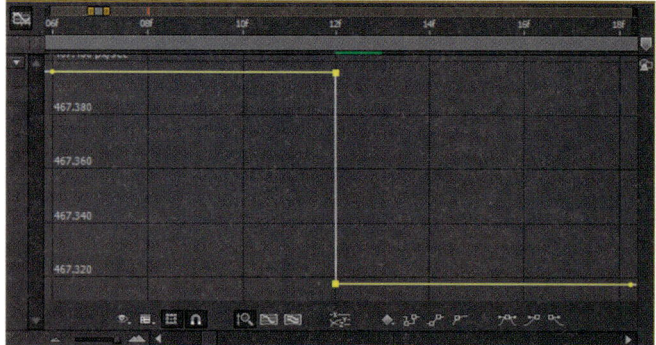

Bezier 키프레임 핸들의 길이, 각도 모두 자유롭게 조절하여 키프레임 사이의 변환을 부드럽게 만들 수 있습니다. 지도의 경로나 로고 애니메이션의 패스를 만들 때 사용하면 편리합니다.

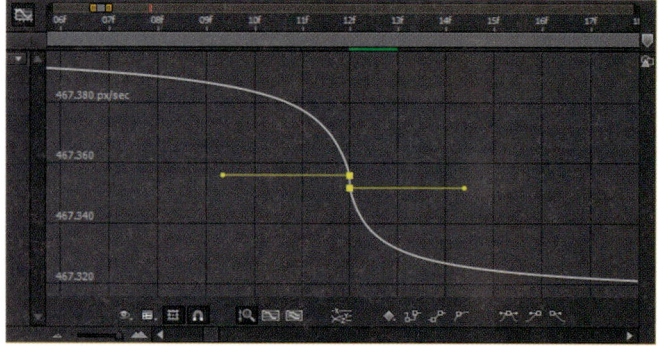

Continuous Bezier Bezier처럼 핸들의 길이는 조절할 수 있지만 핸들의 위치가 바뀌면 핸들이 함께 움직이게 됩니다.

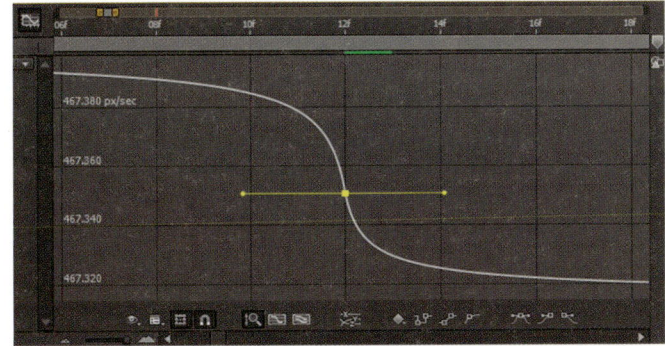

Auto Bezier 키프레임에 들어오고 나가는 속도를 계산하여 자동으로 부드러운 곡선을 만듭니다. 원 모양의 아이콘으로 표시되며 곡선 도로를 선회하는 자동차의 경로 등을 만들 때 사용하면 편리합니다. 핸들을 조절하면 Continuous Bezier로 바뀌게 됩니다.

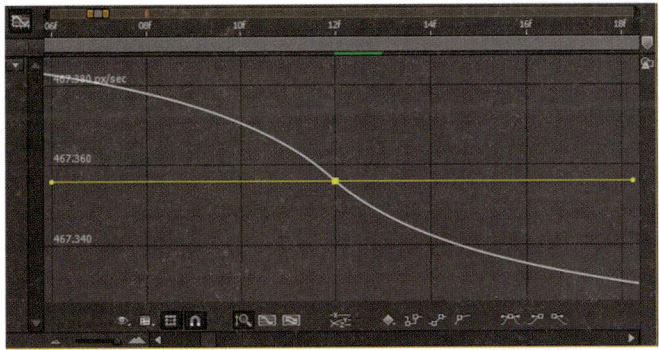

Hold 다음 키프레임의 속성이 적용되기 전까지 해당 키프레임의 움직임을 멈추게 합니다. Toggle Hold Keyframe과 같은 기능입니다.

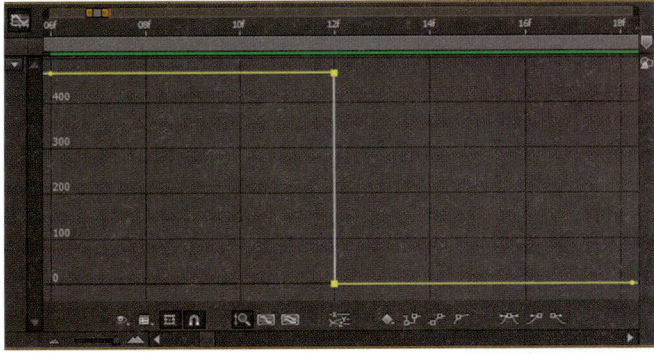

Spatial Interpolation 키프레임의 모션 경로에 대한 속성으로 컴포지션 패널에서 패스의 모양과 방향을 설정할 수 있습니다.

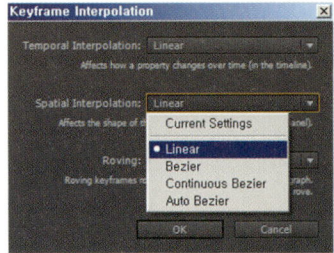

직선으로 만드는 Linear 키프레임 사이의 패스를 직선으로 만들어 방향이 갑자기 바뀌게 됩니다.

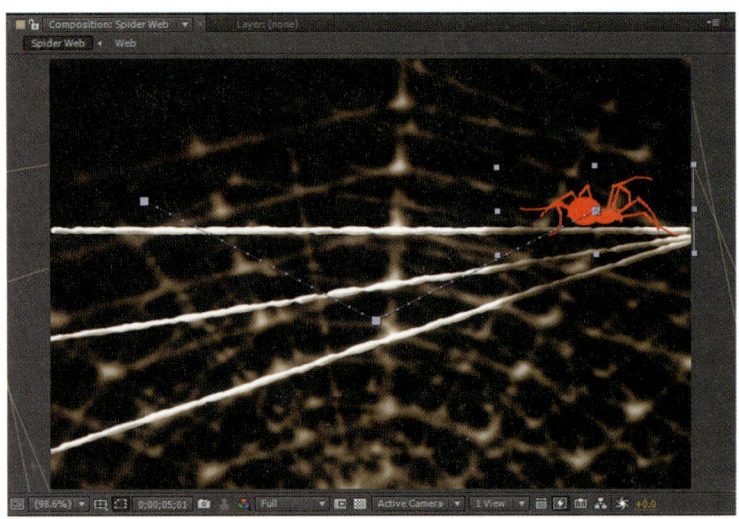

핸들을 자유롭게 조절할 수 있는 Bezier 키프레임의 양쪽 핸들을 각각 조절할 수 있습니다.

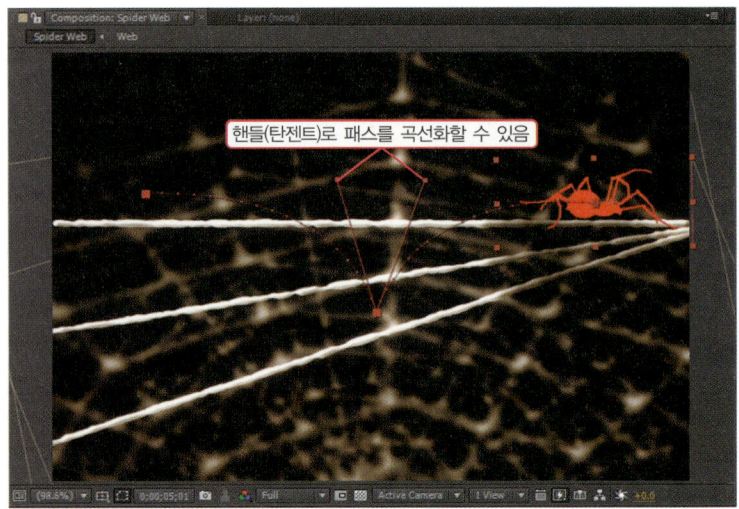

길이를 조절할 수 있는 Continuous Bezier 핸들의 길이를 조절하여 모션 패스와 방향을 자연스럽게 만들 수 있지만 Bezier처럼 핸들의 각도를 각각 적용할 수는 없습니다.

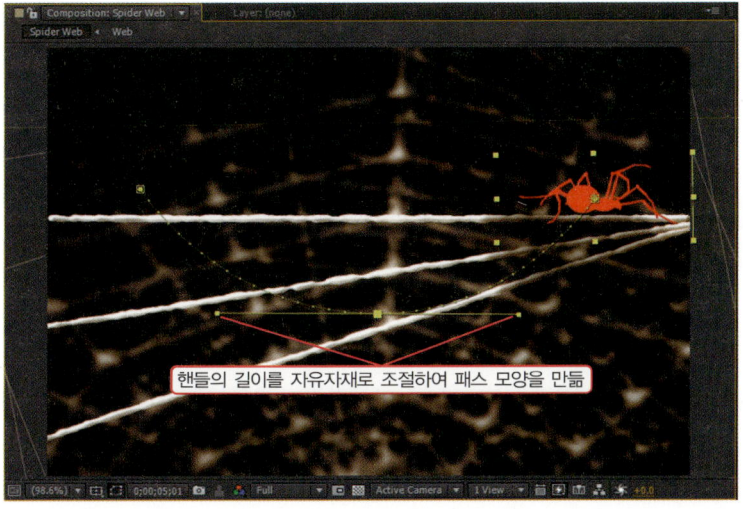

자동으로 곡선을 만드는 Auto Bezier 키프레임에 들어오고 나가는 속도를 자동으로 계산해서 부드러운 곡선의 패스로 만듭니다.

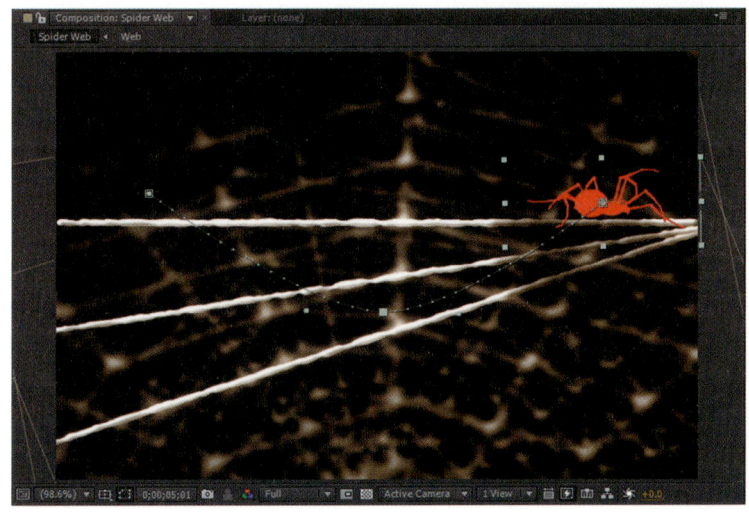

Roving 속성에 적용된 처음부터 마지막 키프레임까지 속도가 일정하게 유지되도록 중간 프레임들을 조절해 줍니다. 적용된 결과 각 키프레임의 위치가 조금씩 바뀔 수 있습니다.

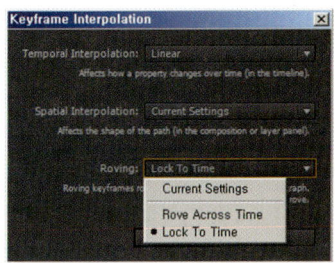

그래프 에디터(Graph Editor) 사용하기 175

Rove Across Time 키프레임이 적용된 속성의 속도가 일정하게 유지되도록 바뀌게 됩니다. 키프레임들의 위치가 바뀔 수 있습니다.

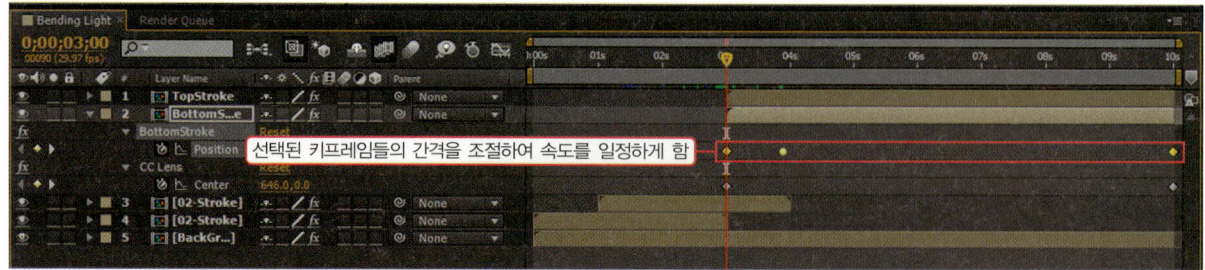

Lock To Time Rove Across Time이 적용된 키프레임이 편집할 수 있는 상태로 바뀌게 됩니다.

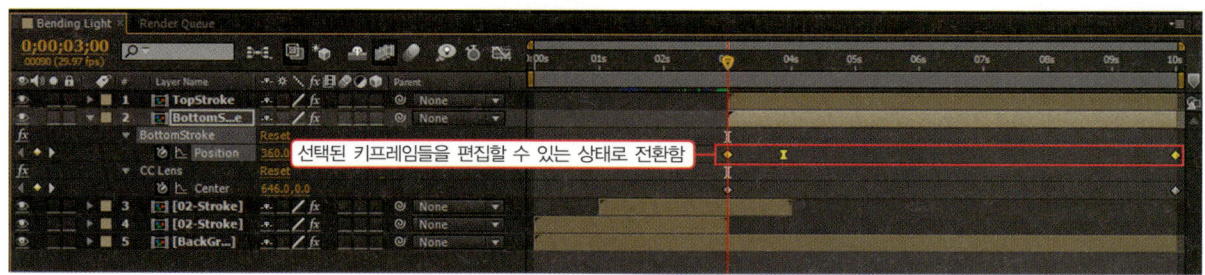

Keyframe Velocity 이해하기

Keyframe Velocity는 해당 키프레임의 속도 값을 사용자가 직접 입력하여 속도를 설정하는 기능입니다. 키프레임을 선택하고 Animation 메뉴의 Keyframe Velocity를 클릭하면 각 프레임에 들어올 때의 속도와 나갈 때의 속도를 직접 입력할 수 있는 Keyframe Velocity 창이 나타납니다.

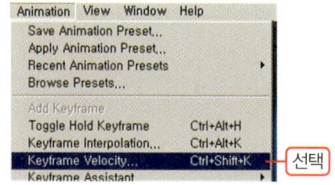

Keyframe Velocity 창의 각 부분에 대해 알아보도록 하겠습니다.

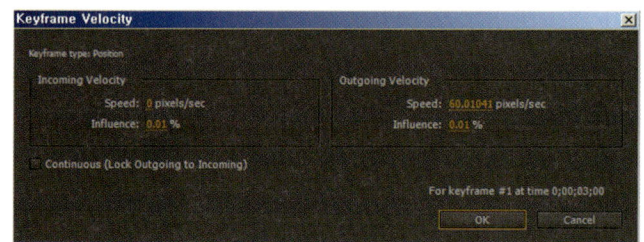

176 Ae CS6의 기본 기능 익히기

Incoming Velocity 선택한 키프레임으로 들어오는 속도를 입력합니다.

Outgoing Velocity 선택한 키프레임에서 빠져나갈 때의 속도를 입력합니다.

Speed 스피드 값을 직접 입력합니다.

Influence Speed에 입력한 속도에 어느 정도 영향을 미치게 할 것인지 값을 입력합니다.

Continuous Incoming과 Outgoing의 스피드를 동일하게 설정합니다.

Time Remapping으로 속도 제어하기

Layer 메뉴의 Time에 있는 Enable Time Remapping를 적용하면 애니메이션의 속도를 제어할 수 있습니다.

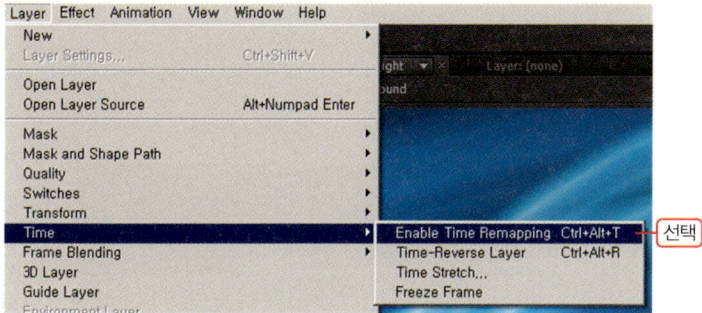

Enable Time Remapping 이 메뉴가 적용되면 두 개의 키프레임이 자동으로 만들어지게 되며 레이어의 끝 부분을 늘릴 수 있습니다. 동영상의 경우 마지막 장면을 정지 이미지로 사용할 수 있게 됩니다.

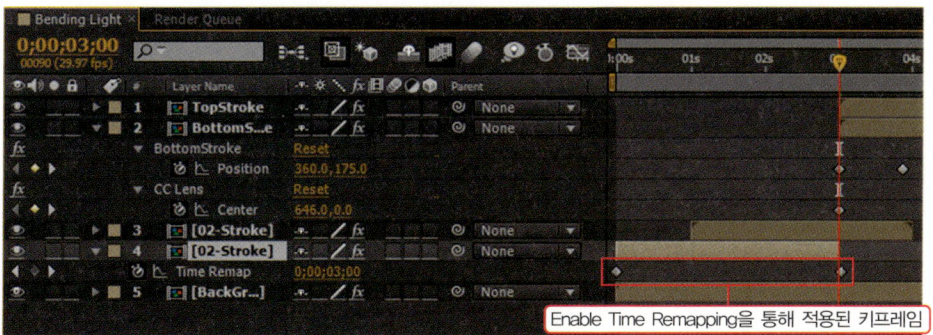

Enable Time Remapping에 대해 알아보기 위해 중간에 키프레임을 두 개 만들어 놓고 그래프 에디터 아이콘을 클릭하여 그래프를 나타냅니다. Enable Time Remapping이 적용되면 그래프는 슬래쉬(/)모양으로 표시됩니다.

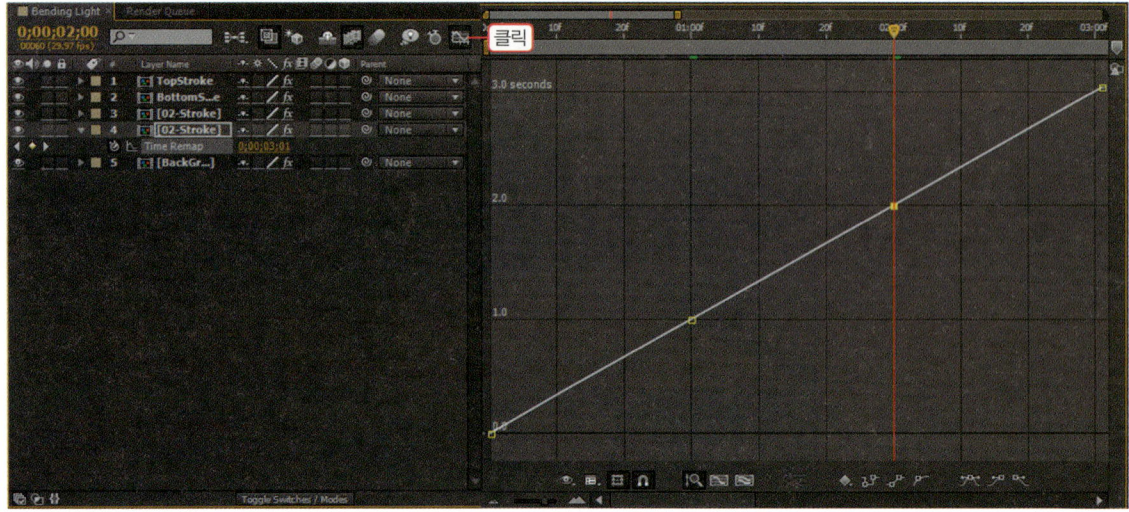

중간에 만들어 놓은 첫 번째 키프레임을 선택하고 좌측으로 드래그하여 그래프를 급경사 형태로 만듭니다. 그 뒤에 만들어 놓은 키프레임은 앞 키프레임과 동일선상에 위치하도록 이동시켜 놓습니다. 끝에 있는 키프레임은 역슬래쉬 모양이 되도록 드래그하여 0초에 있는 키프레임과 같도록 위치시켜 놓습니다.

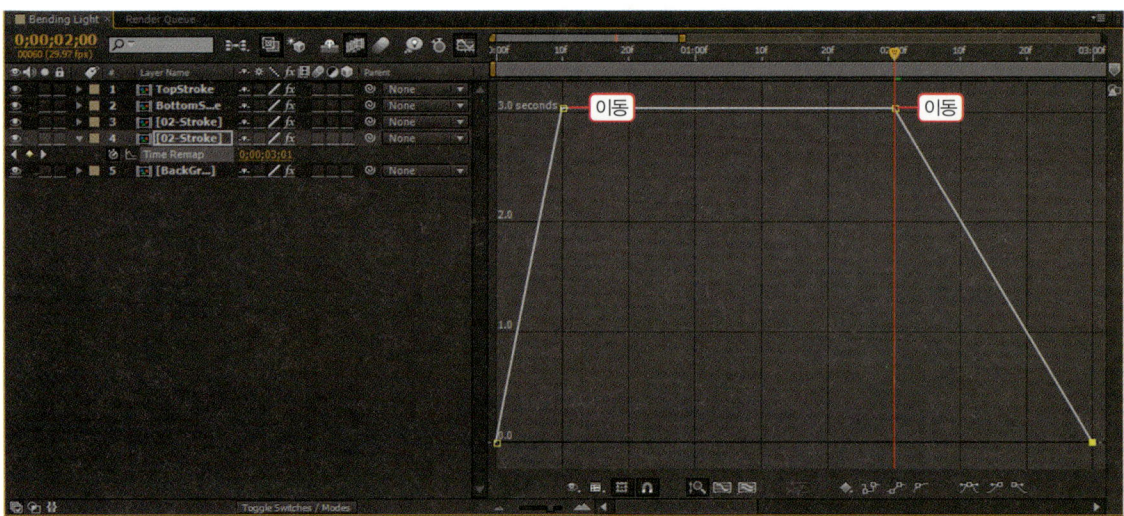

급경사로 설정된 두 번째 키프레임까지는 애니메이션이 빠르게 재생되며 그래프가 일직선으로 표시된 부분은 애니메이션이 정지되어 아무런 변화가 없게 됩니다. 역슬래쉬로 표시된 부분은 애니메이션이 거꾸로 재생되어 보여지게 됩니다. Time Remapping를 적용하면 빠르게 움직이다가 멈추거나 천천히 움직이다가 거꾸로 재생되도록 속도를 제어할 수 있습니다.

22 익스프레션(Expression) 사용하기

애프터이펙트 익스프레션은 키프레임을 만들지 않고 스크립트를 작성하여 애니메이션을 쉽게 만들 수 있습니다. 자바스크립트를 기반으로 이루어진 프로그래밍 언어를 전부 알아야 될 필요는 없지만 적용하는 방법과 원리를 이해하면 키프레임 작업보다 편리할 것입니다.

Expression 적용하기

타임라인 패널에서 익스프레션을 적용하려는 속성을 나타내고 Animation 메뉴에서 Add Expression을 선택합니다.

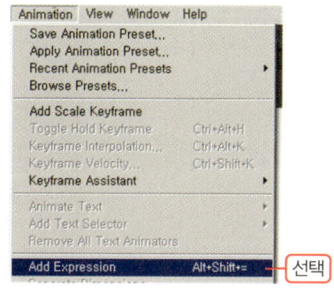
선택

익스프레션을 적용하면 Refresh Disabled(finish editing text to refresh view) 경고 메시지와 함께 컴포지션 패널 화면에 아무것도 보이지 않게 되는 버그가 발생합니다.

익스프레션 버그가 발생된 상태

익스프레션이 적용된 속성은 타임라인에 스크립트를 입력할 수 있도록 파란색으로 반전되어 표시됩니다. 이때 Enter 키를 누르거나 스크립트 입력란(폼필드)의 바깥 부분을 클릭하면 반전된 부분이 해제됩니다.

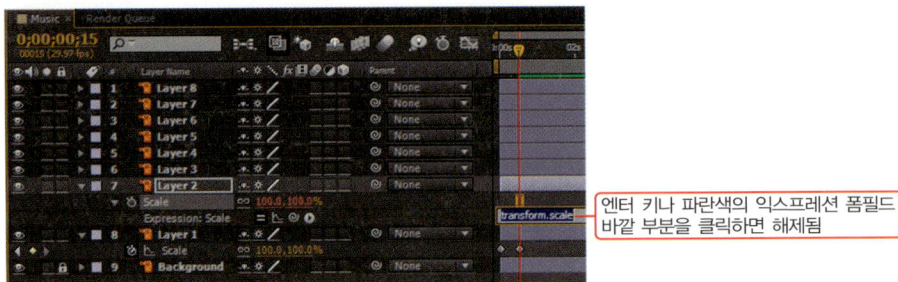

엔터 키나 파란색의 익스프레션 폼필드 바깥 부분을 클릭하면 해제됨

익스프레션 적용으로 표시된 속성에서 Expression pick whip 아이콘(소용돌이 모양)을 드래그하여 키프레임이 적용되어 있는 레이어의 같은 속성으로 드래그합니다.

드래그 & 드롭

익스프레션이 thisComp.layer("Layer 1").transform.position으로 바뀌게 되면 스크립트가 적용된 Layer 2 레이어는 같은 컴포지션(thisComp)의 Layer 1 레이어(layer("Layer 1"))에서 트렌스폼의 스케일 속성(transform.scale)에 대해 어떻게 반응할 것인지 끝부분에 스크립트를 입력해야 됩니다. valueAtTime(time) 값을 스크립트로서 끝 부분에 입력하면 시간 제어되는 익스프레션이 완성됩니다. 익스프레션은 다음 사항을 주의해서 입력해야 합니다.

> **주의하세요!!**
> 1. 대소문자를 확실히 구분하여 입력합니다.
> 2. 세미콜론(;)으로 문장을 확실히 구분해야 합니다.
> 3. 단어 사이의 공백은 무시됩니다.
> 4. 레이어 이름에 -(하이픈)은 마이너스로 인식될 수 있으므로 _(언더바)로 입력하도록 합니다.

시간을 제어하는 스크립트로 .valueAtTime(time-.1)을 입력합니다. (time-.1)은 0.1초 늦게 반응하도록 설정하는 것이며 최댓값은 9입니다. 타임라인을 드래그해보면 Layer 2는 키프레임을 만들지 않았지만 스크립트에 의해 애니메이션이 되고 있는 것을 알 수 있습니다.

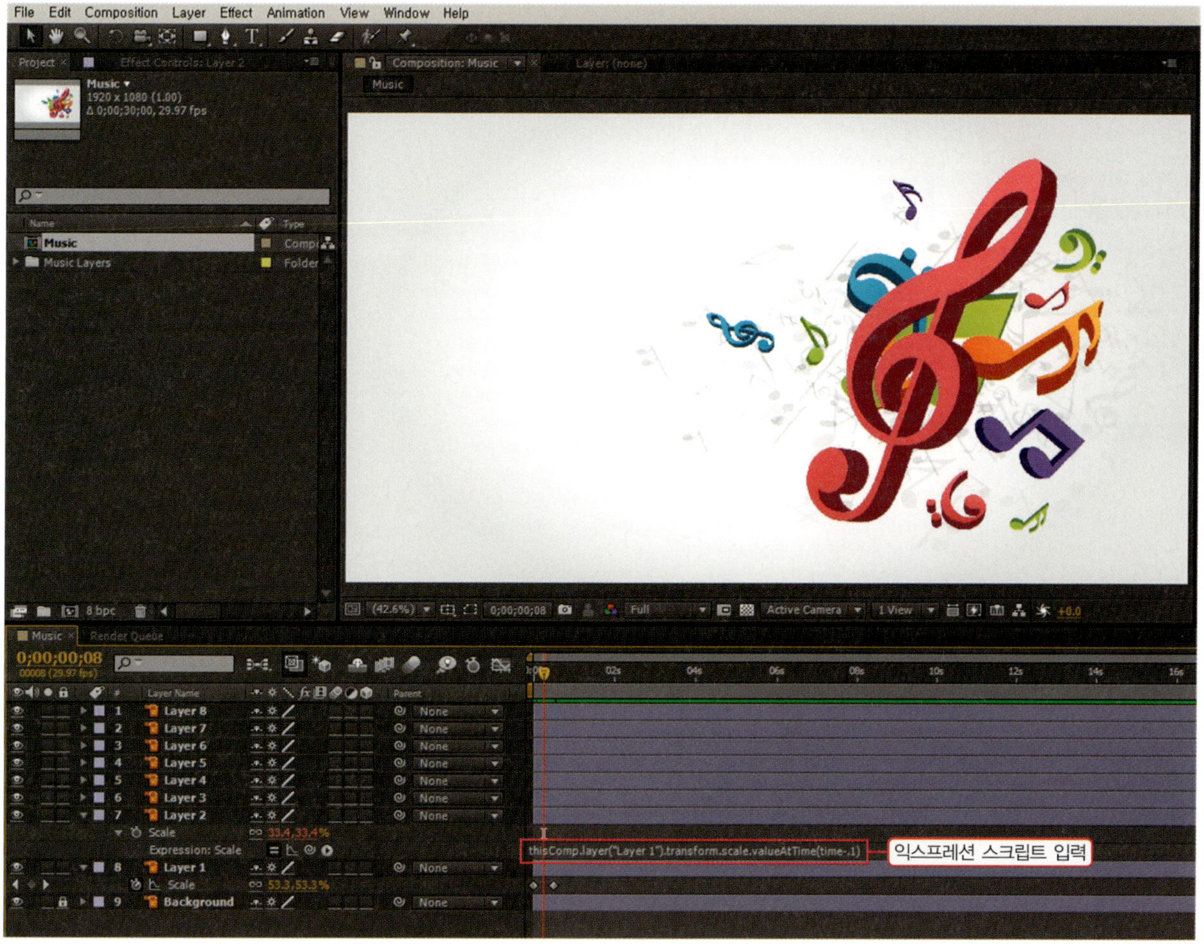

키프레임이 적용된 레이어의 경우 Add Expression 메뉴로 익스프레션을 적용해야 되지만 키프레임이 적용되어 있지 않은 속성은 Alt 키를 누른 상태에서 익스프레션을 적용하려는 속성의 스톱워치 아이콘을 클릭하면 빠르게 익스프레션을 적용할 수 있습니다.

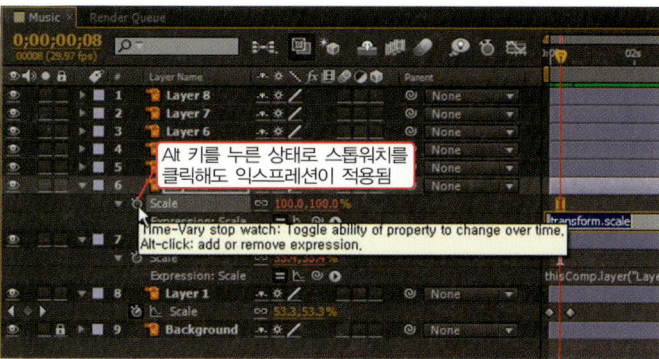

익스프레션(Expression) 사용하기

익스프레션이 적용된 속성이 선택된 상태에서 Animation 메뉴를 클릭하면 Add Expression이 Remove Expression으로 바뀌어 표시됩니다. Remove Expression으로 익스프레션 스크립트를 삭제할 수 있습니다. 또한 Alt 키를 누른 상태에서 익스프레션이 적용된 속성의 스톱워치 아이콘을 클릭하면 Alt 키를 누르고 스톱워치 아이콘을 클릭하여 익스프레션을 적용할 수 있었던 것과 반대로 메뉴를 사용하지 않고 익스프레션을 빠르게 삭제할 수 있습니다.

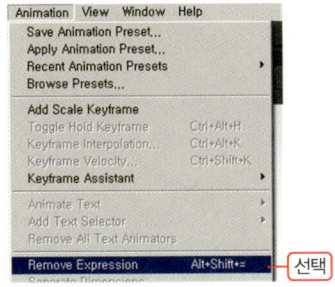

레이어의 스위치 모드에 있는 Motion Blur와 타임라인 패널 상단의 Motion Blur를 함께 체크하면 애니메이션을 리얼하게 표현할 수 있습니다.

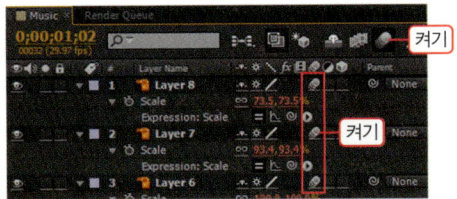

블러 현상을 적용하였는데 효과가 미약할 경우 Composition 메뉴의 Composition Settings를 클릭하여 Composition Setting 창을 나타냅니다. Advanced 탭에 보면 Motion Blur에 대한 Shutter Angle과 Shutter Phase의 두 가지 항목이 있습니다.

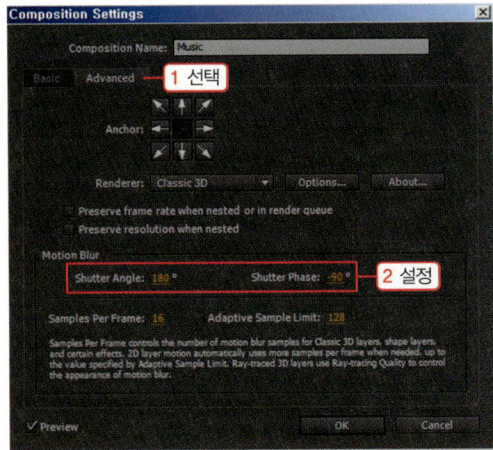

Shutter Angle 렌더링할 때 모션 블러로 적용될 값을 입력합니다. 값이 클수록 모션 블러 현상이 길어집니다. 최댓값은 720입니다.

Shutter Phase 모션 블러에 대한 각도를 설정합니다. -360부터 최대 360까지 입력할 수 있습니다.

Shutter Angle과 Shutter Phase 값을 조절하고 컴포지션 패널을 확인해 보면 모션 블러에 의해 잔상이 표현되는 것을 알 수 있습니다.

모션 블러를 통해 잔상이 생긴 모습

익스프레션과 관련된 기능들 이해하기

익스프레션이 적용되면 표시되는 네 가지 속성들의 기능에 대해 알아보도록 하겠습니다.

1 Enable Expression 익스프레션이 적용되어 있는 상태를 나타냅니다. 익스프레션을 삭제하지 않고 잠시 해제시키기 위해 "="표시를 클릭하여 "≠"형태로 바꾸어 놓으면 작성한 익스프레션 스크립트의 영향을 받지 않게 됩니다. 다시 한 번 클릭하여 "="로 표시하면 익스프레션이 적용되어 속성 값들도 빨간색으로 표시됩니다.

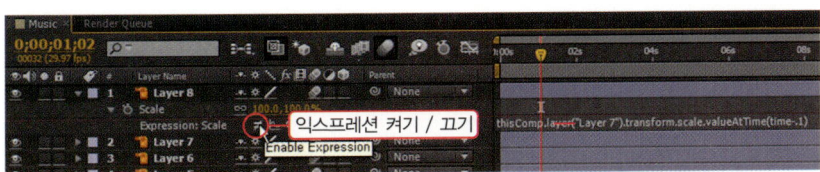

익스프레션 켜기 / 끄기

❷ Show Post-Expression Graph 적용된 익스프레션을 Graph Editor에서 그래프로 볼 수 있습니다.

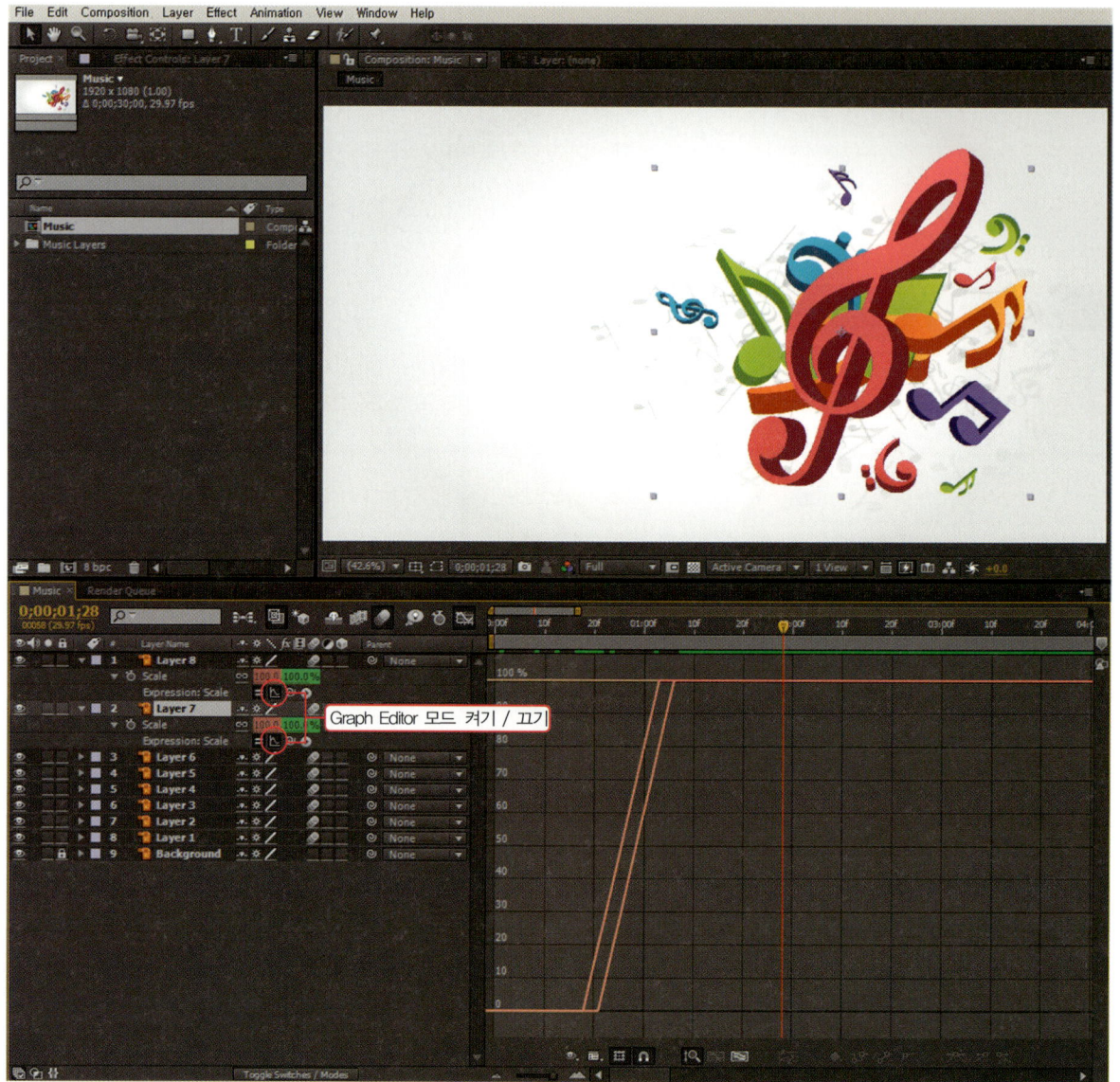

❸ Expression pick whip 익스프레션을 적용하려는 속성으로 드래그하면 기본 스크립트가 자동으로 생성되어 직접 입력하는 횟수를 줄일 수 있습니다.

❹ Expression Language Menu 애프터이펙트가 기본으로 제공하는 익스프레션 명령어들을 사용할 수 있습니다.

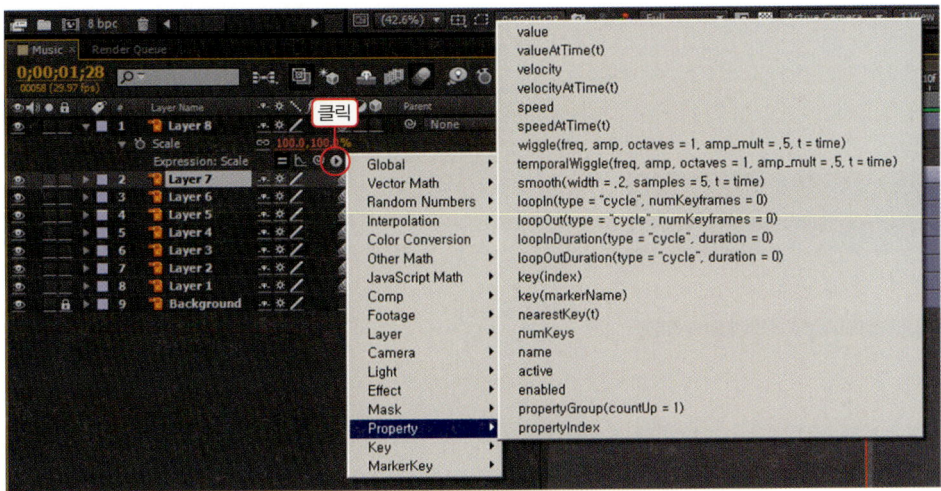

스크립트를 키프레임으로 표시하기

익스프레션을 적용한 속성의 스크립트를 애프터이펙트의 키프레임으로 표시하여 프레임별로 적용된 값을 참고할 수 있습니다. 익스프레션이 적용된 속성을 선택하고 Animation 메뉴의 Keyframe Assistant에 있는 Convert Expression to Keyframe를 선택합니다.

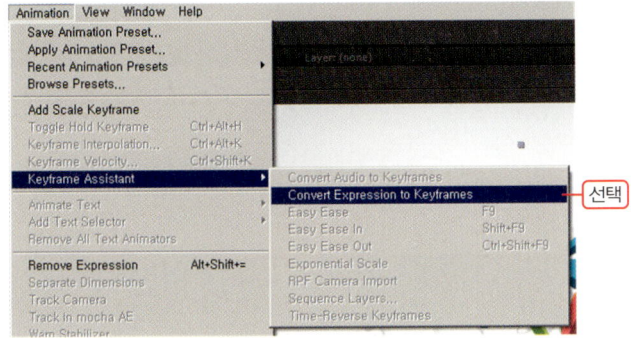

Convert Expression to Keyframe을 적용하면 프레임 단위로 키프레임이 만들어지게 되어 각 키프레임에 적용된 값을 확인해 볼 수 있습니다.

사운드에 익스프레션 적용하기

애프터이펙트는 오디오 파일에도 익스프레션을 적용할 수 있습니다. 타임라인 패널에서 오디오 레이어를 선택하고 Animation 메뉴의 Keyframe Assistant에 있는 Convert Audio to Keyframe를 적용합니다.

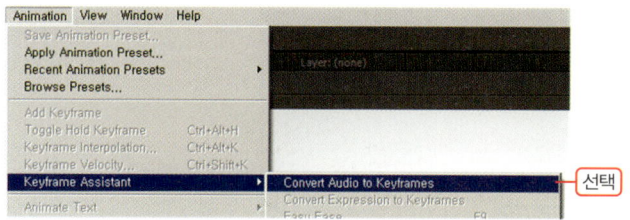

Convert Expression to Keyframe이 적용되면 오디오 크기 값이 분석되어 자동으로 Audio Amplitude의 Null Object 레이어가 타임라인에 만들어지게 됩니다. U 키를 눌러 레이어에 대한 속성을 활성화해 보면 Left, Right, Both Channels 부분에 키프레임이 만들어진 것을 알 수 있습니다.

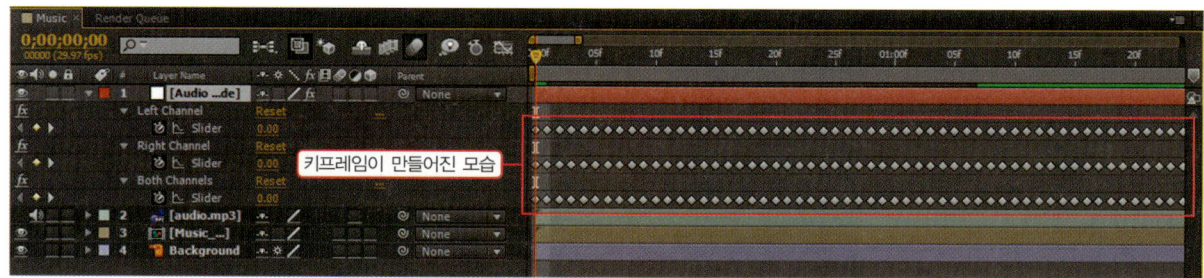

음표에 해당되는 레이어의 Scale 속성에 익스프레션을 적용하고 Audio Amplitude의 Null Object 레이어의 Both Channels에 드래그하면 오디오에 대한 익스프레션 스크립트가 자동으로 만들어지게 됩니다.

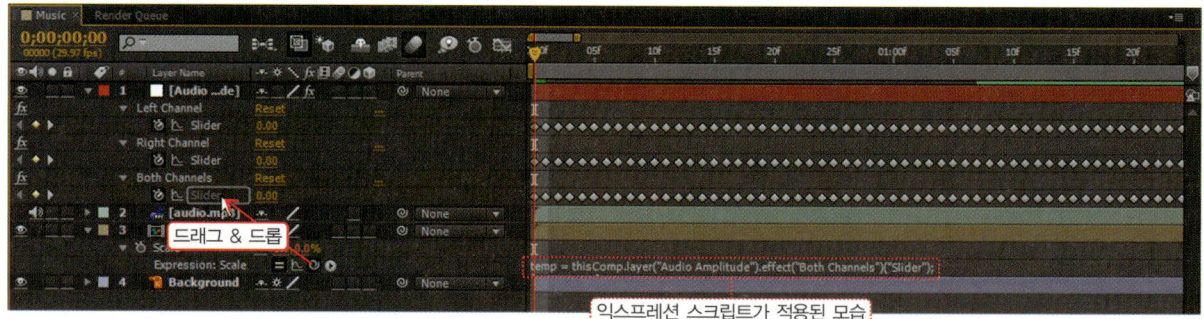

값이 작게 나타나면 스크립트 끝에 배수로서 "*값"을 입력하여 사용자가 원하는 만큼 크게 표현할 수 있습니다.
예)temp = thisComp.layer("Audio Amplitude").effect("Both Channels")("Slider");
[temp, temp]*10

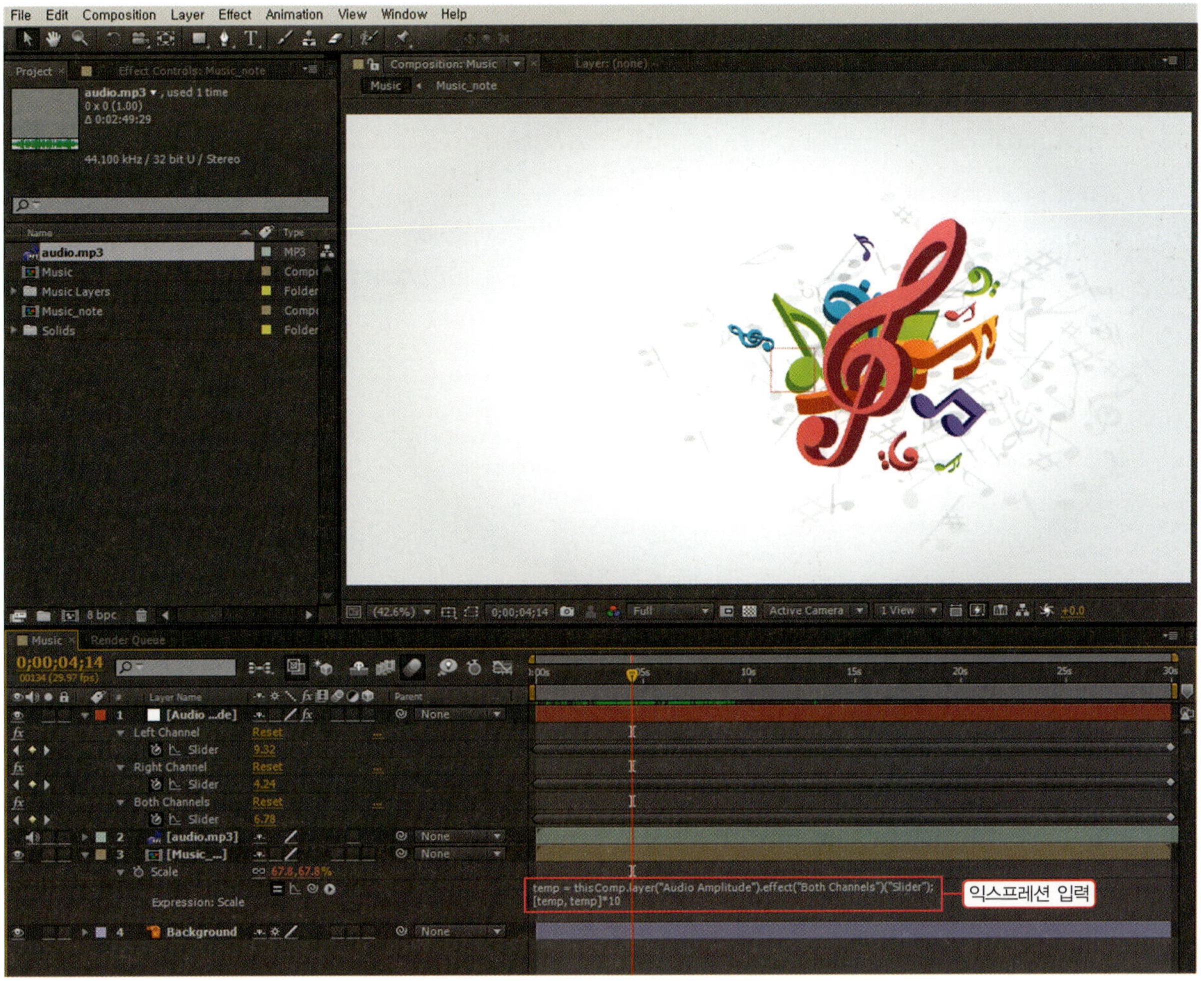

타임라인 패널을 프리뷰해 보면 음표의 크기가 스크립트에 입력한 값에 따라 애니메이션되는 것을 알 수 있습니다. 애프터이펙트는 버전이 업그레이드 될수록 오디오에 대한 기능이 개선되지 않아 오디오만 프리뷰할 때 불편함을 느끼게 되지만 사운드와 관련된 모션 그래픽 작업을 할 때 도움이 되는 기능들이 있습니다. 타임라인의 오디오 레이어를 선택하고 L 키를 누르면 Audio Levels 속성만 레이어에 표시됩니다.

익스프레션(Expression) 사용하기   187

L 키를 두 번 누르면 오디오 파일의 웨이브 폼이 표시됩니다.

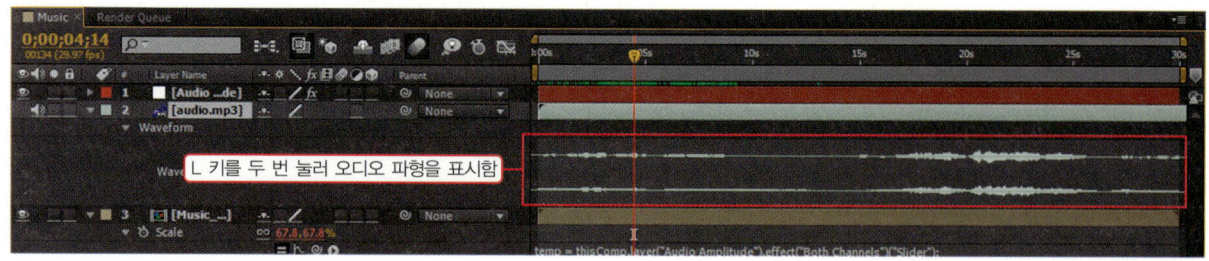

Ctrl 키를 누른 상태에서 오디오 파일을 드래그하면 원활하지 않지만 오디오를 프리뷰하지 않고 들을 수 있습니다. 애프터이펙트의 오디오 관련 프리뷰 기능은 Compositon 메뉴의 Preview에 있습니다.

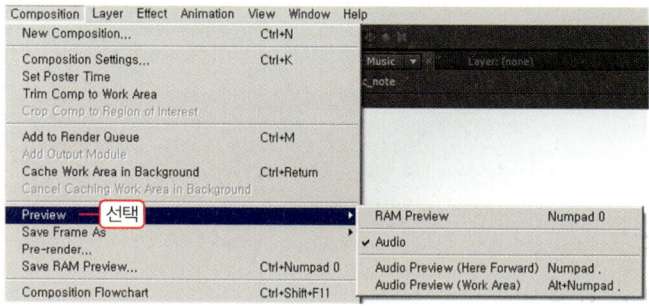

오디오 파일만 프리뷰할 경우 NumLock 키패드에서 Del 키를 누르면 타임라인 바가 위치해 있는 시간부터 프리뷰할 수 있으며 Alt 키와 함께 누르면 Work Area로 지정된 영역의 오디오만 프리뷰하게 됩니다. 오디오를 프리뷰하다 NumLock 키패드의 * 키를 누르면 프리뷰가 끝나고 * 키를 누른 곳에 마커가 만들어져 있는 것을 알 수 있습니다.

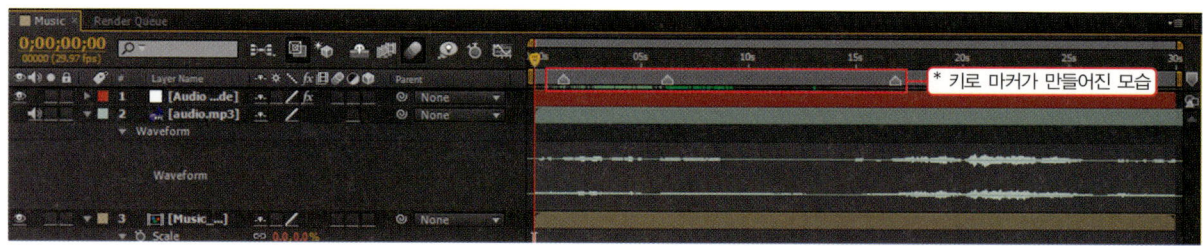

반복과 흔들림에 사용하는 익스프레션

익스프레션 스크립트를 사용하면 반복적인 애니메이션도 쉽게 표현할 수 있습니다. 먼저 비행기가 날아가는 애니메이션에서 하늘을 날아가도록 키프레임을 만듭니다.

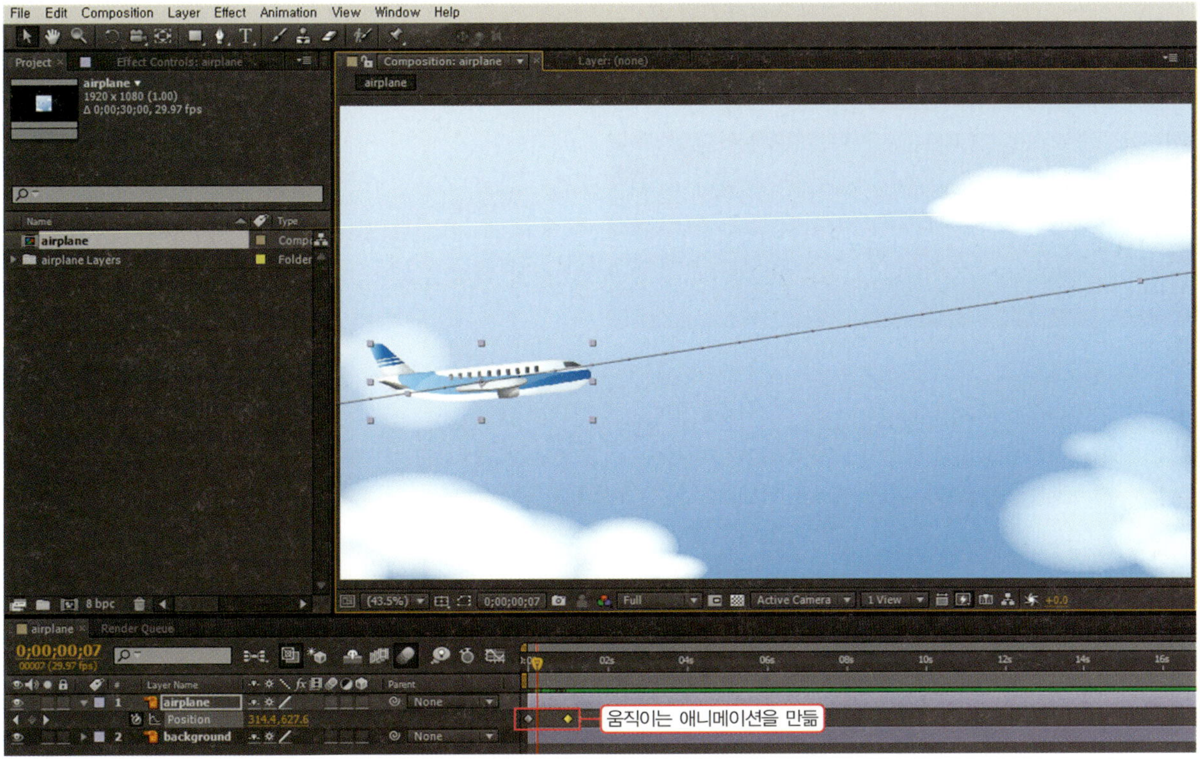

애니메이션을 만든 Positoin 속성을 선택하고 Animation 메뉴의 Add Expression을 적용합니다. 익스프레션이 적용되면 타임라인에는 transform.position이 반전되어 표시될 것입니다.

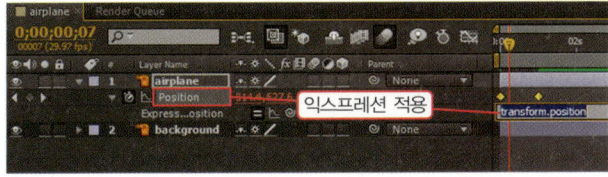

Transform의 Position 부분에 주기적인 반복을 나타내는 스크립트 loopOut("cycle")를 입력합니다. loopOut에서 O는 대문자로 입력해야 됩니다. loopOut("cycle") 스크립트를 입력하면 키프레임으로 만든 airplane 애니메이션은 계속 반복되어 비행기가 여러 대 지나가는 것처럼 표현됩니다. 스크립트로 입력한 cycle를 pingpong로 바꾸어 loopOut("pingpong")로 입력하면 탁구나 테니스에서 공이 왔다갔다하는 것처럼 애니메이션도 왔다갔다 반복적으로 보여지게 됩니다.

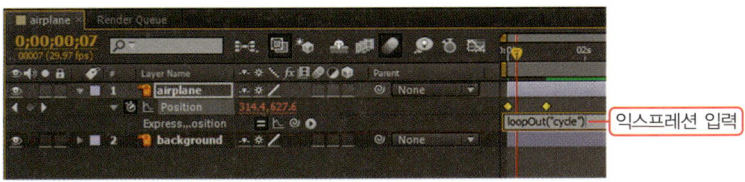

익스프레션(Expression) 사용하기 189

스크립트의 마지막에 세미콜론(;)을 입력하여 문장을 나누고 다른 스크립트를 입력하기 위해 Enter 키를 누릅니다. 흔들림을 표현하기 위해 사용하는 wiggle(흔들림 정도, 픽셀 단위) 스크립트를 입력합니다. 값 사이에는 쉼표(,)를 입력해야 스크립트에 오류가 발생하지 않고 흔들리는 애니메이션이 됩니다.

Wiggle 스크립트를 사용하지 않고 애프터이펙트의 Wiggler 기능으로 흔들림에 대한 애니메이션을 표현할 수 있습니다. 흔들림을 표현하기 위해 키프레임이 만들어져 있는 Position 속성을 선택하고 Window 메뉴에서 Wiggler를 선택합니다.

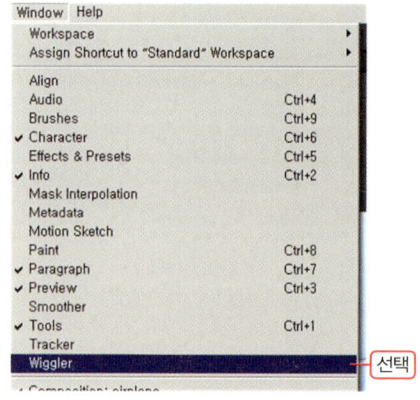

Wiggler 창의 각 기능에 대해 알아보도록 하겠습니다.

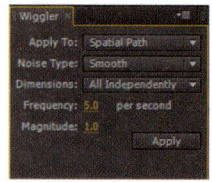

Apply To Wiggler를 속도 그래프에 적용하는 Temporal Graph와 Position 속성과 같이 모션 패스에 적용하는 Spatial Path가 있습니다.

Noise Type 키프레임이 갑작스럽게 변하지 않고 점차적으로 변하도록 하는 Smooth와 갑작스럽게 변하는 Jagged가 있습니다.

Dimensions X 축이나 Y 축에만 키프레임을 추가하거나 X 축과 Y 축으로 비슷한 키프레임을 추가하는 All The Same, 독립되어 각각 서로 다른 키프레임을 자유롭게 추가하는 All Independently 속성이 있습니다.

Frequency 초당 몇 개의 키프레임을 만들것인지 입력합니다.

Magnitude 키프레임에서 벗어나는 최댓값을 입력합니다. 값에 따라 결과가 매우 달라집니다.

Wiggler 창에서 Apply To를 Spatial Path, Noise Type은 Jagged, Dimension는 All Independentily를 선택하고 Frequency 값으로 5와 Magnitude 값으로 30을 입력한 다음 Apply 버튼을 눌러 적용합니다.

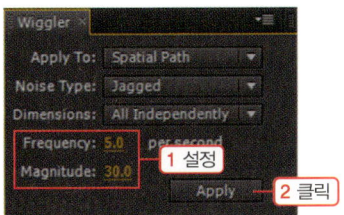

Wiggler가 적용되면 타임라인 패널의 키프레임 뿐만아니라 컴포지션 패널 화면의 패스도 달라져 흔들리는 애니메이션으로 표현된 것을 알 수 있습니다. Wiggler는 다른 속성의 키프레임에도 적용할 수 있습니다.

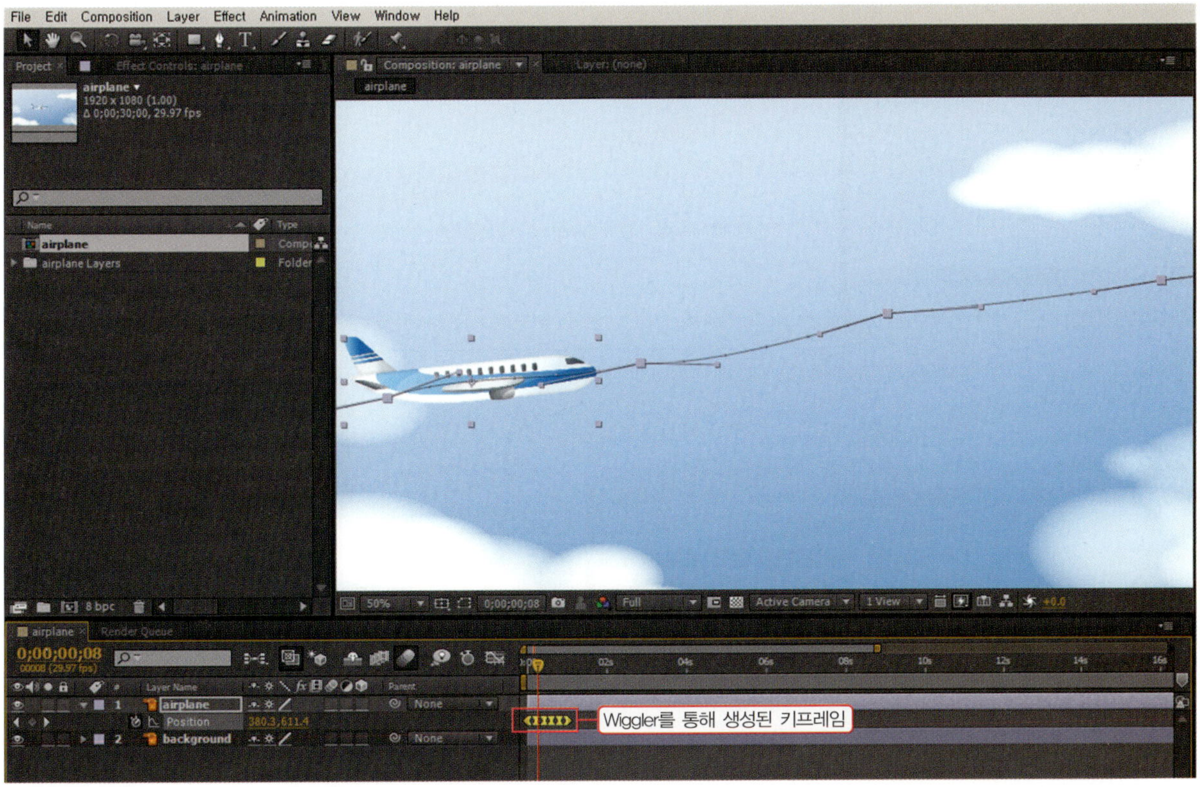

익스프레션(Expression) 사용하기 191

23 트랙킹(Tracking) 사용하기

흔들림을 보정하는 Warp Stabilizer가 CS5.5 버전에서 새롭게 도입되면서 트랙킹 기능이 달라졌으며 CS6 버전에서는 3D Camera Tracker로 한층 더 강화되었습니다. Mocha for After Effects는 CS6 버전에서 애프터이펙트의 매트로 변환시켜 내보낼 수 있도록 mocha shape for After Effects(mocha shape AE) 플러그인이 추가되었습니다.

트랙킹 기능 이해하기

트랙킹과 관련된 패널은 Window 메뉴의 Tracker로 활성화시킬 수 있습니다. 블루나 그린 스크린을 배경으로 촬영한 영상 등 합성하려는 소재를 원본 영상과 자연스럽게 합성할 수 있도록 트랙킹 기능을 사용합니다. 트랙킹과 관련된 패널은 Window 메뉴의 Tracker로 활성화시킬 수 있습니다.

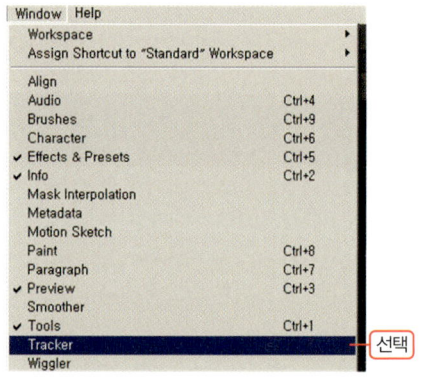

또한 트랙킹은 Window 메뉴의 Workspace에서 Motion Tracking을 선택해서도 트랙킹을 위한 인터페이스로 설정할 수 있습니다.

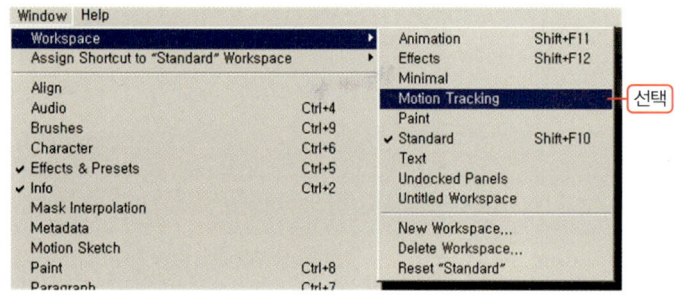

Tracker 패널의 각 기능에 대해 알아보도록 하겠습니다.

Track Camera CS6 버전에 새롭게 추가된 3D Track Camera기능으로 카메라의 움직임을 분석한 트랙킹 데이터를 다른 오브젝트에 적용할 수 있습니다.

Warp Stabilizer 흔들린 영상을 분석하여 보정할 수 있으며 CS5.5 버전부터 추가된 기능입니다.

Track Motion 애프터이펙트 초기 버전부터 위치 추적을 위해 존재하는 트랙킹 기능입니다.

Stabilize Motion 애프터이펙트 초기 버전부터 흔들림을 보정하기 위해 존재하는 기능입니다.

Motion Source 움직임을 추적할 영상 소스를 선택합니다.

Current Track 현재 선택되어 있는 Tracker가 표시됩니다.

Track Type 흔들림을 보정하는 Stabilize, XY 축을 분석하는 Transform, 3개의 포인트로 분석하는 Parallel corner pin, 4개의 포인트로 분석하는 Perspective corner pin, Position의 트랙킹만 분석하는 RAW로 구성되어 있습니다.

Motion Target 트랙킹으로 분석된 데이터가 적용될 레이어를 선택합니다.

Analyze Track Point로 지정한 값을 재생하면서 또는 프레임 단위로 분석을 할 수 있으며 타임라인 바가 위치해 있는 시간 단위의 반대 방향으로도 분석이 가능합니다.

Reset 트랙킹으로 분석한 데이터를 삭제합니다.

Apply 트랙킹으로 분석한 데이터를 Motion Target에서 지정한 레이어에 적용합니다.

Track Motion으로 트래킹 분석하기

트래킹을 사용하기 위해 Track Motion으로 트래킹을 분석할 파일을 타임라인 패널에서 선택(회색 반전 표시)한 다음 Windows 메뉴의 Tracker를 클릭합니다.

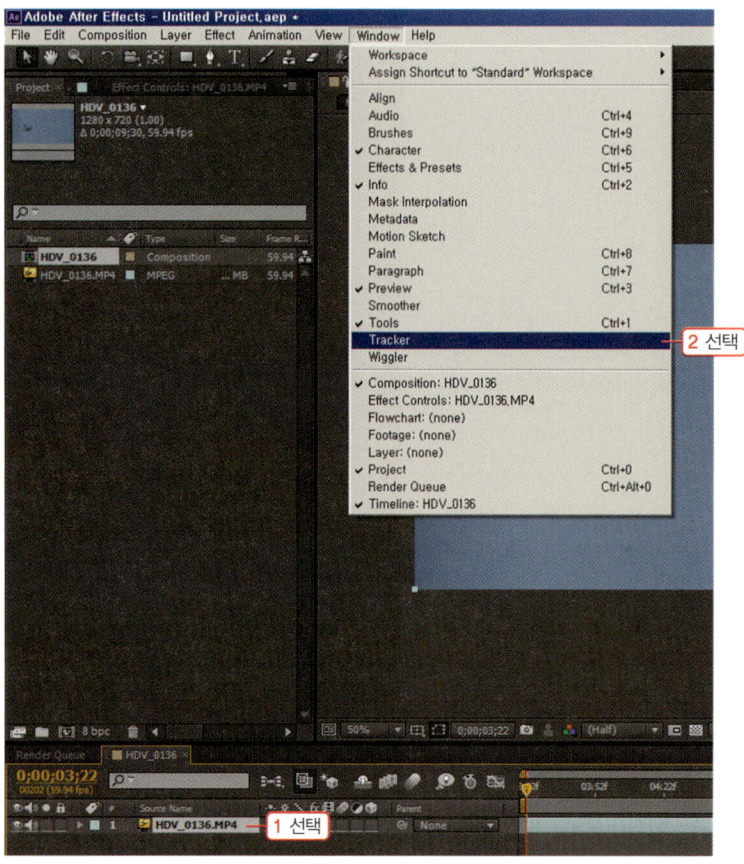

Tracker 패널이 활성화되고 Motion Source에는 선택한 레이어의 파일명이 표시될 것입니다.

컴포지션 패널의 화면에는 Tracker가 적용된 레이어에 대한 화면이 표시되며 트래킹을 위한 십자표시와 흰색 박스 두개의 Track

Point가 표시됩니다.

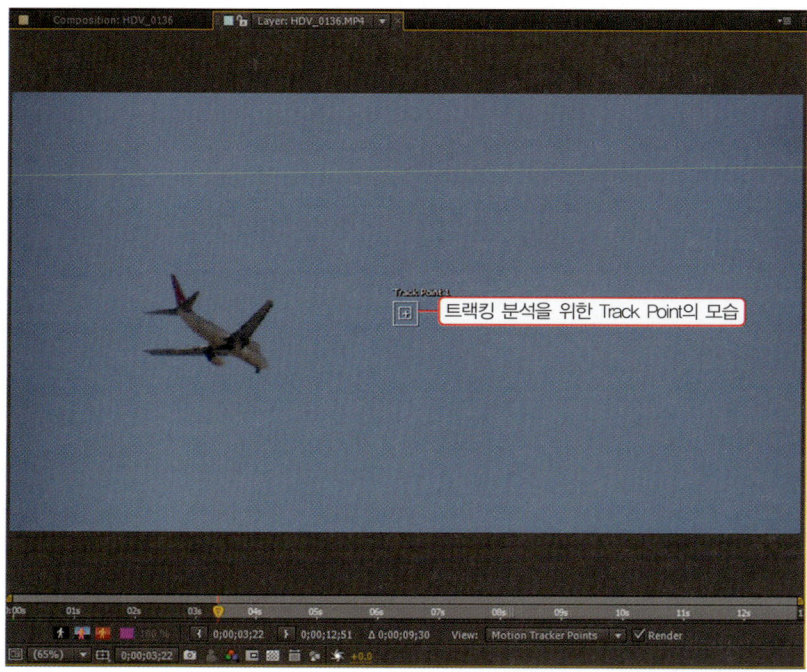

트랙킹 분석을 위한 Track Point의 모습

Track Point의 + 표시로 마우스 커서를 가져가 검은색 화살촉으로 표시될 때 포인트를 이동시키면 확대 표시되어 쉽게 정점을 설정할 수 있습니다.

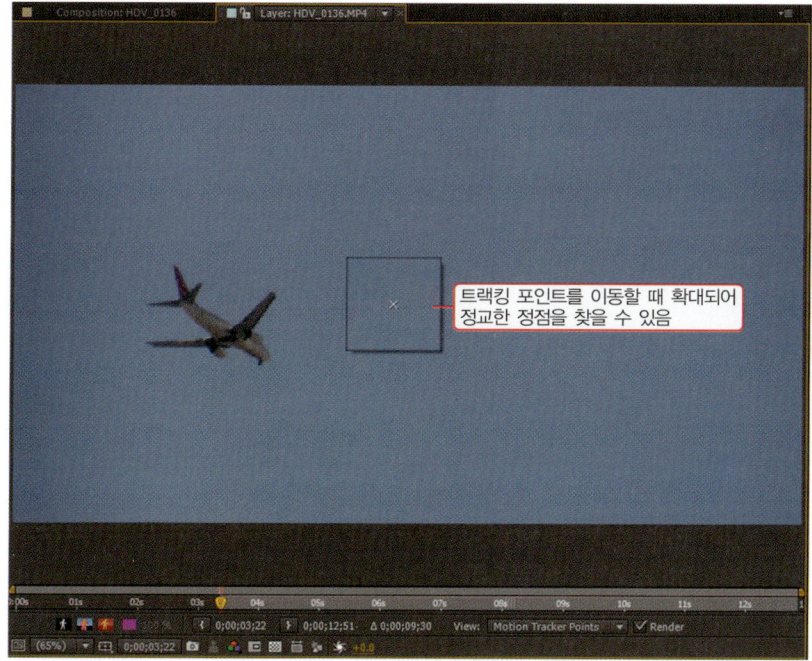

트랙킹 포인트를 이동할 때 확대되어 정교한 정점을 찾을 수 있음

Track Point를 이동시킨 다음 트래킹 분석을 위한 범위를 지정해야 합니다. 바깥쪽의 흰색 박스로 분석 범위를 지정하고 안쪽의 흰색 박스로 트래킹 소재를 지정합니다. + 표시는 트래킹 소재의 중심점에 위치시켜 놓습니다.

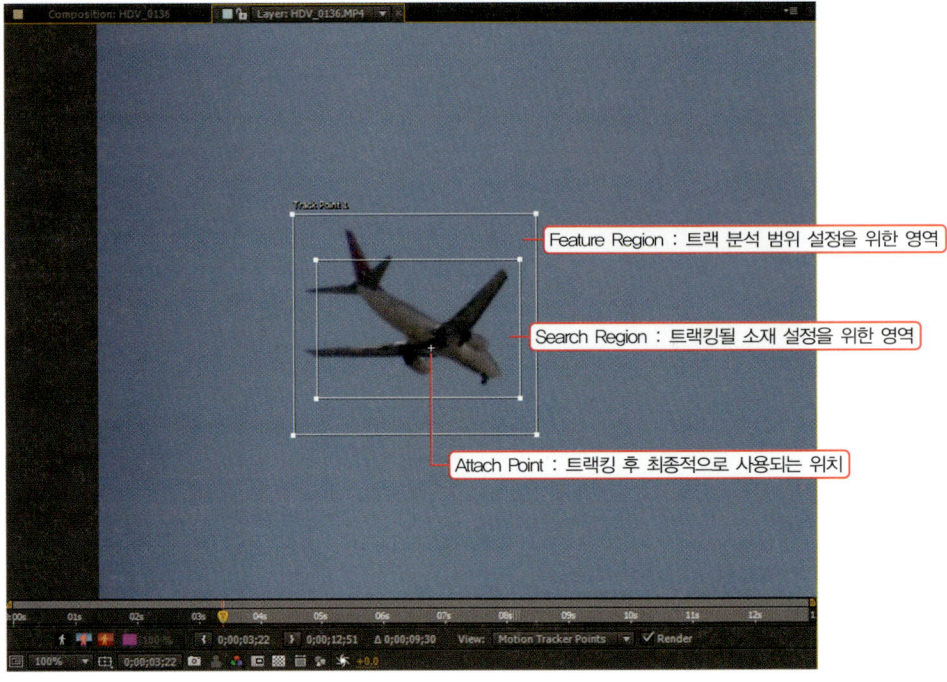

트래킹 범위를 설정하였다면 Tracker 패널에서 데이터가 적용될 Edit Target을 설정하고 Analyze forward(재생 버튼 모양)로 트래킹 분석을 진행합니다. Analize 과정이 끝나면 레이어의 화면에는 분석된 트랙 포인트가 표시됩니다.

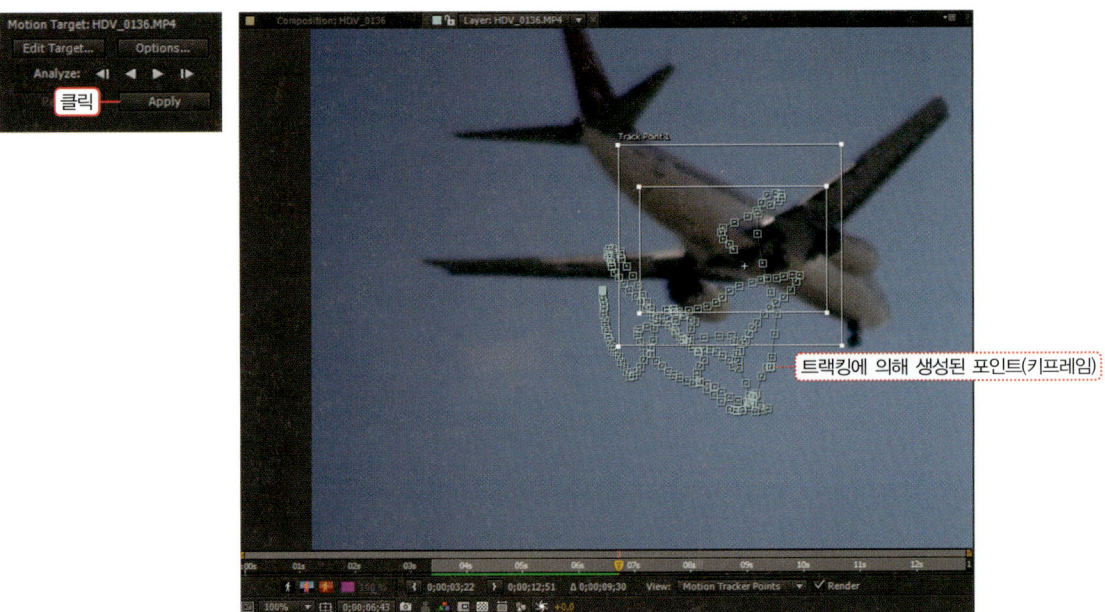

Tracker 패널에서 Apply 버튼을 누르면 트래킹으로 분석된 결과가 Edit Target으로 지정한 레이어에 키프레임으로 적용됩니다.

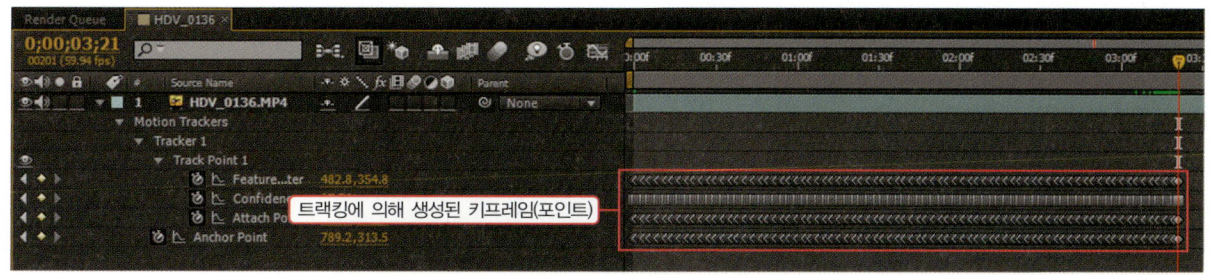

트래킹에 의해 생성된 키프레임(포인트)

컴포지션 패널의 화면은 트래킹 분석을 위한 레이어에서 컴포지션의 화면의 바뀌어 표시됩니다. 트래킹 분석으로 벗어난 화면의 범위는 Scale 값을 조절하여 수정하도록 합니다.

트래킹에 의해 생긴 공간은 크기를 조절하여 메움

트래킹으로 분석하고 이펙트 합성하기

트래킹으로 분석한 데이터를 적용할 수 있는 것은 레이어뿐만 아니라 이펙트 속성에도 적용할 수 있습니다. 트래킹 데이터로 분석하려는 레이어를 선택(회색 반전 표시)하고 Tracker패널에서 Track Motion을 클릭합니다. 레이어가 선택되지 않으면 Tracker 패널은 활성화되지 않습니다.

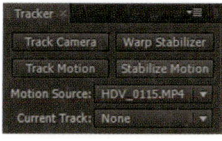

트래킹(Tracking) 사용하기 197

선택한 레이어가 컴포지션 패널의 화면에 활성화되면서 Track Point가 표시됩니다. Track Point를 트랙킹하려는 타겟에 위치시킵니다. Tracker 패널의 Analyze(forward)로 분석을 시작합니다.

트랙킹 분석이 끝나면 컴포지션 패널의 화면을 활성화시키고 트랙킹 데이터가 작성된 레이어에 이펙트를 적용합니다. 예제에서는 Generate에 있는 Lens Flare를 적용하겠습니다.

컴포지션 패널의 화면은 다시 레이어 패널의 화면을 활성화시키고 타임라인 패널에서 트래킹으로 분석한 레이어를 선택합니다. Tracker 패널에서 앞서 분석한 Tracker를 Current Track에서 선택한 다음 활성화된 Edit Target 버튼을 클릭합니다.

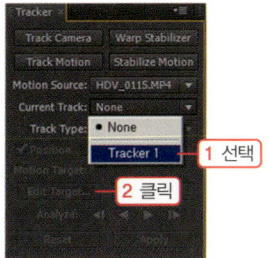

Motion Target 창이 활성화됩니다. Apply Motion To:의 Effect point control 항목에 앞서 적용한 Lens Flare 항목이 표시된 것을 확인하고 OK 버튼을 클릭하여 창을 닫습니다.

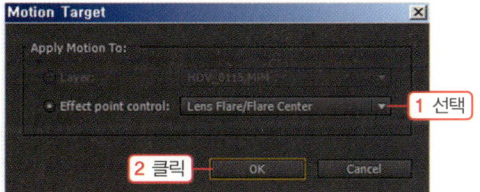

Tracker 패널에서 Apply 버튼을 클릭하고 Motion Tracker Apply Options 창에서 적용 범위의 설정을 마치면 트래킹 데이터로 분석된 포인트에 맞추어 이펙트 Lens Flare가 적용된 것을 알 수 있습니다.

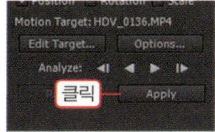

CS6의 새로운 기능 3D Camera Track

이전 버전까지 서드파티 플러그인을 사용해야 가능했던 3D Camera Track기능이 CS6 버전부터 새로운 기능으로 추가되어 애프터이펙트만으로 표현할 수 있게 되었습니다. 3D Camera Track로 트랙킹을 분석하려는 레이어를 타임라인 패널에서 선택합니다.

Tracker 패널에서 Track Camera를 클릭하여 3D Camera Track을 실행합니다.

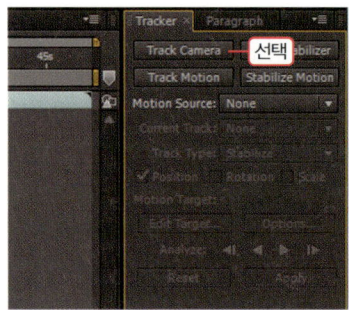

Track Camera 버튼을 클릭하면 컴포지션 패널의 화면에는 CS5.5 버전부터 추가된 Warp Stabilizer처럼 영상을 분석하는 Analyzing in background(step 1 of 2)화면이 표시되며 트랙킹 분석이 진행됩니다.

파일에 따라 시간의 차이가 다르지만 Track Camera를 실행하면 이펙트 컨트롤 패널에 3D Camera Tracker가 적용되어 진행 상태를 참고할 수 있습니다.

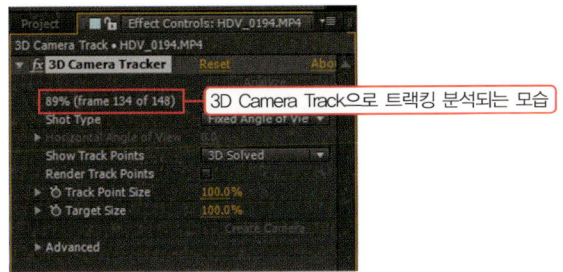

Solving Camera(step 2of 2)과정이 끝나면 3D Camera Trackrer로 분석된 트랙 포인트가 컴포지션 패널의 화면에 표시됩니다. 여기서 마우스 커서를 트랙 포인트에 가져가면 붉은색 원 모양의 타켓 안쪽으로 삼각형 평면이 표시됩니다. 삼각형 평면이 동일선상으로 표현된 부분을 찾아서 마우스 오른쪽 버튼을 클릭합니다.

선택한 포인트에서 마우스 왼쪽 버튼을 클릭하여 활성화된 팝업리스트에서 Create text and camera를 선택합니다.

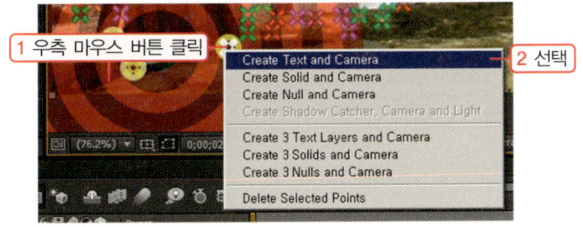

트래킹(Tracking) 사용하기 201

Create text and camera를 선택하면 타임라인 패널에는 Text로 입력된 텍스트 레이어와 카메라 레이어가 만들어지게 됩니다.

분석된 결과로 표시된 텍스트 레이어를 조절하기 위해 컴포지션 패널의 화면 View 모드를 3D Tracker Camera로 변경합니다.

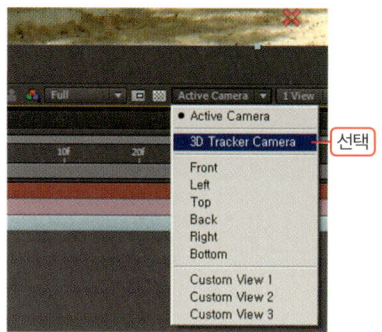

타임라인 패널에서 텍스트 레이어를 선택한 다음 Track Camera로 분석된 결과에 따라 표시될 텍스트를 텍스트 툴로 입력합니다. 선택 툴인 상태에서 텍스트 레이어를 선택하고 텍스트 레이어를 더블클릭하면 텍스트 툴로 바뀌고 컴포지션 패널의 화면은 텍스트를 입력할 수 있도록 표시됩니다. 텍스트의 크기와 위치는 선택 툴과 회전 툴로 수정하면 됩니다.

mocha for After Effects 이해하기

CS4 버전부터 애프터이펙트에서 사용할 수 있게 된 Imagineer Systems의 2.5D 평면 추적 프로그램 mocha for After Effects는 CS6 버전에서는 애프터이펙트의 Animation 메뉴의 Track in mocha AE 메뉴를 통해 실행할 수 있도록 업그레이드 되었습니다.

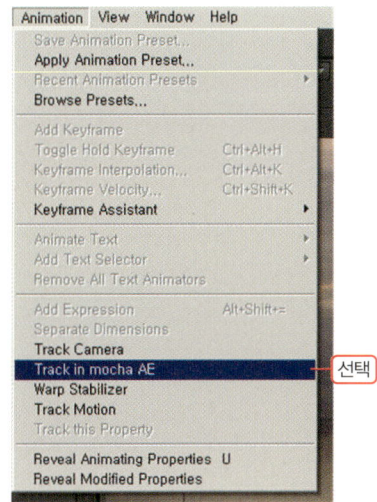

트래킹하려는 파일을 타임라인 패널에서 선택한 다음 Track in mocha AE를 클릭하면 mocha AE CS6가 실행됩니다. 애프터이펙트에서 트래킹을 분석하려고 선택한 파일에 대한 내용들이 New Project 창에 표시되며 OK 버튼을 클릭하여 프로그램을 활성화 시킵니다.

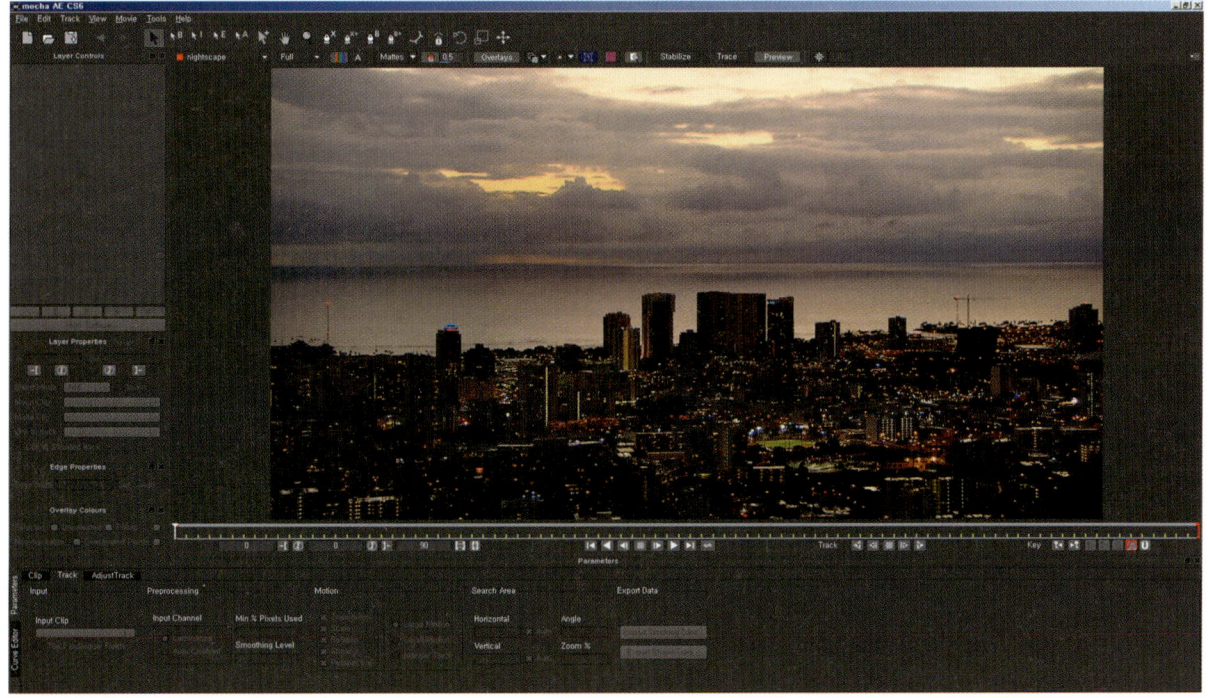

줌(돋보기 모양) 툴과 팬(손바닥 모양)툴로 확대표시하면 트랙킹 작업을 편리하게 할 수 있습니다. 줌 툴을 선택하면 우측 상단에는 전체화면이 프리뷰 화면으로 표시됩니다.

Create X-Spline Layer Tool로 트랙킹으로 분석할 범위를 만듭니다. 범위의 설정은 애프터이펙트의 펜 툴로 패스를 그리듯이 mocha AE CS6에서 Create X-Spline Layer Tool로 트랙킹으로 분석할 범위를 만듭니다.

Spline으로 범위 설정을 마치면 Track의 맨끝에 있는 Track Forward 아이콘을 클릭하여 트랙킹을 실행합니다.

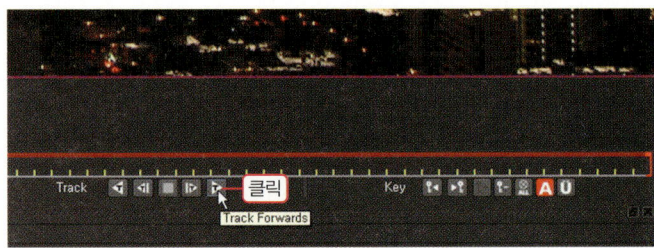

mocha AE로 트래킹 분석이 완료되면 Play Forward 아이콘(재생 버튼)을 클릭하여 포인트가 벗어나지 않는지 확인하도록 합니다. 포인트가 벗어나는 프레임에 대해서는 선택 툴로 직접 수정하도록 합니다.

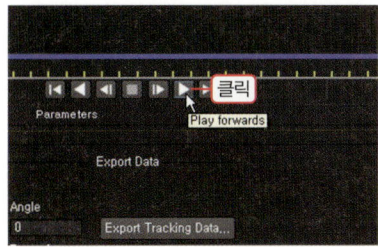

mocha AE로 분석한 트래킹 데이터를 애프터이펙트에서 마스크로 사용하려면 Export Data의 Export Shape Data 버튼을 클릭합니다.

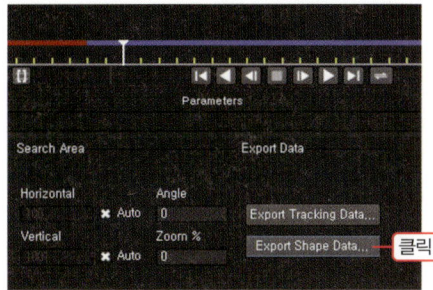

Export Shape Data 창이 활성화되면 Copy to Clipboard 버튼을 클릭하여 트래킹 데이터를 클립보드에 복사해 놓습니다.

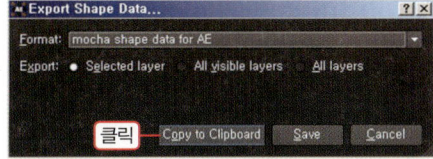

애프터이펙트에서 mocha로 분석한 데이터가 적용 될 레이어를 선택한 다음 Edit 메뉴의 Paste를 선택합니다.

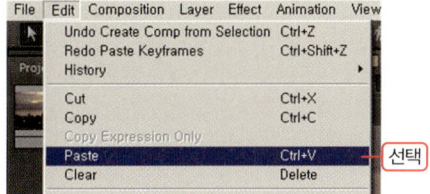

컴포지션 패널의 화면과 타임라인 패널의 레이어에는 트래킹 데이터가 키프레임으로 적용된 것을 알 수 있습니다.

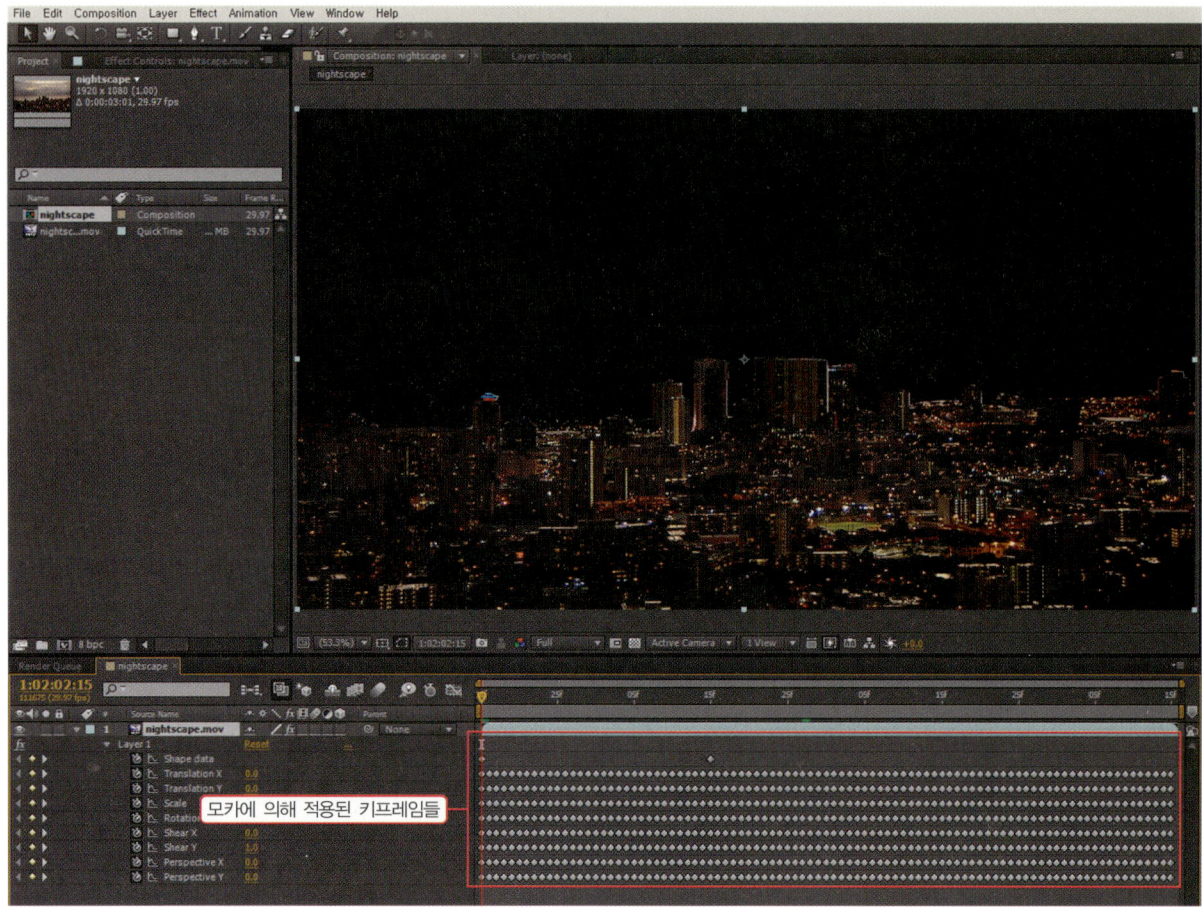

모카와 애프터이펙트의 프로젝트 속성 강치시키기
mocha AE CS6 사용 시 New Project 창에서 Options 탭에 있는 Frame Properties의 Frame rate와 Pixel aspect ratio 그리고 Fields and Pulldown의 Separate Fields 가 애프터이펙트의 프로젝트 설정과 일치하는지 반드시 확인하고 트래킹 작업을 진행해야 합니다.

mocha AE CS6로 트래킹하여 만든 마스크 부분은 합성하려는 파일을 프로젝트 패널에 불러들이고 타임라인 패널에서 트래킹 데이터가 적용된 레이어 아래에 위치시키면 됩니다.

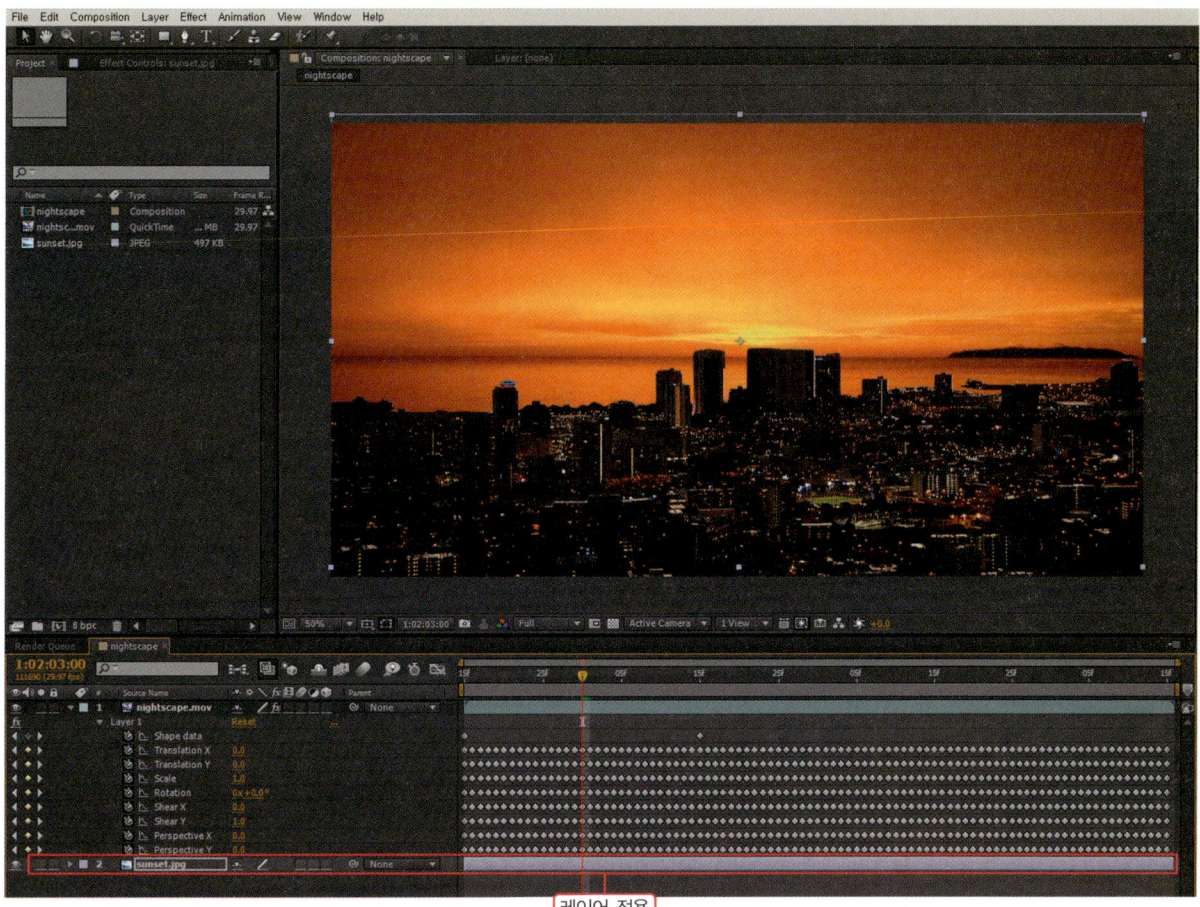

레이어 적용

이번 챕터에서는 애프터이펙트에서 자주 사용하는 기본 기능과 함께 영상 제작에 자주 사용되는 프로그램들과의 워크플로우를 예제를 통해 알아보도록 하겠습니다.

SECTION 24 컬러풀하게 움직이는 도트무늬 배경 만들기

SECTION 25 애프터이펙트에서 편집할 수 있는 DSLR의 RAW 파일 활용하기

SECTION 26 미니어처(Miniature) 효과 표현하기

SECTION 27 합성을 위한 Keylight 테크닉

SECTION 28 집중선 효과를 만드는 다양한 방법

SECTION 29 스케치하고 그린 그림처럼 표현하기

SECTION 30 일러스트레이터(Ai)의 벡터 이미지로 로고 애니메이션 만들기

SECTION 31 Sequence Layers로 셀 애니메이션 만들기

SECTION 32 Ray-traced 3D를 이용한 3D 텍스트 애니메이션 만들기

SECTION 33 3ds MAX 2013과 애프터이펙트의 연동

SECTION 34 시네마 4D와 애프터이펙트의 연동

예제로 배워보는 Ae

05

24 컬러풀하게 움직이는 도트무늬 배경 만들기

파티큘러와 같은 서드파티 플러그인 없이도 애프터이펙트의 이펙트만으로 3차원 공간상에 컬러풀하게 움직이는 배경 애니메이션을 만들 수 있습니다.

컬러풀하게 움직이는 도트무늬 배경의 결과물

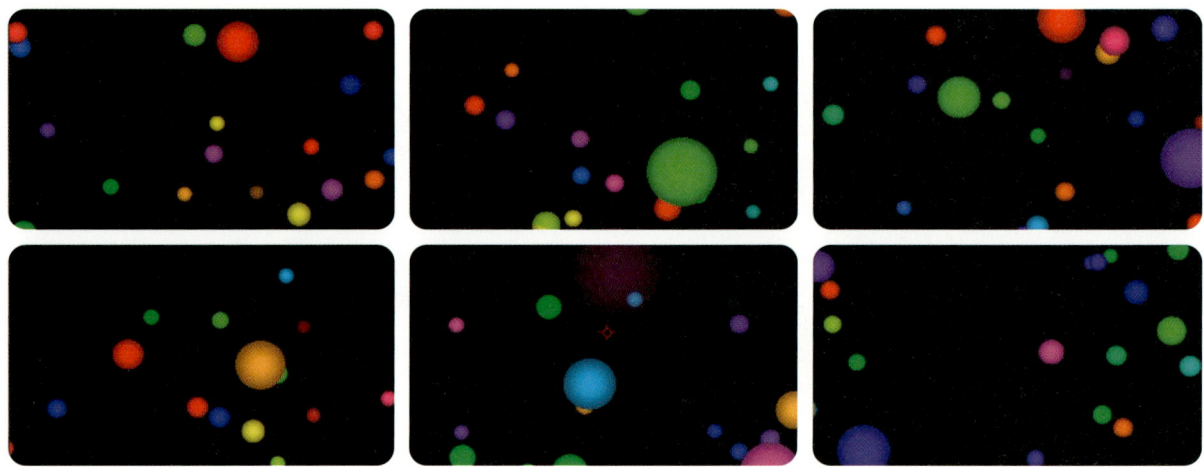

컴포지션 만들기

01 작업 공간을 설정하기 위해 Composition 메뉴의 New Composition을 선택합니다. 참고로 프로젝트 패널의 Create a new Composition 아이콘을 클릭하면 컴포지션 설정 창을 빠르게 활성화시킬 수 있습니다.

02 컴포지션 설정 창이 활성화되면 Compositon Name를 confetti_dot로 입력하고 Basic 탭의 Preset에서 HDTV 1080 29.97을 선택합니다. 애프터이펙트는 작업에 사용되는 시간 단위를 사용자가 직접 설정해야 됩니다. Duration에 1500을 입력하여 15초로 설정하고 OK 버튼을 클릭하여 창을 닫습니다.

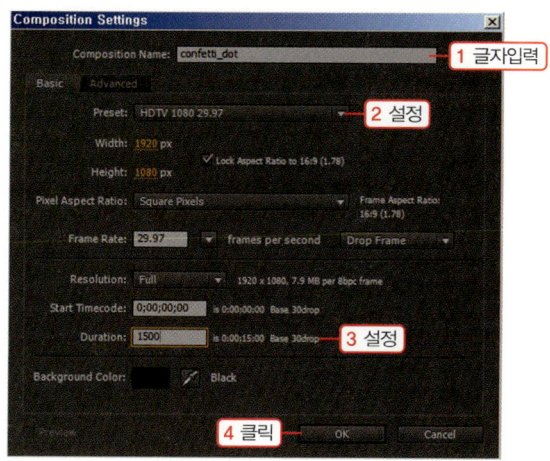

이펙트 활용에 사용되는 솔리드 레이어 만들기

03 애프터이펙트의 이펙트를 활용하기 위해 자주 사용하는 솔리드 레이어는 Layer 메뉴의 New에 있는 Solid를 선택하여 만들게 됩니다. 타임라인 패널의 빈 곳에서 마우스 오른쪽 버튼을 클릭하여 활성화되는 팝업 메뉴를 통해 빠르게 설정할 수 있습니다.

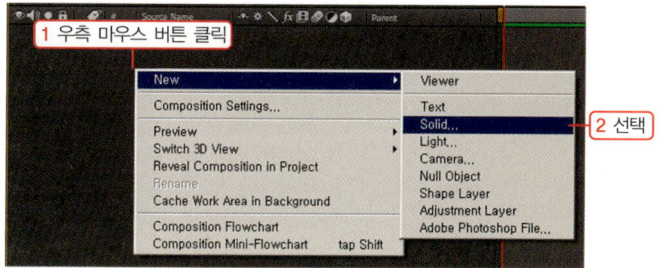

04 Solid Settings 창이 활성화되면 색상 관계없이 Size가 컴포지션 설정과 같은 값으로 설정되어 있는지 확인하고 OK 버튼을 클릭하여 솔리드 레이어를 만듭니다. Make Comp Size 버튼을 클릭하면 컴포지션 설정과 같은 값으로 표시됩니다.

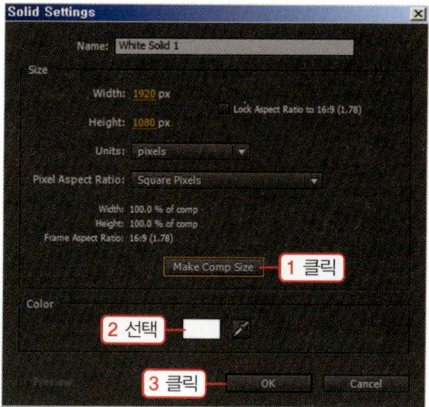

이펙트 적용하기

05 앞서 만든 레이어가 선택된 상태(회색으로 반전되어 표시)에서 Effect 메뉴의 Generate에 있는 Ramp를 적용합니다.

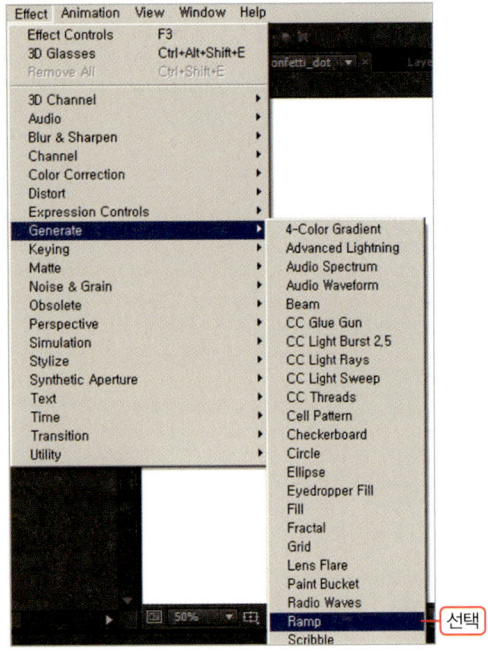

06 Ramp 이펙트가 적용되면 컴포지션 패널의 화면에는 검은색에서 흰색으로 바뀌는 그라데이션이 적용되어 보여지게 됩니다. Ramp 이펙트를 적용하여 배경 색상을 표현하기도 합니다.

07 Effect 메뉴에서 적용할 이펙트를 선택하여 적용할 수 있지만 이번에는 Effects & Presets 패널에서 이펙트를 찾아 적용해 보겠습니다. Effects & Presets 패널에 적용하려는 이펙트의 몇 단어만 검색 창에 입력해도 해당 단어가 들어가 있는 이펙트들이 활성화됩니다. 단, 입력한 단어를 삭제해야 전체 이펙트 카테고리가 활성화됩니다. 검색 창에 Colorama를 입력합니다.

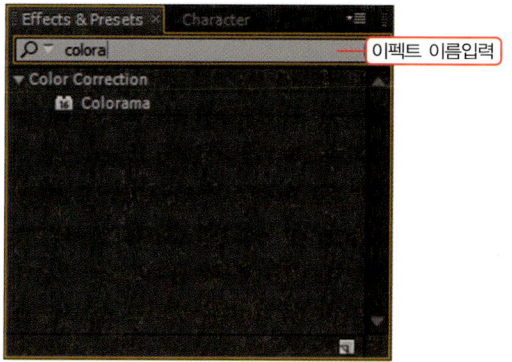

08 앞서 선택한 Color Correction 이펙트를 솔리드 레이어에 드래그 & 드롭 혹은 더블클릭하여 적용합니다. Color Correction 의 Colorama 이펙트가 적용되면 컴포지션 패널의 화면은 컬러풀하게 바뀌게 됩니다.

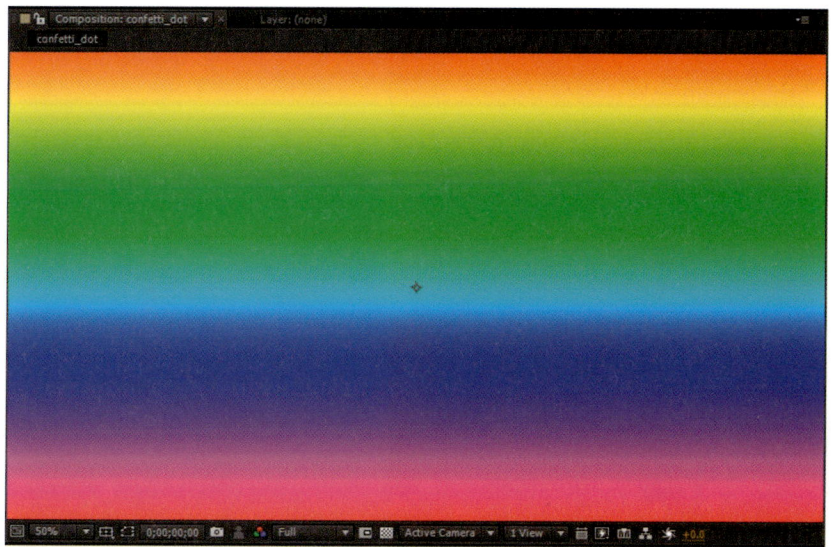

09 계속해서 컬러풀한 도트 무늬로 표현하기 위해 Effect 메뉴의 Simulation에 있는 CC Star Burst 효과를 솔리드 레이어에 적용합니다.

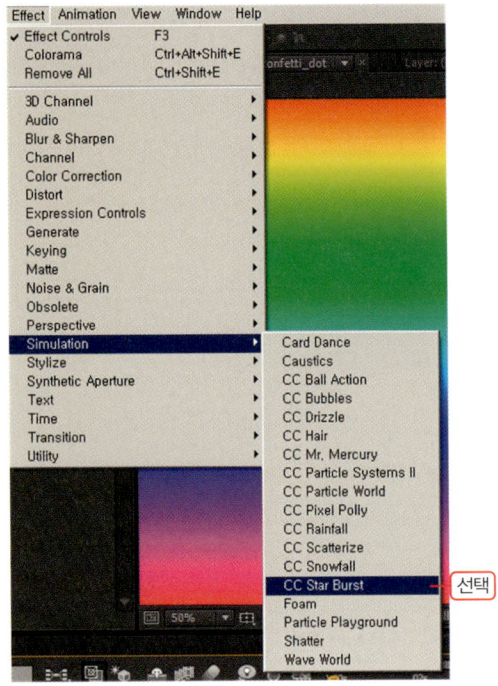

이펙트 컨트롤 패널에서 설정하기

10 적용된 이펙트들이 표시되어 값을 조절할 수 있는 Effect Controls 패널에서 CC Star Burst의 Grid Spacing에 값을 입력하여 도트 무늬의 크기를 조절하면 컬러풀하게 움직이는 도트 무늬 만들기는 완성입니다. Effect Controls 패널이 인터페이스에 표시되지 않을 경우 F3 키로 빠르게 활성화시킬 수 있습니다. Ram Preview로 확인해 보면 애프터이펙트의 기본 이펙트로 표현한 컬러풀한 도트 무늬가 3차원적으로 애니메이션되어 보여지게 됩니다.

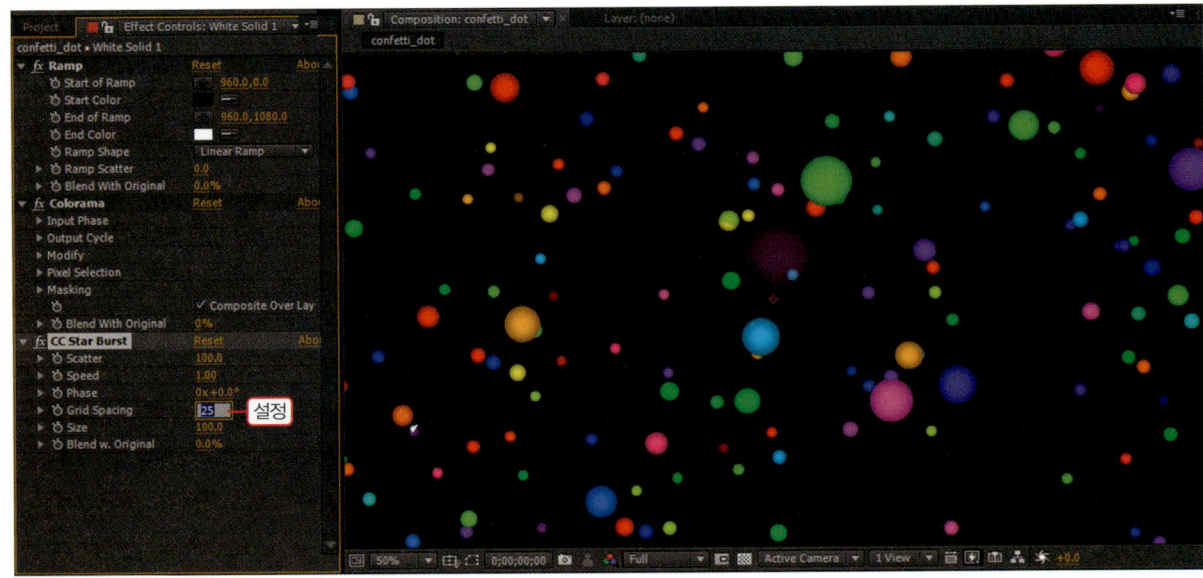

25 애프터이펙트에서 편집할 수 있는 DSLR의 RAW 파일 활용하기

애프터이펙트는 미러리스나 DSLR 등 디지털 카메라로 촬영한 RAW 포멧의 파일을 직접 불러들여 포토샵처럼 Camera RAW로 이미지 편집 작업을 할 수 있습니다.

01 RAW 파일을 Project 패널에 불러들일 수 있도록 File 메뉴에서 Import의 File을 선택합니다. RAW 파일 포멧의 호환성은 활성화된 Import File 창의 파일 형식을 통해 바로 확인할 수 있습니다. RAW 파일을 선택하여 열어줍니다.

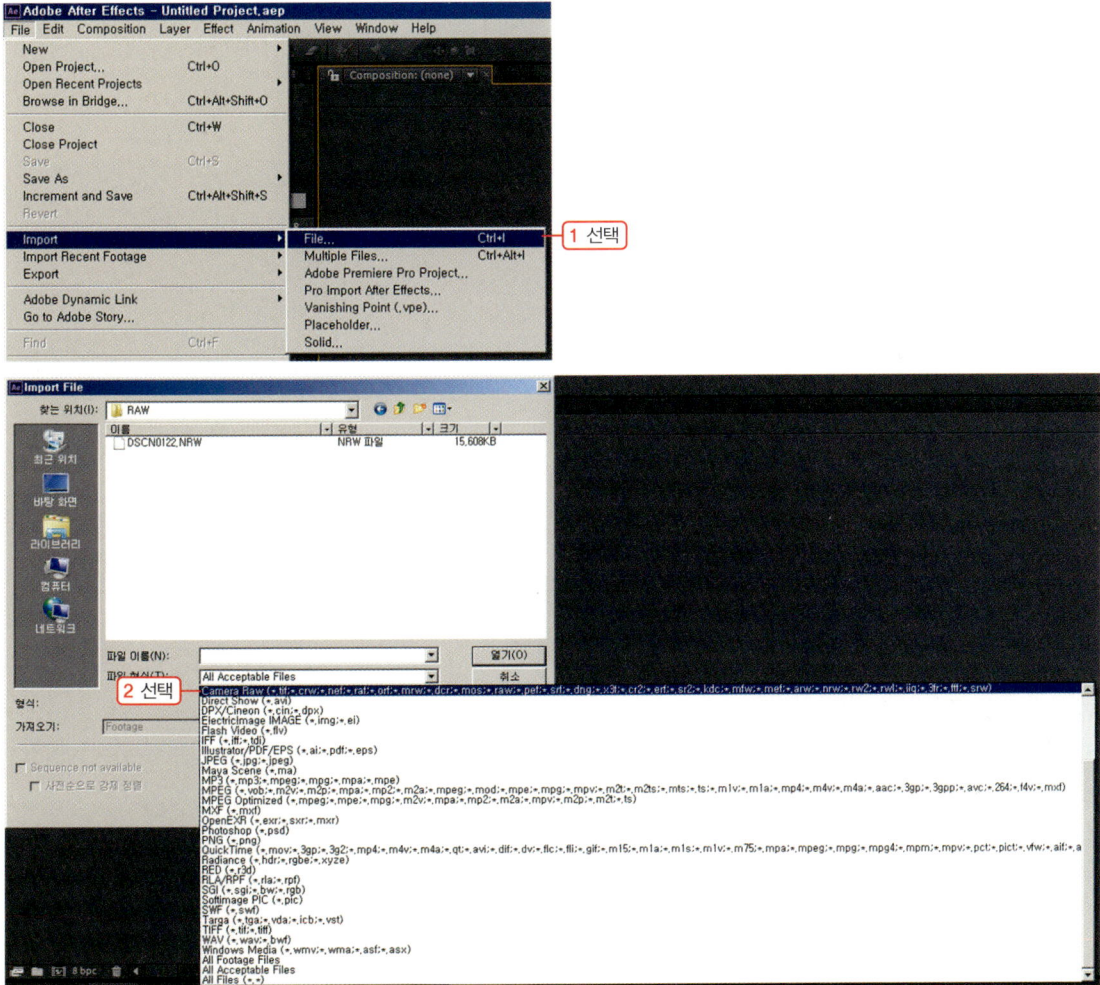

02 RAW 파일을 열면 사진 이미지 편집을 위해 포토샵이나 라이트룸과 똑같이 Camera Raw 창이 활성화되어 값을 조절할 수 있습니다. 노출 등의 값을 조절하고 Camera Raw 창의 OK 버튼을 클릭합니다.

03 Camera Raw 창의 OK 버튼을 클릭하면 애프터이펙트의 프로젝트 패널에 소스 파일로 활용할 수 있게 됩니다. 지금처럼 RAW 파일을 애프터이펙트에 불러들이면 소스 폴더에는 파일명의 Prelude XMP 파일이 생성됩니다.

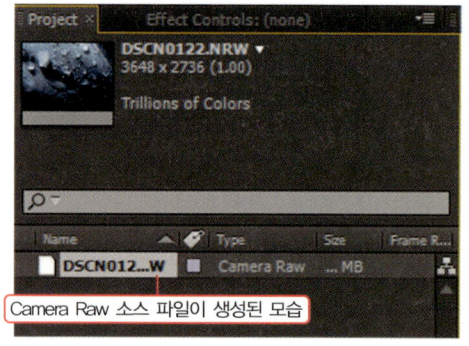
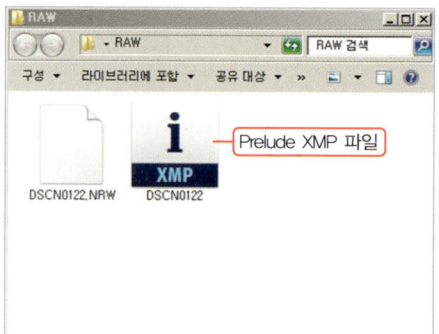

26 미니어처(Miniature) 효과 표현하기

포토샵 CS6에는 디지털 카메라 및 미러리스에 사진 효과로서 표현할 수 있는 Tilt-Shift기능이 추가되었습니다. 미니어처 효과를 표현할 수 있는 Tilt-Shift 기능을 애프터이펙트만으로 표현해보고 영상편집 프로그램인 프리미어 프로로 만드는 방법도 알아보도록 하겠습니다.

미니어처 효과 표현하기의 결과물

포토샵 CS6의 새로운 필터 Tilt-Shift 사용하기

01 포토샵 CS6 버전에는 Filter 메뉴의 Blur에 미니어처 효과를 표현하기 위해 사용되는 Tilt-Sh ift 필터가 새롭게 추가되었습니다. Tilt-Shift 필터를 적용합니다.

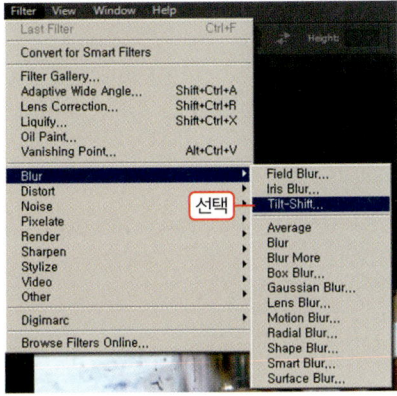

02 Tilt-Shift 필터를 적용하면 이전 버전까지 기타 기능에 의존하여 표현했던 것을 가운데 표시된 포인트를 이동하거나 회전시켜 쉽게 표현할 수 있게 되었습니다.

Tilt-Shift 필터가 적용된 모습

03 Blur Tools의 Tilt-Shift에 있는 Blur 값으로 적용되는 정도를 조절할 수 있게 되었습니다.

설정

애프터이펙트로 표현하는 Tilt-Shift

04 애프터이펙트에는 포토샵처럼 Tilt-Shift 필터 같은 이펙트가 존재하지 않지만 기능만으로 충분히 Tilt-Shift를 표현하여 미니어처 효과를 버전 관계없이 표현할 수 있습니다. 애프터이펙트를 실행하고 Composition 메뉴의 New Composition을 선택하여 miniatures로 컴포지션을 설정합니다.

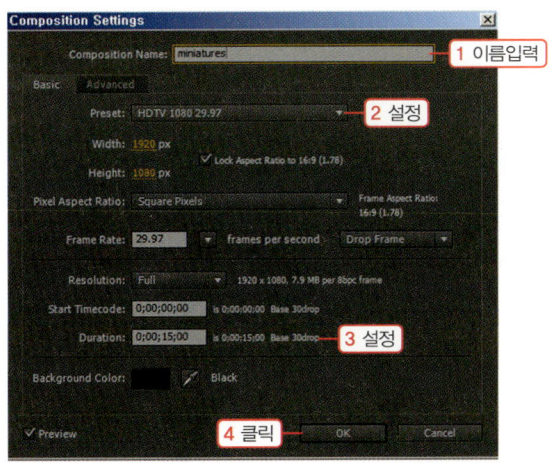

05 Layer 메뉴의 New에 있는 Solid를 선택합니다. Solid Settings 창이 활성화되면 Name에 이름(Filter)을 입력하고 Color의 컬러박스를 클릭하여 색상을 검정색으로 설정합니다. 컴포지션 사이즈와 같은 크기로 만들려면 Solid Settings 창에서 Make Comp Size 버튼을 클릭하면 됩니다.

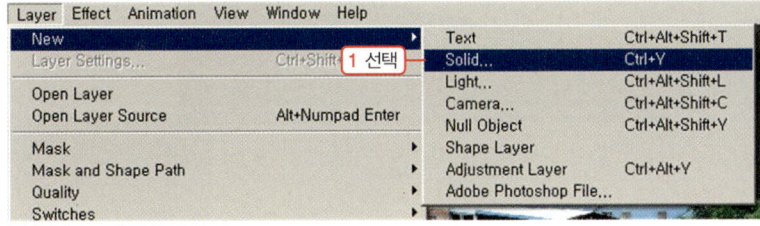

06 다시 한번 Layer 메뉴의 New에 있는 Solid를 선택하여 Filter 2로 이름을 입력하고 색상을 흰색으로 설정하여 Solid 레이어를 만듭니다.

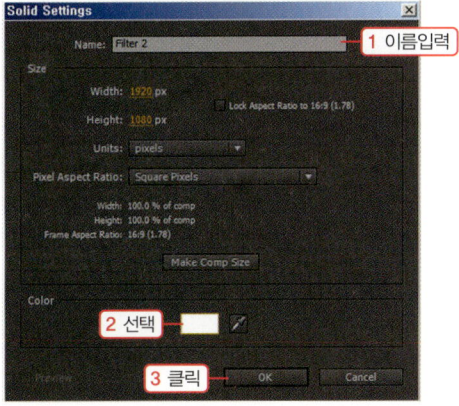

07 툴 바에서 원형 마스크 툴(Ellipse Tool)을 더블클릭하여 흰색의 솔리드 레이어 Filter 2에 원형 마스크를 만듭니다. 툴 바에서 마스크 툴을 더블클릭하면 컴포지션 사이즈와 동일하게 마스크가 만들어지게 됩니다.

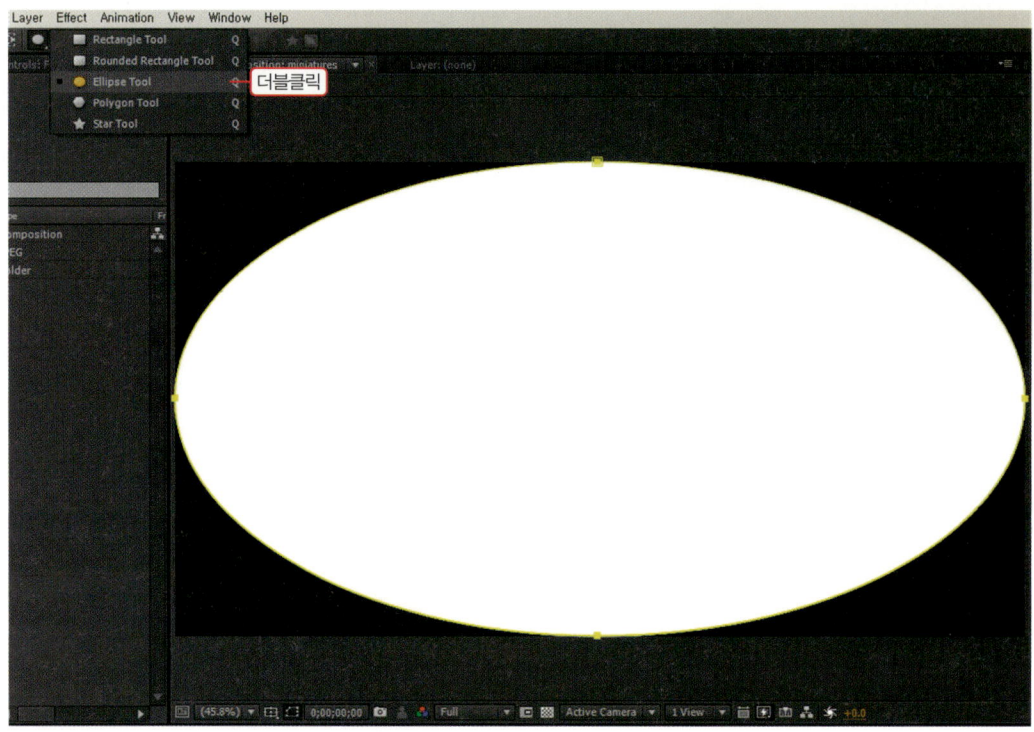

08 선택 툴로 바꾸고 원형 마스크의 포인트나 라인에 마우스 커서를 가져가면 화살표가 아닌 검은색 화살촉으로 바뀌어 표시될 것입니다.

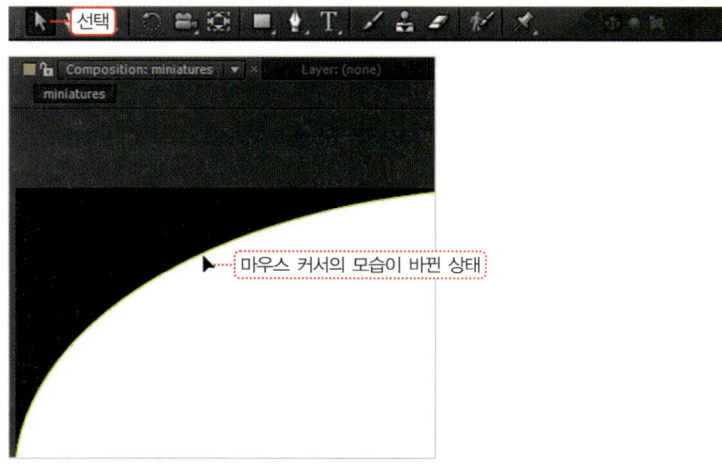

09 화살촉으로 표시될 때 마우스를 더블클릭하여 마스크가 흰색의 사각박스로 표시되도록 만듭니다.

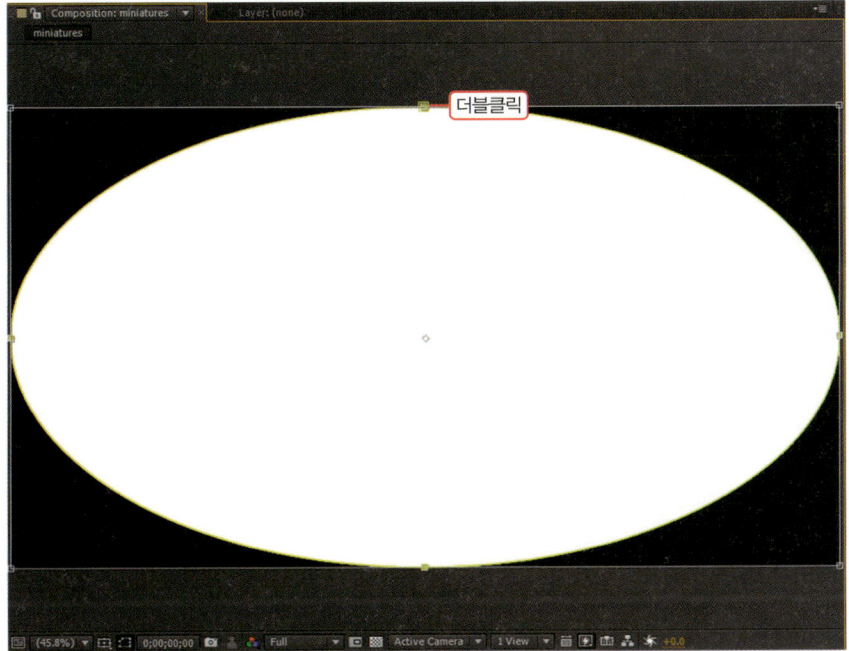

10 미니어처 효과로 보여지게 될 부분을 흰색 사각 박스의 위, 아래를 조절하여 3분의 2지점에 위치하도록 만들어 놓고 Enter 키를 누릅니다.

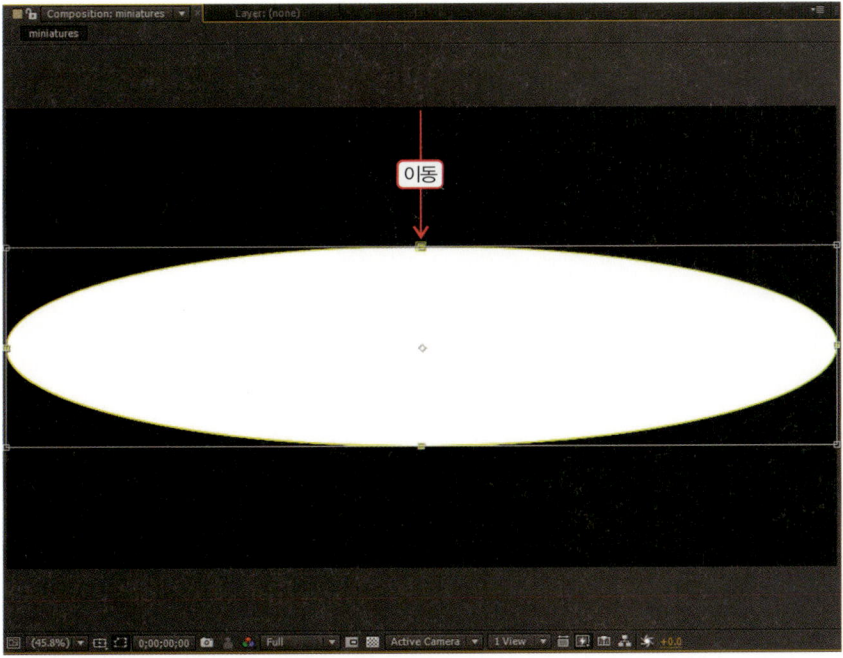

11 파노라마 효과에서 보여지게 될 부분으로 만든 흰색의 Filter 2 레이어가 선택되어 있는 상태에서 키보드 M 키를 두 번 눌러 마스크 속성을 활성화시킵니다.

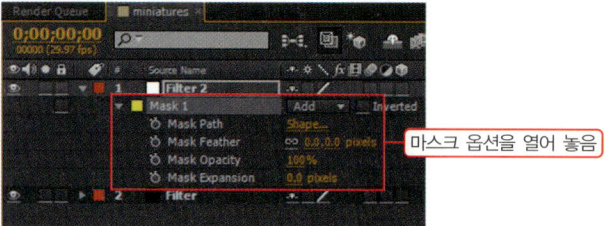

마스크 옵션을 열어 놓음

12 Mask Feather(경계 부분의 부드러움)와 Mask Expansion(마스크 영역의 확대 / 축소) 값을 조절하여 그림과 같이 만들어 놓습니다.

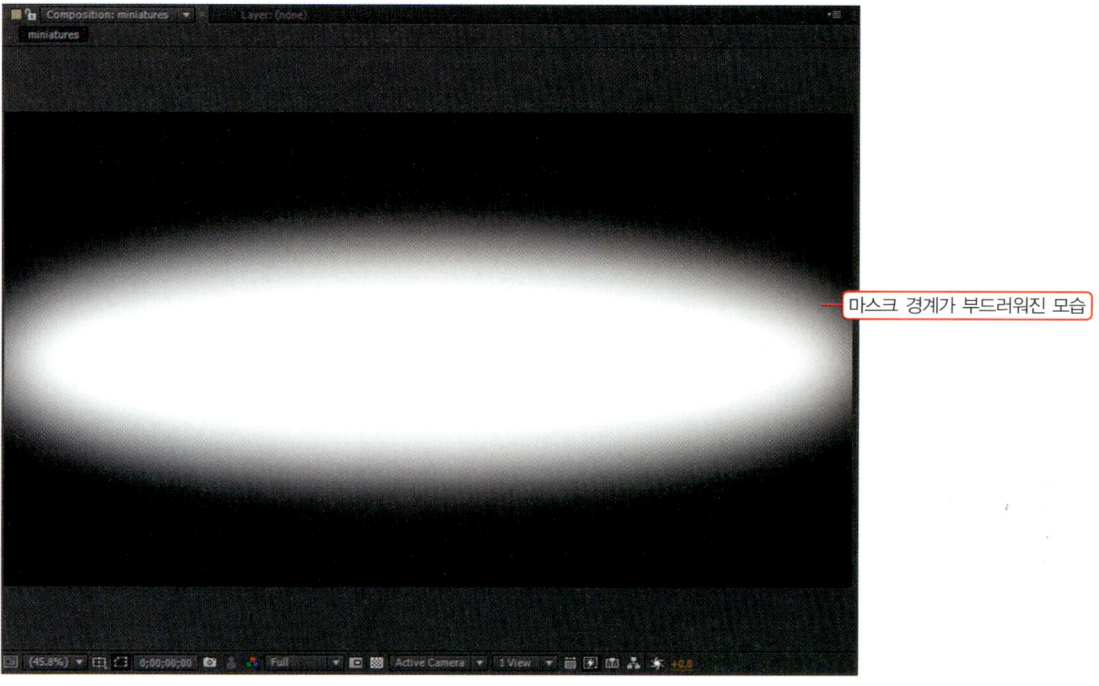

마스크 경계가 부드러워진 모습

13 이제 다른 컴포지션을 만들어서 작업을 하기 위해 Composition 메뉴의 New Composition을 선택하여 새로운 컴포지션 (miniatures_final)을 만듭니다.

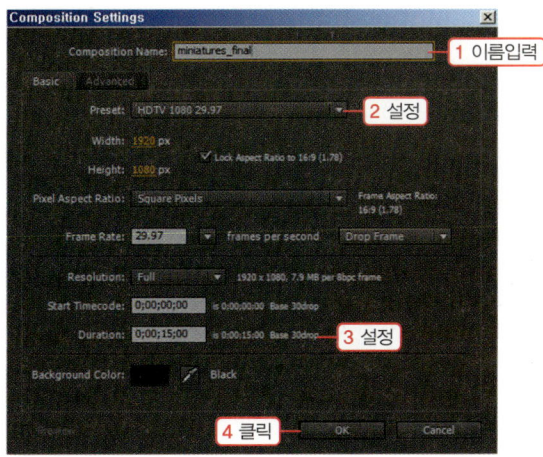

14 프로젝트 패널의 빈 곳을 더블클릭하여 Import File 창이 활성화되면 미니어처 효과로 표현하려는 소스 파일을 불러들이고 앞서 만든 miniatures 컴포지션 파일과 함께 타임라인 패널에 가져다 놓습니다.

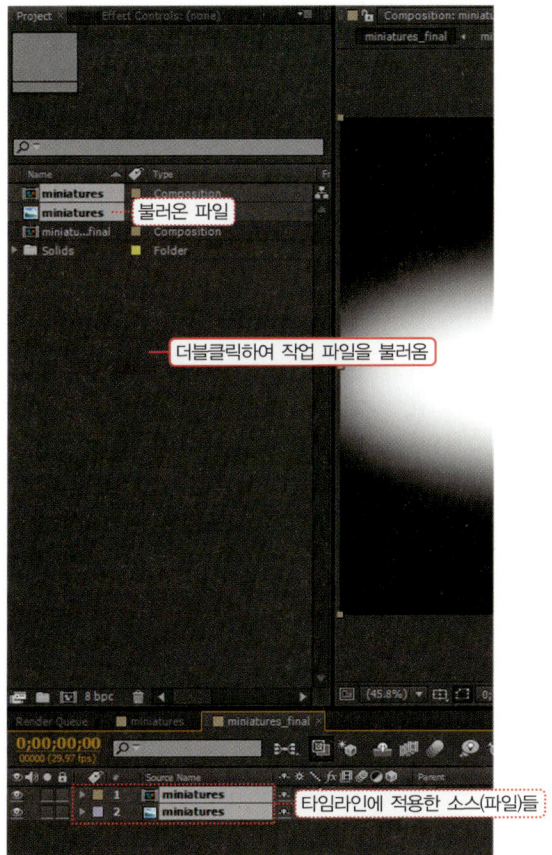

미니어처(Miniature) 효과 표현하기　223

15 타임라인 패널에 가져다 놓은 소스 파일 miniatures 레이어에는 Effect 메뉴의 Blur & Sharpen에 있는 Gaussian Blur 이펙트를 적용합니다. Gaussina Blur 이펙트가 적용되어 Effect Controls 패널이 활성화되면 Blurriness 값을 15로 설정합니다. 이펙트 컨트롤 패널이 활성화되지 않으면 F3 키를 누르면 됩니다.

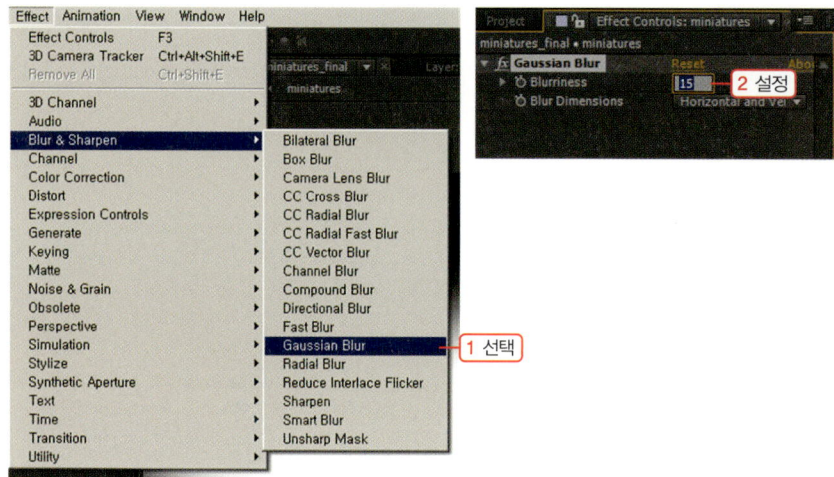

16 프로젝트 패널에서 원본 소스(miniatures)파일을 드래그 & 드롭하여 miniatures 컴포지션 파일과 Gaussian Blur 이펙트가 적용된 레이어 사이에 가져다 놓습니다. 이 파일은 트랙매트 소스로 사용되어 위쪽 레이어와 합성하는데 이용됩니다.

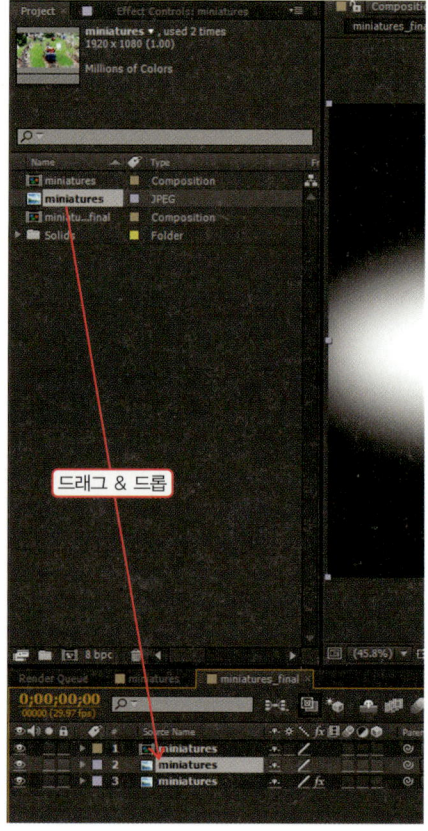

17 프로젝트 패널에서 가져다 놓은 원본 파일의 트랙매트를 Luma Matte "miniatures"로 설정하면 애프터이펙트로 표현하는 미니어처(디오라마) 만들기는 완성입니다.

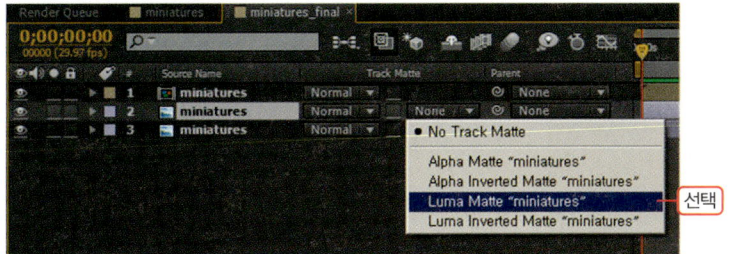

18 F4 키를 누르면 스위치 모드를 Track Matte로 빠르게 전환할 수 있습니다.

프리미어 프로로 표현하는 미니어처 효과

19 어도비의 영상 편집 프로그램인 프리미어 프로도 버전과 관계없이 기능만으로 미니어처 효과를 표현할 수 있습니다. 프리미어 프로를 실행하고 New Project를 클릭합니다.

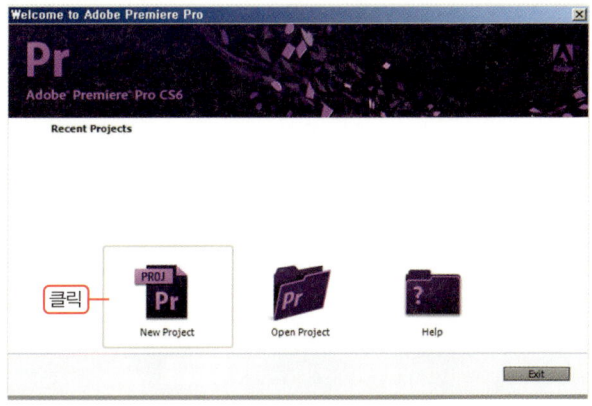

20 New Projects 창이 활성화되면 Browse… 버튼을 클릭하여 프로젝트가 저장될 위치를 지정하고 Name 부분에 프로젝트명을 입력한 다음 OK 버튼을 클릭합니다.

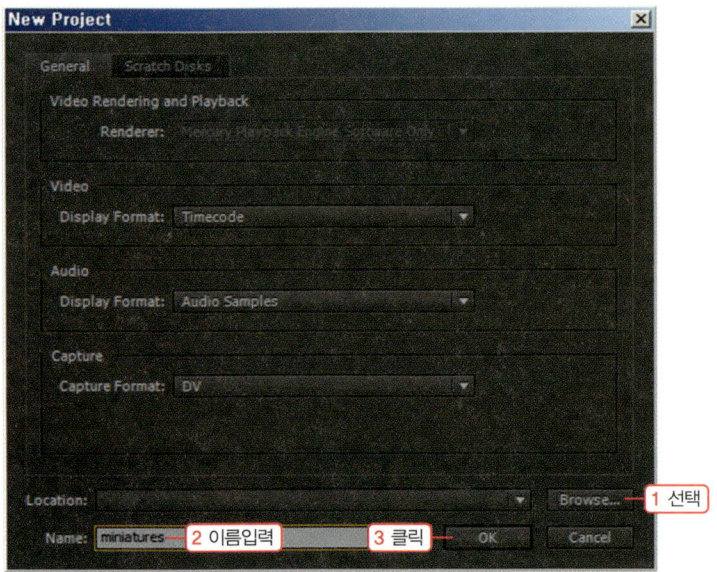

21 New Sequence 창이 활성화되면 Available Presets에서 포맷을 선택하고 Sequence Name에 이름을 입력한 다음 OK 버튼을 클릭하여 시퀀스 설정을 마칩니다.

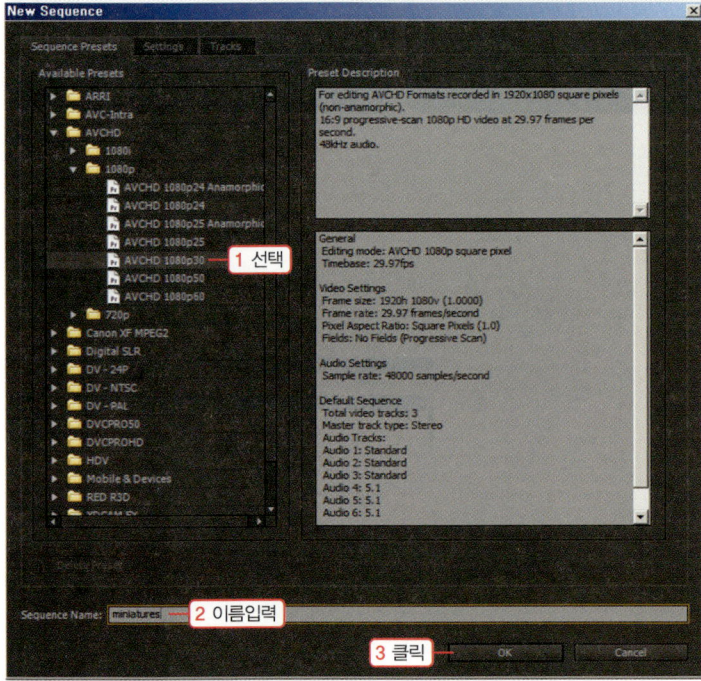

22 프리미어 프로 CS6의 경우 이전 버전과 작업환경이 다르게 표시되어도 Window 메뉴의 Workspace에서 Editing(CS5.5)를 선택하면 지금까지 사용하던 작업환경으로 바꾸어 표시할 수 있습니다.

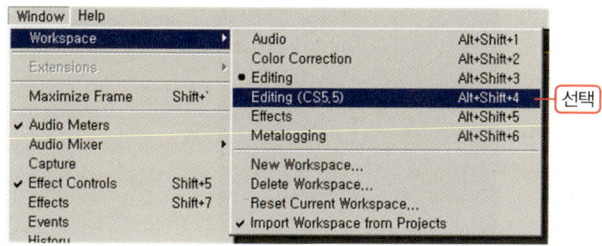

23 프로젝트 패널의 빈 곳을 더블클릭하여 활성화되는 Import 창으로 소스 파일을 불러들입니다.

24 프로젝트 패널에 불러들인 소스 파일을 드래그하여 타임라인 패널의 Video 1 트랙에 가져다 놓습니다.

미니어처(Miniature) 효과 표현하기 227

25 Video 1 트랙에 가져다 놓은 클립에 Effects 패널 Video Effects 폴더의 Blur & Sharpen 폴더에 있는 Gaussian Blur를 드래그 하여 적용시킵니다.

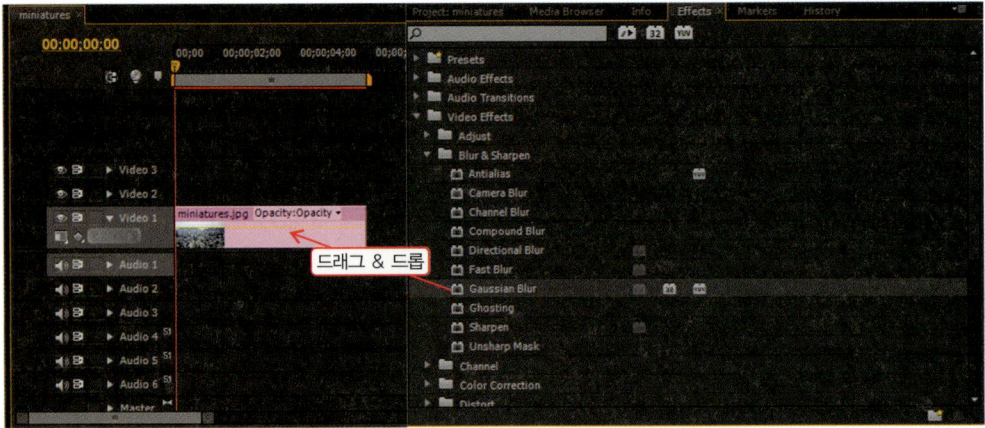

26 Effect Controls 패널에서 Gaussian Blur의 Bluriness 값을 15로 설정합니다.

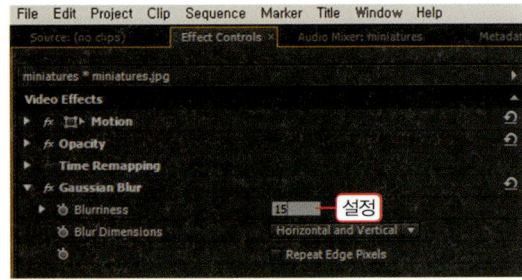

27 다시 프로젝트 패널에서 원본 소스 파일을 드래그하여 타임라인 패널의 Video 2 트랙에 가져다 놓습니다.

28 Title 메뉴의 New Title에 있는 Default Still…을 선택합니다.

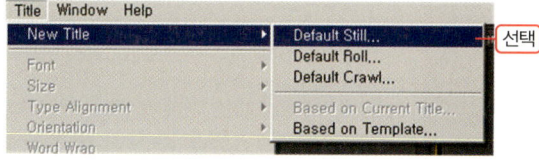

29 New Title 창이 활성화되면 Name(Filter)을 입력하고 OK 버튼을 클릭합니다. 프로젝트 패널에 New Title 창에서 입력한 이름으로 파일이 만들어져 있을 것입니다.

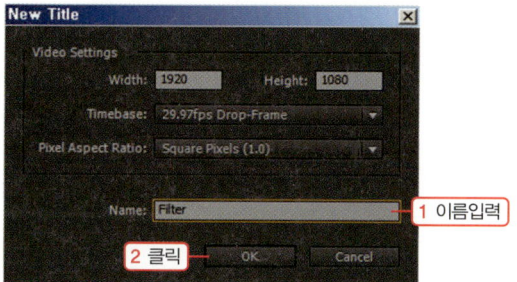

30 Title 창이 활성화되면 좌측 아래에 위치해 있는 Rectangle Tool을 선택하고 화면의 크기에 맞추어 드래그합니다. 검정색으로 채우기 위해 Title Properties에서 Fill 부분의 Color에서 컬러박스를 클릭하여 색상을 검정색으로 설정합니다.

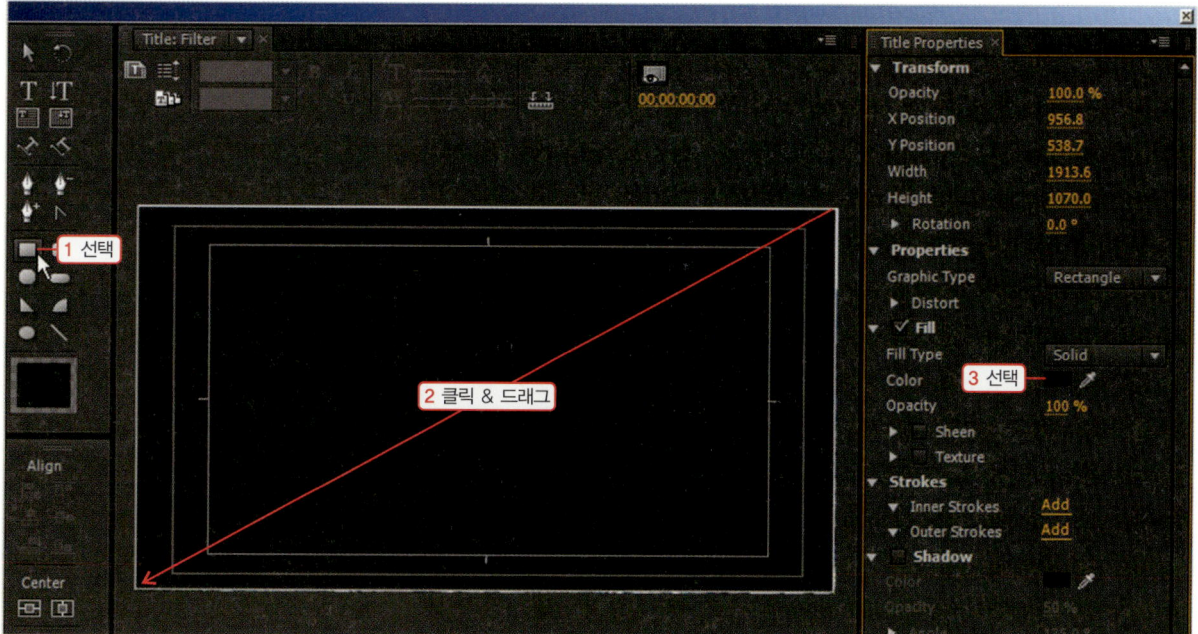

3·1 선택 툴로 바꾼 다음 빈 곳을 클릭하여 검정색 사각 박스의 선택을 해제시키고 좌측 아래에서 Ellipse Tool을 선택합니다. 화면의 3분의 2가 되는 부분을 드래그하면 앞서 검정색으로 Fill 색상이 지정되어 보이지 않을 것입니다. Title Properties의 Fill에서 Color를 클릭하여 색상을 흰색으로 설정한 다음 Title 창을 닫습니다.

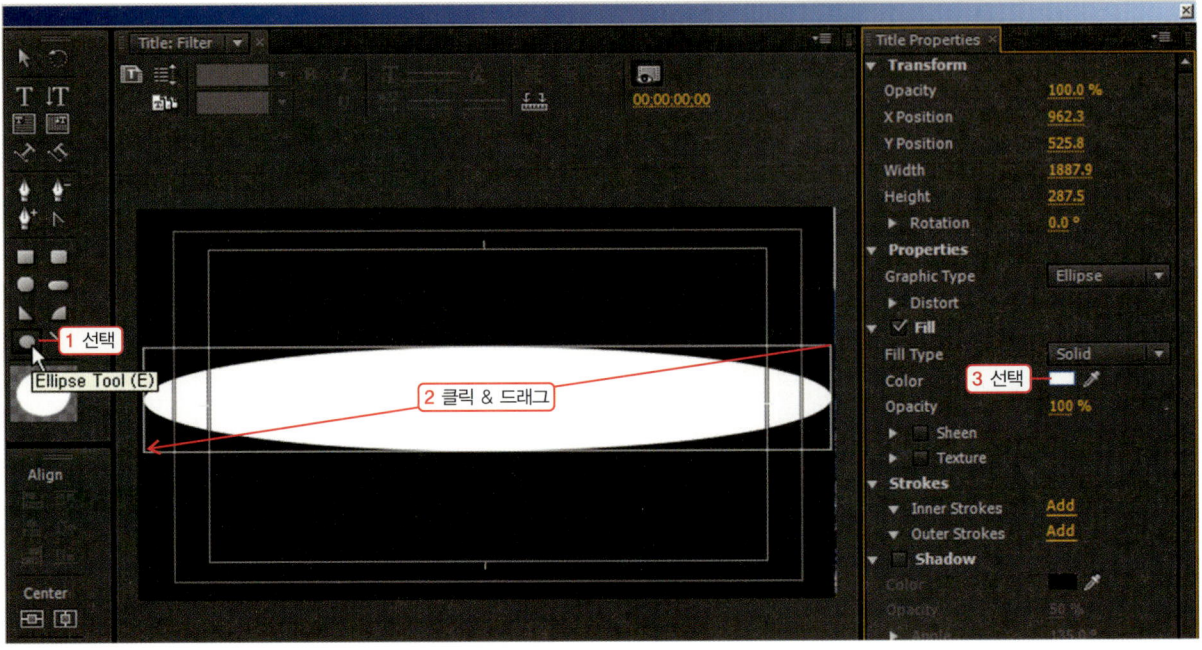

3·2 Title 창을 닫으면 프로젝트 패널에는 처음 타이틀을 만들었을 때와 다르게 Title로 작업한 결과가 반영된 것을 알 수 있습니다. 이제 프로젝트 패널의 Filter 파일을 타임라인 패널로 드래그하여 Video 3 트랙에 가져다 놓습니다.

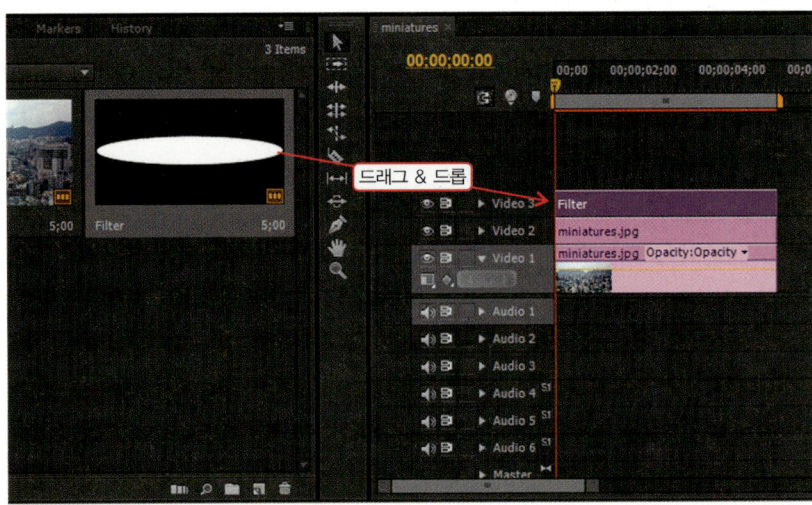

33 Video 3트랙의 비디오 클립에 Effect의 Video Effect 폴더 Blur & Sharpen에 있는 Gaussian Blur을 적용시키고 Effect Controls 패널에서 Blurriness 값을 설정합니다. 여기에서는 105로 설정하였습니다. Blurriness 값을 높여 테두리 부분에 발생하게 되는 여백은 Motions 항목에 있는 Scale 값을 조절하여 수정하면 됩니다.

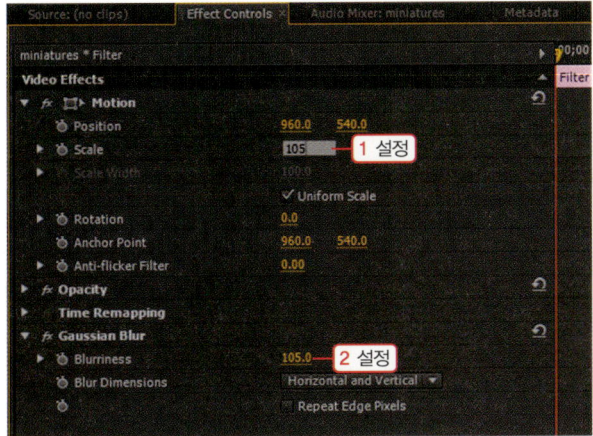

34 타임라인 패널에서 Video 2 트랙의 클립을 선택하고 Effect에서 Video Effect 폴더의 Keying에 있는 Track Matte Key를 적용시킵니다.

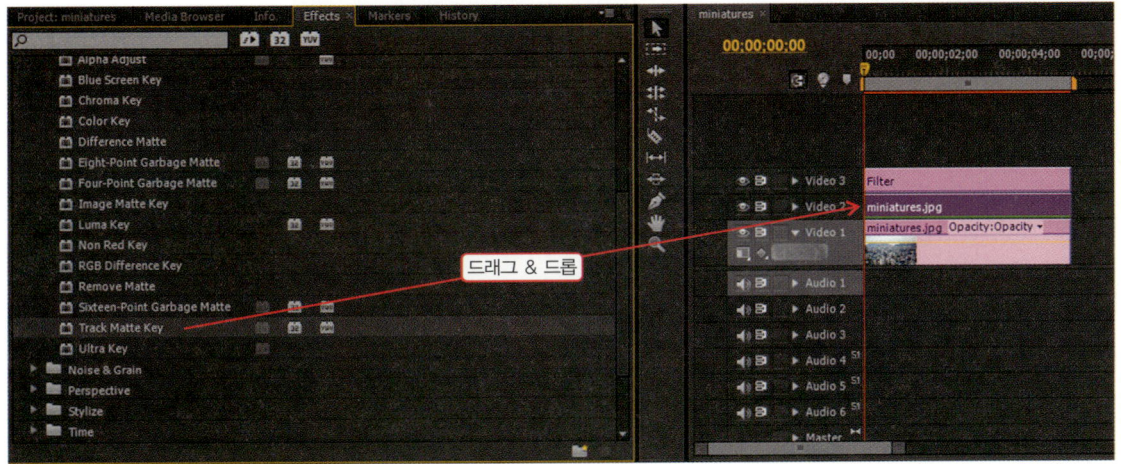

35 Effect Controls 패널에서 Track Matte Key의 Matte를 Vidoe 3 트랙으로 선택하고 Composite Using 항목을 Matte Luma로 설정하면 프리미어 프로로 표현하는 미니어처 효과는 완성입니다.

미니어처(Miniature) 효과 표현하기 **231**

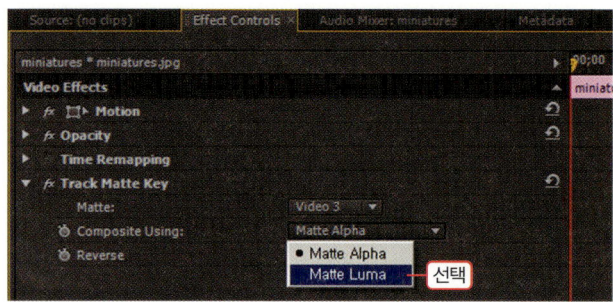

3 6 프리미어 프로의 기능만으로 표현한 Tilt-Shift 영역이 어색한 경우 Title로 만든 비디오 클립(Filter)을 더블클릭하면 다시 Title 창이 활성화되어 수정할 수 있으며 창을 닫으면 바로 적용되어 표시됩니다.

27 합성을 위한 Keylight 테크닉

블루 스크린이나 그린 스크린을 배경으로 촬영하고 다른 배경과 합성할 때 CS3 버전부터 기본 이펙트로 사용할 수 있게 되어 가장 많이 사용하고 있는 Keylight에 대한 알아보도록 하겠습니다.

> 합성을 위한 Keylight 테크닉의 결과물

> 합성을 위한 기본 이펙트 Keylight 적용

01 Compositon 메뉴의 New Composition을 선택하여 새로운 컴포지션(keylight)를 설정합니다.

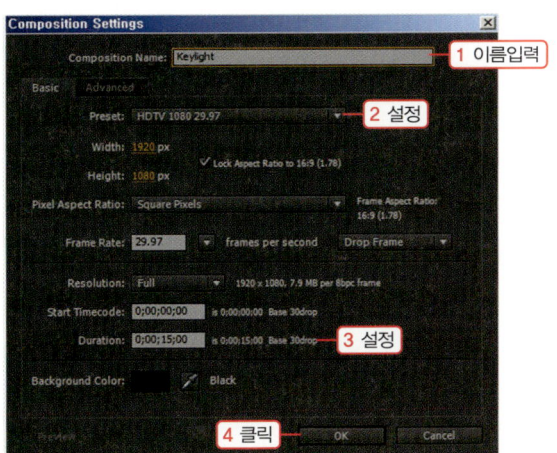

02 File 메뉴의 Import에서 File을 선택하거나 프로젝트 패널의 빈 곳을 더블클릭하여 활성화되는 Import File 창으로 블루나 그린 스크린을 배경으로 촬영한 소스 파일과 배경으로 합성할 파일을 불러들입니다. Import File 창에서 복수의 파일을 선택하여 불러들일 수 있지만 사용할 파일들을 폴더로 정리해 놓으면 하단의 폴더 가져오기로 프로젝트 패널에 폴더를 만들지 않고 불러들일 수 있습니다.

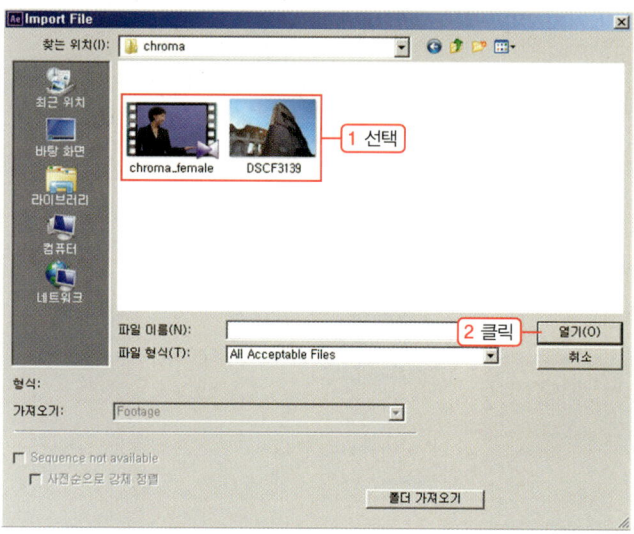

03 프로젝트 패널에 불러들인 파일을 드래그하여 타임라인 패널에 Keylight 이펙트를 적용할 레이어(chroma_female)가 위에 위치하도록 가져다 놓습니다.

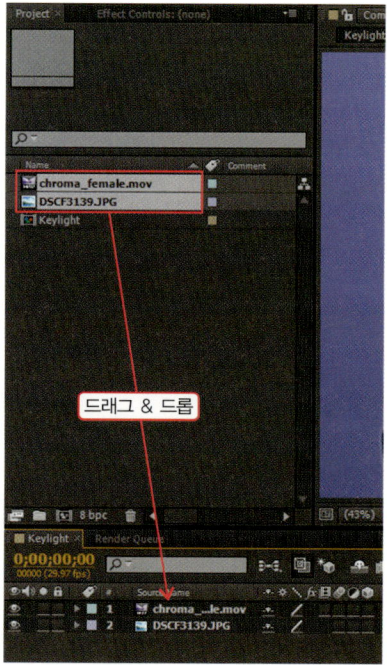

마스크 기능으로 합성할 부분 선택하기

04 Keylight 이펙트를 적용하기 전에 마스크 기능을 사용하면 주변의 불필요한 배경이나 조명이 어색하게 비추어진 부분을 제외하고 합성할 수 있습니다. 툴 바에서 사각 마스크나 펜 툴을 선택하고 합성에 사용할 레이어의 움직이는 범위를 고려하여 패스를 만듭니다. 마스크가 만들어지면 마스크로 선택한 부분 이외에는 하위 레이어의 이미지가 보여지게 됩니다.

Keylight 기본 사용 방법

05 Effect 메뉴의 Keying에 있는 Keylight(1.2)를 크로마키로 촬영한 위쪽 chroma_female 레이어에 적용시킵니다.

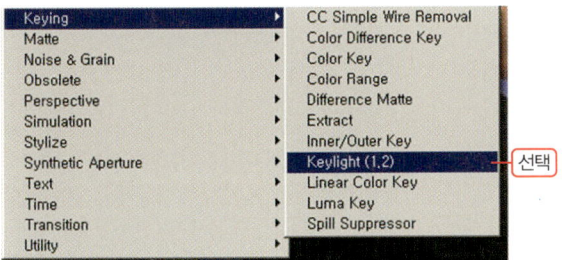

06 Keylight 이펙트가 적용되면 Effect Controls 패널에 이펙트명이 표시될 것입니다. 이펙트 컨트롤 패널이 활성화되지 않으면 F3 키를 누르면 됩니다.

07 Effect Controls 패널의 Keylight에서 Screen Colour에 있는 스포이트 툴을 선택한 다음 컴포지션 패널의 블루 스크린 화면에서 제거하려는 색상을 클릭합니다.

08 스포이트 툴로 선택한 색상이 제거되고 배경 레이어와 합성되어 보여지게 됩니다.

블루 스크린 키가 빠져 아래쪽 영상(레이어)과 합성된 모습

09 컴포지션 패널의 화면에 크로마 레이어만 표시되도록 타임라인 패널에서 Solo 아이콘을 클릭합니다. Solo 아이콘이 표시되면 다른 레이어들은 비활성화되어 컴포지션 패널의 화면에 보여지지 않게 됩니다.

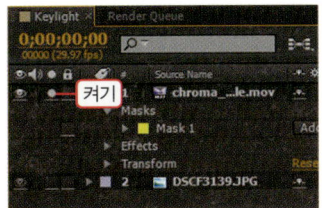

켜기

10 이펙트 컨트롤 패널의 Keylight에 있는 View의 Final Result를 클릭하여 컴포지션 패널의 화면이 흰색과 검은색의 매트로 표시되도록 Screen Matte를 선택합니다. Screen Matte로 전환하면 Keylight가 적용된 상태를 매트로 확인해 볼 수 있습니다. 확인 후 View 표시를 다시 Final Result를 선택하면 Keylight로 색상을 제거한 영상이 보여지게 됩니다.

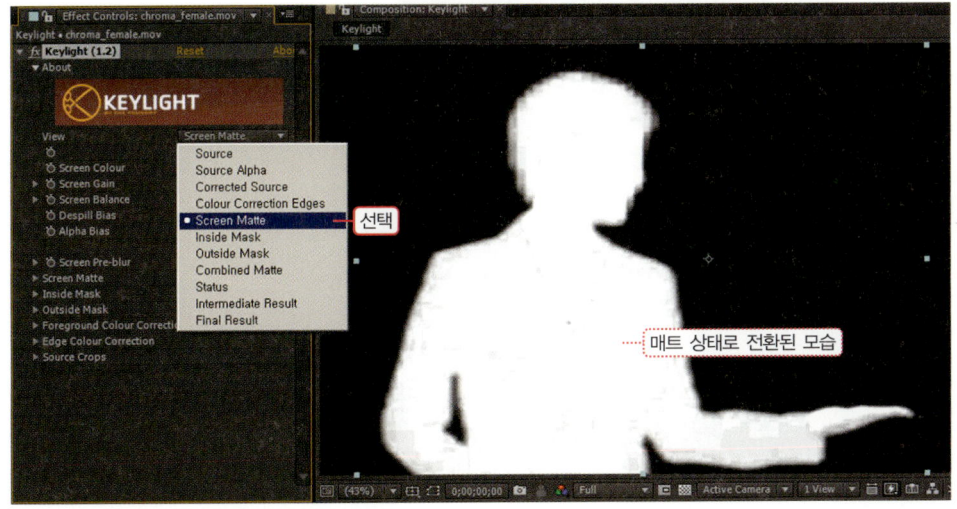

선택

매트 상태로 전환된 모습

합성을 위한 Keylight 테크닉

11 Keylight를 적용하여 합성 작업을 진행할 때 크로마 영상이 배경과 잘 합성이 되었는지 여러 번 매트와 영상을 번갈아 가며 확인해 보게 됩니다. Keylight의 View 모드 대신 작업의 효율성을 높이는 방법으로 컴포지션 패널의 Show Channel을 활용하는 방법이 있습니다. Show Channel 버튼은 컴포지션 패널 전체에 대한 채널을 표시하기 때문에 Keylight 이펙트가 적용된 레이어의 Solo 아이콘이 표시되어 있는지 확인하고 Show Channel에서 Alpha를 선택합니다.

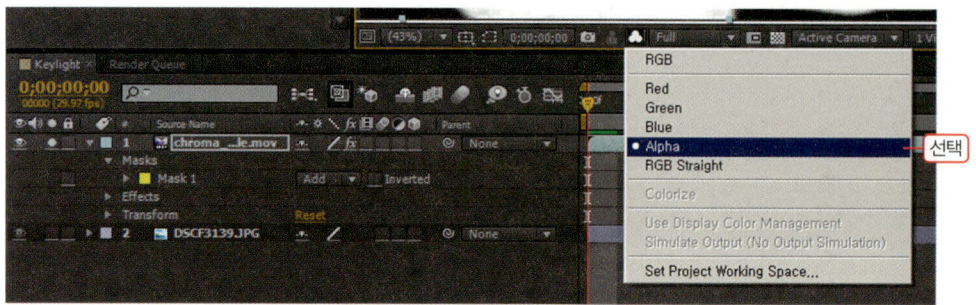

12 Show Channel에서 Alpha를 선택하면 컴포지션 패널의 화면에는 흰색의 테두리가 표시되지만 Keylight의 View에서 Screen Matte와 동일하게 보여지게 됩니다. Alt + 4 키로 컴포지션 패널의 화면을 RGB에서 Alpha 매트의 상태로 빠르게 전환할 수 있습니다. 컴포지션 패널의 화면을 원래되로 되돌리려면 Show Channel을 RGB로 표시하고 크로마 레이어의 Solo 아이콘을 해제하면 됩니다.

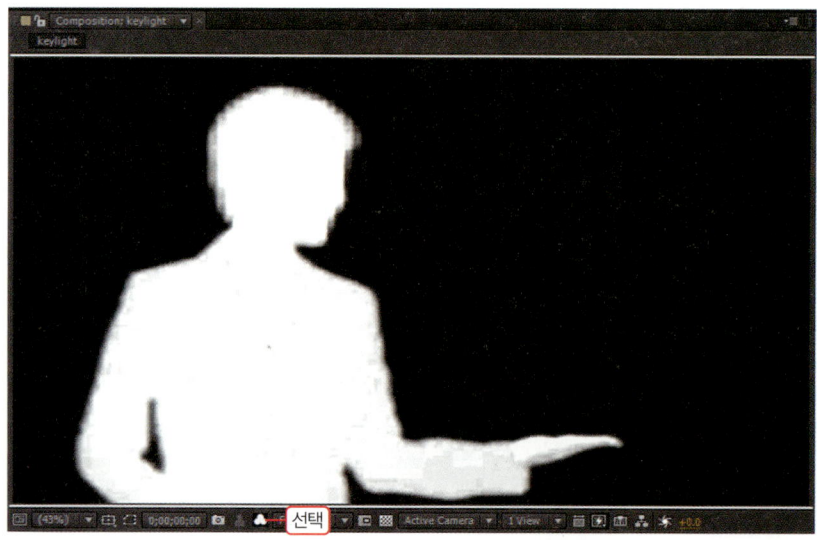

Keylight의 응용

13 이펙트 컨트롤 패널에서 Keylight(1.2)의 View(Final Result 상태) 아래에 있는 Screen Gain과 Screen Balance의 값에 마우스 커서를 가져가 좌우로 드래그하여 값을 조절하면 스포이트 툴로 제거되지 않고 지글지글하게 보여지는 부분이 나타나지 않도록 할 수 있습니다. 값을 너무 높게 설정하면 피사체가 함께 제거될 수 있기 때문에 시행착오를 거쳐 값을 설정하도록 합니다.

14 Screen Colour의 스포이트 툴로 크로마키 색상이 깔끔하게 제거되어 보이더라도 Screen Matte로 View를 전환해 보면 제거되지 않은 부분을 쉽게 확인해 볼 수 있으며 이는 Screen Matte의 하위 디렉토리에 존재하는 속성들로 처리할 수 있습니다.

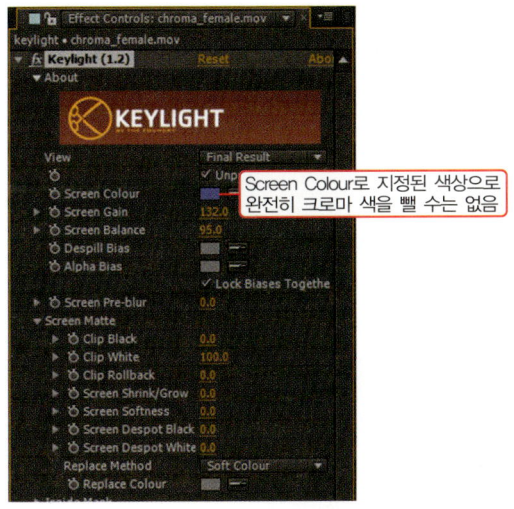

15 매트에서 합성할 피사체는 흰색, 배경 부분은 검은색으로 표시되어 보여지게 됩니다. Screen Matte의 Clip Black은 검은색 영역을 깔끔하게 검은색으로 표시되도록 처리하는 기능이며 반대로 Clip White는 크로마키 합성으로 보여지게 될 부분으로서 값을 조절하여 흰색으로 표시된 피사체에서 검은색 입자를 제거할 수 있습니다.

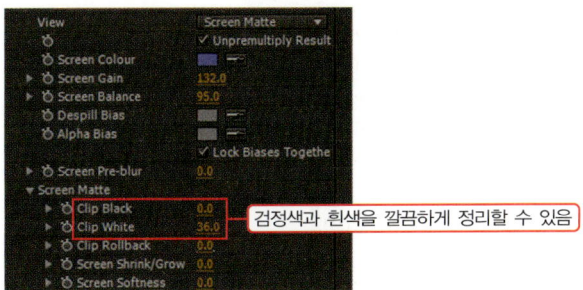

16 앞서 살펴본 이펙트 컨트롤 창에서 Clip White의 값을 낮추어 피사체 안에 검은 부분이 보여지지 않도록 조절하고 Keylight의 View를 Final Result로 전환하여 흰색과 검정색의 대비를 완벽하게 해 줍니다.

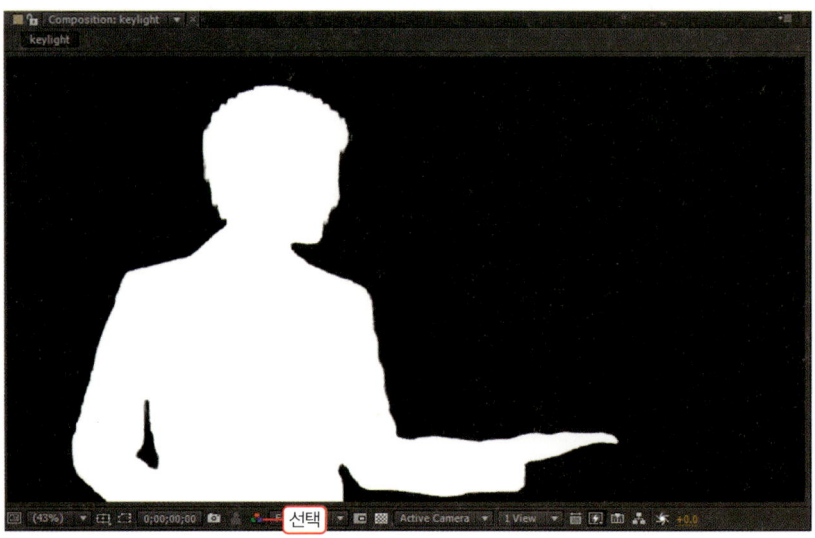

17 Screen Shrink / Grow로 매트의 크기를 확대 / 축소하는 기능으로 마이너스 값을 입력할 수 있습니다. Screen Softness는 테두리를 부드럽게 처리하여 합성할 수 있습니다.

18 Keylight 이펙트를 적용하여 합성할 때 Replace Method를 Source로 설정하면 조명에 의해 의상에서 반사되는 성분이 표시되지 않도록 설정할 수 있습니다.

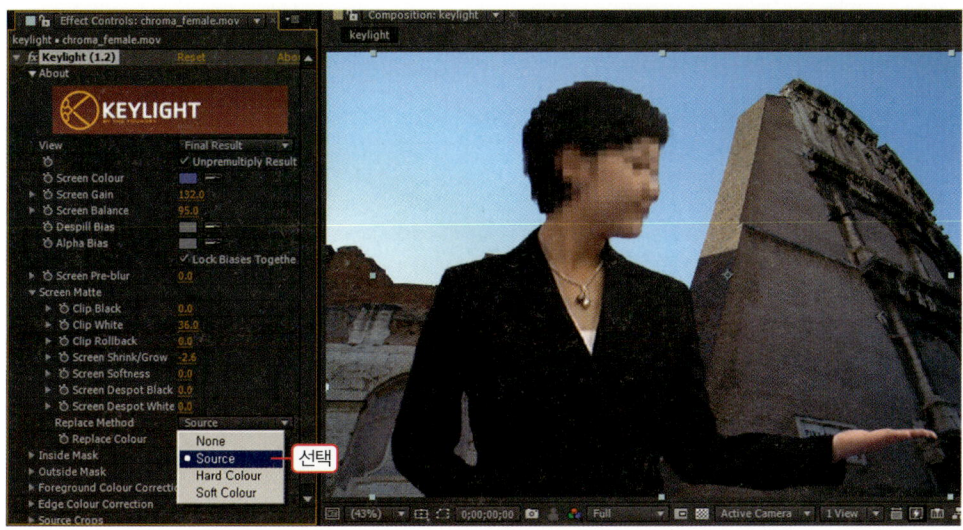

19 Keylight 이펙트에서 자주 사용되는 속성들의 값을 조절한 레이어는 Transform 속성 값으로 위치 및 크기 등을 조절하여 완성하면 됩니다.

28 집중선 효과를 만드는 다양한 방법

제품이나 인물이 돋보이도록 방송 및 애니메이션에서 자주 사용되는 집중선 효과를 애프터이펙트의 기본 이펙트로 만들고 프리셋으로 저장하는 방법에 대해 알아보도록 하겠습니다.

집중선 효과를 만드는 다양한 방법의 결과물

Shape 레이어를 이용한 집중선 효과

01 Compositon 메뉴의 New Composition을 선택하고 새로운 컴포지션(rising sun)를 설정합니다.

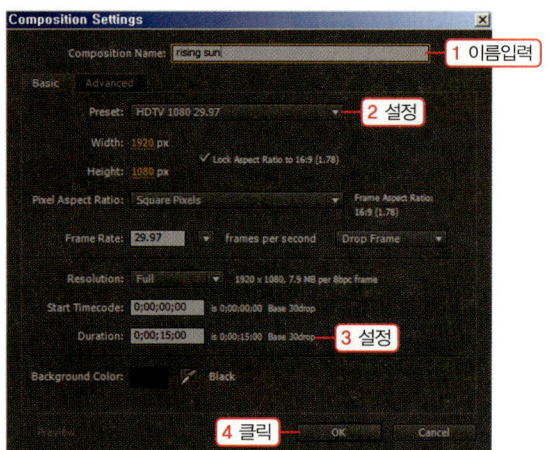

02 Layer 메뉴의 New에 있는 Shape Layer를 선택합니다. 타임라인 패널에는 Shape Layer 1이 만들어지게 됩니다.

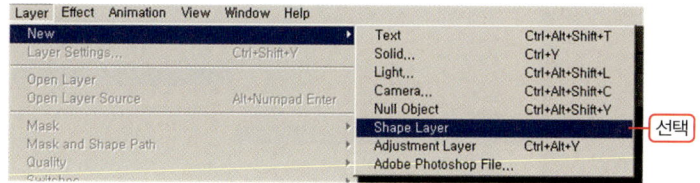

03 툴 바에서 Star Tool을 선택하고 Fill과 Stroke의 색상을 설정해 놓습니다.

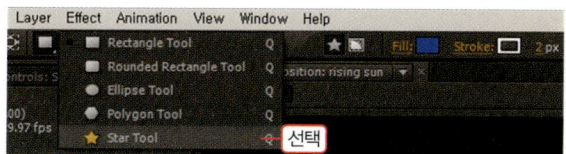

04 컴포지션 패널의 화면 가운데에서 Shift 키를 누른 상태에서 드래그하여 별 모양의 Shape 레이어를 만듭니다. Star Tool을 드래그하면 타임라인 패널의 Shape Layer 1에는 Polystar 1이 활성화되며 ▶ 표시를 클릭하여 하위 속성들을 나타냅니다.

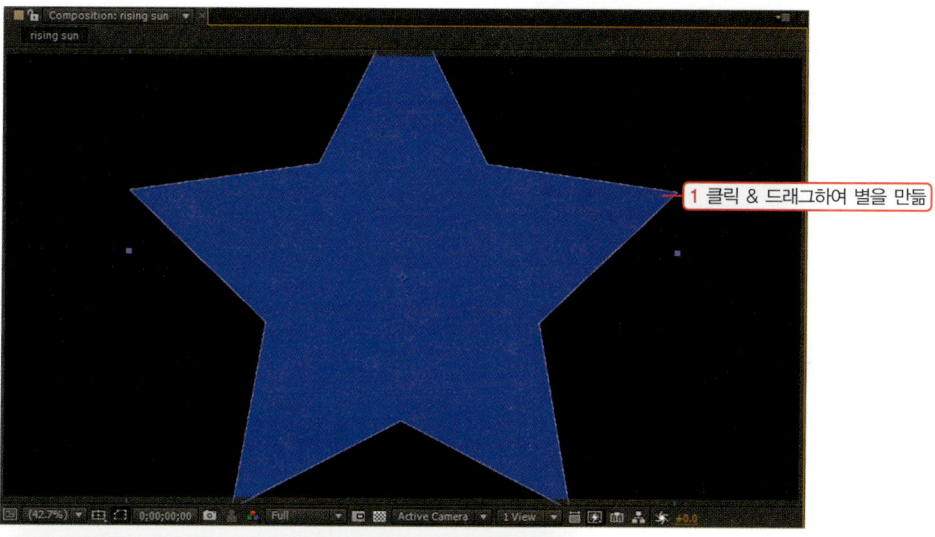

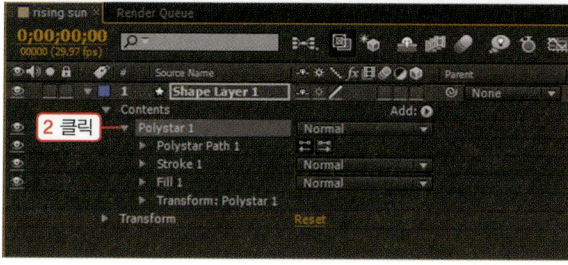

05 Polystar Path 1의 하위 속성에서 Points의 값을 30으로 설정(1920x1080사이즈 기준)합니다.

06 Inner Radius의 값을 100, Outer Radius의 값을 1500으로 설정합니다.

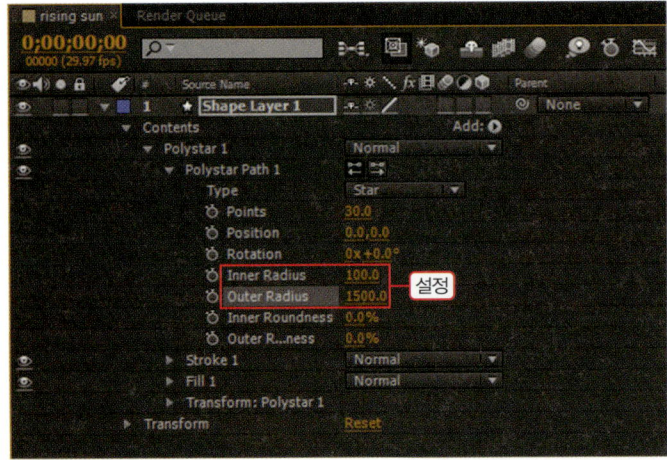

07 애프터이펙트 CS3 버전부터 도입된 Shape Layer의 기능만으로 표현할 수 있는 집중선 효과의 마지막 단계로 Outer Roundness의 값을 120%로 설정합니다. 여기서 Outer Roundness의 값을 높게 설정하면 간격이 좁아지게 됩니다.

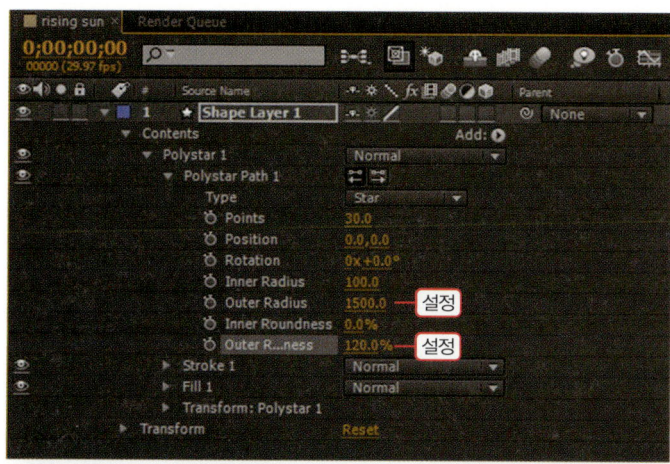

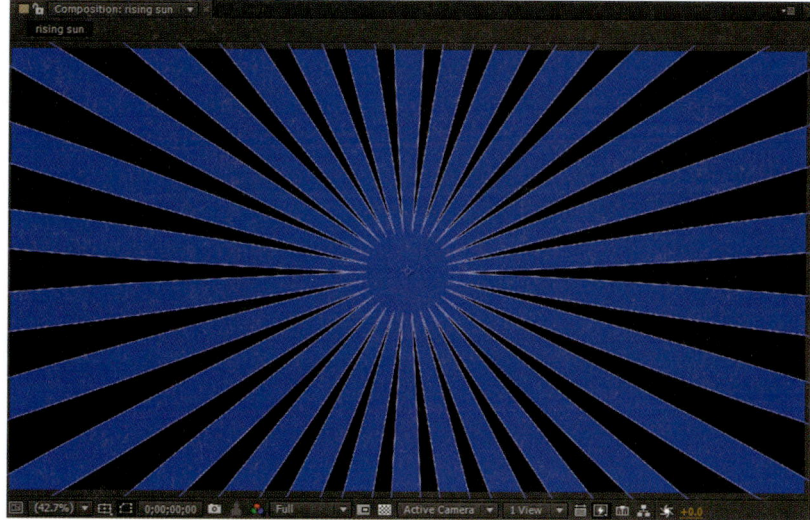

08 Composition 메뉴의 Save Frame As에 있는 Photoshop Layers로 앞서 만든 집중선 효과를 포토샵의 PSD 파일로 저장하여 포토샵에서 사용할 수 있습니다. 다른 이름으로 저장하는 창이 활성화되면 파일 이름을 입력(컴포지션 설정에 입력한 이름이 기본으로 표시)하고 저장합니다.

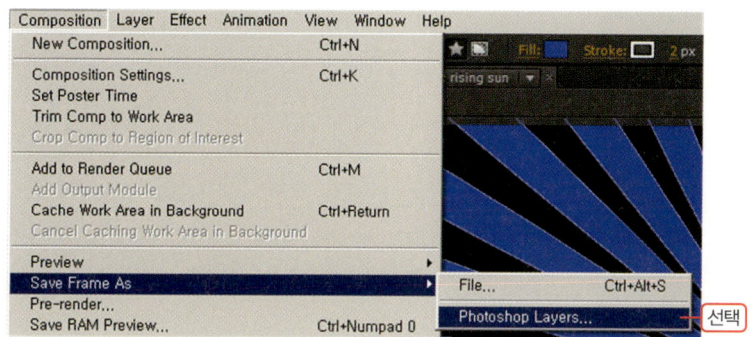

집중선 효과를 만드는 다양한 방법 **245**

09 사용자가 지정한 경로에 저장한 PSD 파일을 열어보면 포토샵을 사용하지 않고 애프터이펙트 CS3 버전부터 추가 된 Shaper Layer의 Star Tool로 쉽고 빠르게 만들어 활용할 수 있게 되었습니다. 애프터이펙트에서 프레임을 포토샵의 PSD 파일로 저장하는 기능과 함께 잘 활용해 보시기 바랍니다.

10 집중선 효과로 만든 색상을 바꾸려면 애프터이펙트의 Shape Layer의 Polystar 1에 있는 Fill 1에서 Color의 컬러박스로 색상을 바꾸면 됩니다.

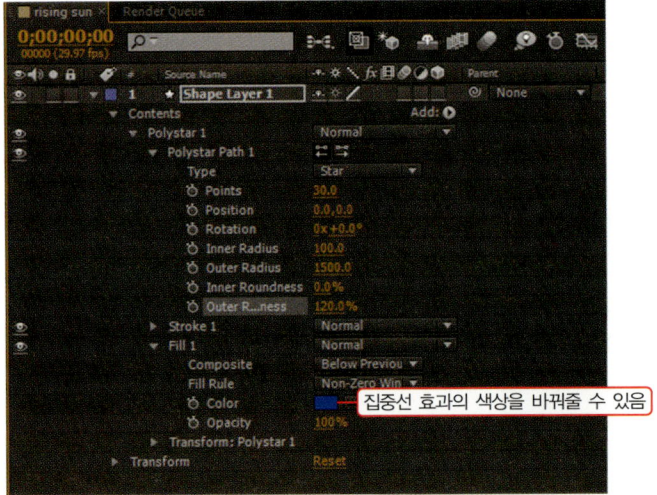

246 예제로 배워보는 Ae

애프터이펙트의 기본 이펙트로 표현하기

1 1 이번에는 애프터이펙트의 이펙트를 사용하여 자연스럽게 표현하는 방법에 대해 알아보도록 하겠습니다. 집중선 효과로 표현하려는 소스 파일을 프로젝트 패널의 빈 곳을 더블클릭하여 불러들입니다. 프로젝트 패널에 불러들인 소스 파일과 동일한 사이즈로 컴포지션을 설정하려면 파일을 드래그하여 프로젝트 패널 하단의 Create a new Composition 아이콘으로 드래그하면 됩니다.

1 2 소스 파일과 동일한 이름으로 컴포지션이 설정되면서 컴포지션 패널과 타임라인 패널이 활성화되게 됩니다.

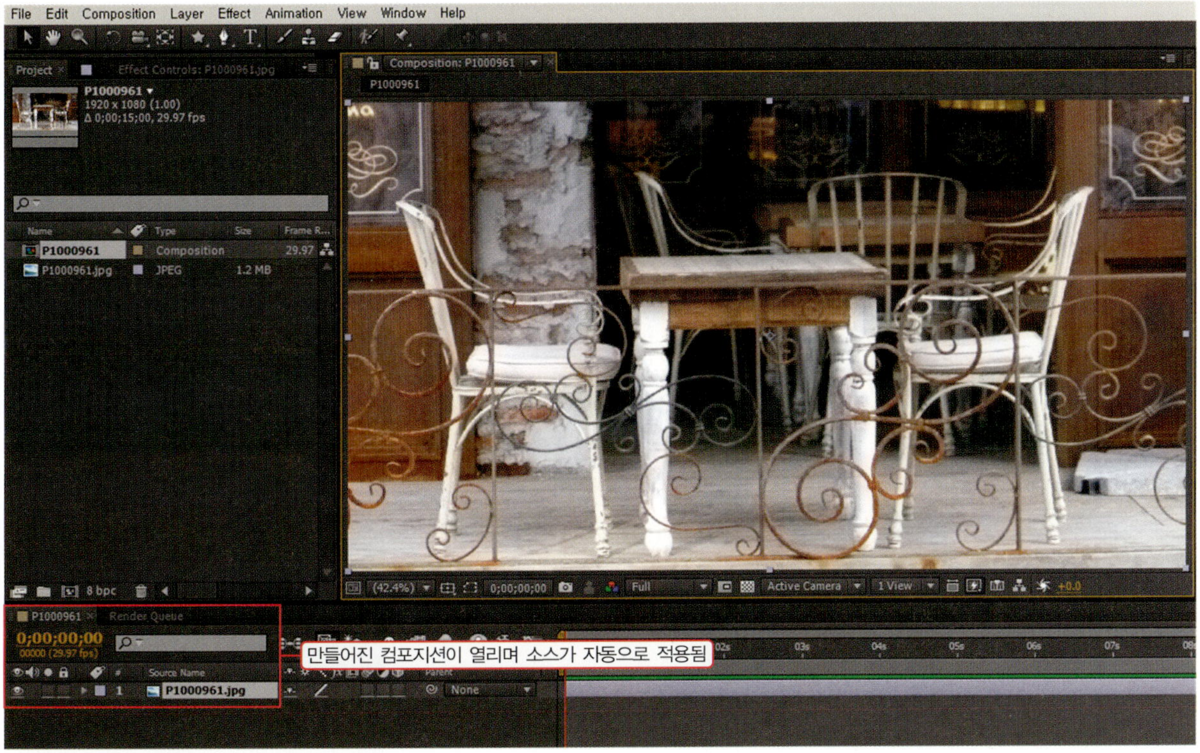

집중선 효과를 만드는 다양한 방법

13 Layer 메뉴의 New에서 Solid를 클릭하여 색상 관계없이 컴포지션으로 설정한 사이즈(1920x1080)의 두 배(3840x2160)로 만들어 놓습니다. Make Comp Size 버튼을 클릭하면 컴포지션에서 설정한 사이즈를 표시할 수 있습니다.

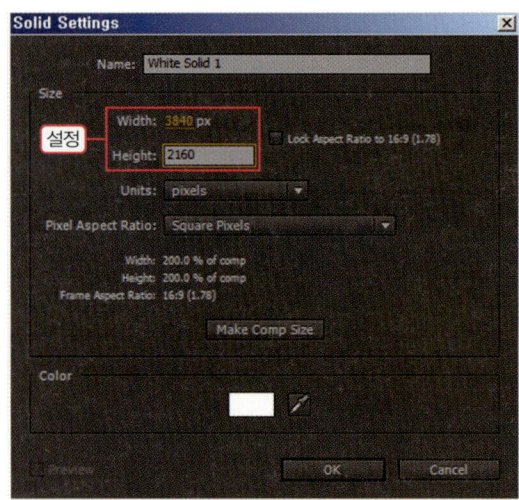

14 Effect 메뉴의 Generate에 있는 Ramp 이펙트를 방금 만든 Solid 레이어에 적용합니다.

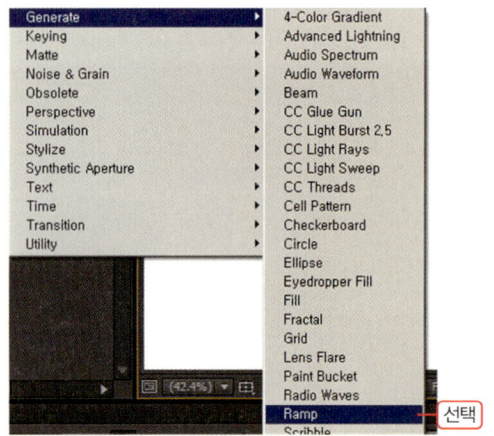

15 Effects Controls 패널(F3)이 활성화되면 Start Color의 컬러는 흰색, End Color를 검은색으로 컬러박스를 클릭하여 설정해 놓습니다.

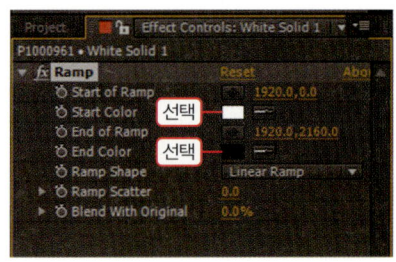

16 이펙트 컨트롤 창에서 Ramp 이펙트가 선택(회색 반전 표시)된 상태에서 Start Color(1920.0, 528.0)와 End Color(1920.0, 1608.0)의 포인트를 X 축의 값이 변경이 되지 않도록 Shift 키를 누르고 이동시켜 놓습니다.

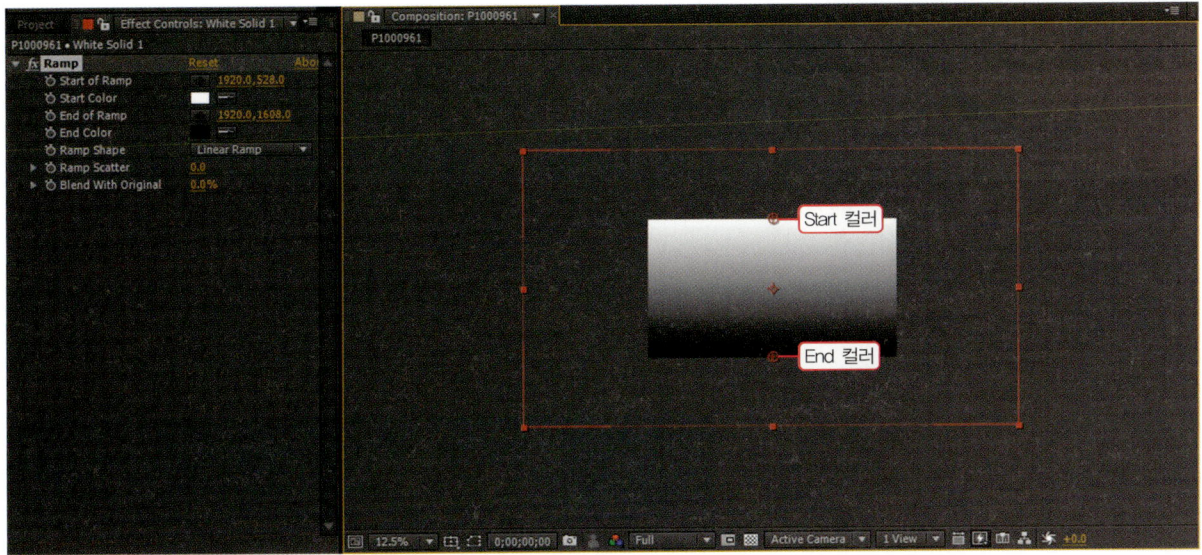

17 Ramp 이펙트가 적용된 Solid 레이어에 Effect 메뉴의 Noise & Grain에 있는 Fractal Noise를 적용시킵니다. 이펙트 컨트롤 패널에서 Fractal Noise의 Transform의 하위 속성들을 펼쳐 놓습니다.

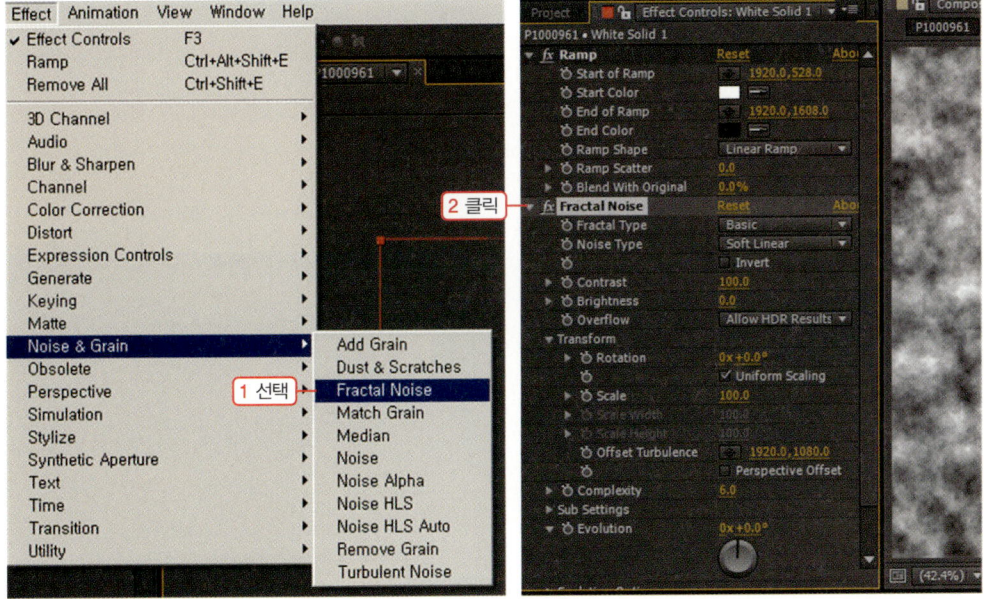

18 Uniform Scaling의 체크표시를 해제하고 Scale Width의 슬라이드를 최소 20의 방향으로 드래그해 놓습니다. Scale Height는 반대 방향으로 드래그해 놓습니다.

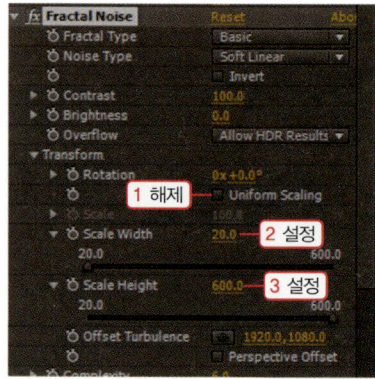

19 Fractal Noise 이펙트의 Contrast 값을 200으로 설정하고 Evolution Options에 있는 Blending Mode를 Screen으로 설정합니다.

20 위의 설정이 끝나면 Ramp와 Fractal Noise 이펙트를 적용하여 만든 결과 컴포지션 패널의 화면에는 다음과 같이 표시될 것입니다.

21 계속해서 Fractal Noise까지 적용하여 만든 결과물을 집중선으로 표현하기 위해 Effect 메뉴의 Distort에 있는 Polar Coordinates를 적용합니다.

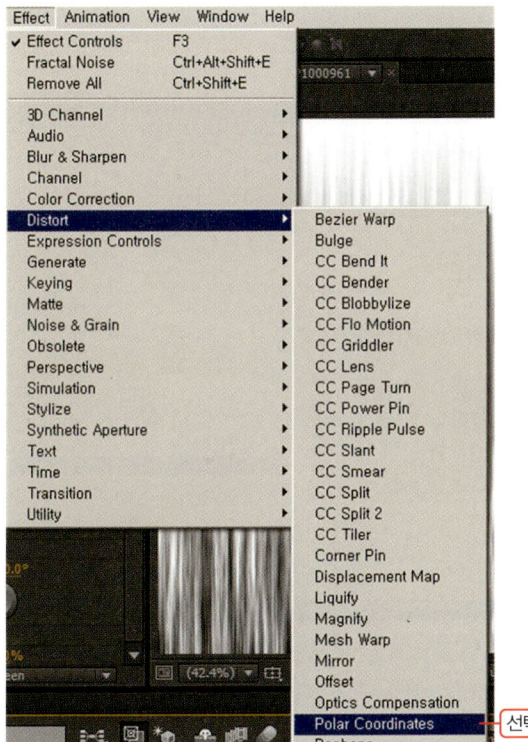

22 이펙트 컨트롤 패널에서 Polar Coordinates의 Interpolation 값 100%, Type of Conversion을 Rect to Polar로 설정합니다. 설정에 의해 컴포지션의 패널의 화면은 집중선으로서 사용할 수 있도록 바뀌어져 표시 될 것입니다.

23 소스 파일에 집중선으로 표시하려면 타임라인 패널에서 블렌딩 모드를 Overlay로 설정하면 됩니다.

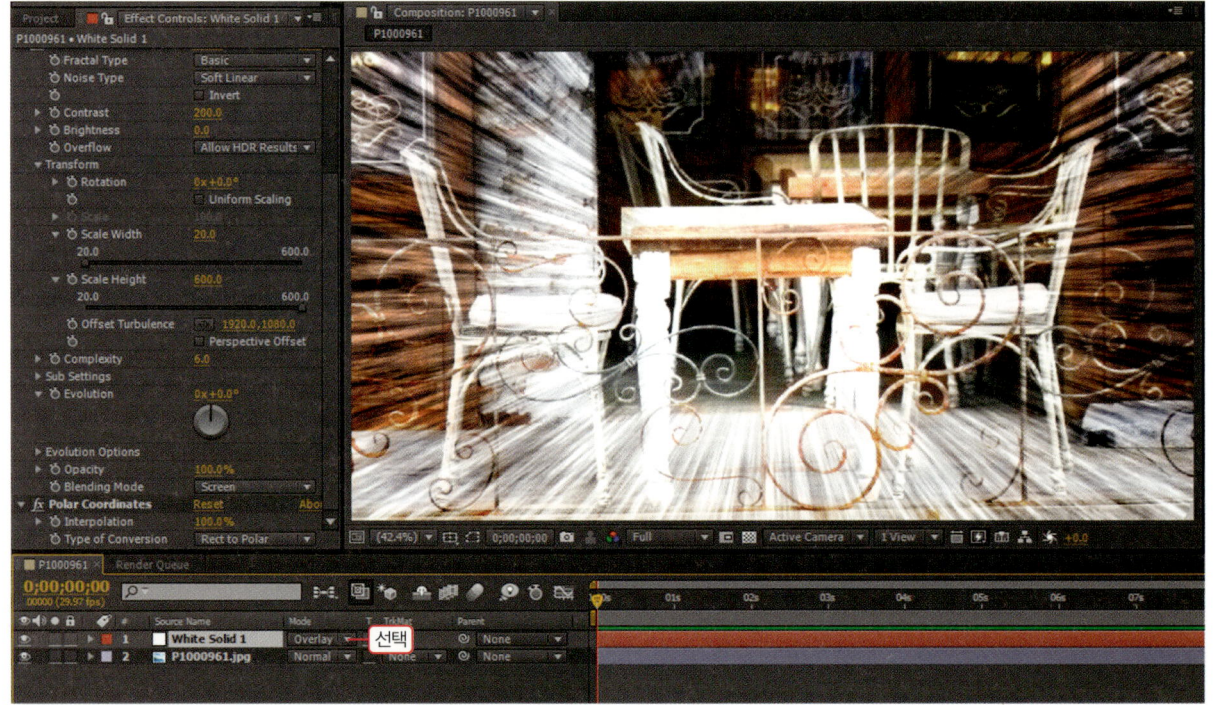

24 집중 효과를 높이기 위해 집중선이 회전하는 간단한 키프레임 애니메이션을 만들어 보도록 하겠습니다. R 키를 눌러 Solid 레이어에 Rotation 속성만 표시되도록 합니다. 타임라인 바(CTI)가 0초에 위치한 상태에서 Rotation 속성의 왼쪽에 있는 스톱워치 모양의 아이콘을 클릭하여 키프레임을 만듭니다.

25 타임라인 바를 2초로 이동시키고 Rotation 값이 앞 부분을 클릭하여 값을 1로 설정하여 자동으로 키프레임이 만들어지도록 합니다. 1x +0.0° (360도) 회전을 합니다. Preview 패널(CS3 이하 Time Controls)의 RAM Preview 버튼이나 NumLock 키패드의 0 키를 눌러 애니메이션을 확인해 봅니다.

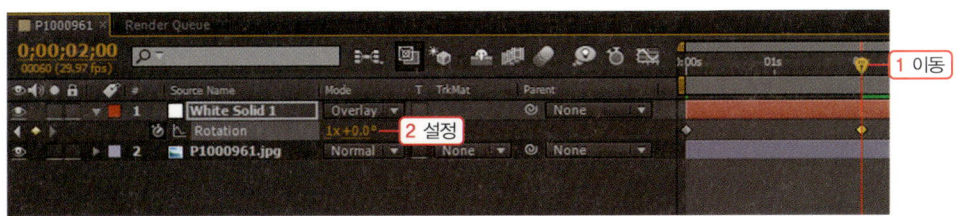

파티클로 만드는 집중선 효과 만들기

26 애프터이펙트는 CS5 버전부터 컴포지션의 배경색을 컴포지션에서 설정하도록 바뀌었습니다. Background Color을 흰색으로 컴포지션(rising sun)을 설정합니다.

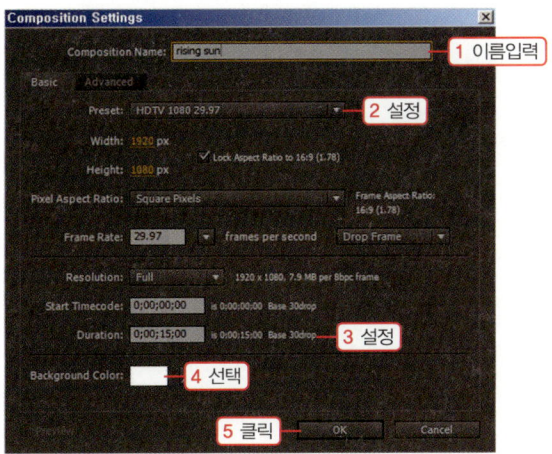

집중선 효과를 만드는 다양한 방법   253

27 Layer 메뉴의 New에 있는 Solid를 클릭하여 Solid Settings 창이 활성화되면 색상을 검정색으로 설정하여 Solid 레이어를 만들어 놓습니다.

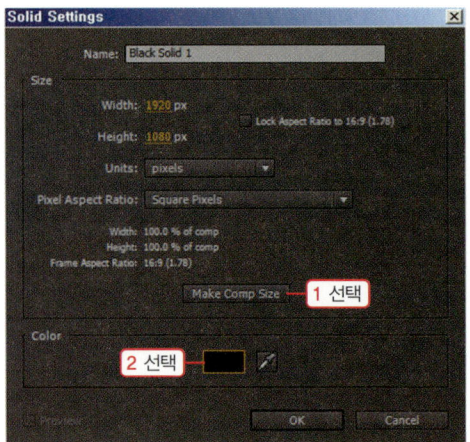

28 Solid 레이어가 선택된 상태(회색 반전 표시)에서 Effect 메뉴 Simulation에 있는 CC Star Burst 이펙트를 적용합니다. 이펙트 컨트롤 패널에서 CC Star Burst의 값을 Scatter 70, Speed -5, Grid Spacing 3, Size 250으로 설정해 놓습니다.

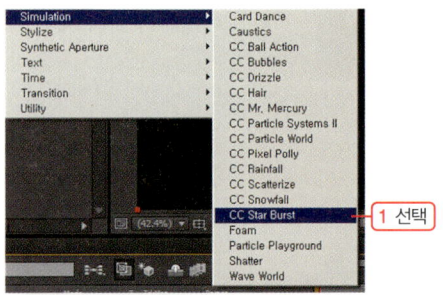

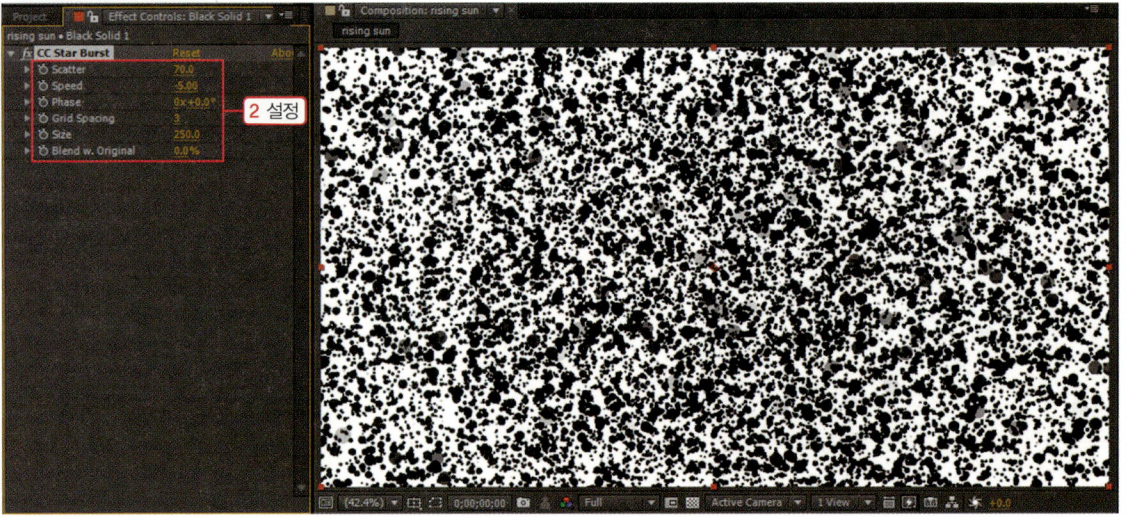

29 Effect 메뉴의 Generate에 있는 Circle을 Solid 레이어에 적용시킵니다.

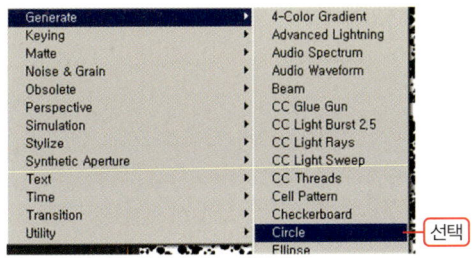

30 이펙트 컨트롤 패널에서 Circle 이펙트의 블렌딩 모드를 Normal로 설정하면 CC Star Burst로 적용한 이펙트가 보여지게 됩니다. Radius 값과 Feather의 Feather Outer Edge의 값을 각각 300으로 Color에서 색상을 검정색으로 설정합니다.

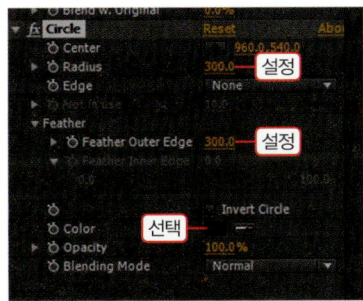

31 위의 설정 값에 의해 Circle 이펙트를 적용한 결과 컴포지션 패널의 화면은 다음과 같이 보여지게 됩니다.

32 집중선으로 표현하기 위해 Effect 메뉴의 Blur & Sharpen에 있는 CC Radial Blur를 Solid 레이어에 적용합니다.

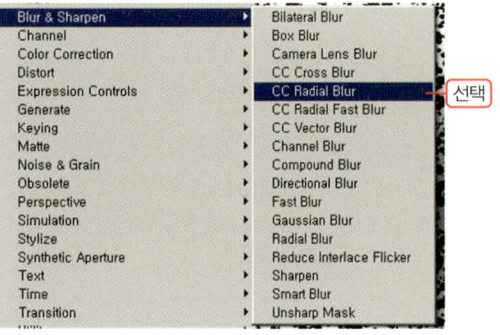

33 이펙트 컨트롤 패널에서 Type을 Straight Zoom으로 설정하고 Amount와 Quality의 값을 각각 100으로 설정합니다.

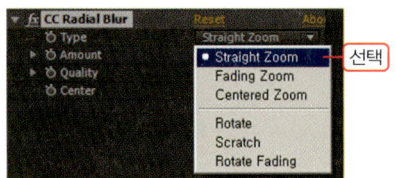

34 CC Radial Blur 이펙트까지 적용한 결과 컴포지션 패널의 화면은 다음과 같이 표시됩니다.

35 알파채널로 사용하기 위해 Effect 메뉴에서 Channel에 있는 Invert를 Solid 레이어에 적용합니다.

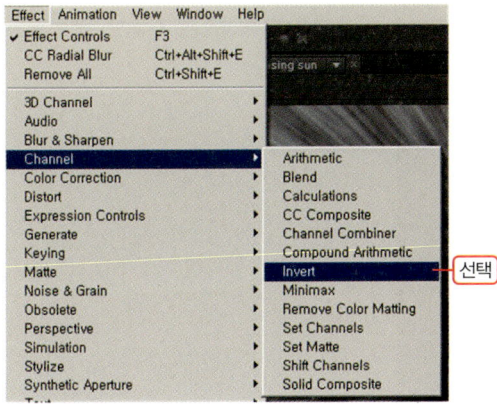

36 Invert 이펙트가 적용되면 Channel이 RGB로 설정되어 있어 컴포지션 패널의 화면에 아무것도 보이지 않게 됩니다. 이펙트 컨트롤 패널에서 Invert의 Channel을 Alpha로 설정합니다.

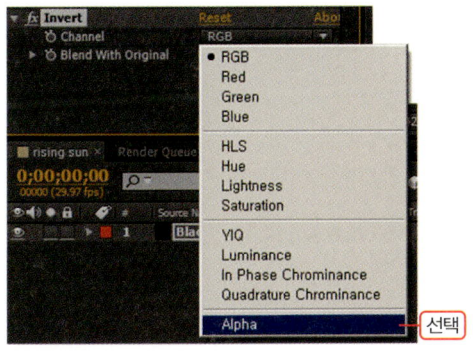

37 집중선이 잘 표시되도록 Effect 메뉴의 Color Correction에 있는 Curves를 적용합니다. 이펙트 컨트롤 패널에서 Curves의 Channel을 Alpha로 선택하고 그래프를 S 자 모양으로 조절해 놓습니다.

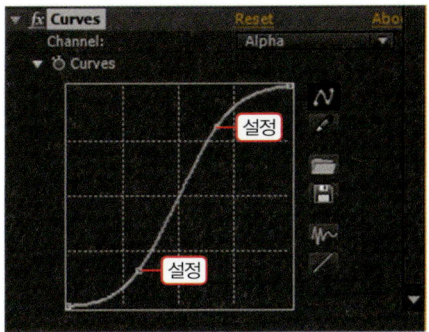

38 계속해서 Curves 이펙트를 적용시켜 Alpha의 밝기를 조절하면 컴포지션 패널의 화면에는 집중선으로 사용할 수 있도록 표시됩니다.

39 프로젝트 패널에 집중선 효과를 표현하려는 소스 파일을 불러들이고 타임라인 패널의 솔리드 레이어 아래에 가져다 놓고 TrkMat를 Alpha Inverted Matte "이펙트를 적용시킨 Solid 레이어"를 선택합니다. 키프레임 애니메이션을 만들지 않아도 CC Star Burst와 CC Radial Blur에 의해 몰입되는 집중선 효과로 표현되게 됩니다.

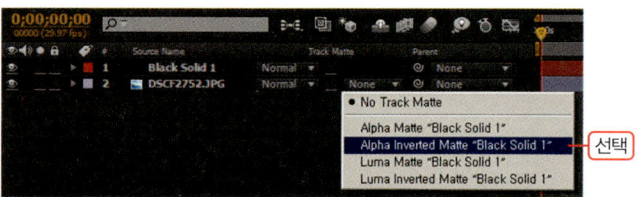

40 애프터이펙트는 다양한 프리셋을 제공하지만 이펙트로 표현한 값을 프리셋으로 저장해 놓고 사용할 수 있습니다. 이펙트 컨트롤 패널에서 Ctrl 키와 A 키를 눌러 적용한 이펙트들을 전체 선택해 놓습니다.

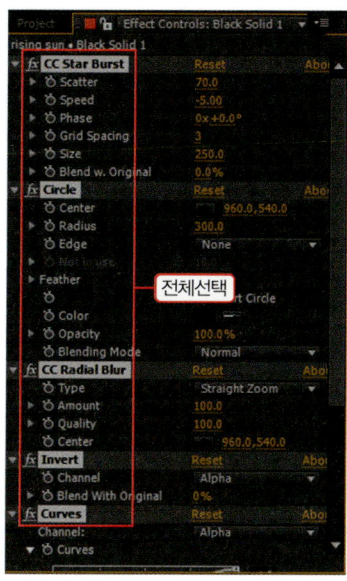

41 Animation 메뉴를 클릭하면 프리셋으로 저장할 수 있도록 Save Animation Preset이 활성화됩니다. Save Animation Preset를 클릭하여 Save Animation Preset as 창이 활성화되면 저장되는 경로(C:\Users\사용자 컴퓨터 이름\Documents\Adobe\After Effects CS6\User Presets)을 확인한 다음 파일 이름을 입력하고 저장 버튼을 클릭합니다.

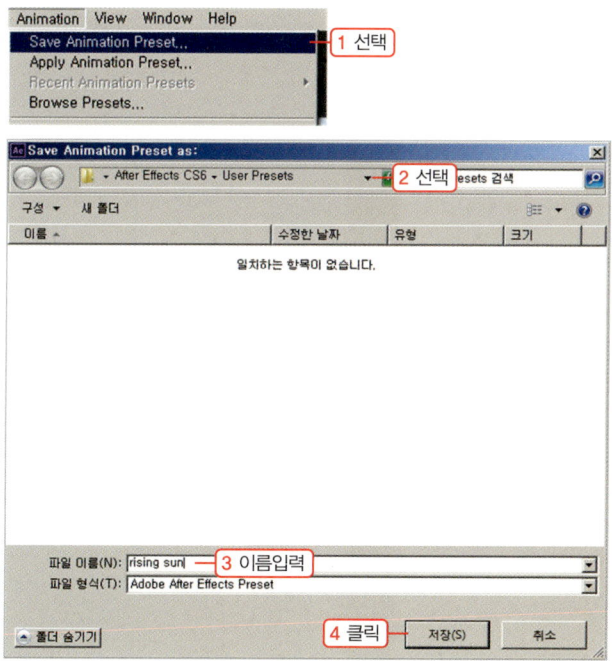

4 2 Effects & Presets 패널의 Animation Presets에서 저장된 프리셋을 확인할 수 있습니다. 이펙트를 적용시키고 속성 값을 조절해 놓은 것들을 프리셋으로 저장해 놓으면 키프레임이 적용되었을 경우 간격만 조절하여 효과를 표현할 수 있기 때문에 작업의 효율을 높일 수 있습니다.

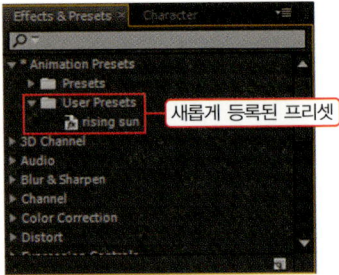

일러스트레이터의 Stroke 패널로 집중선 만들기

4 3 확대해도 깨지지 않는 벡터 속성의 일러스트레이터의 Stroke 패널로 집중선 효과를 만드는 방법에 대해 알아보도록 하겠습니다. 일러스트레이터를 실행하고 File 메뉴의 New를 선택합니다. New Document 창의 New Document Profile에서 Video and Film을 선택하고 Size 작업 사이즈와 동일하게 Size를 설정하여 새로운 도큐멘트를 만듭니다.

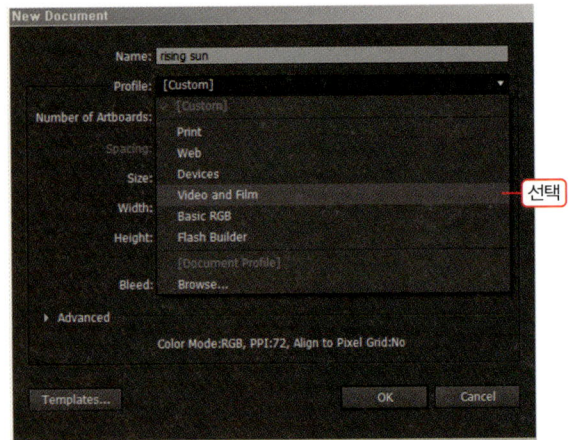

4 4 툴 바에서 집중선으로 만들 수 있는 Ellipse Tool을 선택합니다.

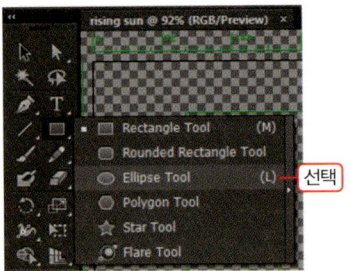

45 상단 옵션 바에서 Fill 색상을 None, Stroke 색상을 검은색으로 설정해 놓고 Stroke 두께 30pt로 도큐멘트 창 중심에서 Shift 키와 Alt 키를 동시에 누른 상태에서 화면 사이즈 안에 원을 그립니다.

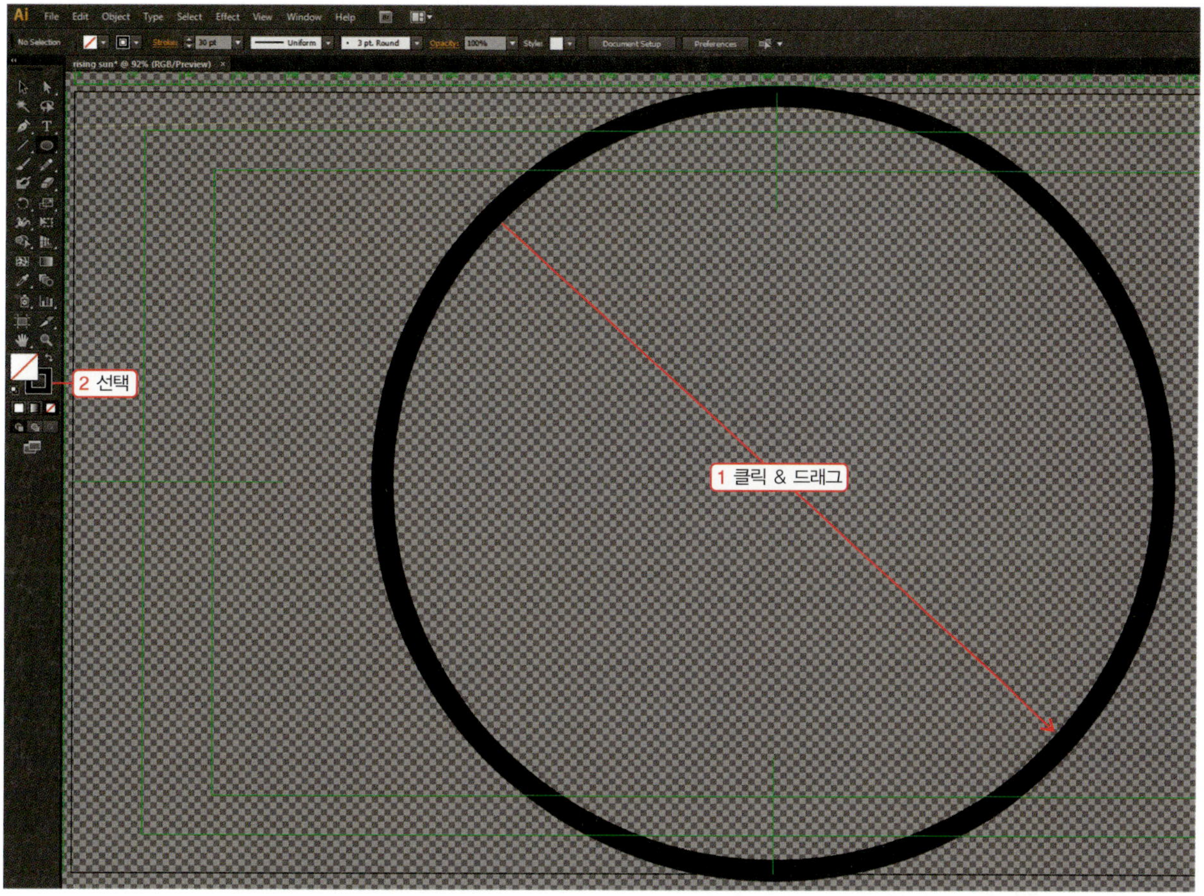

46 Window 메뉴에서 Stroke 패널(Ctrl + F10)을 활성화시키고 Dashed Line의 체크박스를 체크합니다. 첫 번째 dash 칸에 30pt로 값을 입력하면 원은 점선으로 바뀌게 됩니다.

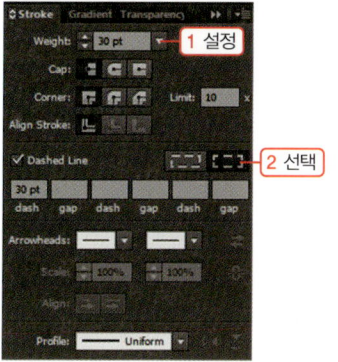

집중선 효과를 만드는 다양한 방법 261

47 앞서 살펴보았던 Stroke 패널에서 Weight 값을 850으로 설정하면 1920x1080 사이즈의 도큐멘트에서는 아래 그림과 같이 빗살무늬의 집중선이 만들어지게 됩니다.

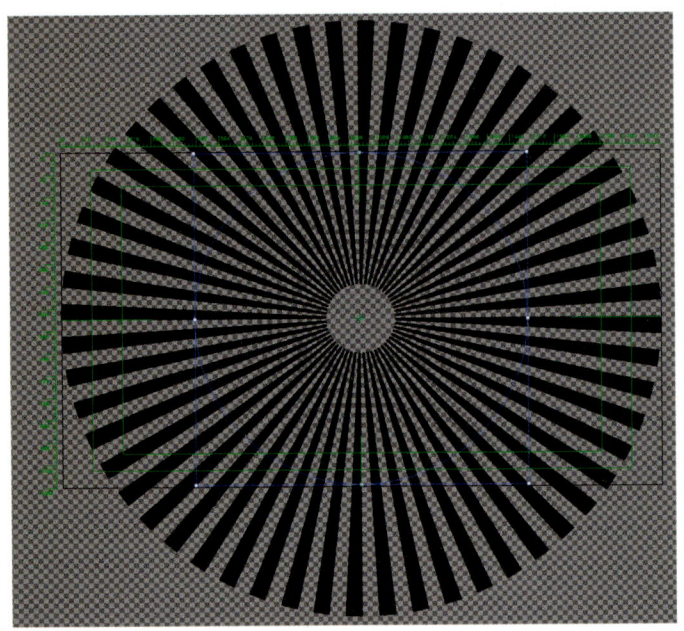

48 일러스트레이터의 Stroke 패널로 집중선을 만들면 dash와 gap에 값을 입력하여 다양하게 표현할 수 있습니다. Weight 값 그대로 dash 값 30pt, gap 4pt, dash 5pt로 설정해 보면 앞서 dash 값 하나만으로 만든 것과 다르게 표현되는 것을 알 수 있습니다.

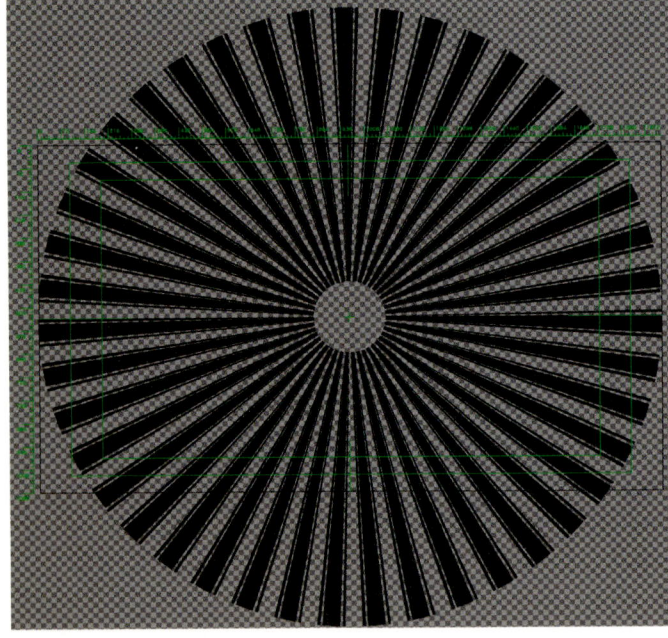
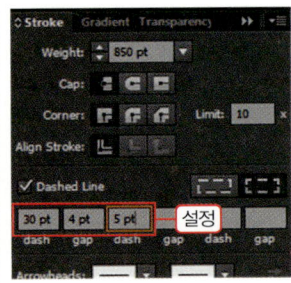

49 dash와 gap 값을 설정하여 만든 집중선을 Stroke 패널의 Profile에서 마지막에 있는 Width Profile 6을 선택해 봅니다. 모양이 바뀌었지만 또 다른 집중선 효과로 만들어지게 됩니다.

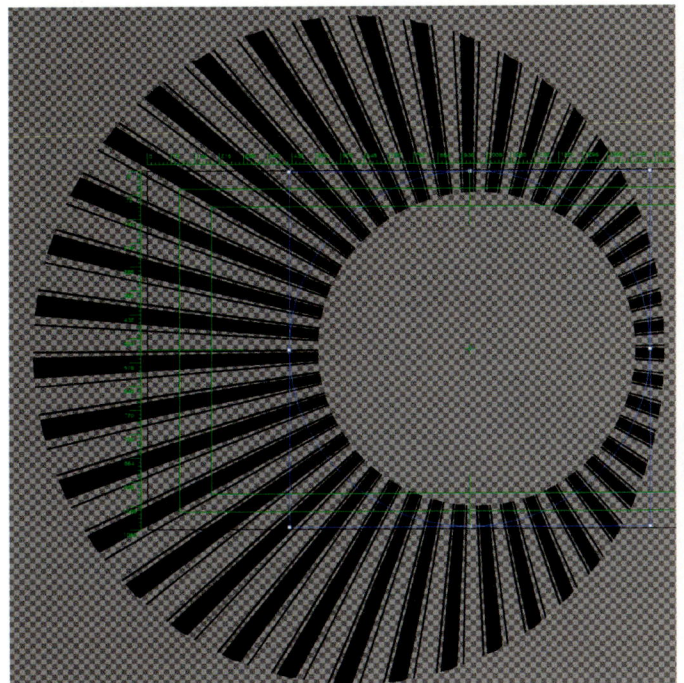
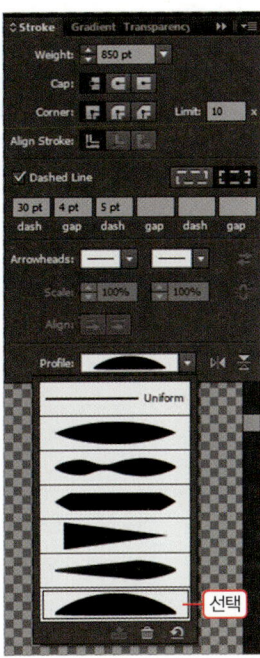

집중선 효과를 만드는 다양한 방법

29 스케치하고 그린 그림처럼 표현하기

애프터이펙트 CS4 버전부터 표준 플러그인으로 사용할 수 있게 되어 카툰처럼 표현할 수 있는 Toon it을 사용하지 않고 애프터이펙트의 기능만으로 표현하는 방법에 대해 알아보도록 하겠습니다.

스케치하고 그린 그림처럼 표현하기의 결과물

01 프로젝트 패널의 빈 곳을 더블클릭하여 스케치하고 그린 그림처럼 표현하려는 파일을 불러들입니다.

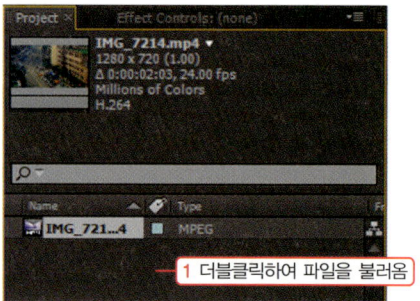

1 더블클릭하여 파일을 불러옴

02 애프터이펙트는 Composition 메뉴의 New Composition으로 작업 환경을 설정하는 것이 기본적인 사용 방법이지만 소스 파일의 크기와 Frame Rate가 작업 환경을 설정하려는 것과 동일하면 해당 파일을 프로젝트 패널 하단의 Create a new

Compositon으로 가져가 컴포지션을 설정하는 방법도 있습니다.

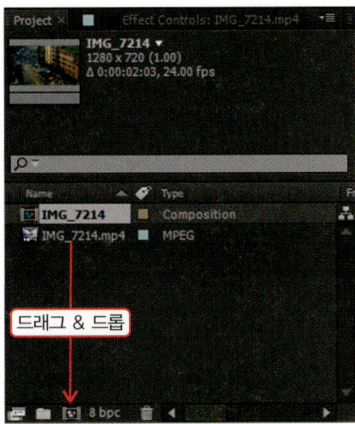

03 타임라인 패널에서 소스 파일을 Edit 메뉴의 Duplicate를 적용하여 복제합니다. Duplicate 기능은 애프터이펙트에서 자주 사용되는 기능으로 단축키로 설정되어 있는 Ctrl + D에 익숙해지도록 합니다.

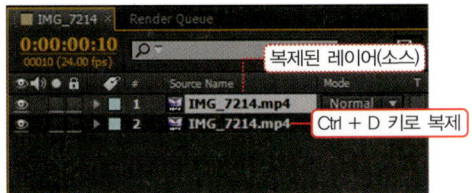

04 Duplicate 적용으로 복제된 레이어가 선택된 상태에서 Effect 메뉴의 Color Correction에 있는 Black & White 이펙트를 적용하여 영상을 흑백으로 표현합니다. Color Correction의 Black & White는 CS5 버전부터 추가된 이펙트입니다. CS4 이하 버전의 경우에는 Color Correction에 있는 Hue & Saturation 이펙트를 적용하여 Master Saturation 값만 -100으로 설정하면 Black & White를 적용한 것처럼 표현할 수 있습니다.

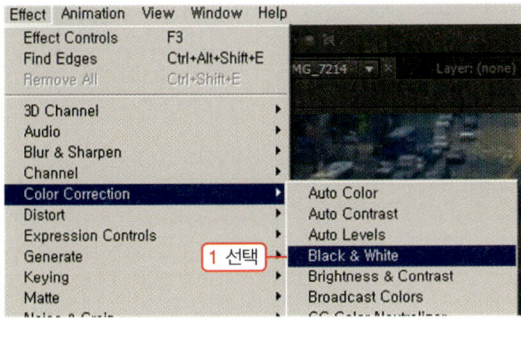 

05 Black & White나 Hue & Saturation을 적용한 레이어에 다시 한번 Effect 메뉴에서 Stylize에 있는 Find Edges 이펙트를 적용합니다.

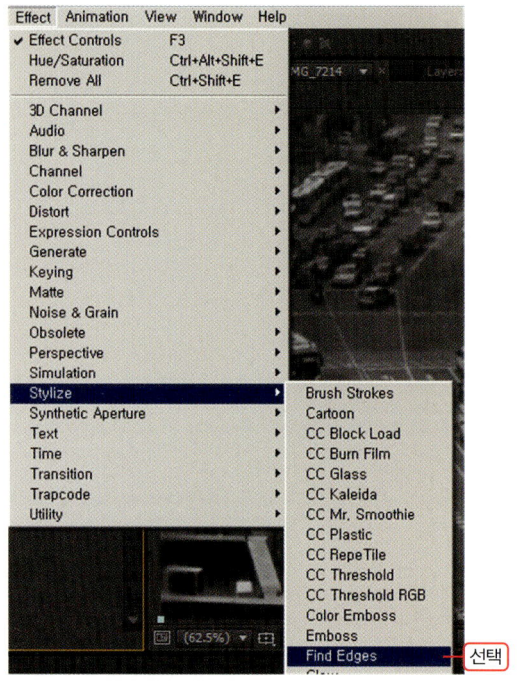

06 Find Edges 이펙트를 적용하면 컴포지션 패널의 화면은 스케치한 것처럼 보여지게 될 것입니다.

07 이를 색칠한 그림처럼 표현하기 위해서는 이펙트가 적용된 레이어의 블렌딩 모드를 Vivid Light로 설정하면 됩니다.

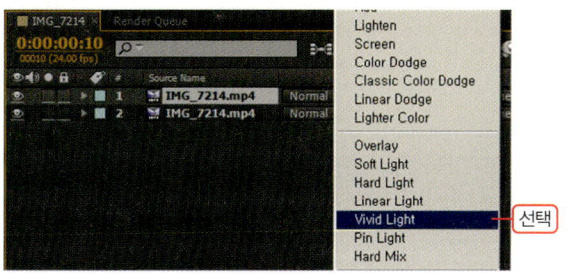

08 블렌딩 모드가 적용되면 컴포지션 패널의 화면은 스케치한 그림에 색칠을 한 것처럼 보여지게 됩니다.

09 Vivid Light로 설정한 블렌딩 모드를 Soft Light로 설정하면 유화처럼 표현할 수 있습니다. 적용되면 컴포지션 패널의 화면은 스케치한 그림에 색칠을 한 것처럼 보여지게 됩니다.

10 Vivid Light로 블렌딩 모드를 설정한 다음 투명도를 조금 낮추어 주면 애프터이펙트만으로 스케치하고 색칠한 그림처럼 만들기는 완성입니다.

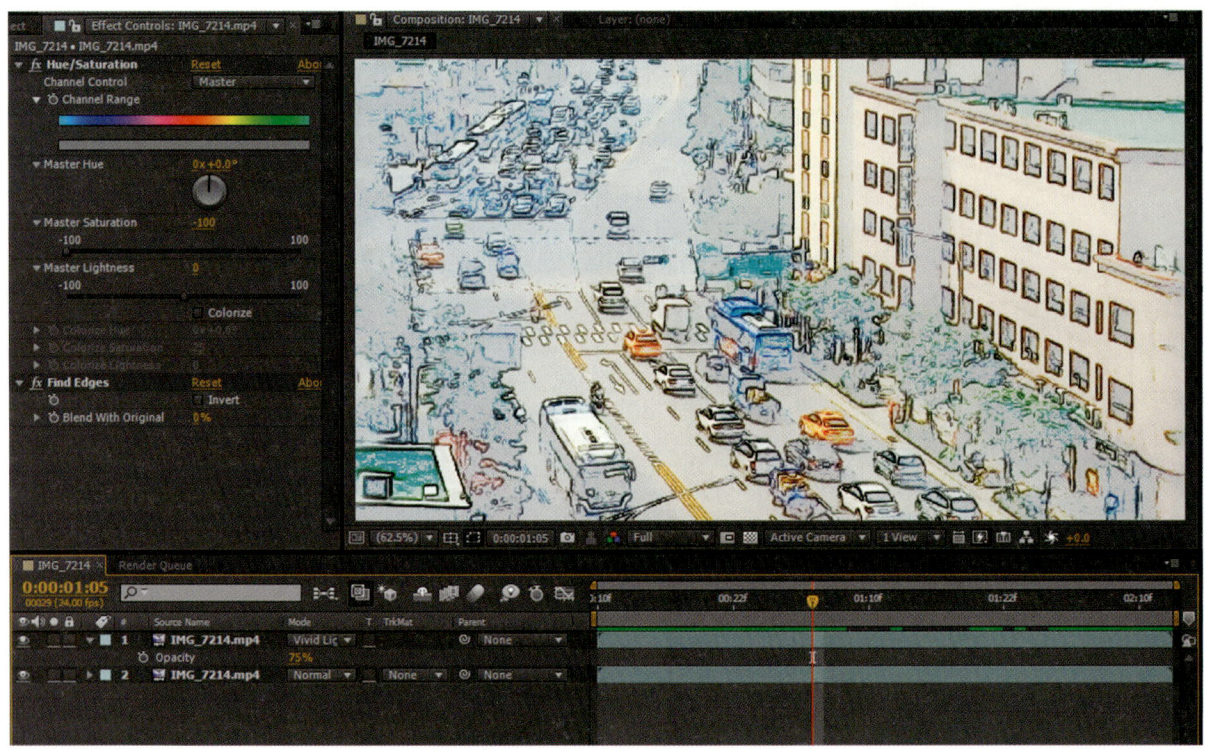

30 일러스트레이터(Ai)의 벡터 이미지로 로고 애니메이션 만들기

애프터이펙트 일러스트레이터(Ai)의 패스를 반복적으로 복사하고 붙여넣기 할 필요없이 CS6 버전부터 벡터 기반의 일러스트레이터 파일을 Shape 레이어로 변환하여 로고 애니메이션 등을 쉽게 제작할 수 있게 되었습니다.

일러스트레이터(Ai)의 벡터 이미지로 로고 애니메이션 만들기

01 포토샵과 일러스트레이터는 공통적으로 새로운 도큐멘트를 설정할 때 Profile에 Video and Film을 제공하며 Size 부분에서 기본으로 제공되는 영상 사이즈를 선택하여 소스 작업을 할 수 있습니다.

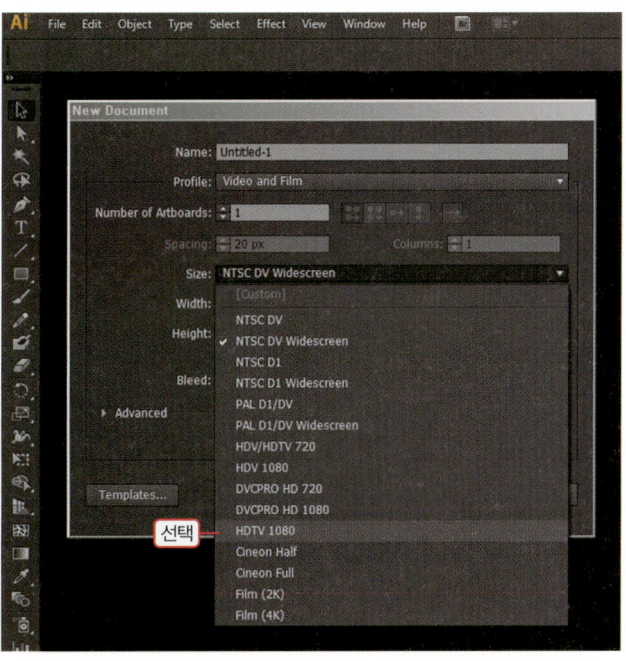

일러스트레이터(Ai)의 벡터 이미지로 로고 애니메이션 만들기 **269**

02 일러스트레이터(Ai)에서 HDTV 1080 사이즈 등으로 로고 애니메이션으로 사용할 소스를 제작해 놓습니다.

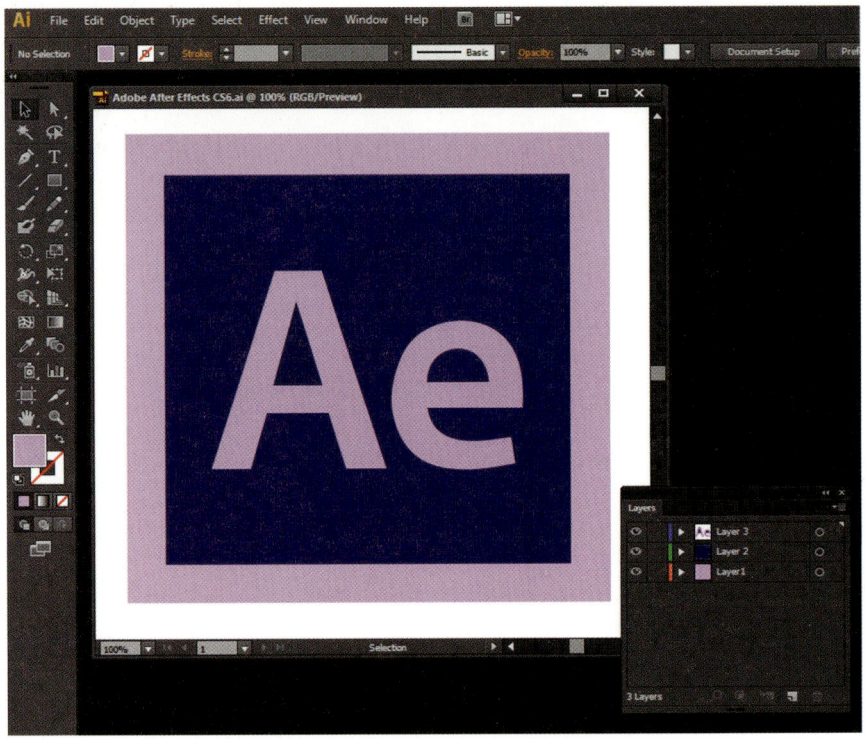

03 애프터이펙트를 실행하고 프로젝트 패널의 빈 곳을 더블클릭하여 파일을 불러들이는 Import File 창을 활성화시킵니다. 일러스트레이터에서 로고로 제작해 놓은 파일을 선택하고 가져오기 방식을 Footage로 열기 버튼을 클릭합니다.

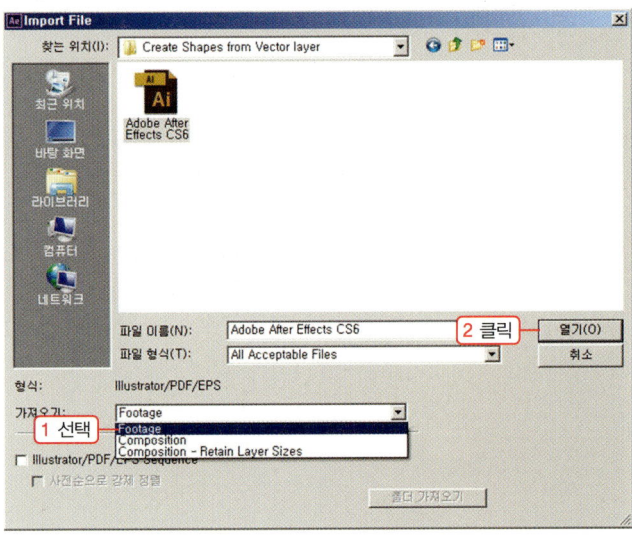

04 일러스트레이터 파일을 불러들이는 설정 창이 활성화되면 Import Kind에서 가져오기 방식이 Footage로 설정되어 있는지 확인하고 OK 버튼을 클릭하여 프로젝트 패널에 불러들입니다.

05 프로젝트 패널의 일러스트레이터 파일을 하단의 Create a new composition 아이콘으로 드래그하면 일러스트레이터의 도큐멘트 사이즈로 컴포지션이 만들어지게 되고 타임라인과 컴포지션 패널이 자동으로 활성화됩니다.

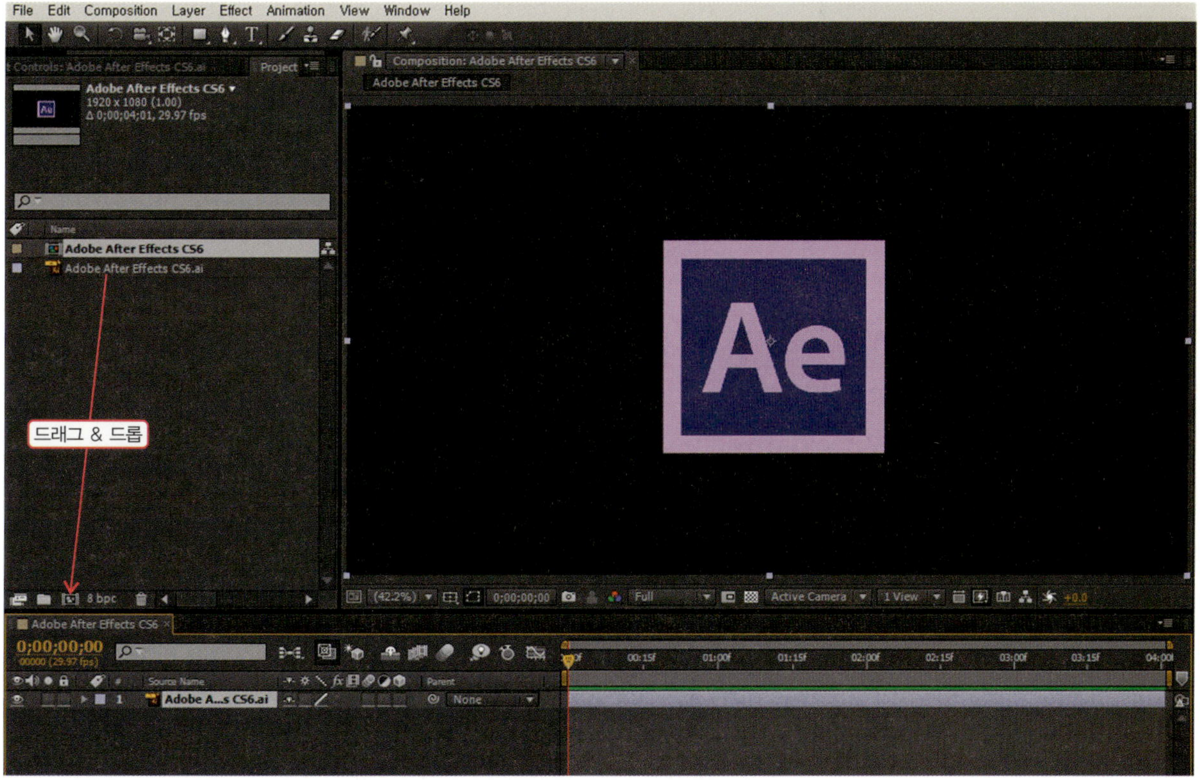

06 일러스트레이터의 벡터 이미지를 로고 애니메이션으로 표현하기 위해 Layer 메뉴의 CS6에 새롭게 추가된 Create Shapes from Vector Layer을 적용합니다.

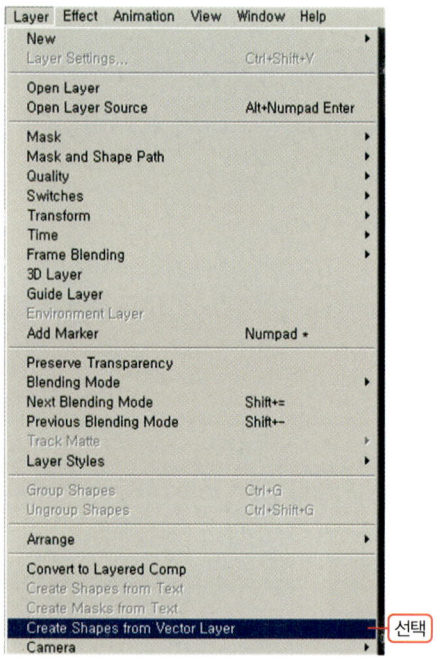

07 Create Shapes from Vector Layer가 적용되면 타임라인 패널에는 Ai 파일의 레이어의 눈 아이콘이 비활성화되고 Outlines의 Shape 레이어가 생성되며 비활성화 표시 된 Ai 파일은 Delete 키로 삭제해도 됩니다.

08 Outlines로 생성된 Shape 레이어의 ▶ 버튼을 클릭하여 로고 애니메이션을 만들기 위해 Contenes의 우측에 있는 Add에서 Wiggle Transform을 선택합니다.

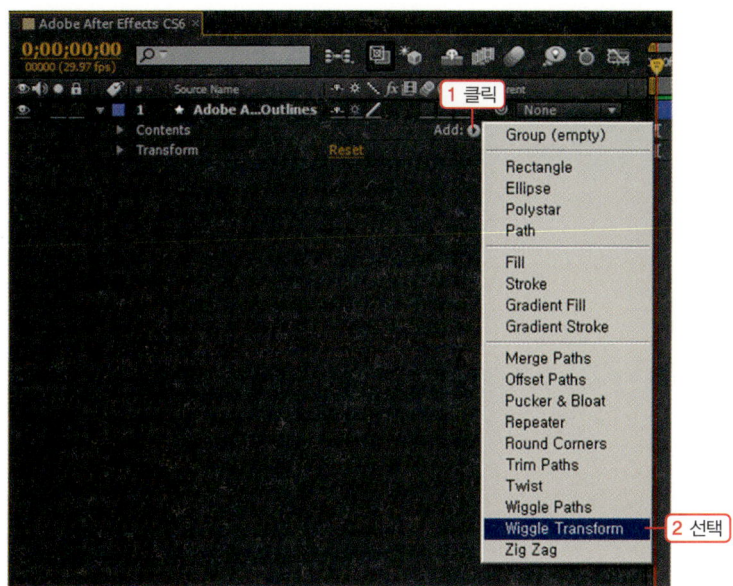

09 Wiggle Transform을 선택하면 타임라인 패널에는 패스들이 Group으로 표시되며 바로 아래에 Wiggle Transform 1로 Wiggle Transform이 적용된 것을 알 수 있습니다. 레이어의 Transform 속성이 아닌 Wiggle Transform 1의 하위 속성에 있는 Transform으로 흔들리는 로고 애니메이션을 제작할 것입니다. Wiggle Transform 1의 Transform 속성을 펼쳐 Position과 Scale 속성 값만 3으로 설정하고 RAM Preview를 실행해 보면 로고가 꿈틀거리는 애니메이션으로 보여지게 되는 것을 알 수 있습니다.

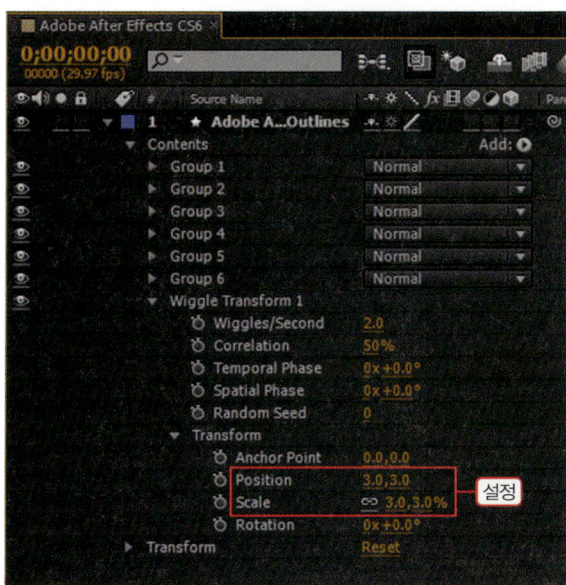

10 타임라인 바(CTI)를 0초로 가져가 스톱워치 아이콘을 클릭하여 키프레임을 만들어 놓고 2초로 이동시킨 다음 Position과 Scale의 값을 0으로 설정하면 자동으로 키프레임이 만들어져 꿈틀거리다가 로고로 보여지는 애니메이션이 만들어지게 됩니다.

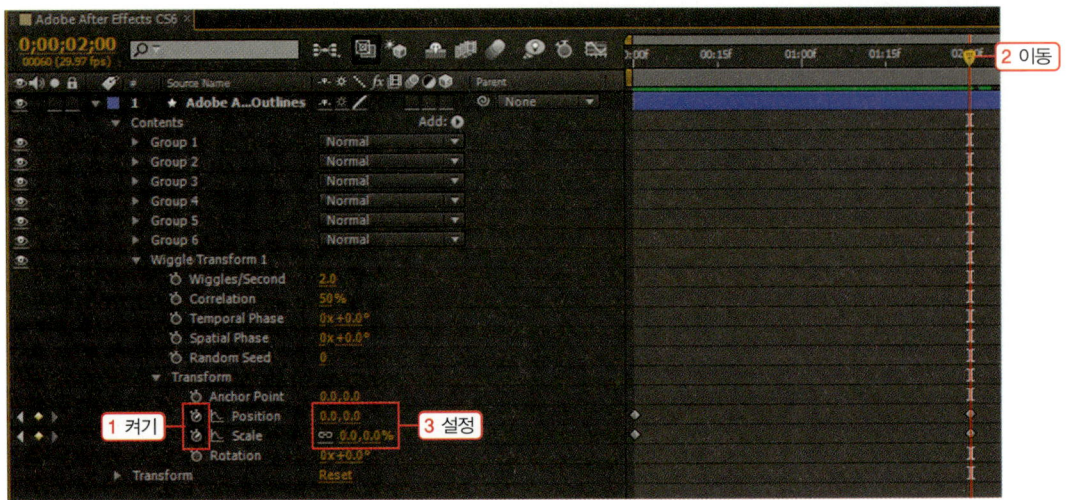

11 U 키를 눌러 키프레임이 적용된 속성만 타임라인 패널에 활성화시켜 놓습니다.

12 애프터이펙트의 기본 플러그인 가운데 로고 애니메이션에 가장 많이 사용되는 CC Light Sweep를 적용하여 로고가 강조되도록 표현해 보겠습니다.

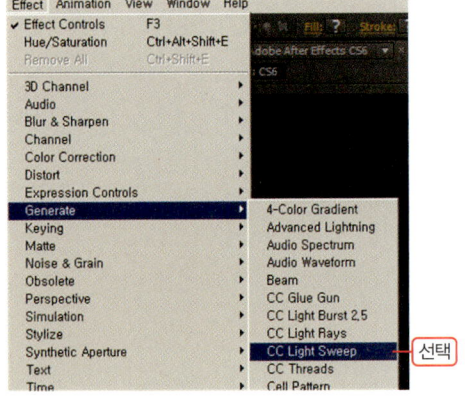

13 CC Light Sweep가 적용되면 로고가 강조되어 보여지도록 할 수 있는 빛 줄기가 컴포지션 패널의 화면에 표시됩니다.

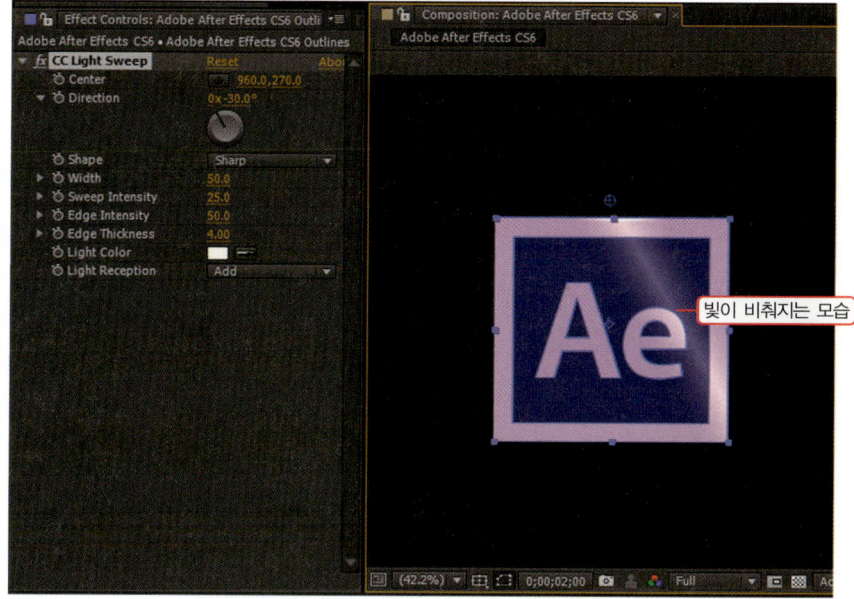

빛이 비춰지는 모습

14 Effect Controls 패널에서 Direction으로 빛의 각도를 조절하고 Shape을 Smooth로 설정하여 빛이 자연스럽게 보여지도록 합니다. Width와 Sweep Intensity로 빛의 넓이와 세기를 조절할 수 있습니다.

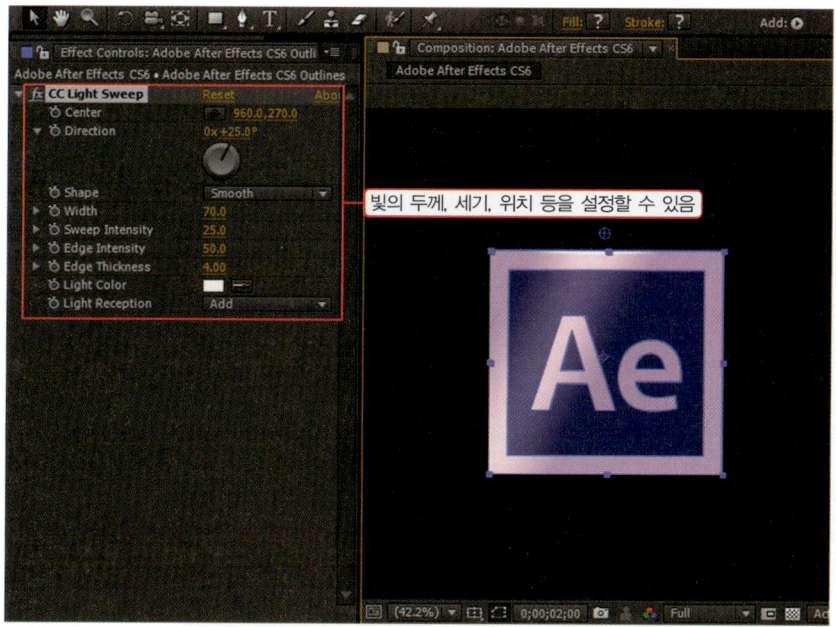

빛의 두께, 세기, 위치 등을 설정할 수 있음

15 앞서 로고 애니메이션이 끝나는 2초에 타임라인 바가 위치한 상태에서 Effect Controls 패널의 CC Light Sweep의 Center를 컴포지션 패널의 화면에서 드래그하여 로고 좌측에 위치하도록 이동시켜 놓습니다. 컴포지션 패널 화면에 CC Light Sweep의 Center 포인트가 표시되려면 Effect Controls 패널에서 이펙트가 선택(회색 반전 표시)되어있어야 합니다.

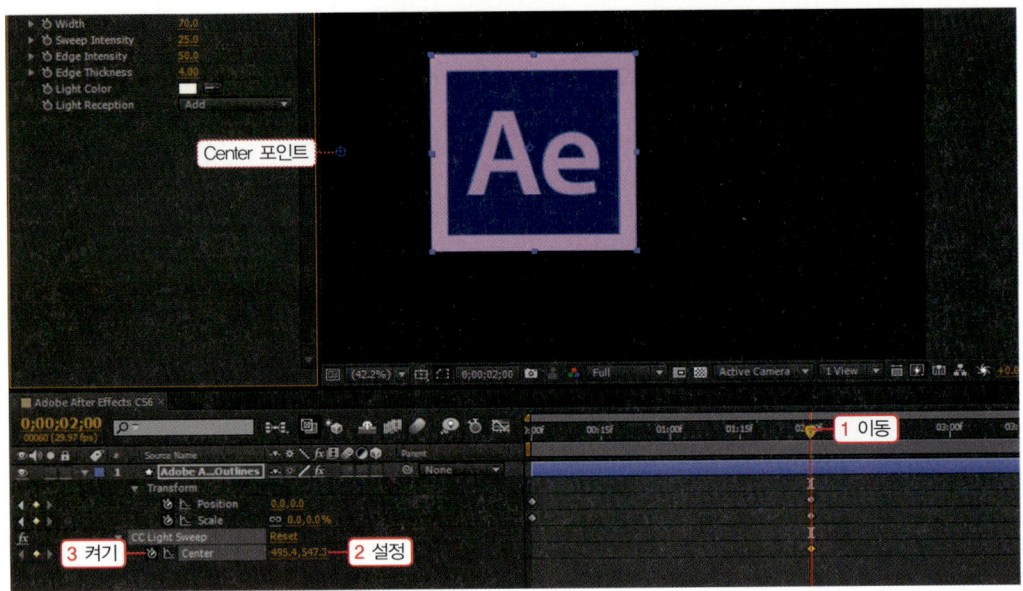

16 타임라인 바(CTI)를 3초로 이동시켜 놓고 컴포지션 패널의 화면에서 CC Light Sweep의 Center 포인트를 로고의 우측으로 이동시키면 자동으로 키프레임이 만들어지며 꿈틀거리는 로고 애니메이션이 끝나고 다시 한번 로고를 강조시켜 주는 빛 줄기가 로고를 지나가는 애니메이션으로 완성되게 됩니다.

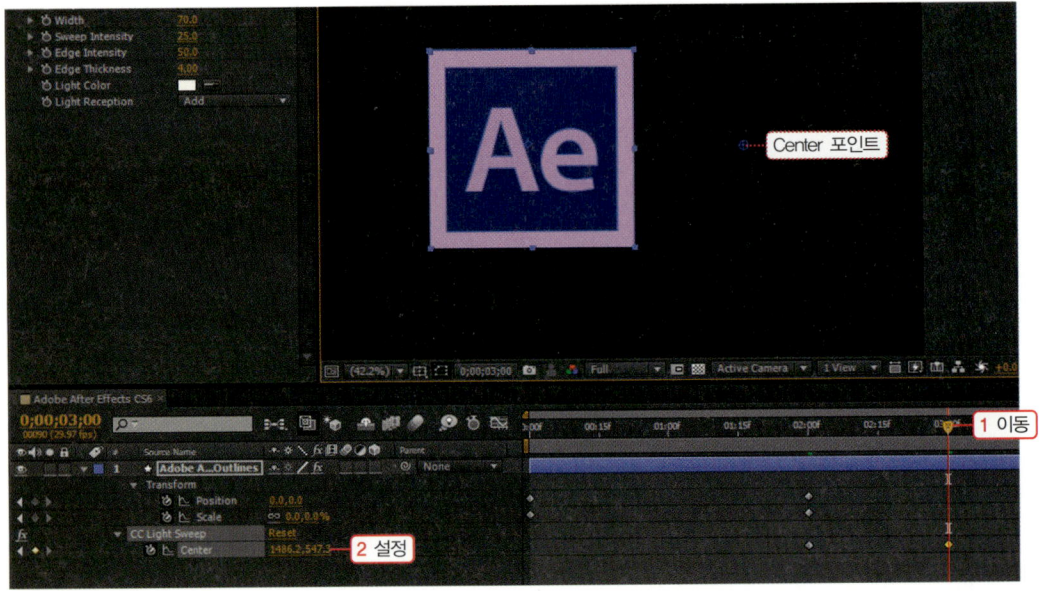

31 Sequence Layers로 셀 애니메이션 만들기

애프터이펙트는 키프레임을 사용하여 애니메이션을 제작하게 되지만 셀 애니메이션처럼 동작 이미지로도 애프터이펙트의 Sequence Layers 기능으로 애니메이션을 만들 수 있습니다.

Sequence Layers로 셀 애니메이션 만들기

01 포토샵에서 배경을 포함하여 캐릭터가 움직이는 동작 이미지를 사전에 제작해 놓습니다.

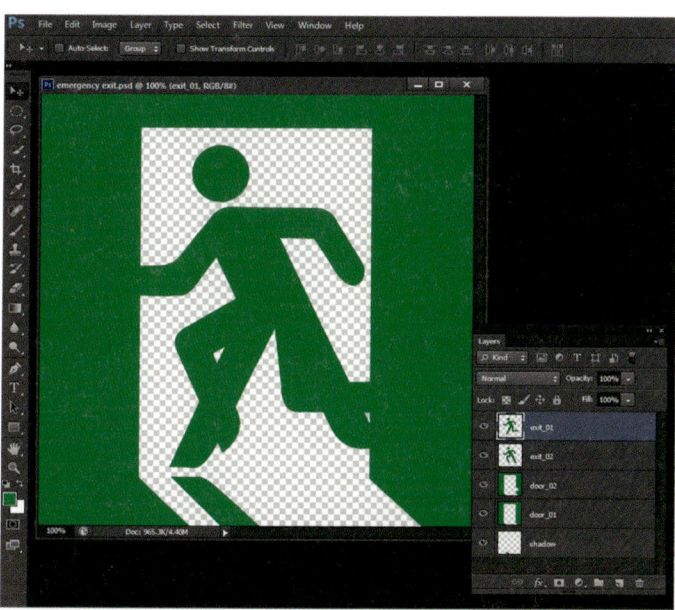

Sequence Layers로 셀 애니메이션 만들기　277

02 애프터이펙트를 실행하고 프로젝트 패널의 빈 곳을 클릭하여 Import File 창이 활성화되면 포토샵에서 제작한 파일을 선택합니다. 가져오기 방식에서 포토샵 파일로 컴포지션을 설정하고 포토샵의 레이어 크기를 그대로 사용할 수 있는 Composition -Retain Layer Sizes(CS4 버전이하 Composition Cropped Layer)를 선택하고 열기 버튼을 클릭합니다.

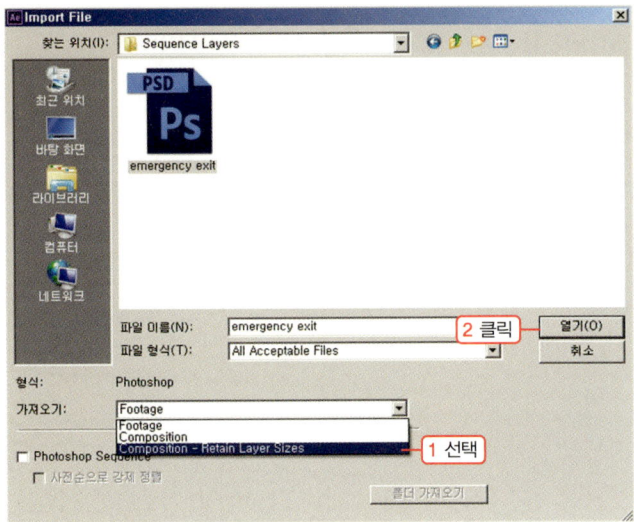

03 포토샵 PSD 파일에 대한 창이 먼저 활성화됩니다. Import Kind에서 사용자가 선택한 가져오기 방식이 선택되어 있는지 확인한 다음 OK 버튼을 클릭합니다.

04 프로젝트 패널에는 포토샵에서 작업한 파일로 컴포지션이 만들어진 후 하단의 폴더를 활성화해 보면 각각의 레이어들이 파일로 불러들여진 것을 알 수 있습니다.

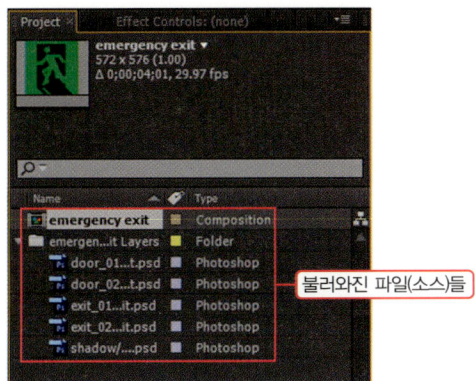

불러와진 파일(소스)들

05 프로젝트 패널의 컴포지션 파일을 더블클릭하여 활성화시키면 타임라인 패널에는 파일들이 위치하게 되고 컴포지션 패널의 화면에는 이미지들이 보여지게 됩니다.

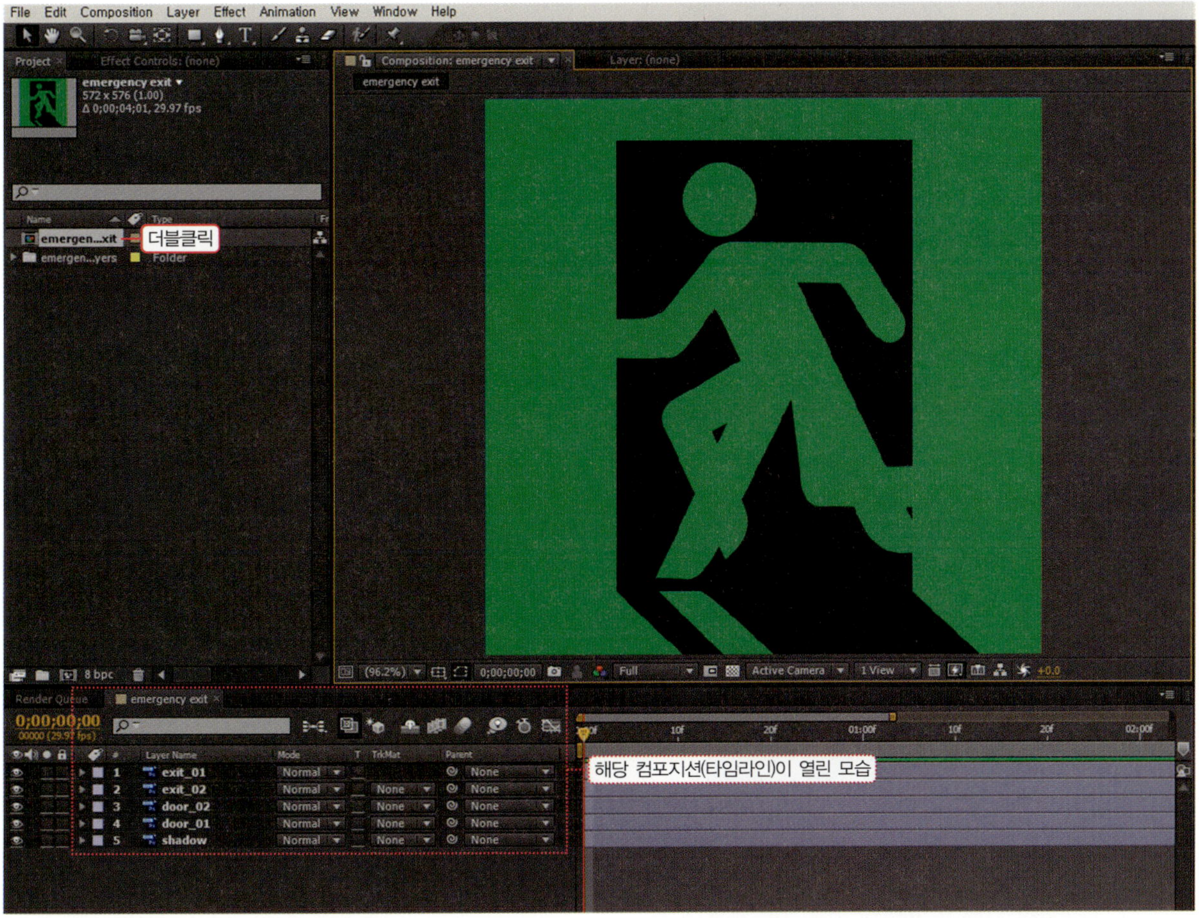

해당 컴포지션(타임라인)이 열린 모습

Sequence Layers로 셀 애니메이션 만들기 279

06 포토샵에서 제작한 사이즈를 작업할 사이즈로 변경하기위해 Compositon 메뉴의 Composition Settings를 선택합니다.

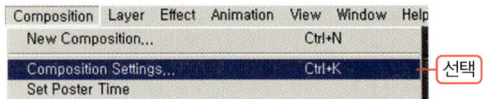

07 Composition Settings 창이 활성화되면 Preset에서 사용자가 작업할 사이즈(HDTV 1080 29.97)을 선택하고 Frame Rate, Duration 등을 설정하고 창을 닫습니다.

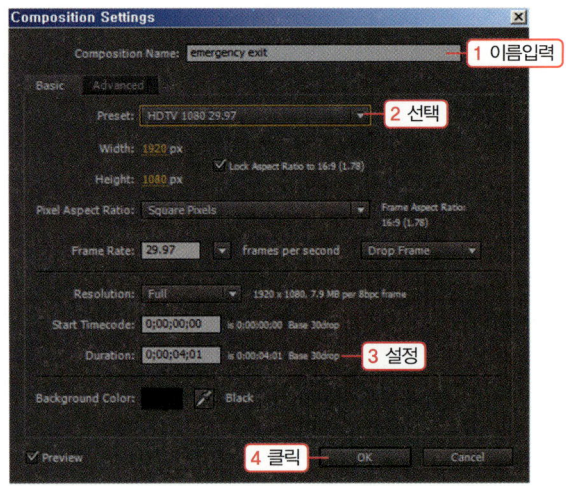

08 배경으로 사용하기 위해 Layer 메뉴의 New에 있는 Solid를 클릭하여 Solid Settings 창을 활성화시키고 Name을 입력 (Background)하고 Size를 확인한 다음 창을 닫습니다. Make Comp Size 버튼을 클릭하면 변경되어 있던 사이즈가 컴포지션 설정과 같은 크기로 설정되도록 빠르게 바꾸어 표시할 수 있습니다.

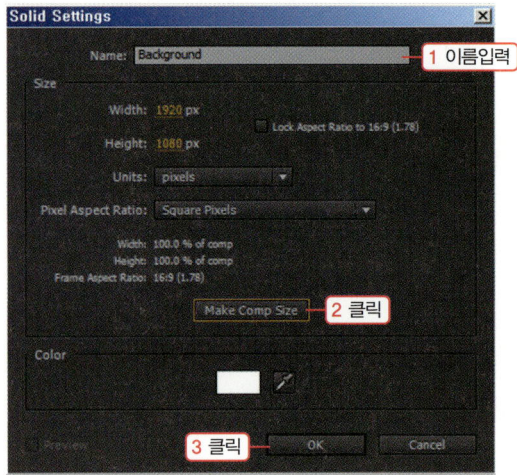

09 Solid 레이어는 드래그하여 타임라인 패널의 맨 아래에 위치시켜 놓습니다.

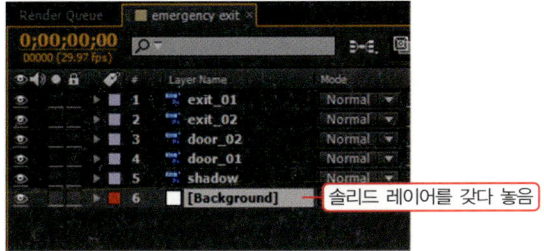

솔리드 레이어를 갖다 놓음

10 타임라인 패널에서 door_02 레이어를 선택한 다음 Shift 키를 누른 상태에서 shadow 레이어를 선택합니다. 세 개의 레이어가 선택되어 있는 상태에서 Shift 키를 누르고 컴포지션 패널 화면에서 화면의 좌측에 위치하도록 수평을 유지하면서 이동시켜 놓습니다.

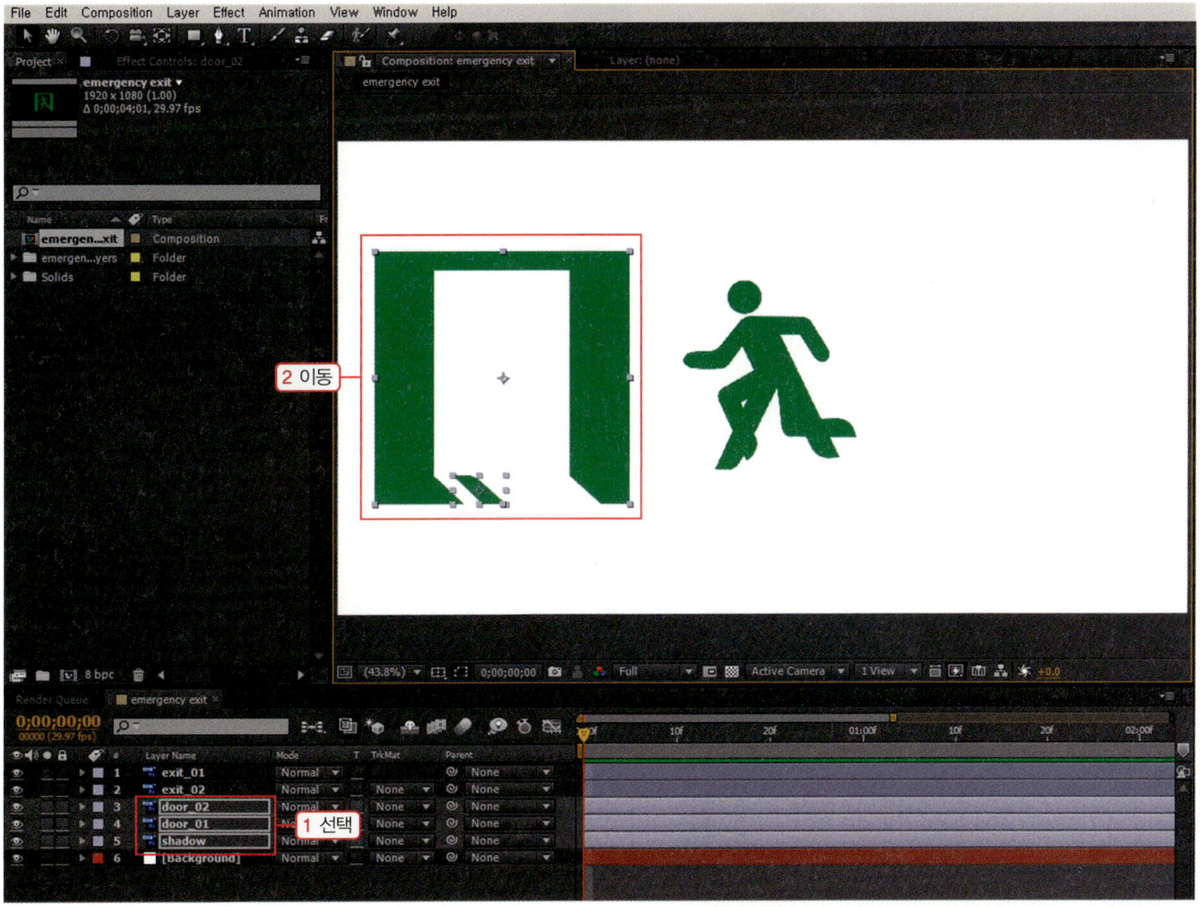

11 F2 키나 타임라인 패널의 빈 곳을 클릭하여 선택을 해제한 다음 이번에는 exit_01과 02 레이어를 선택한 다음 Shift 키를 눌러 수평을 유지하면서 우측으로 이동시켜 놓습니다.

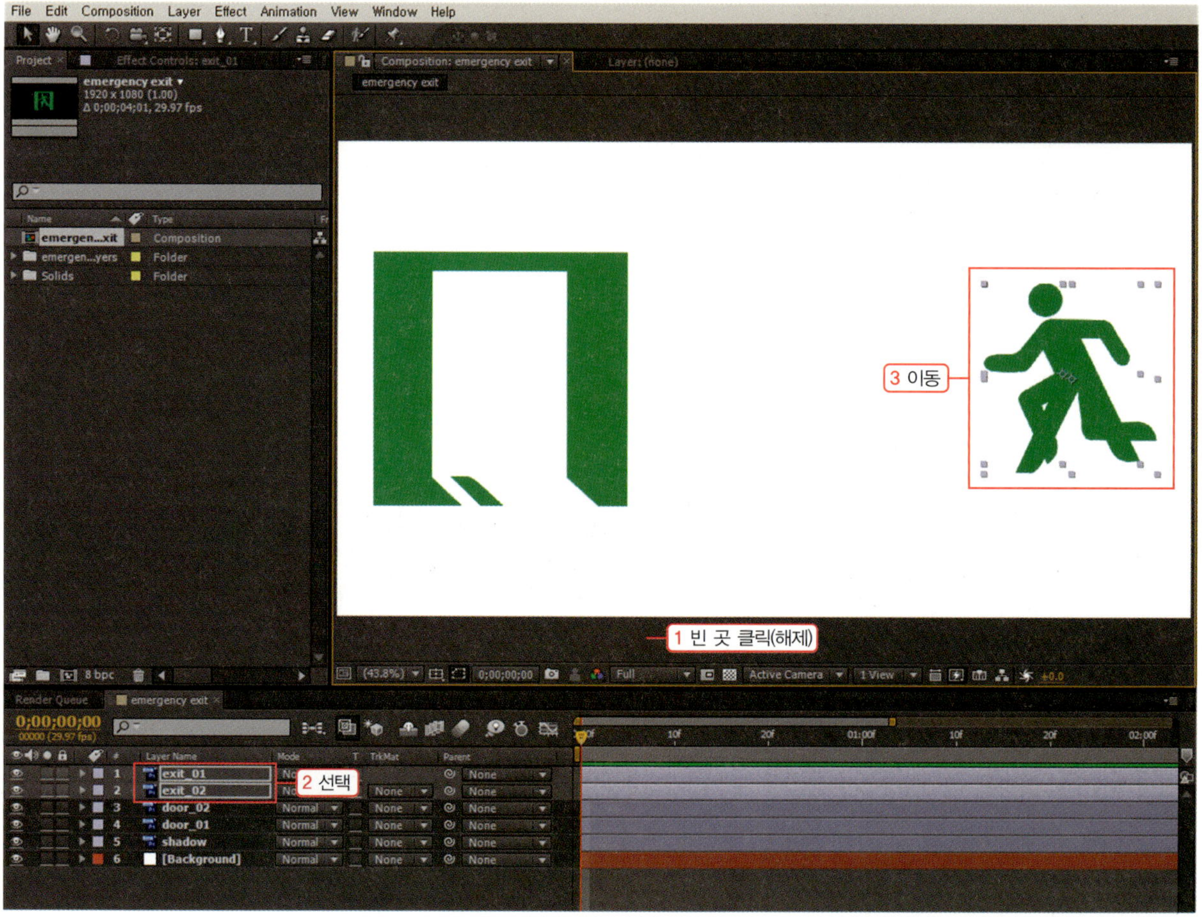

12 애니메이션으로 만들 레이어들이 선택되어 있는 상태에서 Layer 메뉴의 Pre-Compose를 선택합니다. Pre-compose 창이 활성화되면 New composition name을 입력(exit_man)하고 창을 닫습니다.

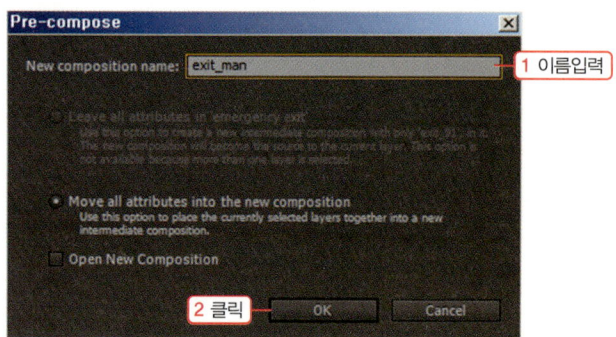

13 Pre-Compose가 적용되면 타임라인 패널에는 하나의 레이어로 표시되어 타임라인 패널을 넓게 사용할 수 있습니다. 타임라인 패널에서 Pre-Compose가 적용된 레이어를 더블클릭하면 바로 옆에 컴포지션이 활성화되어 바로 수정할 수 있습니다.

14 Alt 키를 누른 상태에서 Pre-Compose가 적용된 레이어를 더블클릭하면 타임라인 패널에 컴포지션이 활성화되지 않고 컴포지션 패널의 화면에 Pre-Compose 레이어가 활성화되어 표시됩니다.

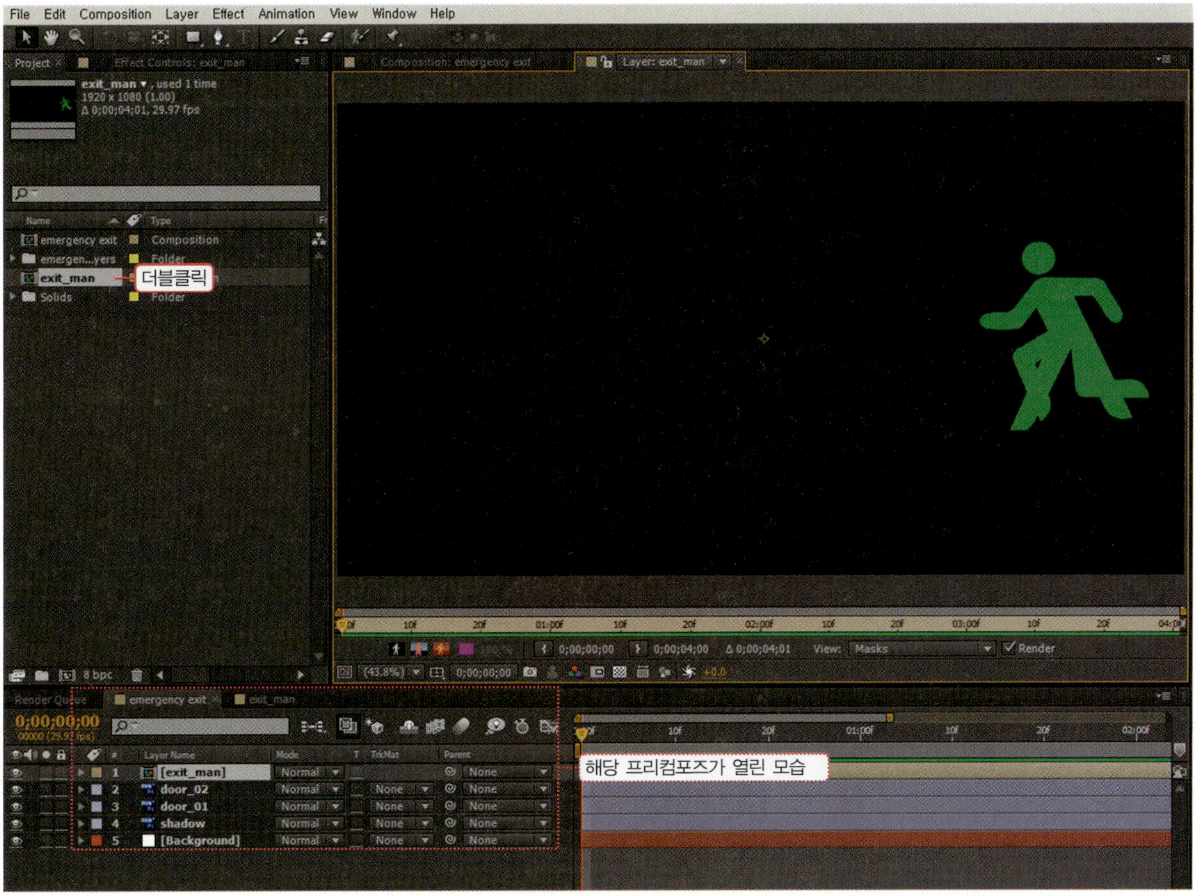

15 exit_man 컴포지션으로 다시 이동한 후 각 동작을 복제하고 Shift 키를 누른 상태에서 이동시켜 놓는 과정을 반복하여 아래 그림처럼 위치시켜 놓습니다.

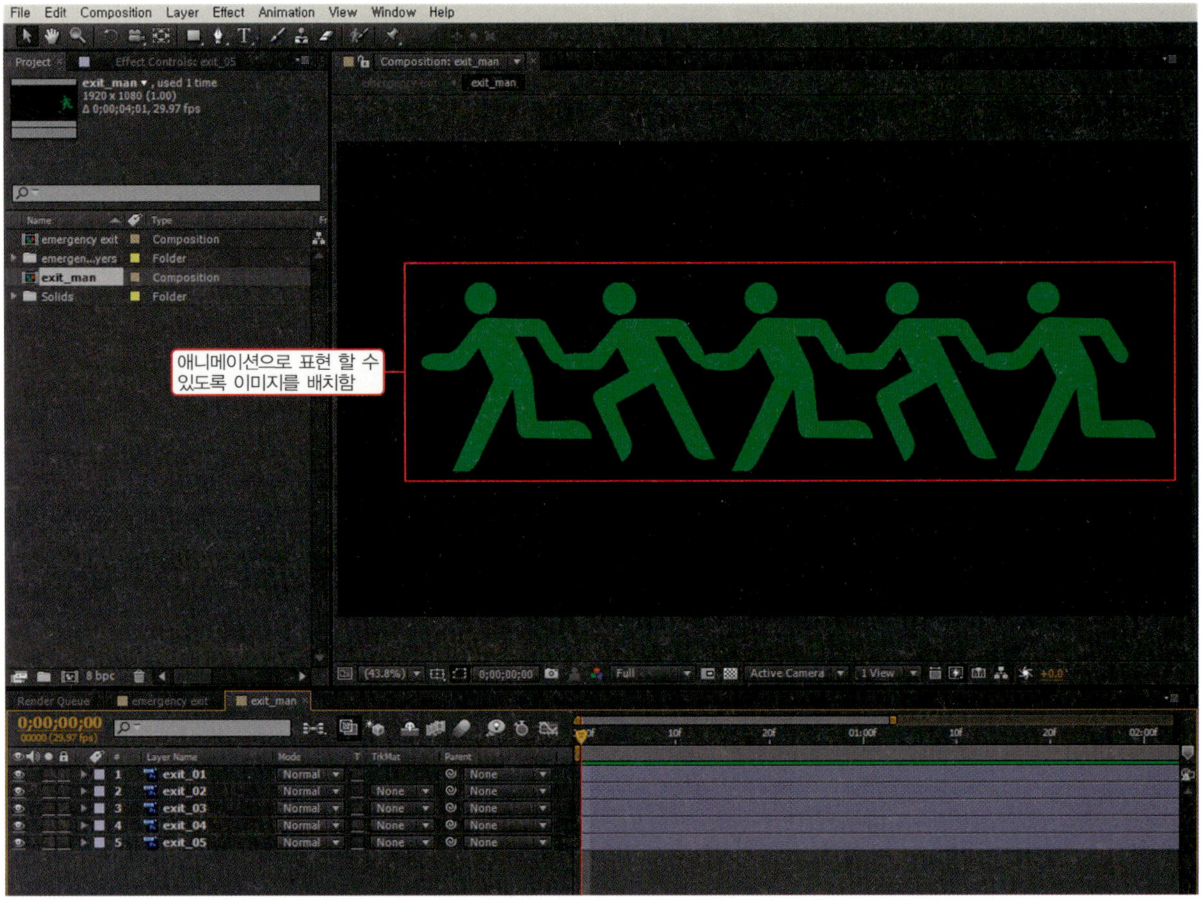

애니메이션으로 표현 할 수 있도록 이미지를 배치함

16 타임라인 패널에서 레이어들을 전체선택(Ctrl + A)해 놓습니다. 타임라인 바(CTI)를 2프레임으로 이동시켜 놓고 Alt +] 키를 눌러 레이어들을 2프레임으로 만들어놓습니다.

1 선택
2 이동
3 조절

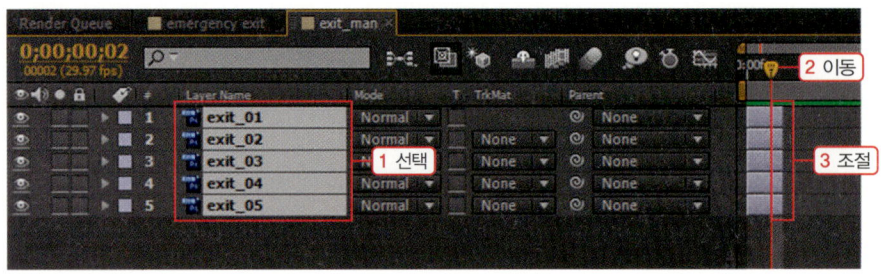

17 Animation 메뉴의 Keyframe Assistant에 있는 Sequence Layers를 선택합니다.

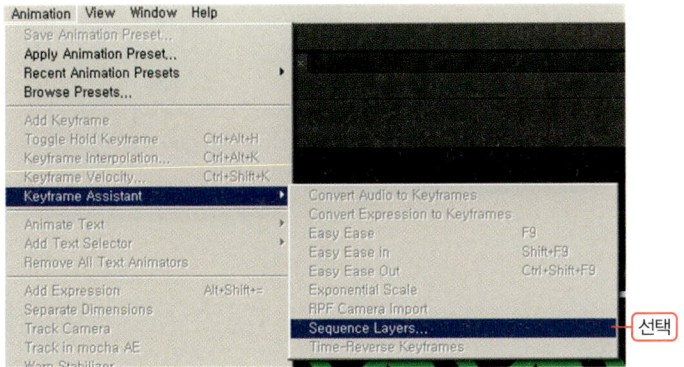

18 Sequence Layers 창이 활성화되면 Transition이 off로 설정되어 있는지 확인합니다. off로 설정되어 있지 않으면 Overlap의 체크박스를 체크한 다음 수정하면 됩니다.

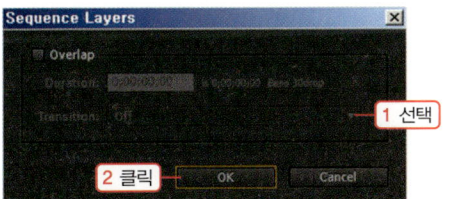

19 Sequence Layers가 적용되면 2프레임으로 설정한 레이어들이 이어서 진행되도록 자동으로 나열됩니다.

20 선택된 레이어를 해제하고 마지막 레이어만 끝까지 진행되도록 길이를 조절해 놓습니다.

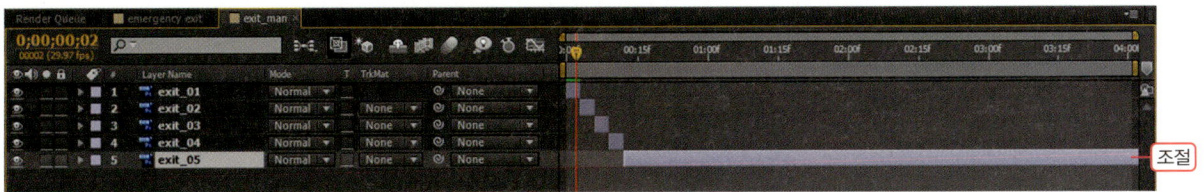

21 마지막으로 캐릭터가 문에 도착하는 순간 그림자가 생기며 일상에서 많이 보는 EXIT처럼 보여지도록 타임라인 바 (CTI)를 12프레임으로 이동시켜 놓고 타임라인 패널에서 레이어를 조절해 놓으면 애프터이펙트의 Sequence Layers 기능으로 셀 애니메이션처럼 만들기 끝입니다.

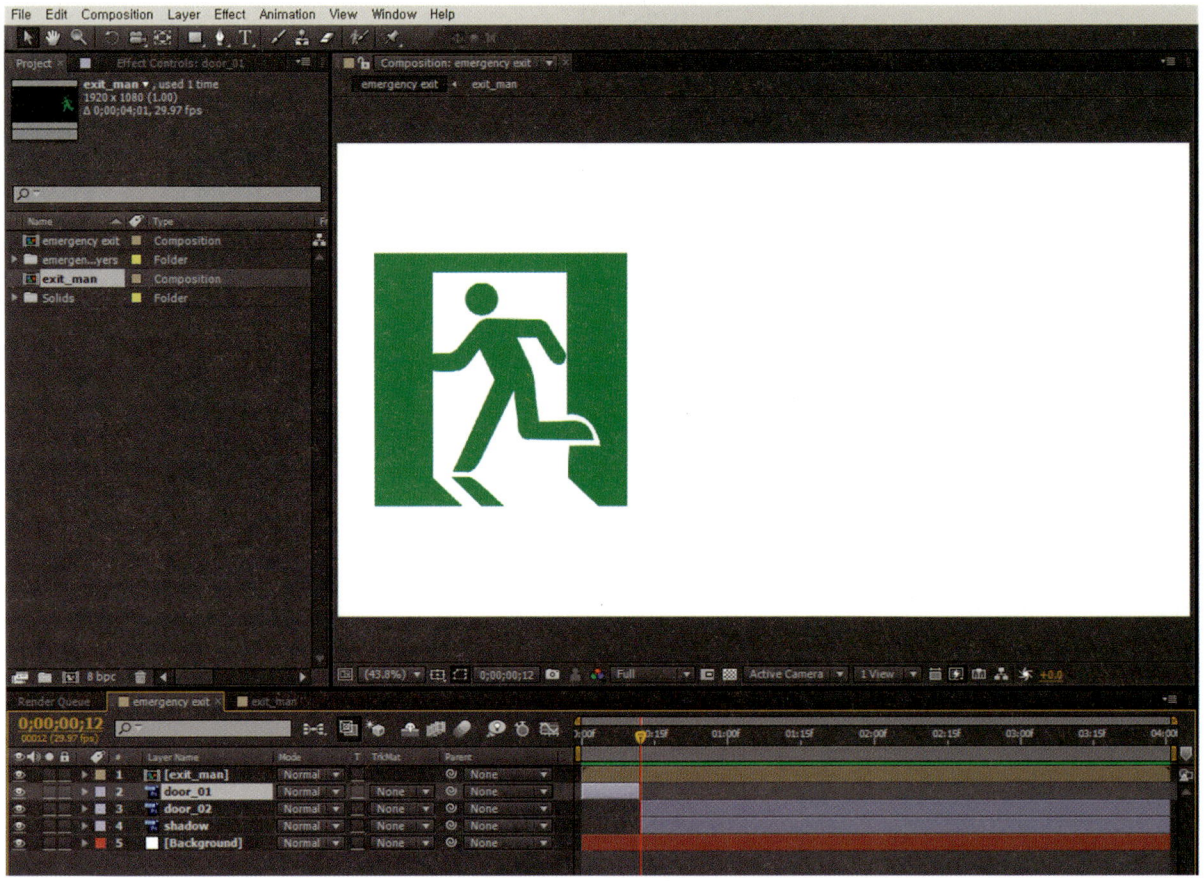

32 Ray-traced 3D를 이용한 3D 텍스트 애니메이션 만들기

애프터이펙트 CS6에 새롭게 추가된 Ray-traced 3D Renderer와 질감을 표현할 수 있는 Environment Layer 기능을 활용하면 애프터이펙트만으로 금속 등 질감이 적용된 3D텍스트 애니메이션을 만들 수 있습니다.

Ray-traced 3D를 이용한 3D 텍스트 애니메이션 만들기

01 Composition 메뉴의 New Composition을 선택합니다. Composition Settings 창에서 Composition Name(metal_text)을 입력하고 Basic 탭에서 사이즈를 HDTV 1080 29.97로 설정하고 Duration에 300을 입력하여 3초로 컴포지션을 설정합니다.

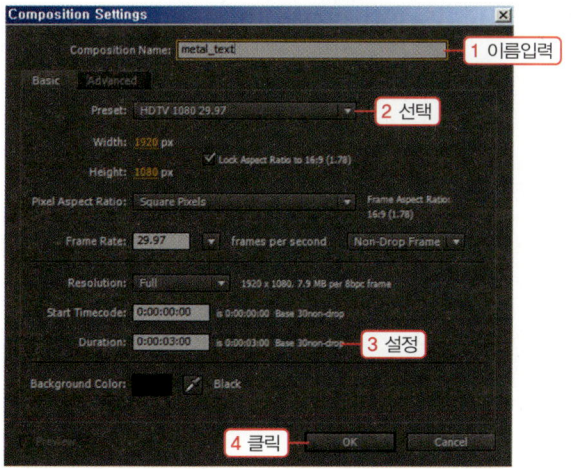

02 Character 패널에서 텍스트의 폰트 및 사이즈(250px)를 설정해 놓고 Fill Color 박스를 클릭하여 Text Color을 R: 188, G: 193, B:192 색상으로 설정해 놓습니다.

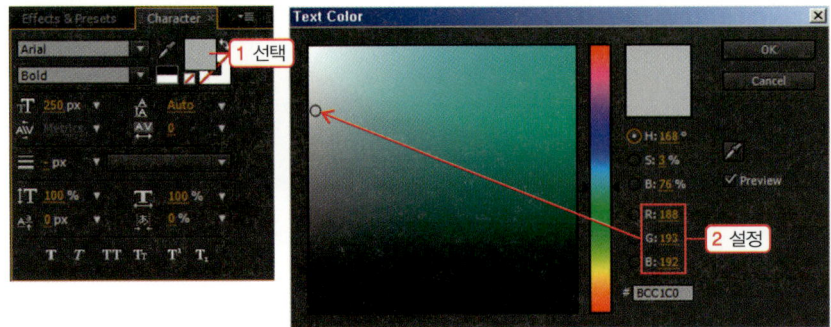

03 텍스트 툴을 선택하고 컴포지션 패널의 화면을 클릭하여 텍스트를 입력합니다. 텍스트가 입력되면 타임라인 패널에는 텍스트 레이어가 만들어지게 됩니다. 텍스트 툴을 선택 툴로 바꿔 텍스트가 가운데에 위치하도록 이동시켜 놓습니다.

04 텍스트 레이어의 ▶ 버튼을 클릭하여 하위 속성을 펼쳐보면 Text 애니메이션을 만들 수 있는 Animate 항목이 있습니다. 텍스트를 3차원 공간에 위치시킬 수 있도록 CS3 버전부터 추가 된 Enable Per-character 3D를 선택합니다.

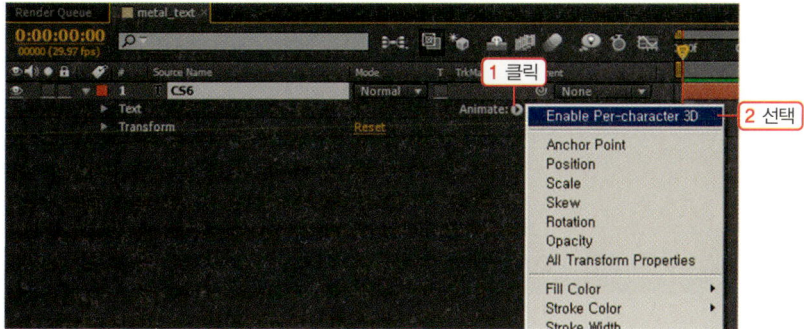

05 Enable Per-character 3D를 선택하면 3D 레이어를 체크하는 부분에 정육면체 박스 두 개가 표시됩니다. 텍스트 애니메이션을 만들기 위해 Animate에서 Rotation을 선택합니다. 애프터이펙트의 텍스트 애니메이션은 Animate 속성으로 만들게 됩니다.

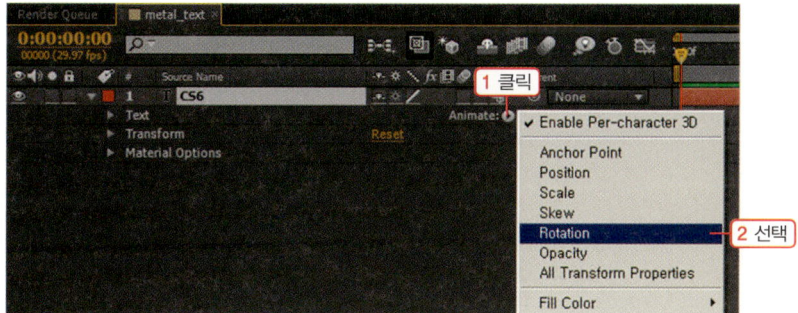

06 Animate의 Rotation이 적용되면 텍스트 속성에는 Animator 1이 추가되면서 Range Selector 1에 선택한 Rotation 항목이 표시됩니다. 타임라인 바(CTI)를 0초로 이동시켜 놓고 Y Rotation에 80을 입력하고 스톱워치 아이콘을 클릭하여 키프레임을 만들어 놓습니다.

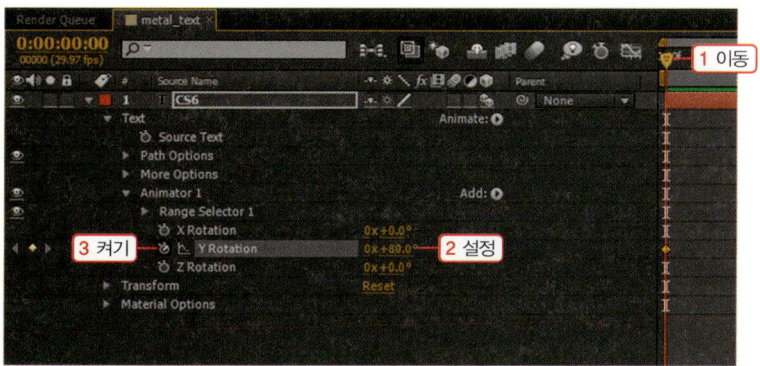

07 타임라인 바를 2초로 이동시켜 Y Rotation 값에 0을 입력하여 자동으로 키프레임이 만들어지도록 합니다.

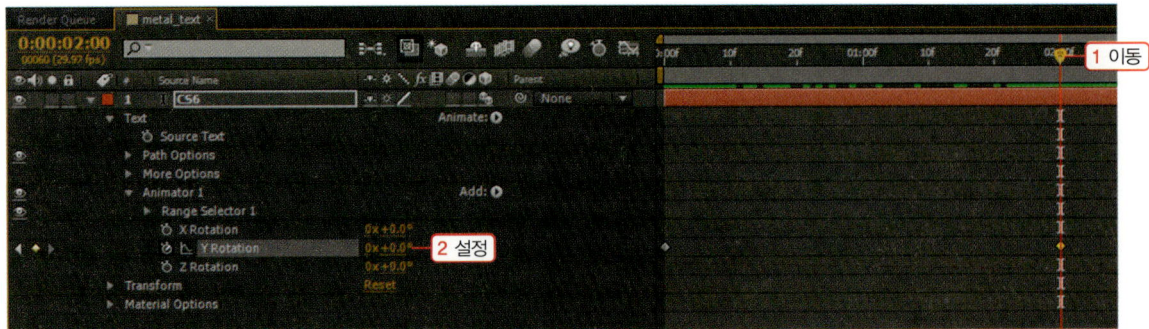

08 텍스트 아래 놓여질 이미지를 만들기 위해 Layer 메뉴의 New에 있는 Solid를 클릭하여 Solid Settings 창을 활성화시킵니다. Name(floor)을 입력하고 Size를 Width 4000px, Height 2000px로 설정하고 Color를 흰색으로 Solid 레이어를 만듭니다.

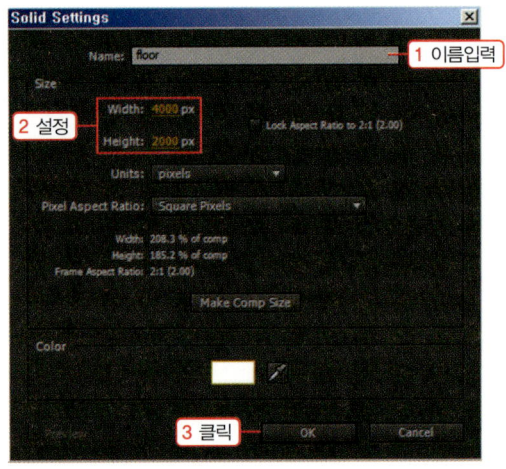

09 앞서 만든 floor 레이어에 Effect 메뉴의 Distort에 있는 CC Griddler를 적용시킵니다.

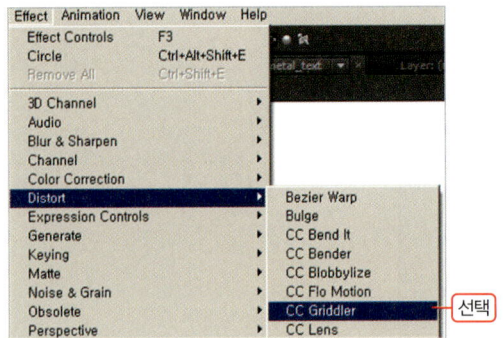

10 CC Griddler가 적용되면 이펙트 컨트롤 패널에서 Horizontal Scale 값 65, Vertical Scale 값 75, Tile Size 값을 3으로 설정합니다.

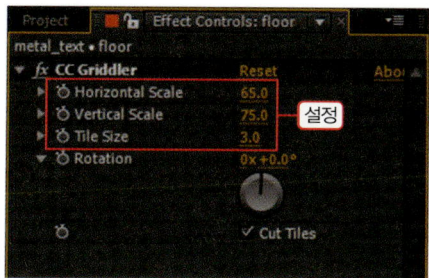

11 다시 한번 Effect 메뉴를 클릭하여 그리드에 색상을 적용시키기 위해 Color Correction에 있는 Tritone 이펙트를 floor 레이어에 적용시킵니다.

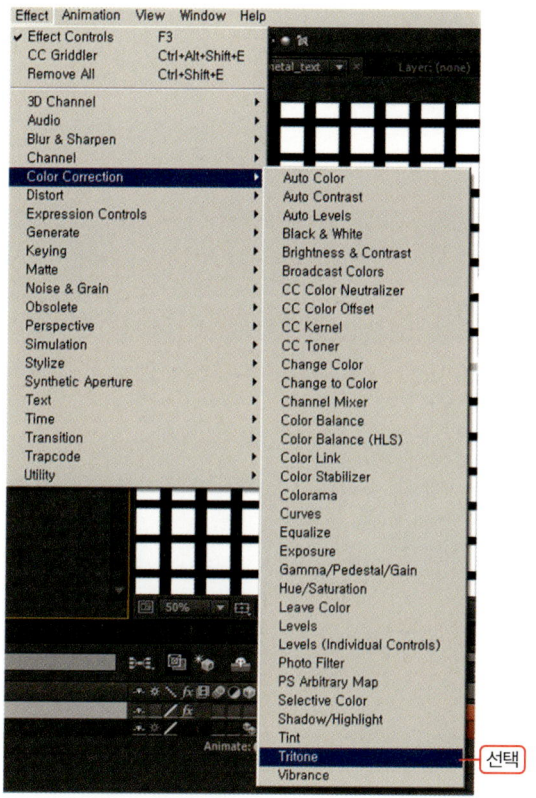

12 Tritone 이펙트가 적용되면 이펙트 컨트롤 패널에서 Highlights의 컬러박스를 클릭하여 색상을 R:58, G:74, B:90의 색상으로 설정합니다. Midtones의 컬러박스도 클릭하여 색상을 R:108, G:108, B:108의 회색 톤으로 색상을 설정합니다.

13 타임라인 패널에서 R 키를 눌러 회전 속성을 활성화시키고 Orientation의 X 축을 270으로 설정한 다음 선택 툴로 텍스트 아래에 위치하도록 이동시켜 놓습니다.

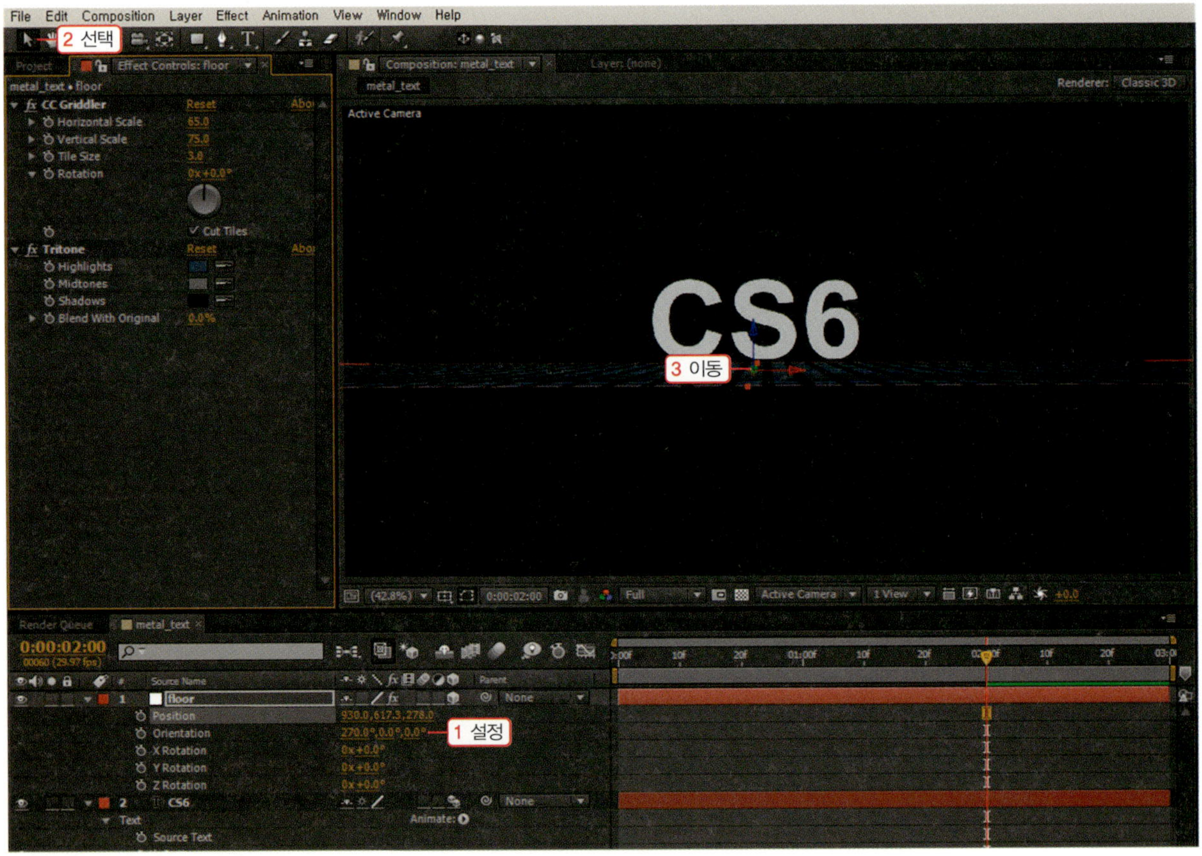

14 Layer 메뉴의 New에 있는 Camera를 클릭하여 Camera Settings 창이 활성화되면 Two-Node Camera의 Type으로 Preset에서 35mm를 선택하여 카메라 레이어를 만듭니다.

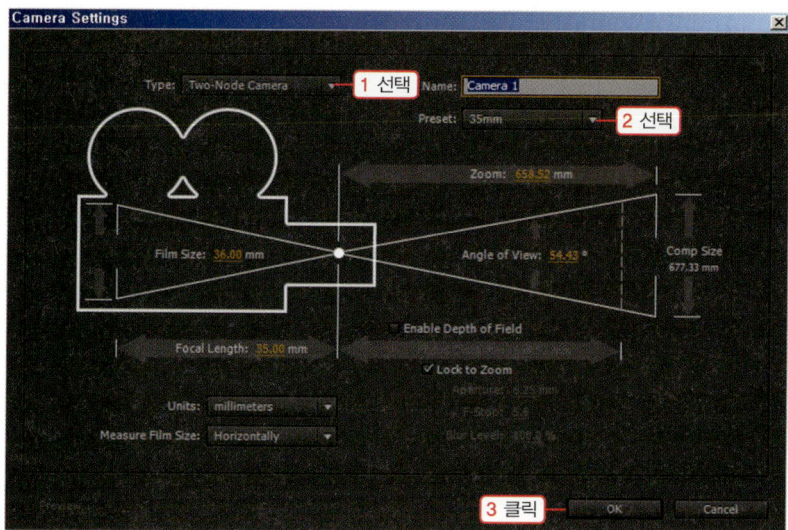

15 카메라를 쉽게 제어할 수 있도록 Layer 메뉴의 New에서 Null Object를 클릭하여 Null Object 레이어를 만듭니다.

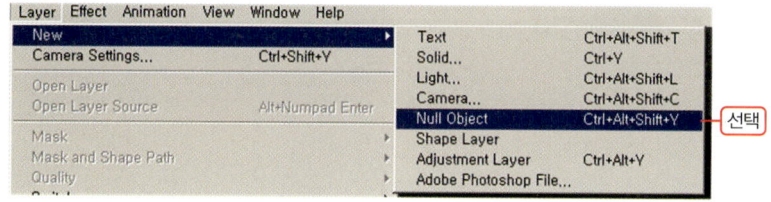

16 타임라인 패널에서 카메라 레이어의 Parent에 있는 소용돌이 모양의 아이콘을 Null Object 레이어로 드래그하여 Parent를 적용시킵니다. Parent가 적용되면 카메라 레이어가 Null Object 레이어에 종속되어 카메라 레이어를 움직이지 않아도 Null Object 레이어로 카메라를 쉽게 제어할 수 있게 됩니다.

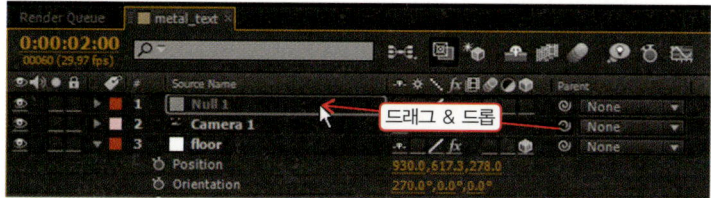

Ray-traced 3D를 이용한 3D 텍스트 애니메이션 만들기 293

17 Null Object 레이어의 3D Layer 아이콘 박스를 체크하여 3D 레이어로 전환한 다음 P 키를 눌러 Position 속성을 나타내고 Shift 키를 누른 상태에서 R 키를 눌러 Rotation 속성을 레이어에 표시되도록 해 놓습니다. Rotation 속성에서 Y Rotation에 3을 입력하고 Z Rotation에 7을 입력한 다음 Position의 Z 축 값(928.0)을 조절하여 텍스트 애니메이션이 공간감을 보이도록 만들어 놓습니다.

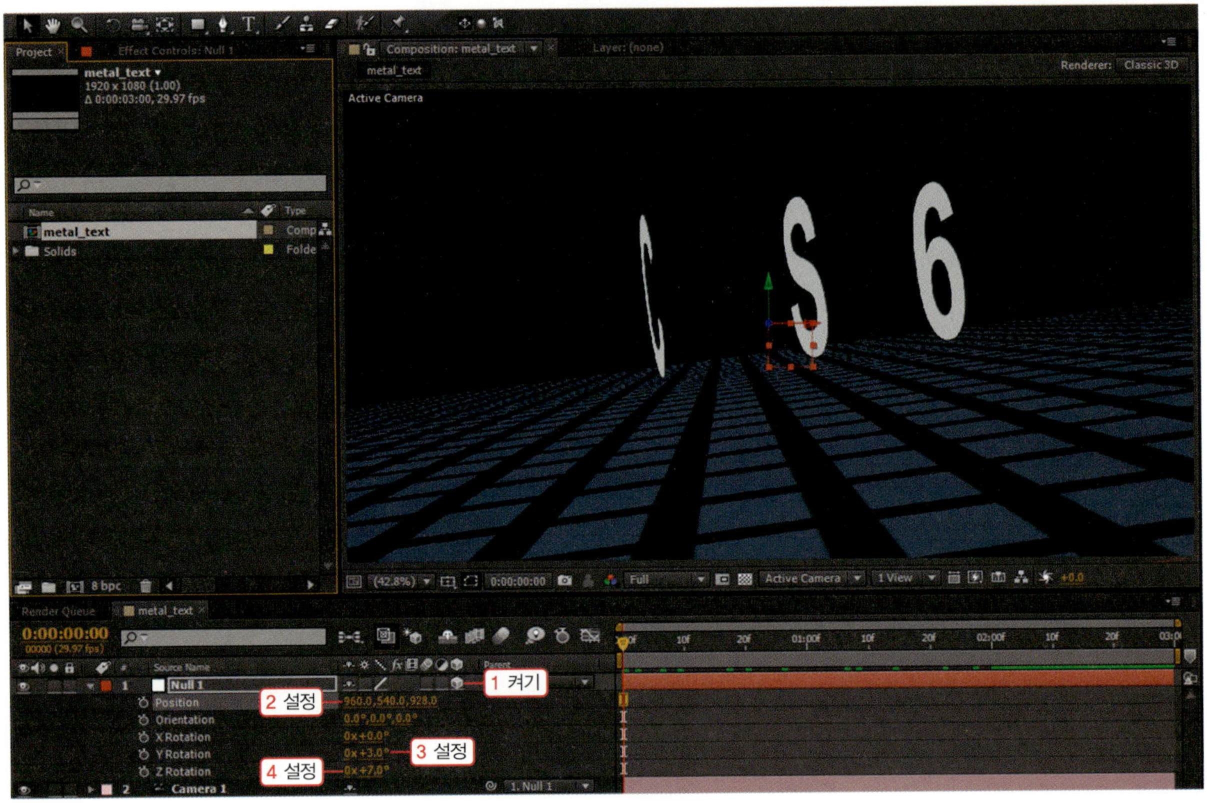

18 Ray-traced 3D로 Renderer를 전환하면 GPU 성능에 의해 작업 속도가 떨어질 수 있으므로 조명 레이어를 먼저 만들어 놓도록 하겠습니다. Layer 메뉴에서 New에 있는 Light를 선택합니다.

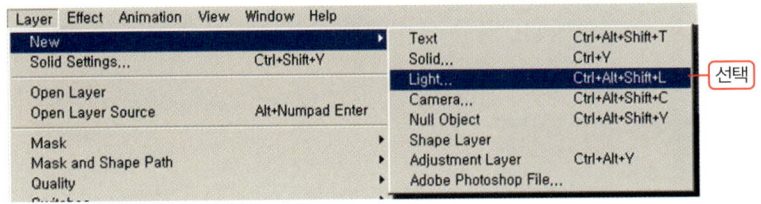

19 Light Settings 창이 활성화되면 Name을 입력(back)하고 Light Type을 Spot으로 설정한 다음 Color의 컬러박스를 클릭하여 색상을 R:237, G:251, B:255로 설정합니다. 빛의 세기 등 조명 레이어에 대한 나머지 항목은 다음과 같이 설정하여 조명 레이어를 만듭니다.

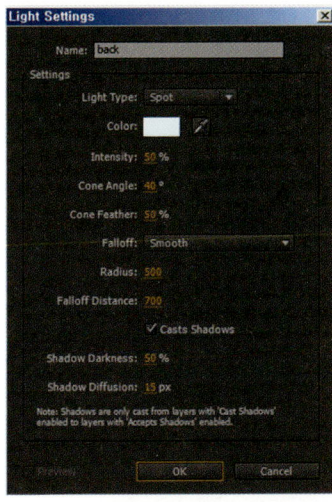

Intensity : 50%
Con Angle : 40°
Cone Feather : 50%
Falloff : Smooth
Radius : 500
Falloff Distance : 700
Casts Shadows : 체크
Shadow Darkness : 50%
Shadow Diffusion : 15px

20 조명 레이어를 만들고 Point of Interest는 910.0, 320.0, 13.0에 Position은 821.0, -188.0, 399.0에 위치하도록 이동시켜 놓습니다.

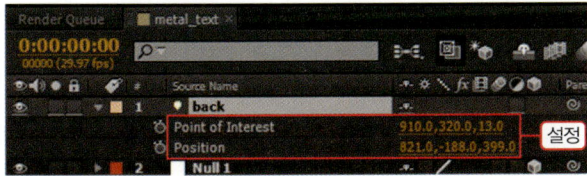

21 다시 Layer 메뉴의 New에서 Light를 클릭하여 Name을 입력(fill)하고 Light Type는 이전과 똑같이 Spot으로 설정합니다. 조명 색상은 Color의 컬러박스를 클릭하여 R:255, G:254, B:223으로 설정해 놓고 나머지 조명 레이어에 대한 설정은 다음과 같이 설정해 놓습니다.

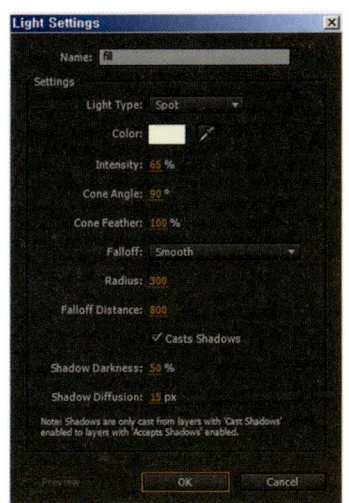

Intensity : 65%
Con Angle : 90°
Cone Feather : 100%
Falloff : Smooth
Radius : 300
Falloff Distance : 800
Casts Shadows : 체크
Shadow Darkness : 50%
Shadow Diffusion : 15px

22 두 번째로 만든 조명 레이어(fill)도 텍스트의 좌측에 위치하도록 Point of Interest를 1135.0, 393.0, -116.0, Position은 1267.0, 328.0, -233.0에 위치하도록 이동시켜 놓습니다.

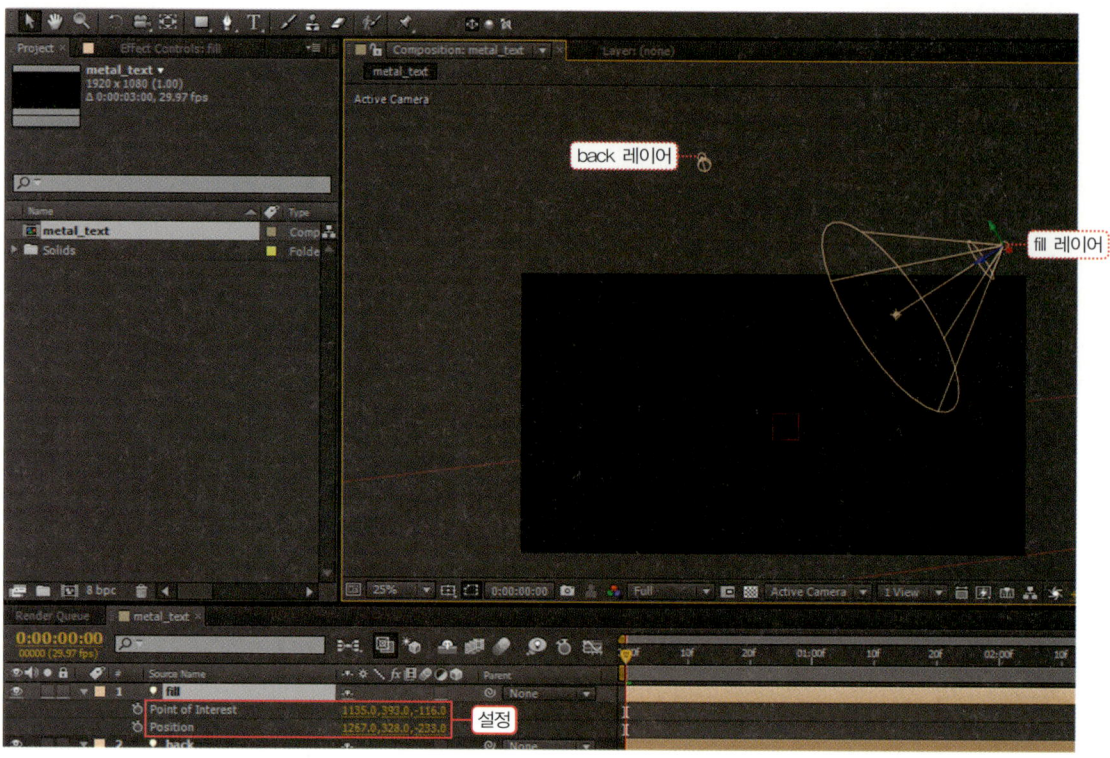

23 우측에서 비추는 조명을 만들기 위해 Layer 메뉴의 New에서 Light를 선택하고 Spot의 Light Type으로 조명 색상을 R:221, G:251, B:255 색상으로 설정해 놓고 나머지 항목을 다음과 같이 설정해 놓습니다.

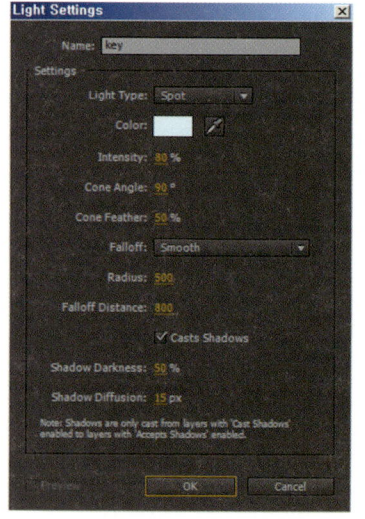

Intensity : 80%
Con Angle : 90°
Cone Feather : 50%
Falloff : Smooth
Radius : 500
Falloff Distance : 800
Casts Shadows : 체크
Shadow Darkness : 50%
Shadow Diffusion : 15px

24 세 번째 만든 조명 레이어(key)는 Point of Interest가 874.0, 534.0, -291.0에 Position이 774.0, 294.0, -561.0에 위치하도록 이동시켜 놓습니다.

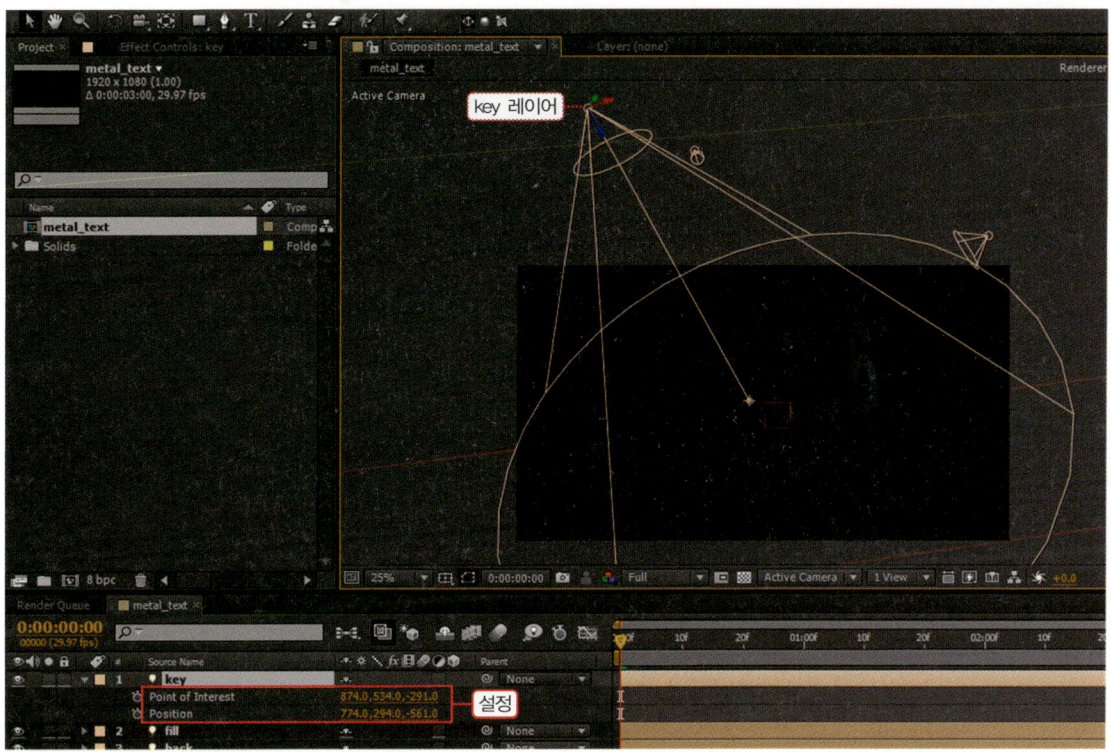

25 마지막으로 전체적으로 비추어주는 Ambient 조명 레이어를 만들고 흰색으로 색상을 설정한 다음 Intensity 값을 40%로 설정하여 조명 레이어를 만들어 놓습니다.

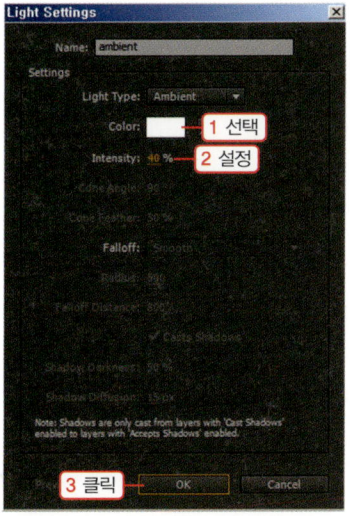

26 조명 레이어 설치가 끝나고 나면 컴포지션 패널의 화면은 다음과 같이 보여지게 됩니다.

27 이제 입체감 있는 텍스트로 표현하기 전에 텍스트에 적용할 금속 질감의 맵을 만들기 위해 Composition 메뉴의 New Composition이나 프로젝트 패널 하단의 Create a new composition 아이콘을 클릭하여 Composition Settings 창을 활성화시킵니다. Composition Name을 입력(environment map)하고 HDTV 1080 29.97 사이즈에 Duration은 3초로 컴포지션을 설정합니다.

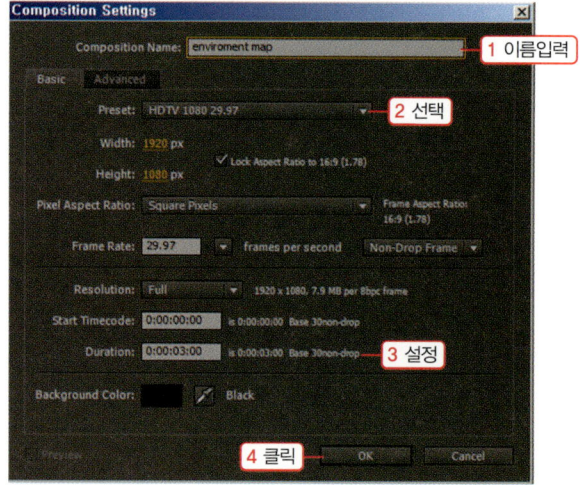

28 Layer 메뉴에서 New의 Solid를 클릭하여 Solid Settings 창을 활성화시킵니다. 이전에 사이즈를 변경했기 때문에 컴포지션

설정과 동일한 사이즈가 되도록 Make Comp Size 버튼을 클릭하고 검정색 컬러로 Solid 레이어를 만듭니다.

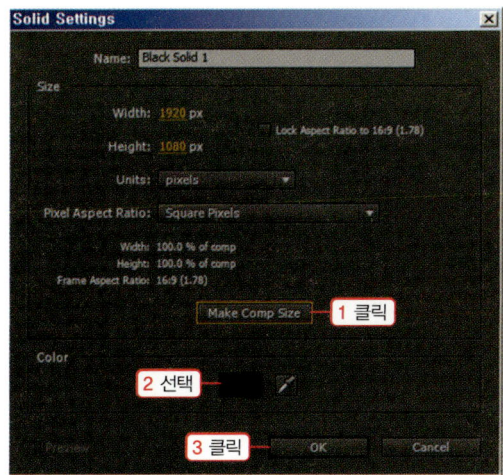

29 앞서 만든 Solid 레이어에 Effect 메뉴의 Noise & Grain에 있는 Fractal Noise 이펙트를 적용시킵니다. 이펙트 컨트롤 패널 (F3)에서 Fractal Type을 Swirly로 선택합니다. Contrast 값을 172, Brightness 값을 -45로 설정하고 Transform에서 Uniform Scaling의 체크를 해제한 다음 Scale Height 값만 400으로 설정합니다.

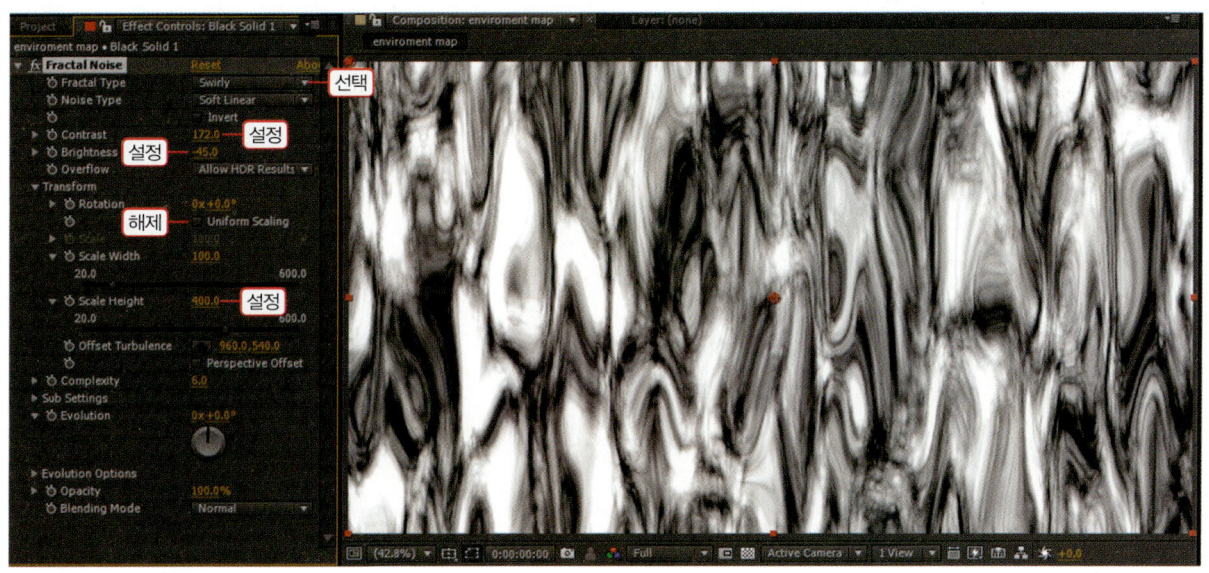

30 다시 한번 Layer 메뉴에서 New에 있는 Solid를 선택하여 Solid Settings 창을 활성화시키고 Color의 컬러박스를 클릭하여 색상을 R:58, G:74, B: 90의 미디엄 그레이톤 블루로 설정하여 Solid를 만듭니다.

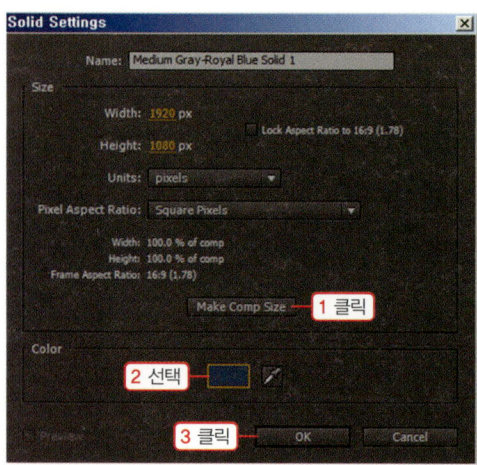

31 툴 바에서 Rectangle Mask Tool을 더블클릭하여 Solid 레이어 전체에 마스크를 적용시킵니다. 툴 바의 마스크 툴을 더블클릭하면 레이어 사이즈와 동일하도록 마스크를 쉽게 만들 수 있습니다.

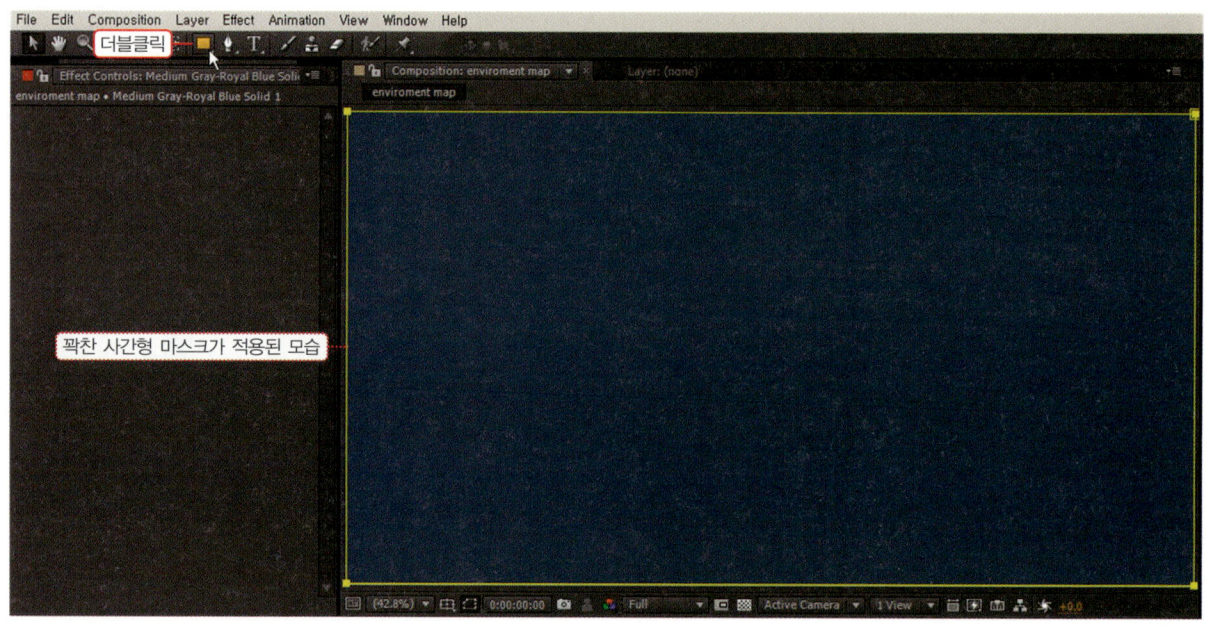

32 마스크를 적용한 Solid 레이어의 블렌딩 모드를 Overlay로 설정합니다.

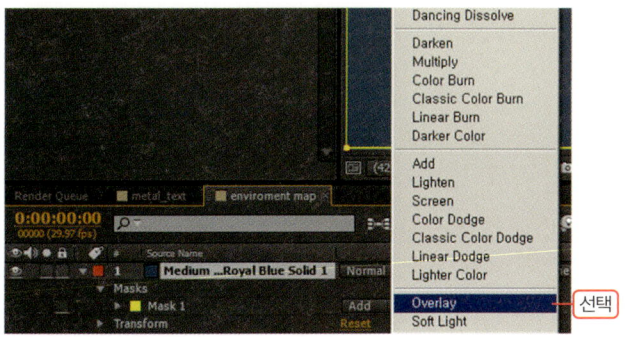

33 Ctrl + T 키를 누르거나 마우스 커서를 마스크의 포인트로 가져가 화살촉 모양으로 바뀌어 표시될 때 마우스를 더블클릭합니다. 마스크 전체의 크기를 한번에 변경할 수 있도록 흰색의 사각 박스로 표시되면 컴포지션 사이즈보다 약간 크게 변경시키고 아래 그림과 같이 이동시키고 Enter 키를 누릅니다.

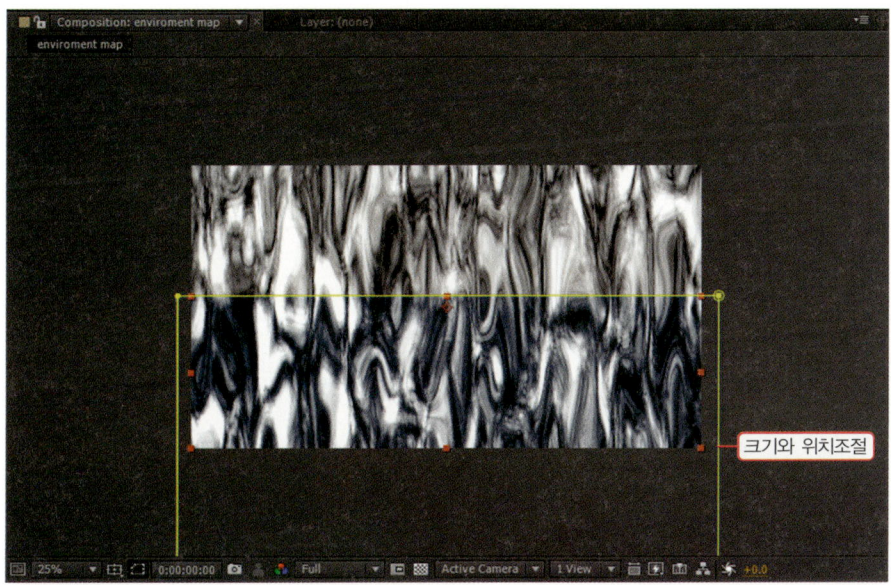

34 타임라인 패널에서 M 키를 두 번 눌러 마스크 속성들을 전부 나타내고 Mask Feather의 쇠사슬 모양을 클릭하여 연결을 해제한 다음 Y 축 값(320.0)만 높여 테두리를 부드럽게 만듭니다.

35 다시 Layer 메뉴의 New에서 Solid를 선택하여 Solid 레이어를 검정색으로 만듭니다.

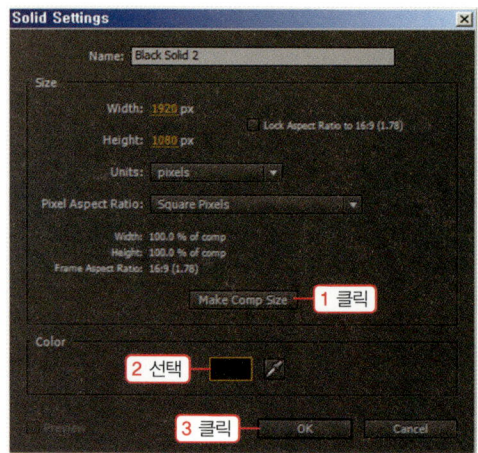

36 툴 바의 Rectangle Mask Tool 툴로 아래 그림과 같이 마스크를 만들어 놓습니다. 타임라인 패널에서 M 키를 두번 눌러 마스크 속성을 나타내고 먼저 마스크 모드 옆에 있는 Inverted를 체크한 다음 Mask Feather의 X 축 값(583.0)만 조절하여 부드럽게 만들어 질감으로 적용할 맵에 대한 제작을 마칩니다.

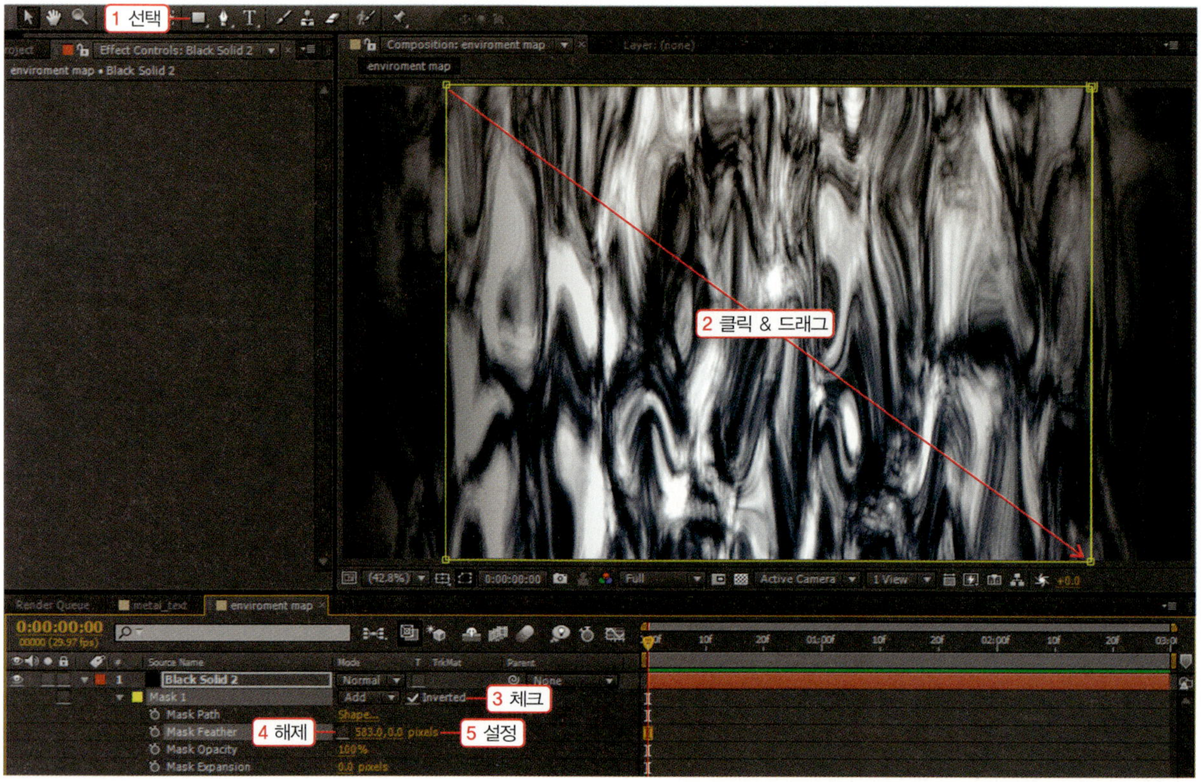

37 Ray-traced 3D로 텍스트 애니메이션을 만들 컴포지션으로 돌아와 질감으로 적용하려고 만든 컴포지션을 프로젝트 패널에서 드래그하여 텍스트 레이어 위에 위치시켜 놓습니다. 애프터이펙트의 텍스트를 입체감 있게 만들기 위해 컴포지션 패널 화면 우측 모서리에 있는 Renderer의 Classic 3D 부분을 클릭합니다. Composition 메뉴의 Composition Settings를 클릭해도 됩니다.

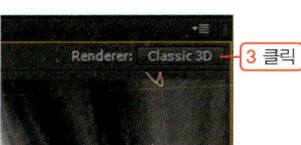

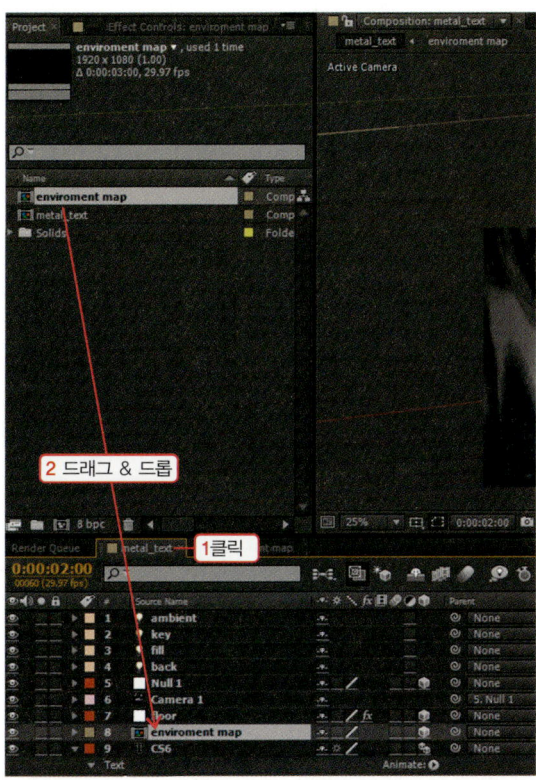

38 Composition Settings 창이 활성화되면 Advanced 탭에서 Renderer를 Ray-traced 3D로 설정하고 창을 닫습니다.

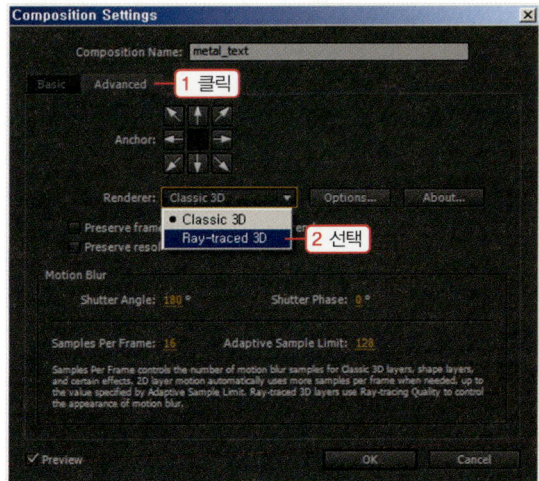

Ray-traced 3D를 이용한 3D 텍스트 애니메이션 만들기 **303**

39 작업을 원활히 진행하기 위해 컴포지션 패널 하단에 있는 Fast Previews를 Fast Draft로 설정해 놓습니다.

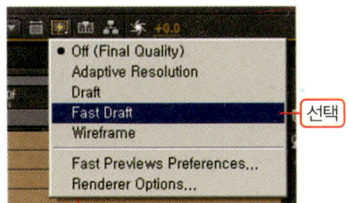

40 앞서 질감으로 표현하기 위해 만든 레이어(environment map)을 선택하고 Layer 메뉴에서 Environment Layer를 클릭합니다. Environment Layer가 적용되면 레이어 썸네일 부분에 원형 아이콘이 표시됩니다. 3D Layer와 레이어를 조정 레이어로 사용할 수 있도록 해주는 Adjustment Layer 아이콘을 체크합니다.

41 Ray-traced 3D로 Renderer가 설정되면 텍스트 레이어에는 입체감 있도록 만들 수 있는 Geometry Options가 표시됩니다.

Bevel Style를 Angular, Bevel Depth 값을 3, Extrusion Depth 값을 40으로 설정하면 컴포지션 패널의 화면에는 텍스트가 입체감 있게 보여지게 됩니다.

42 텍스트 레이어의 Material Options에서 다음 항목들의 값을 조절하여 금속 질감으로 보여질 수 있도록 설정합니다. Material Options에 대한 내용은 [19. 조명(Light) 사용하기]의 [Material Option 속성 이해하기]를 참고하시기 바랍니다.

Casts Shadows : On
Diffuse : 75%
Specular Intensity : 100%
Specular Shininess : 85%
Metal : 80%
Reflection Intensity : 85%
Reflection Sharpness : 85%
Reflection Rolloff : 15%

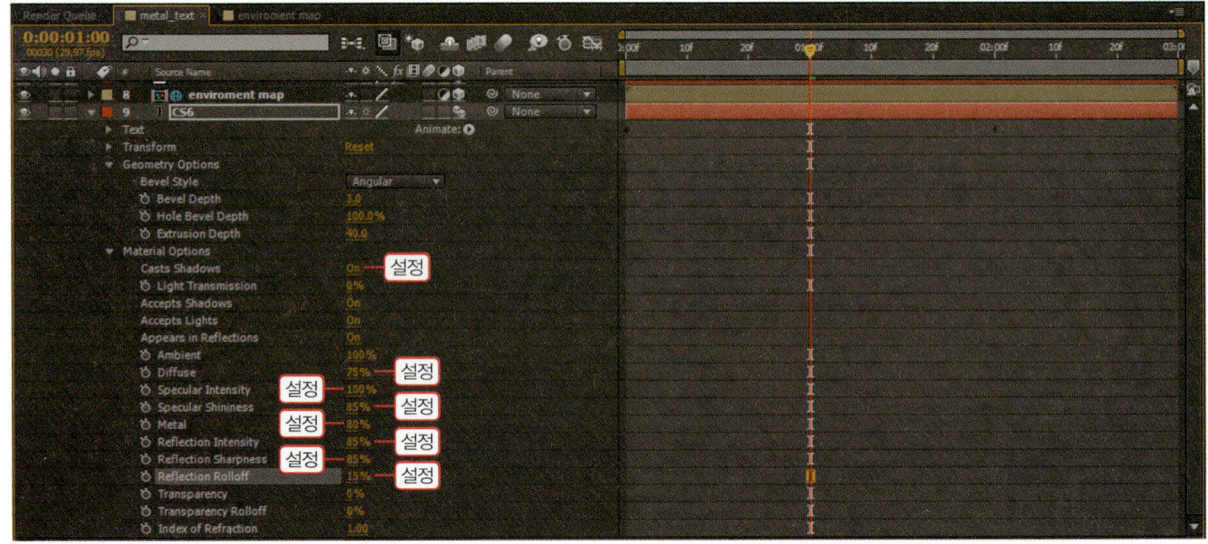

43 금속 질감의 맵을 만들어 Environment Layer로 사용하였고 Material Options까지 설정하였는데 컴포지션 패널의 화면에는 금속 질감으로 표시되지 않는 것은 앞서 원활한 작업 진행을 위해 바꾸어 놓은 Fast Previews가 Fast Draft로 설정되어 있기 때문입니다. 컴포지션 패널의 화면에서 Fast Previews를 Off(Final Quality)로 설정합니다. 이제 텍스트는 금속 질감이 적용되어 표시됩니다.

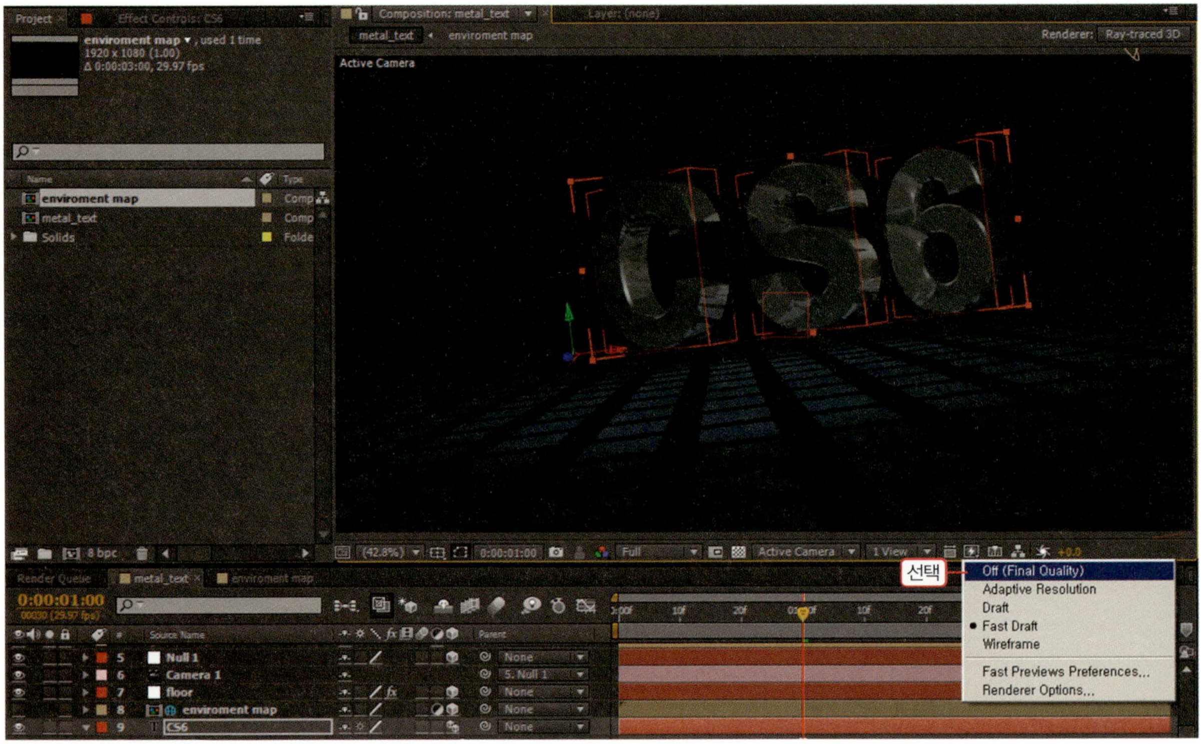

44 약간 어둡게 표현되었을 경우 각 조명 레이어의 값을 조절해도 되지만 원본 손상 없이 하위 레이어들에 이펙트 값을 적용시킬 수 있는 조정 레이어를 Layer 메뉴에서 New의 Adjustment Layer를 선택하여 만들어 놓습니다.

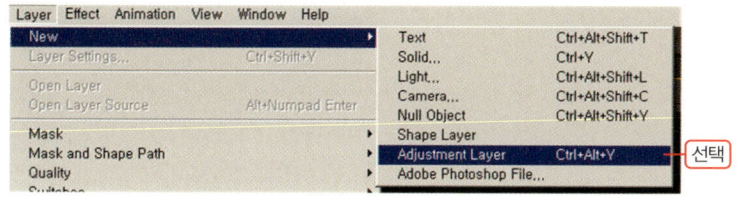

45 Adjustment Layer에 Effect 메뉴의 Color Correction에 있는 Curves 이펙트를 적용합니다. 이펙트 컨트롤 패널에서 Curves 이펙트의 RGB 그래프를 조절하여 3D 프로그램처럼 입체감 있는 텍스트를 만들 수 있도록 CS6에 새롭게 추가 된 Ray-traced 3D와 질감을 적용할 수 있도록 해주는 Environment Layer의 기능으로 금속 질감의 3D 텍스트 애니메이션 만들기를 마무리 하도록합니다.

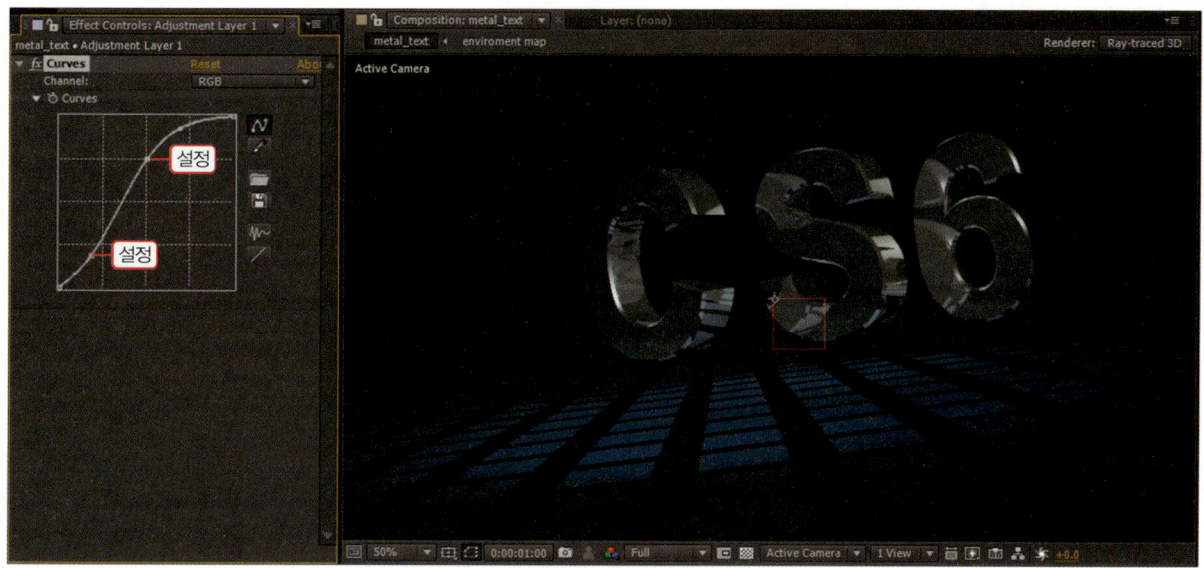

33 3ds MAX 2013과 애프터이펙트의 연동

Autodesk의 3ds MAX 2013 버전의 새로운 기능으로 애프터이펙트와 연동하여 사용하는 방법에대해 자세히 알아보도록 하겠습니다.

01 3ds MAX에서 작업한 것을 애프터이펙트에서 사용하려면 Rendering 메뉴의 State Sets를 사용해야 됩니다.

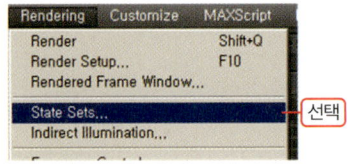

02 State Sets 창이 활성화되면 State Sets으로 분류한 오브젝트들을 알아보기 쉽도록 이름을 입력할 수 있습니다.

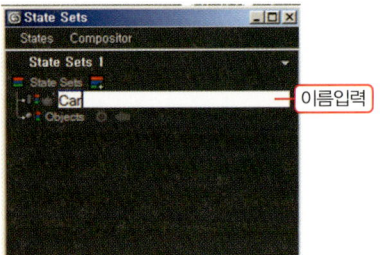

03 Begin recording state 버튼(원형 아이콘)을 클릭하면 빨간색으로 표시되면서 Make this state current가 녹색 화살표로 활성화됩니다.

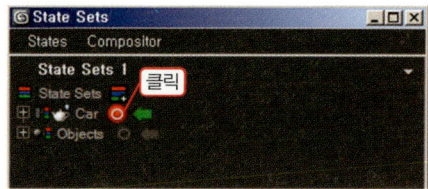

04 선택한 오브젝트만 State Sets로 지정하기 위해 Tools 메뉴의 Manage Layers를 실행합니다.

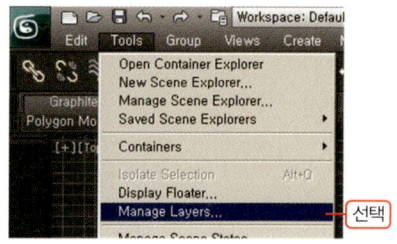

05 Layer 창이 활성화되면 State Sets로 지정할 오브젝트를 제외한 나머지는 Hide에서 클릭(전구 모양 표시)하여 비활성화시켜 놓습니다.

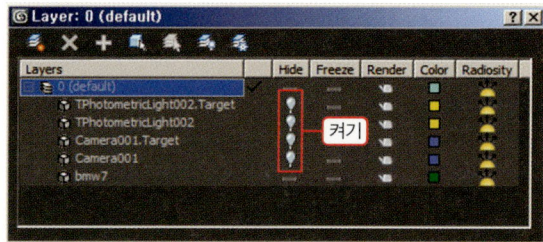

06 State Sets 창에서 States 메뉴를 클릭하여 Add State로 State를 추가하여 다른 오브젝트들도 State Sets로 설정할 수 있습니다.

3ds MAX 2013과 애프터이펙트의 연동 309

07 State Sets 설정이 끝나면 States 메뉴에서 Render Outputs를 실행하여 Browse… 버튼을 클릭하고 State Sets가 저장될 경로를 지정합니다. tga 파일로 저장되므로 Browse를 통해 지정한 경로에 폴더를 만들어 놓고 Set Path 버튼을 클릭합니다.

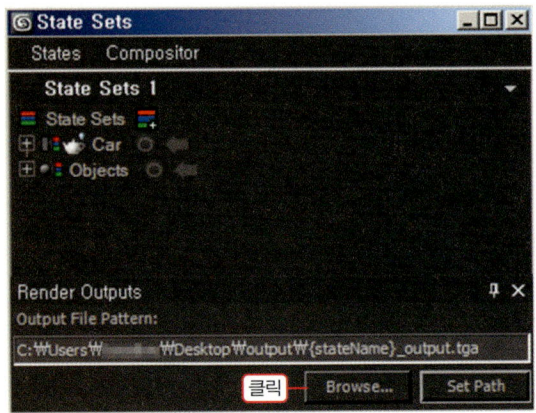

08 Rendering 메뉴의 Render Setup을 클릭하여 Time Output에서 애니메이션으로 출력할 범위를 확인하고 Render Output에서 저장 경로를 확인합니다.

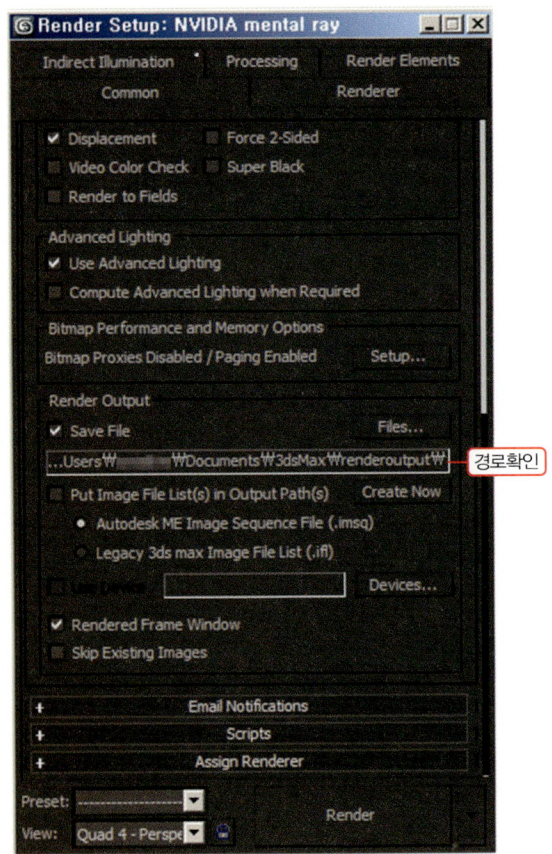

09 각각의 State Sets에 대한 설정이 끝나면 States 메뉴에서 Render All States를 실행합니다.

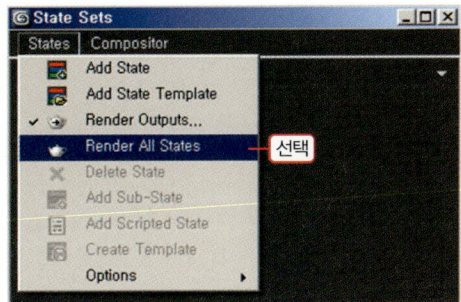

10 랜더링이 진행중인 State Sets은 State Sets 창의 항목에 녹색 화살표가 표시되어 렌더링 진행 상태를 알 수 있습니다.

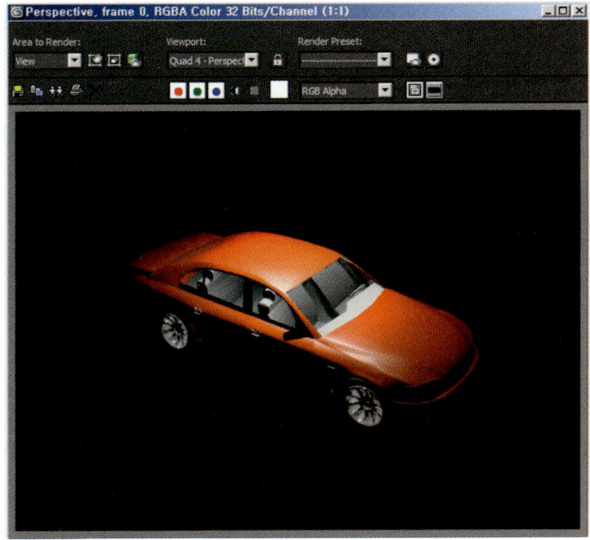

11 State Sets로 분류한 다음 Compositor 메뉴의 Compositor Link를 실행해야 애프터이펙트에서 불러들일 수 있게 됩니다.

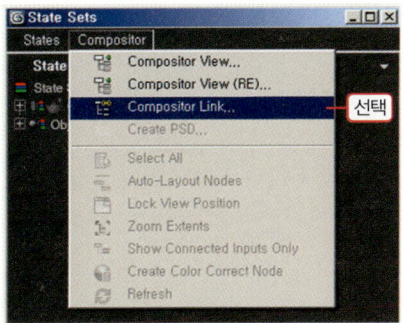

12 Compositor Link를 실행하면 State Sets 창 하단에서 애프터이펙트로 내보낼 요소들의 체크박스를 체크하고 Create Link 버튼을 클릭합니다.

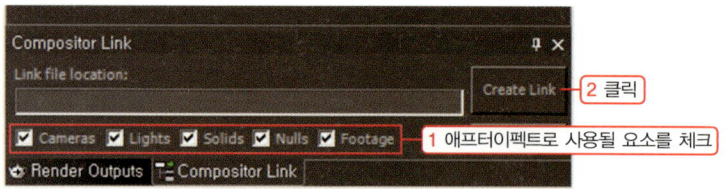

13 State Sets로 분류하여 저장한 파일들과 같은 폴더 안에 저장되도록 경로를 설정하면 애프터이펙트와의 호환을 위한 3ds MAX의 작업은 끝입니다.

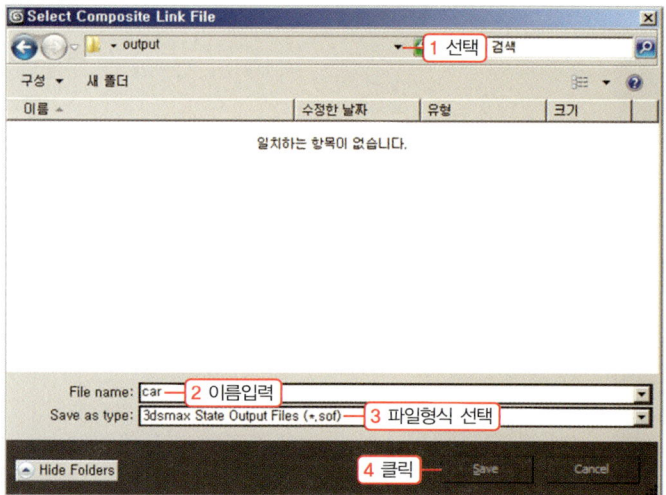

14 3ds MAX의 오브젝트들을 State Sets로 분류하고 작성한 Compositor Link파일인 *.sof 파일을 애프터이펙트에서 실행하려면 3ds MAX 프로그램이 설치된 C:\Program Files\Autodesk\3ds Max 2013의 ExternalPlugins 폴더 안에 있는 파일들을 애프터이펙트의 경로에 설치해 놓아야 됩니다. ExternalPlugins 폴더 안에는 CS4와 CS5 폴더로 나뉘어져 있으며 애프터이펙트 CS6에는 CS5 폴더의 파일들을 설치하면 됩니다.

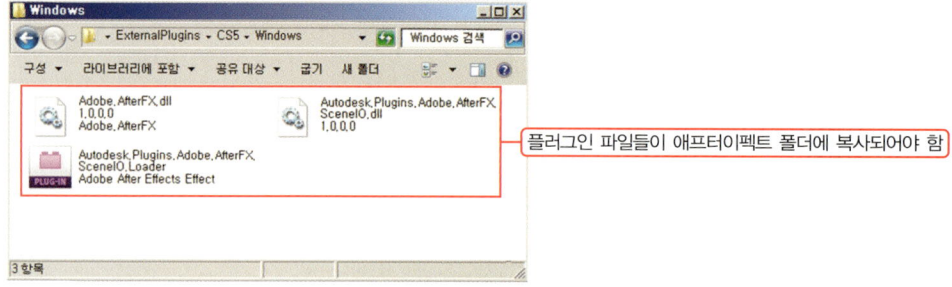

15 앞서 설명한 Adobe.AfterFX.dll과 Autodesk.Plugins.Adobe.AfterFX.ScenelO.dll 파일을 복사한 다음 애프터이펙트가 설치되어 있는 C:\Program Files\Adobe\Adobe After Effects CS6\Support Files에 붙여 넣기하고 플러그인 아이콘의 Autodesk.Plugins.Adobe.AfterFX.ScenelO.Loader 파일은 C:\Program Files\Adobe\Adobe After Effects CS6\Support Files\Plug-ins 폴더 안에 붙여 넣기한 후 애프터이펙트를 실행하면 File 메뉴에 Open Compositor Link(Autodesk) 항목이 표시됩니다.

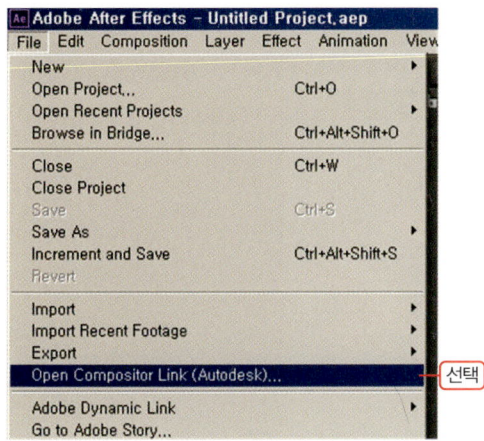

16 Open Compositor Link(Autodesk)를 실행하면 Compositor Link Settings 창이 활성화되며 Create Link 버튼을 클릭하여 3ds Max에서 저장한 *.sof 파일을 선택합니다.

17 프로젝트 창에는 컴포지션 파일과 3ds MAX에서 State Sets로 저장한 파일이 표시됩니다.

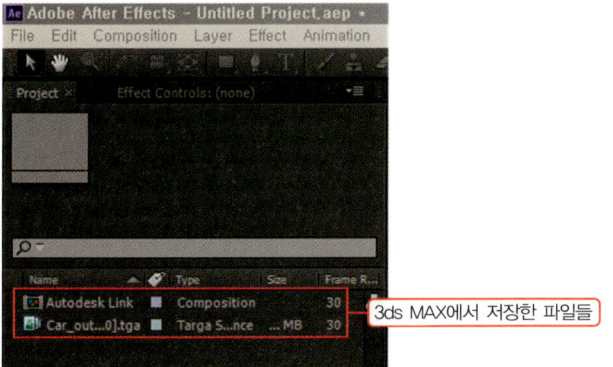

18 Autodesk Link 컴포지션 파일을 더블클릭하면 3ds MAX에서 작업한 파일이 애프터이펙트에서 사용할 수 있도록 타임라인 패널과 컴포지션 패널의 화면에 표시됩니다.

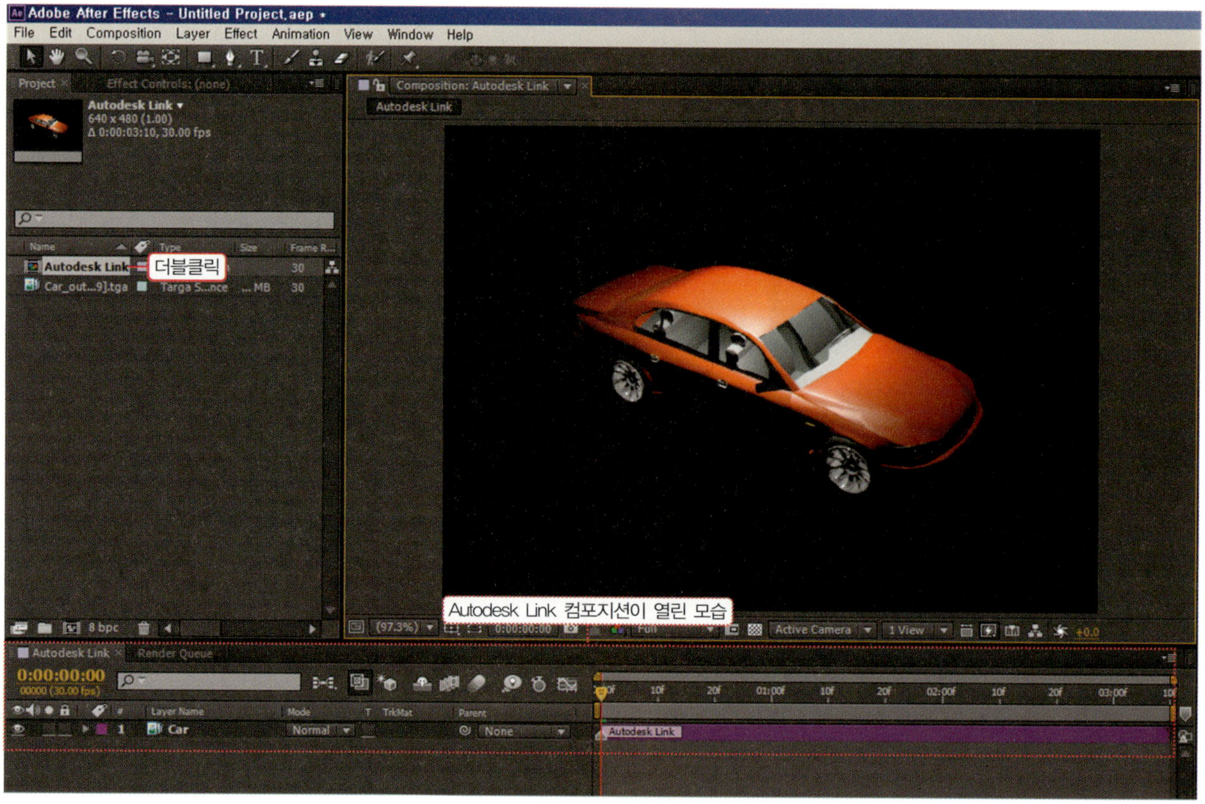

19 알파채널을 인식하지 못해 컴포지션 패널의 화면에 표시되지 않으면 프로젝트 패널에서 파일을 선택한 다음 File 메뉴의 Interpret Footage의 Main을 실행하여 알파채널을 설정하면 됩니다.

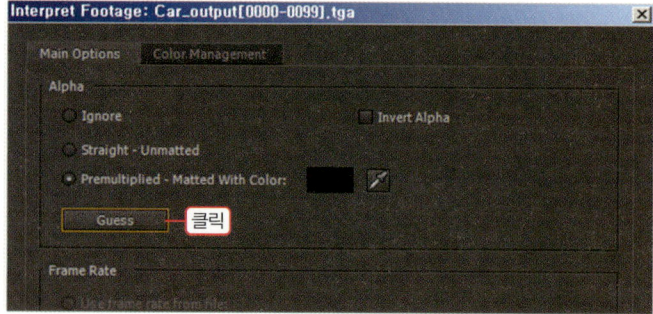

34 시네마 4D와 애프터이펙트의 연동

모션그래픽 제작을 위해 많이 사용되고 있는 MAXON사의 시네마 4D를 애프터이펙트와 연동하여 사용하는 방법에 대해 알아보도록 하겠습니다.

01 시네마 4D에서 제작한 오브젝트는 애프터이펙트로 내보내기하여 합성 및 이펙트 작업을 할 수 있습니다. 시네마 4D의 Objects Manger에서 마우스 오른쪽 버튼을 클릭하여 애프터이펙트로 내보내기 위해 태그를 설정해야 합니다. CINEMA 4D Tags에서 External Compositing을 선택합니다.

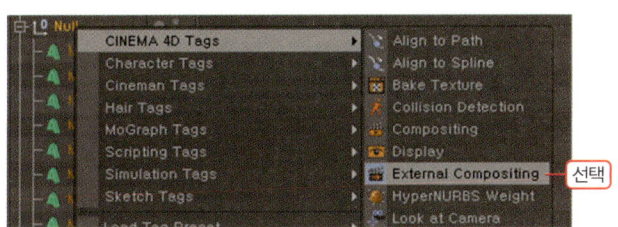

02 Attributes Manger 패널 External Compositiong Tag의 Tag 탭에서 Solid를 체크하여 애프터이펙트에서 합성 등 데이터를 참고해야 되는 오브젝트에 Solid 레이어를 함께 만들 수 있습니다.

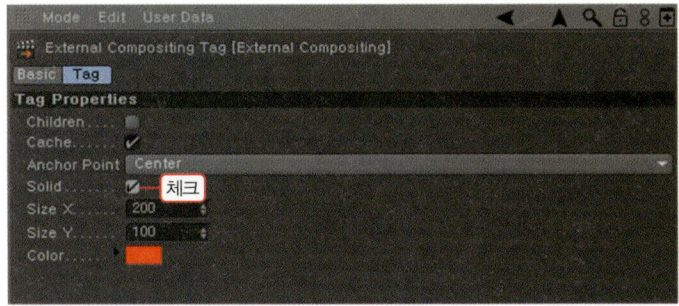

03 Render Settings 창을 활성화시키고 Output에서 출력할 사이즈 및 Frame Rate 출력 범위 등을 설정해 놓습니다.

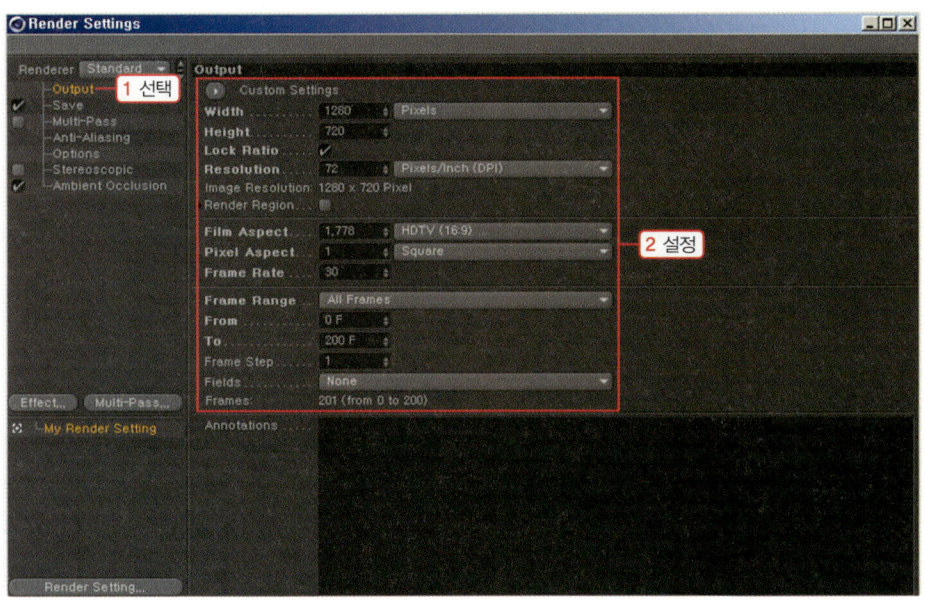

04 Render Settings의 Save 항목으로 이동하여 시네마 4D의 데이터가 저장될 경로를 Flie에서 설정해 놓은 다음 시퀀스 파일로 출력할 포멧을 설정합니다. Compositing Project File에서 Save를 체크하고 Target Appliction에서 After Effects를 선택합니다. 그리고 Include 3D Data도 체크해 놓습니다. Save Project File… 버튼을 클릭하여 앞서 설정한 저장 경로와 같은 곳으로 되어 있는지 확인합니다.

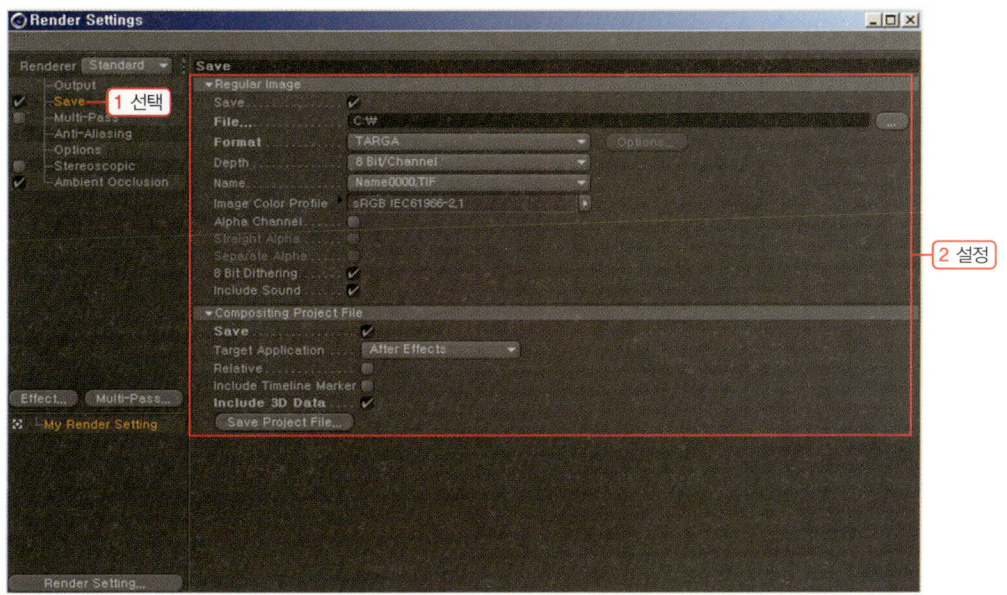

05 시네마 4D를 애프터이펙트로 내보내기 위한 태그 및 Render Settings 설정이 끝나면 렌더링을 진행하도록 합니다.

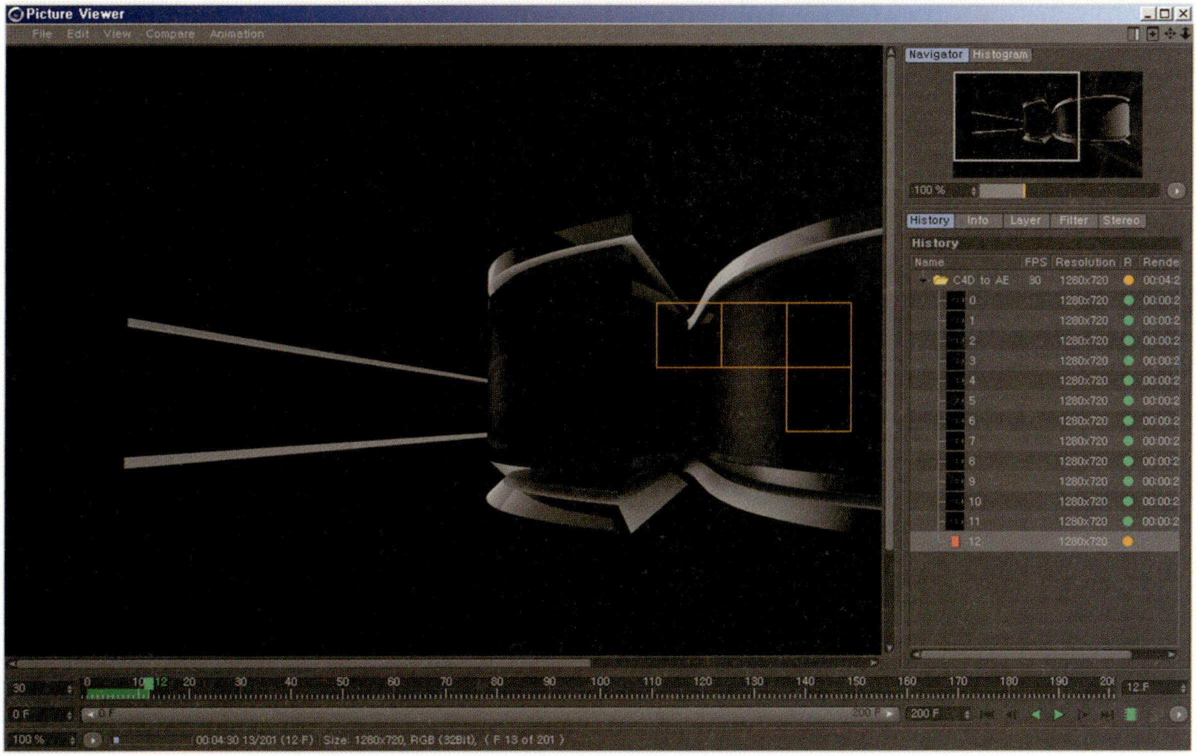

애프터이펙트를 위한 시네마 4D 플러그인 설치하기

시네마 4D에서 내보내기로 작성한 것을 애프터이펙트에 불러들이려면 플러그인을 먼저 설치해 놓아야 합니다. MAXON사의 홈페이지 http://www.maxon.net/en/support/updates/plugins.html에는 시네마 4D와 애프터이펙트의 호환에 대한 플러그인들이 다운로드하여 사용할 수 있도록 제공되고 있습니다. 여기서 여러분이 사용하는 애프터이펙트 버전에 맞는 플러그인을 다운로드 받으면 됩니다.

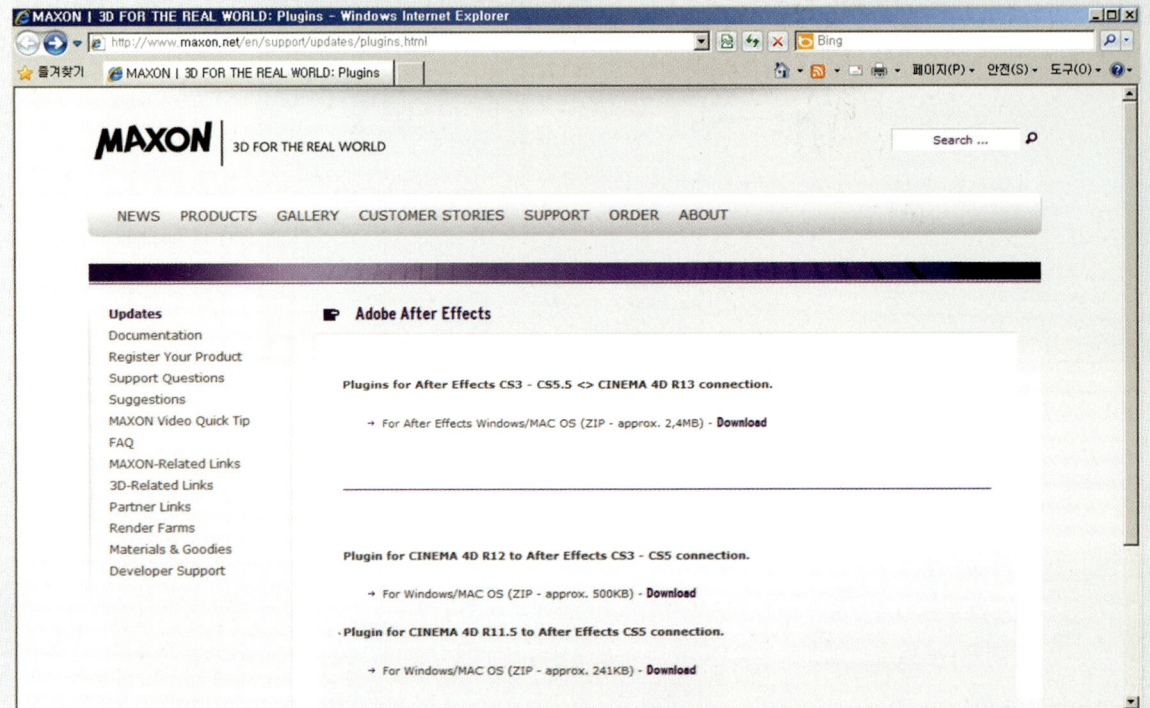

시네마 4D R13 버전부터는 애프터이펙트와의 호환에 대한 Cinema4DAE 플러그인 이외에 새롭게 C4Dexporter 플러그인이 추가되었습니다. 플러그인들은 프로그램이 설치된 드라이브 C:₩Program Files₩Adobe₩Adobe After Effects CS6₩Support Files₩Plug-ins에 붙여넣기 해 놓고 애프터이펙트 프로그램을 실행하면 됩니다.

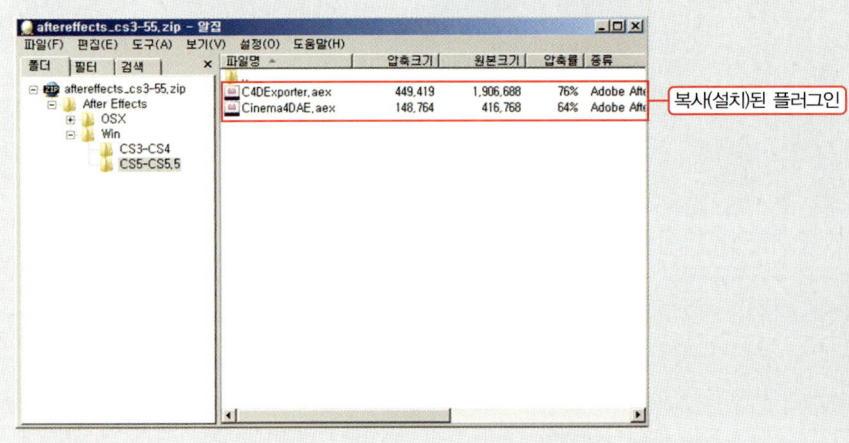

06 프로젝트 패널의 빈 곳을 더블클릭하여 Import File 창을 활성화시키고 시네마 4D에서 저장한 폴더에는 시퀀스 파일과 함께 *.aec 확장자로 된 파일이 있을 것입니다. aec 확장자의 파일을 선택하여 열기 버튼을 누릅니다.

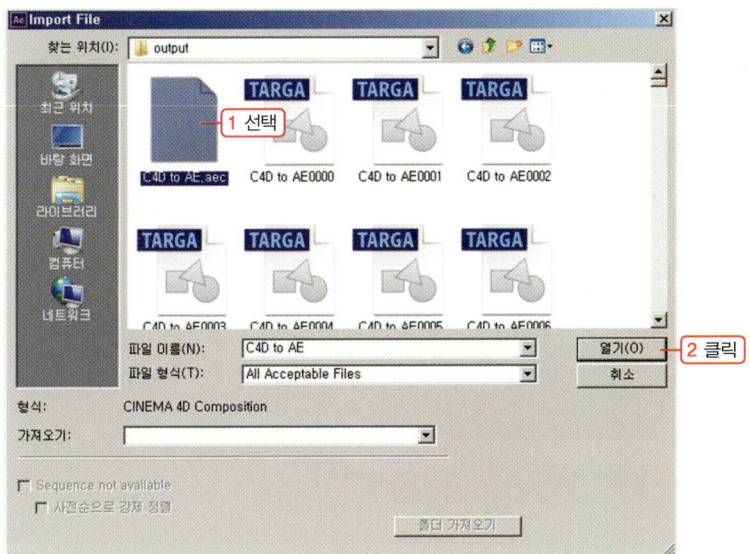

07 애프터이펙트 프로젝트 패널에는 파일 이름으로 된 폴더와 함께 합성을 위해 시네마 4D에서 설정한 Solid에 대한 Solids 폴더가 표시됩니다. 파일 이름으로 된 폴더 안에 있는 컴포지션 파일을 선택하여 더블클릭합니다.

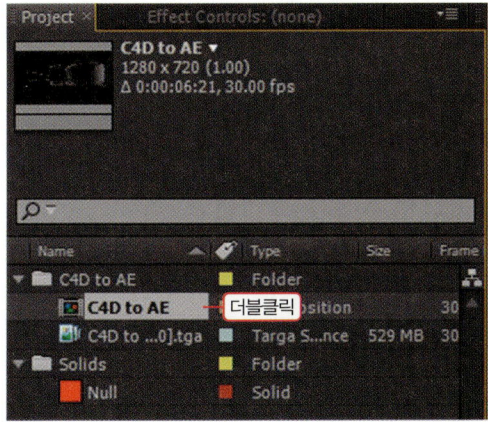

08 타임라인 패널에는 시네마 4D에서 사용한 카메라, 라이트와 합성을 위해 설정한 Solid 등이 표시되고 컴포지션 패널의 화면에는 시네마 4D에서 제작한 애니메이션이 보여지게 됩니다. 또한 시네마 4D에서 만든 Solid 레이어에는 애프터이펙트에서 합성 및 이펙트를 적용할 수 있도록 키프레임이 적용되어 있는 것을 알 수 있습니다.

시네마 4D에서 작업한 모든 데이터가 애프터이펙트에 반영된 모습

09 시네마 4D R13 버전부터 새롭게 추가 된 CINEMA 4D Exporter 플러그인은 반대로 애프터이펙트에서 작업한 데이터를 시네마 4D에서 사용할 수 있는 파일로 만들어줍니다. 이 플러그인을 설치하면 File 메뉴의 Export에 위치하게 됩니다.

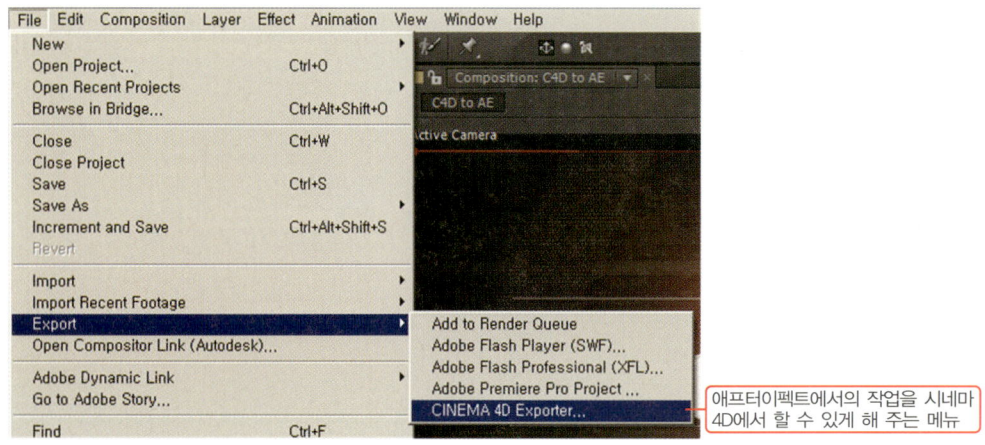

애프터이펙트에서의 작업을 시네마 4D에서 할 수 있게 해 주는 메뉴

10 앞선 메뉴를 선택하면 애프터이펙트에서 작업한 카메라, 라이트, 3D레이어, Null 오브젝트 등의 3D 요소들을 시네마 4D의 C4D 파일로 내보내기하여 사용 할 수 있습니다.

▲ 애프터이펙트에서 작업한 모습

▲ 애프터이펙트에서 작업한 데이터를 시네마 4D로 불러온 모습

시네마 4D와 애프터이펙트의 연동 **321**

Ae 사용자가 반드시 알아두어야 할 단축키

애프터이펙트로 작업을 하다보면 한 번 이상 사용하게 되는 주요 기능들이 있습니다. 원활한 작업 진행을 위해 가장 많이 사용되는 기능들에 대한 단축키들을 살펴보도록 하겠습니다.

V 선택 툴 키 컴포지션 패널의 화면에서 선택 된 레이어의 위치를 이동할 수 있습니다.

H 손바닥 툴 키 선택 툴 상태에서 스페이스 바를 누르고 있으면 마우스 커서는 손바닥 툴로 표시됩니다.

W 회전 툴 키 컴포지션 패널에서 레이어를 회전시킬 수 있습니다.

C 카메라 툴 키 설정 된 단축키 C 키를 누를 때마다 Unified, Orbit, Track XY, Track Z 툴로 쉽게 전환할 수 있습니다.

Ctrl 펜 전환 키 사용하면서 Ctrl 키를 누르고 있으면 컴포지션 패널의 화면에는 펜 툴로 만든 패스의 모양 및 방향을 수정할 수 있도록 마우스 커서가 바뀌어 표시됩니다.

A 앵커 포인트 속성 키 카메라 레이어나 조명 레이어의 경우 Point of Interest가 레이어 속성에 표시됩니다.

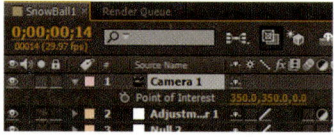

L 오디오 레벨 속성 키 오디오 레벨만 표시됩니다.

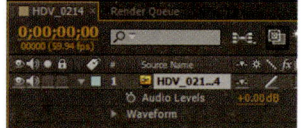

L L 웨이브 폼 속성 키 L 키를 한 번 누르면 오디오 레벨만 표시되지만 두 번 누르게 되면 오디오에 대한 웨이브 폼만 표시됩니다.

T 불투명 속성 키 레이어의 Transform 속성에서는 Opacity가 표시되지만 조명 레이어에서는 Intensity 속성이 표시됩니다.

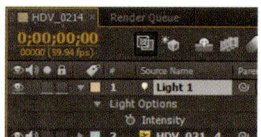

P 포지션 속성 키 레이어에 Position 속성이 표시됩니다.

R 로테이션 속성 키 레이어에 Rotation 속성이 표시됩니다.

R R 타임 리매핑 전환 키 Layer 메뉴의 Time에 있는 Enable Time Remapping이 레이어에 적용되었을 경우 R 키를 두 번 누르면 Time Remap 속성만 표시됩니다.

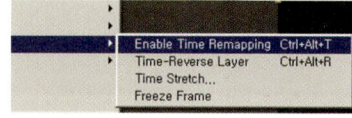

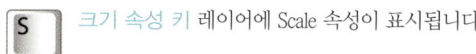 크기 속성 키 레이어에 Scale 속성이 표시됩니다.

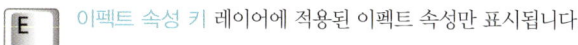 이펙트 속성 키 레이어에 적용된 이펙트 속성만 표시됩니다.

 마스크 패더 속성 키 마스크 속성에서 Mask Feather만 표시됩니다.

 마스크 불투명 속성 키 마스크 속성에서 T 키를 두 번 누르면 마스크 속성의 Mask Opacity만 표시됩니다.

 마스크 모든 속성 키 M 키를 두 번 누르면 마스크의 모든 속성이 레이어에 표시됩니다.

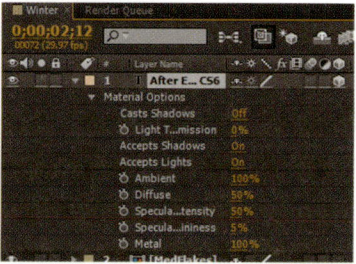 매터리얼 옵션 키 3D 레이어에서 Material Option에 대한 속성이 레이어에 표시됩니다.

 익스프레션 속성 전환 키 익스프레션(Expression)이 적용되어 있을 경우 E 키를 두 번 누르면 레이어에 익스프레션이 적용된 속성만 표시됩니다.

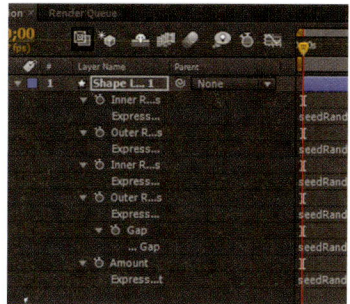

U 키프레임 활성화 키 키프레임이 적용된 속성만 표시되어 타임라인 패널을 넓게 사용할 수 있습니다.

U U 레이어 모든 속성 키 U 키를 두 번 누르면 레이어에 적용된 모든 속성이 표시됩니다.

J 이전 키프레임으로 이동 키 타임라인 바(CTI)가 위치한 시간 단위의 이전 키프레임으로 이동됩니다.

K 이후 키프레임으로 이동 키 타임라인 바(CTI)가 위치한 시간 단위의 이후 키프레임으로 이동됩니다.

B 워크 에리어 시작점 설정 키 타임라인의 Work Area 영역을 시작하는 지점으로 설정합니다.

N 워크 에리어 끝점 설정 키 타임라인의 Work Area 영역이 끝나는 지점으로 설정합니다.

- 타임라인 영역 축소 키 프리미어 프로와 같은 기능으로 타임라인 패널의 영역이 축소되어 표시됩니다.

타임라인 영역 확대 키 프리미어 프로와 같은 기능으로 타임라인 패널의 영역이 확대되어 표시됩니다.

 레이어 맨 위쪽으로 이동 키 타임라인 패널에 다수의 레이어가 존재하거나 패널의 크기가 작을 경우 선택한 레이어(회색 반전 표시)를 타임라인 패널의 맨 위에 보여지도록 해놓고 작업을 할 수 있습니다.

 패널 풀화면 전환 키 각각의 패널을 전체화면으로 표시할 수 있습니다. 다시 한 번 누르면 이전 상태로 표시됩니다. 각 패널의 우측 모서리에 있는 ▼를 클릭하면 패널을 분리하거나 닫을 수 있는 메뉴들이 팝업리스트로 제공됩니다. 팝업리스트에서 Maximize Frame을 선택하면 틸드 키를 눌렀을 때와 마찬가지로 각 패널이 전체화면으로 표시됩니다.

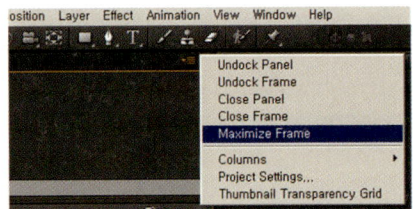

 오디오 재생하기 키 오디오만 프리뷰할 수 있습니다.

 **타임라인 바에서 오디오 재생하기 키** 타임라인 바(CTI)가 위치한 시간 단위부터 오디오만 프리뷰할 수 있습니다.

 마커 생성 키 오디오를 프리뷰하면서 누르면 마커가 만들어지게 됩니다.

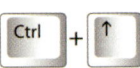 **위쪽 레이어 선택 키** 타임라인 패널에서 선택한 레이어의 위에 있는 레이어로 이동됩니다.

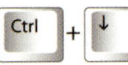 **아래쪽 레이어 선택 키** 타임라인 패널에서 선택한 레이어의 아래에 있는 레이어로 이동됩니다. NumLock 키패드의 숫자키를 이용하여 레이어를 선택할 수도 있습니다. 12번째 레이어를 선택한다면 1 키와 2 키를 누르면 됩니다.

 **레이어 시작점 설정 키** Alt 키와 괄호 표시의 키를 누르면 타임라인 바(CTI)가 위치한 시간부터 시작되는 레이어로 표시됩니다 우측에 위치해 있는 Alt 키와 함께 누르면 타임라인 바(CTI)가 있는 시간 단위로 레이어의 처음 부분이 이동됩니다.

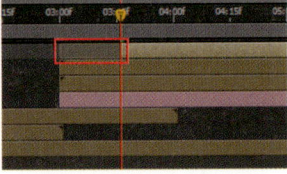
좌측의 Alt 키와 함께 클릭하여 레이어가 시작하는 부분으로 설정된 모습

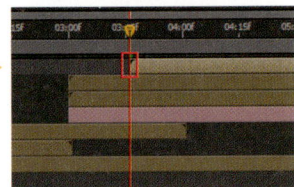
우측의 Alt 키와 함께 클릭하여 레이어의 시작 부분이 이동된 모습

 **레이어 끝점 설정 키** Alt 키와 괄호표시의 키를 누르면 타임라인 바(CTI)가 위치한 시간을 레이어가 끝나는 지점으로 표시됩니다. 우측에 있는 Alt 키와 함께 누르면 타임라인 바가 있는 시간 단위로 레이어의 끝나는 부분이 이동됩니다.

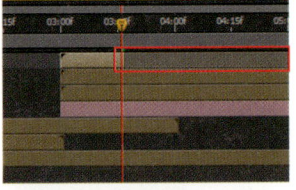
좌측의 Alt 키와 함께 클릭하여 레이어의 끝나는 부분으로 설정된 모습

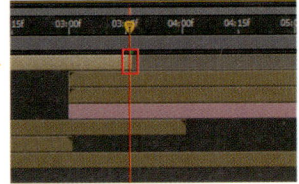
우측의 Alt 키와 함께 클릭하여 레이어의 끝나는 지점이 이동된 모습

뷰 모드 전환 키 컴포지션 패널의 화면에 이전에 선택했던 View모드가 표시됩니다. 3D 레이어에서는 Active Camera 모드로 결과물을 확인해 보게 되지만 Top 모드 등으로 작업을 해야 될 경우가 많습니다. 컴포지션 패널의 화면이 Active Camera로 표시되어 있는 상태에서 View를 Top View로 바꾸어 작업한 다음 이후부터 Esc 키만 사용하면 Active Camera와 Top View가 컴포지션 패널에 바뀌어 표시됩니다. 3D 레이어에서 Esc 키를 사용하면 이전에 작업했던 View 모드로 빠르게 전환할 수 있습니다.

 램 프리뷰 키 NumLock 키패드의 0 키로 램 프리뷰를 할 수 있습니다.

 캡스락(검정 화면) 해제 키 작업하는 동안 CapsLock 키를 누르게 되면 에러가 발생한 것처럼 컴포지션 패널의 화면이 검게 표시되지만 CapsLock 키를 해제하면 원래 상태대로 화면이 보여지게 됩니다.

Render Queue 패널에서 CapsLock 키와 Render 버튼을 누르면 컴포지션 패널에 화면이 표시되지 않아 랜더링 되는 시간을 줄일 수 있습니다.

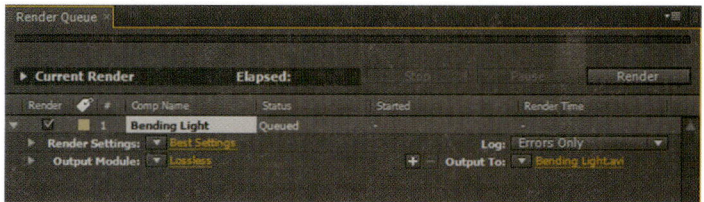

찾아보기

ㄱ / ㄴ / ㄷ / ㄹ

그래프 에디터   163
그린 스크린   233
그림자 만들기   148
단축키   49, 52, 65
도장 툴   31
램 프리뷰   325
레이어 스타일   123
레이어 이동 선택   324
로토 브러시 툴   31

ㅁ / ㅂ

모션 블러   33, 183
마스크 모드   86
마스크 확대 / 축소   222
마스크 속성   90, 222
마스크 크기 조절   80
마스크 툴   30, 80
마스크 패스   84
마커 생성   324
미리보기 패널   37
뷰 모드 전환   325
브러시 툴   31
블렌딩 모드   34
블루 스크린   233

ㅅ

사이즈   54
선택 툴   30, 322
세미콜론   180, 190
속도 제어   177
손바닥 툴   30, 322
스위치 모드   34, 127
시네마 4D   315
시네마 4D 플러그인 설치   318
시퀀스 설정   226

ㅇ

안티알리싱 필터   157
알파채널   54, 55
앵커 포인트   322
오디오 레벨   322
오디오 재생   324
오디오 출력   54
오디오 패널   37
워크스페이스   31
웨이브 폼   188, 322
유니파이드 카메라 툴   136
이펙트 제어 패널   39
이펙트 & 프리셋 패널   38
익스프레션   179

ㅈ

조명 레이어   144, 146, 154, 159
좌표 축   135, 154
좌표 축 모드   129
줌 툴   30
중심점 이동 툴   30
정보 패널   37

정지 화면   168
지우개 툴   31
집중선 효과   241

ㅊ / ㅋ / ㅌ

카메라   127
카메라 레이어   131
카메라 툴   30, 322
캡스락   325
컴포지션 패널   35
코덱   54, 55
타임라인 패널   32, 323
타임 리맵핑   322
툴 패널   30
텍스트 레이어   110
텍스트 애니메이션   110
텍스트 툴   31
트랙매트   34, 224

ㅍ / ㅎ

파일 출력   52
파일 형식   54
퍼펫 툴   31
펜 툴   30, 83, 235
폴더 가져오기   234
프로젝트 패널   32
프리셋   110
프리셋 저장   259
프리 컴포즈   140
회전 툴   30, 322

A

Accepts Light   151, 152
Accepts Shadows   151
Active Camera   149
Add   99
Add 모드   87
Add Expression   179, 182
Add or remove keyframe at current time   49
Add to Render Queue   52, 53, 63
Adjust Exposure(affects view only)   36
Adjustment Layer   34, 50
Adobe.AfterFX.dll   313
Adobe Dynamic Link   63
Advanced   156, 182, 303
aec 파일   319
All Independently   191
All Mask   126
All The Same   190
Alpha   238
Alpha Add   108
Alpha Inverted Matte   258
Alternate RAM Preview   68
Always preview This View   35
Ambient   144, 147, 152
Analyze   193, 196
Analyze forward   196
Analyzing in background(step 1 of 2)   200
Anchor Point   48, 49
Angle of View   133
Animate   111
Animate 속성   113
Animator   111, 160
Animation 메뉴   76, 122, 168, 259, 285
Animation Presets   260

Anti-Aliasing Filter   157
Aperture   133
Apply   193, 197
Apply Motion To   199
Apply To   190
Apply To Composition   95
Audio   33
Audio Amplitude   185
Audio Levels   322
Audio Output   55
Audio Panel   37
Auto Bezier   166, 169, 173, 174
Autodesk.Plugins.Adobe.AfterFX.SceneIO.dll   313
Autodesk.Plugins.Adobe.AfterFX.SceneIO.Loader   313
Autodesk 3ds MAX 2013   308
Auto-keyframe properties when modified   33
Auto-Orient   138
Auto-Orientation   138
Auto-zoom graph height   165
Available Presets   226

B

Background Color   24, 43, 253
Bevel   160
Bevel Depth   160
Bevel Style   160
Bezier   172, 174
Black & White   265
Blending Mode   34, 73, 96
Blur   218
Blur Level   133
Blurriness   224, 228, 231
Blur & Sharpen   224, 228, 231, 256

Blur Tool   218
Brainstorm   24, 33, 94, 95
Browse Presets   76, 122
Brush Size   126
Brush Tool   31

C

Cache Work Area in Composition   71
Camera   127, 131, 141
Camera Options   134
Camera Separation   143
Camera Settings   132, 133
Camera Tool   30
CapsLock   325
Casts Shadow   145, 150
CC Griddler   290
CC Light Sweep   274
CC Radial Blur   256
CC Star Burst   254
Change loop options   38
Channel   256
Character 패널   110, 288
Choose graph type and options   164
Choose which properties are shown in the Graph Editor   164
Cinema 4D   315
Cinema4DAE   318
CINEMA 4D Exporter   320
CINEMA 4D Tags   315
Circle   255
Classic Color Burn   98
Classic Color Dodge   101
Classic Difference   104

Classic 3D   156, 160, 303
Clip Black   239
Clip Notes   23
Clip White   239
Clone Stamp Tool   31
Collapse   34, 141
Collect   57
Collect Files   56, 57, 58, 63
Collect Source Files   57
Color   106, 144, 147
Color Burn   98
Color Correction   257, 291
Color Dodge   100
Comp Button   35
Comp Marker   35
Composition   42, 44, 119
Composition-Cropped Layer   119, 278
Composition Flowchart   36
Composition Mini-Flowchart   32
Composition Name   43
Composition Panel   35
Composition-Retain Layer Sizes   119, 120, 278
Composition Settings   43, 44, 70, 182, 280
Compositor Link   311
Compositor Link Settings   313
Cone Angle   144
Cone Feather   145
Continuous   177
Contrast   250
Continuous Bezier   172, 174
Convergence Options   143
Converge To   143
Convert Audio to Keyframe   77, 185

Convert Expression to Keyframe   77, 185
Convert selected keyframe to Hold   166
Convert selected keyframe to Linear   166
Convert to Editable Text   121, 122
Convert Vertex Tool   84
Copy to Clipboard   205
Create a new Composition   32, 44, 247
Create a new folder   32
Create Link   313
Create Mask from Text   124, 125
Create Outlines   124
Create Shapes from Text   124
Create Shape from Vector Layer   19, 272
Create Split Layers Above Original Layer   65
Create Stereo 3D Rig   141
Create text and camera   201
Create X-Spline Layer Tool   205
Cubic   157
Current Time   36, 95
Current Time Indicator   34, 95
Current Track   193, 199
Curvature   161, 162
Curves   257
cycle   189
C4Dexporter   318

D

Dancing Dissolve   97
Darken   97
Darken 모드   89
Darker Color   99
Dashed Line   261
Dashes 속성   94

Default Still   229
Delete selected project items   32
Difference   104
Difference 모드   90
Diffuse   152
Dimensions   190
Disk Cache   69
Dissolve   97
Distort   251, 290
Divide   105
Draft 3D   33
Duplicate   65, 265
Duration   43, 70
DynamicLink   25

E

Easy Ease, Easy Ease In, Easy Ease Out   77, 166, 169
Editable Layer Styles   120
Editing(CS5.5)   227
Edit selected keyframes   166
Edit Target   196, 197 199
Effect   34
Effects Controls Panel   39, 50, 75
Effect point control   199
Effect & Preset Panel   38, 51, 122, 260
Ellipse Tool   30, 220, 230
Empty Disk Cache   69
Enable Depth of Field   133
Enable Expression   183
Enable Per-Character 3D   111, 289
Enable Time Remapping   73, 177, 322
End Color   248
Environment Layer   287, 304

Eraser Tool   31
Evolution Options   250
Exclusion   105
Exponential Scale   170
Export   63
Export Data   205
Export Shape Data   205
Expression   179, 323
Expression Language Menu   184
Expression pick whip   180, 184
External Compositing   315
ExternalPlugins   312
Extract Work Area   65, 66
Extruded   17
Extrusion Depth   159

F

Falloff   145
Falloff Distance   145
Fast Draft   304
Fast Previews   36, 304
Feather Outer Edge   255
Field Render   54
Film Size   133
Final Result   237
Find Edge   266
First Frame   37
First Margin   118
Fit all graphs to view   166
Fit selection to view   165
Fit to Comp Width, Fit to Comp Height   73
Flame Blend   34
Flame Blending   33

Focal Length   133
Footage   119, 120
Force Alignment   118
Format   54, 55
Format Options   55
Fractal Noise   249, 299
Frame Rate   38, 43, 54, 206
Freeze Frame   73, 168
Frequency   191
From Current Time   38
Front Color   160
F-Stop   133
Full Screen   38

G

Gaussian Blur   224, 228, 231
General   68
Generate   248, 255
Geometry Options   158, 161, 304
Go to Time   22
Go to next keyframe   49
Go to previous keyframe   9
Global Preformance Cache   16
Graph Editor   33, 163, 184
Grid   77
Grid and Guide options   35
Guides   77

H / I

Hand Tool   30
Hard Light   102
Hard Mix   104
Help 메뉴   77

Hold   173
Hold In Place   167
Hole Bevel Depth   160
Hue   106
Hue & Saturation   265
Import   45, 63
Import Kind   120, 271
Include in Next Brainstorm   95
Incoming Velocity   177
Increment and Save   62
Influence   177
Info Panel   37
Inner Radius   244
Intensity   144, 147
Interpolation   252
Interpret Footage   32, 64, 314
Intersect 모드   88
Invert   256

J / K / L

Jagged   190
Keyframe Assistant   77, 168, 185, 285
Keyframe Interpolation   171
Keyframe Velocity   176
Keylight(1.2)   233
Keying   235
Label   33, 67
Last Frame   37
Last Margin   119
Layer   72
Layer Name   33
Layer Number   33
Layer Options   120

Layer Styles   74, 123, 124
Leave all attributes in   74
Left Eye   141
Lens Flare   198
Levels of Undo   68
Lift Work Area   65, 66
Light   144
Light Color   144
Lighten   100
Lighten 모드   89
Lighten Color   101
Light Options   146
Light Settings   144, 146
Light Transmission   150
Light Type   144, 146
Linear   166, 172, 174
Linear Burn   99
Linear Dodge   101
Linear Light   103
Live Update   32
Local Axis Mode   129
Lock   33
Lock Aspect Ratio   43
Lock To Time   176
Lock to Zoom   133
loopOut   189
Lossless   54
Lower Field First   54
Luma Matte   225
Luminescent Premul   109
Luminosity   107

M

Magnification ratio popup   35
Magnitude   191
Make Comp Size   219, 247, 299
Make Movie   52
Mask   72
Mask Expansion   90, 222
Mask Feather   90, 92, 222, 323
Mask Feather Tool   19, 30, 80, 92
Mask Opacity   90, 323
Mask Path   90
Mask Tool   80
Material Options   134, 148, 150, 158, 305, 323
Matte   231
Matte Luma   231
Maximize Tile   95
Media & Disk Cache   69
Memory & Multiprocessing   69
Measure Film Size   133
Metal   153
mocha AE CS6   203
mocha for After Effects   203
Motion Blur   32, 34, 182
Motion Source   193, 194
Motion Tracking   192
Motion Target   193, 199
Move all attributes into the new composition   75
Mute Audio   37
Multiple File   45
Multiply   98

N

New Composition   42, 44, 70
New Duration   167

New Projects   226
New Sequence   226
New Workspace   77
Next Frame   37
Next / Previous Blending Mode   73
Noise & Grain   249, 299
Noise Type   190
None 모드   87
Normal   96
Null Object 레이어   140, 185, 293
NumLock   33, 68, 188, 253, 325

O

Objects Manger   315
Offset   114
One-Node Camera   132, 134, 138
On Transparent   126
Opacity   48, 49, 322
Open Compositor Link(Autodesk)   313
Open New Composition   75
Orbit Camera Tool   136
Orient Angle Path   139
Orient Towards Camera   139
Orient Towards of Interest   138
Outer Radius   244
Outer Roundness   244
Outgoing Velocity   177
Output Module   54, 55
Output Module Settings   54
Output Movie To   71
Output To   55
Overlay   102

P

Parallel   144, 147
Parallel corner pin   193
Paint Style   126
Parent   34, 140
Path Options   117
Path Point Size   68
Pen Behind Tool   30
Pen Tool   30, 83
Perpendicular To Path   117
Perspective corner pin   193
Photoshop Layers   245
pingpong   189
Pin Light   103
Pixel Aspect Ratio   43, 206
Pixel Aspect Ratio Correction   36
Play Forward   205
Play / Pause   37, 95
Point   144, 147
Point of Interest(POI)   132, 134, 138, 154
Polar Coordinates   251
Polystar   243
Polystar Path   244
Position   48, 132, 134, 135, 138, 154, 322
Pre-compose   74, 75, 140, 168, 282
Preferences   65, 67
Pre-render   71
Preset   43, 132
Preview   71, 188
Previews   68
Preview Panel   37, 253
Previous Frame   37
Pro Import After Effects   20, 63

Project Manager   58
Project Panel   32
Project Settings   64
Puppet Tool   31
Purge   66

Q / R

Quality   34, 53
Quarter   53
Rasterize   122
Ramp   247
RAM Preview   38, 71
RAM Preview Options   38
Range Selector   111, 160
Ray-Traced 3D   17, 156, 287
Ray-tracing Quality   157
Recent Projects   42
Rectangle Tool   30, 80, 229, 300
Rect to Polar   252
Refresh Disabled(finish editing text to refresh view)   179
Region of Interest   36
Remove Expression   182
Remove Unused Footage   56
Render   55
Renderer   156, 303
Renderer Options   157
Render Settings   53
Render Queue   52, 53, 54, 55, 63, 71
Replace Footage   63, 64
Replace Method   240
Reset   193
Reset Exposure(affects view only)   36
Resize   55

Resolution   36, 38, 43, 53
Reverse Path   117
Rewind to Start of Work Area   95
Right Eye   141
Rolling Shutter Repair   21
Rotation   48, 49, 322
Rotation Tool   0
Roto Brush Tool   31
Rove Across Time   176
Roving   175
Rulers   77

S

Saturation   106
Save Animation Preset   259
Save As   24, 62
Save a Copy AS CS5   62
Save a Copy AS CS5.5   62
Save as New Composition   95
Save Frame As   71, 245
Save RAM Preview   1
Scale   48, 49, 323
Scale Height   250
Scale Width   250
Scene Convergence   143
Screen   100
Screen Balance   238
Screen Colour   236
Screen Gain   238
Screen Matte   237, 239
Screen Shrink/Glow   240
Screen Softness   240
Segments   161, 162

Selection Tool   30
Select view layout   36
Search   33
Separate Dimensions   166
Separate Fields   206
Sequence Layers   277, 285
Set Proxy   63
Shadow Darkness   145, 149
Shadow Diffusion   145, 149
Shape Layer   93, 243
Shininess   153
Show Animated Properties   164
Show Channel   36, 238
Show Graph Editor Set   164
Show last snapshot   36
Show Post-Expression Graph   184
Show Selected Properties   164
Shutter Angle   182, 183
Shutter Phase   182, 183
Shy   33, 34
Size   53
Silhouette Alpha   108
Silhouette Luma   108
Simulation   254
Skip   38
Smooth   190
Snap   165
Snapshot   36
sof 파일   312, 313
Soft Light   102, 267
Solid Settings   219
Solo   33, 237, 238
Solving Camera(step 2of 2)   201
Source Name   33

Spacing   126
Spatial Interpolation   174
Spatial Path   190
Specular   153
Specular Intensity   153
Specular Shininess   153
Speed   177
Spline   204
Split Layer   65
Spot   144, 146
Spread   95
Stabilize   193
Stabilize Motion   193
Star Tool   243
Start Color   248
Start Timecode   43
State Sets   308
Stencil Alpha   107
Stencil Luma   107
Stereo Scene Depth   143
Stereo 3D   141
Stereo 3D Controls   142, 143
Straight Zoom   256
Stretch   167
Stretch Factor   167
Stroke   125
Stylize   266
Subtract   105
Subtract 모드   88

T

Templates   66
Temporal Graph   190

Temporal Interpolation 172
Tent 157
Text 속성 111
Text Tool 31
Tilt-Shift 218
Time 73, 167
Time Controls 패널 37, 253
Timeline 36
Timeline Tool 32
Time Navigator 34
Time Remapping 177
Time-Reverse Keyframes 77, 171
Time-Reverse Layer 73, 167
Time Stretch 73, 167
Title Properties 229
Toggle Hold keyframe 168, 173
Toggle Mask 36
Toggle Mask Path Visibility 86
Toggle Switches 4
Toggle Transparency Grid 36, 86, 95
Tool Creates Mask 93
Tool Creates Shape 93
Tool Pannel 30
Top 모드 134
Tracker 192
Track Camera 193, 200
Track Forward 204
Track in mocha AE 203
Track Matte 34
Track Matte Key 231
Track Motion 193, 194, 197
Track Point 195
Track Type 193
Track XY Camera Tool 137
Track Z Camera Tool 137
Transform 48, 73, 193
Triangle for opening Viewer menu 35
Trim Comp to Work Area 70
Tritone 291
Trkmat Mode 34, 258
Two-Node Camera 132
Type 132
Type of Conversion 252

U / V / W / X

Unified Camera Tool 30, 136
Uniform Scaling 250
Units 133
Upper Field First 54
Use comps frame rate 54
Use this frame rate 54
valueAtTime 180
Vector Layer 34
Video 33
Video and Film 269
Video Output 55
View 메뉴 77
View 모드 128, 149, 202
View Axis Mode 131
Vivid Light 103, 266
Warp Stabilizer 192, 193
Waveform 322
Wide / Height 43
Wiggle 190
Wiggle Transform 272
Wiggler 190

Wiggly   115
Wiggly Selector   115, 116
Window 메뉴   52, 77, 227
Wire Frame   53
Work Area   34, 65, 71, 323
Workspace   31, 77, 192, 227
World Axis Mode   130
X 축   127

Y / Z

Y 축   127
Z 축   127
Zoom   132
Zoom in/out   35
Zoom Tool   30

숫자

3D레이어   127, 139, 156
3D Camera Tracker   18, 193, 200, 201
3D Glasses   142, 143
3D Layer   34, 127
3D Tracker Camera   202
3D View   143
3D View Popup   36

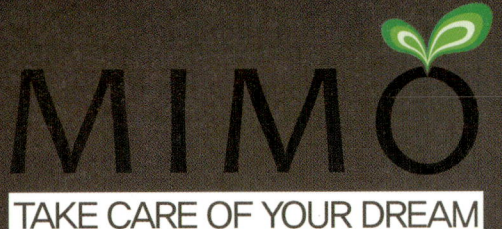

MIMO
TAKE CARE OF YOUR DREAM

건강관리 체험 & 케어로 일상 생화에 지친 몸을 관리 해 주세요!

◎ 많은 말 보다는 체지방이 줄어드는 것을 눈으로 직접 1회 체험으로 보여줍니다.

◎ 쌓여있는 몸 속 노폐물과 체지방을 확실하게 빼주고 피로와 근육통을 풀어줍니다.

◎ 면상발열체가 들어간 원적외선 온열기 사용으로 심부열을 올려서 3시간 이상 전력질주 한 효과를 30~40분 만에 힘들이지 않고 느낄 수 있습니다.

「지친 몸, MIMO와 시작하는 한시간 헬스케어를 소개합니다.」

코스 1
인바디로 건강체크

체성분 분석기 인바디로 체험자의 신장, 체중, 혈압, 체지방, 근육량, 체내 수분 등을 측정하여겨 건강 상태를 체크합니다.
(소요시간 5분)

코스 2
원적외선 온열기로 노폐물, 체지방 배출

원적외선 온열기를 사용하여 체내 노폐물과 체지방을 배출하고 혈액순환을 도와줍니다.
(소요시간 30~40분)

코스 3
한방차로 수분 보충, 혈행에 도움

원적외선 온열기 사용 후 빠진 수분을 보충해 주고 노폐물이 잘 빠질 수 있도록 하여 혈행에 도움을 줍니다.

코스 4
좌훈으로 한번 더 노폐물을 배출

여성분에게는 몸을 따뜻하게 하고 냉을 없애주는 효능이 있는 쑥을, 남성분에게는 전립선과 치질에 좋은 한방제를 사용하여 좌훈을 해줍니다.
(소요시간 15분)

신개념 커플데이트코스 Take care Body Shop MIMO

최근 연인들의 데이트코스로 새롭게 떠오르는 새로운 공간이 생겼다. 남자들이 생각해보면 생뚱맞은 곳일 수도 있지만 건강에도 좋고 즐거운 시간을 보낼 수 있는 공간이기도 하다. 최근에는 건강을 지키는 인식이 많이 변화됐다. 예전에는 아프면 병원을 가고 또는 약을 지어 먹는 것으로만 쉽게 생각을 했지만 이젠 유비무환의 시기다. 먼 미래를 위해서 많이 준비하고 챙기기도 한다. 이 시간에 찾아볼 곳은 이렇게 건강에 대한 준비도 하고 또한 커플들끼리도 쉽게 찾을 수 있는 분위기를 가진 곳이 있다. 신용섭 기자

경기포커스 http://www.ggfocus.co.kr/news/articleView.html?idxno=3132

한방 아로마 꿈

한약재가 35% 이상 함유

제품 속 한방 약재가 35% 이상 각종 아로마 성분 등이 함유되어있어 모발에 영양공급과 혈행을 촉진시켜 더욱 건강하고 탄력있게 만들어줍니다. 두피와 모발에 맞사지 하듯 문질러 주시면 각종 두피 가려움증 등을 완하시켜줍니다.

코스 5
아로마 목욕으로 노폐물 제거

아로마 성분이 함유된 제품으로 독소를 마무리 배출하고 노폐물을 제거합니다.

코스 6
안마로 근육 풀기

원적외선 온열기와 한방 찜질로 열리고 풀린 근육 등을 한번 더 마사지하여 근육을 시원하게 풀어줍니다.
(소요시간 15분)

코스 7
콜라겐 쿨팩으로 피부관리

원적외선과 한방 찜질로 열린 모공을 닫아주며 노폐물 배출로 인해 빠진 피부 속 수분과 영양을 공급합니다.

코스 8
인바디로 변화체크

인바디로 체험 후 몸의 변화를 다시 한번 체크합니다.

주소 : 서울시 양천구 목동 917-9 현대41타워 28F 2811호 / 문의·예약 : 02-2168-2550